MUTAÇÕES

A experiência do pensamento

SERVIÇO SOCIAL DO COMÉRCIO — SESC SP
Administração Regional no Estado de São Paulo

Presidente do Conselho Regional
Abram Szajman

Diretor Regional
Danilo Santos de Miranda

Superintendentes
Comunicação Social Ivan Giannini
Técnico-social Joel Naimayer Padula
Administração Luiz Deoclécio Massaro Galina
Assessoria Técnica e de Planejamento Sérgio José Battistelli

edições
SESCSP

Gerente Marcos Lepiscopo
Adjunto Évelim Lucia Moraes
Coordenação Editorial Clívia Ramiro
Produção Editorial Gissela Mate
Colaboradores desta edição Marta Colabone, Iã Paulo Ribeiro, Hélcio Magalhães e Marilu Donadeli Vecchio

Copyright © 2010 Edições SESC SP
Todos os direitos reservados

SESC SÃO PAULO
Edições SESC SP
Av. Álvaro Ramos, 991
03331-000 – São Paulo – SP
Tel. (55 11) 2607-8000
edicoes@edicoes.sescsp.org.br
www.sescsp.org.br

Artepensamento
Diretor – Adauto Novaes
Produção – Hermano Shigueru Taruma

Tradução do francês
Yves Bergougnoux

Preparação de texto
Márcia Ligia Guidin e Rosane Albert

Revisão de provas
Adriane Gozzo, Adir de Lima
e Beatriz de Freitas Moreira

Capa
Rita da Costa Aguiar

Diagramação
Neili Dal Rovere

Ficha Catalográfica elaborada pelo Departamento Técnico
do Sistema Integrado de Bibliotecas da USP

M98	Mutações: a experiência do pensamento / Organização de Adauto Novaes. – São Paulo : Edições SESC SP, 2010. – 432 p.
	ISBN 978-85-7995-004-9
	1. Filosofia. 2. Pensamento. I. Título. II. Novaes, Adauto.
	CDD 121

Adauto Novaes, Francis Wolff, Franklin Leopoldo e Silva, Oswaldo Giacoia Júnior, Claude Imbert, Jean-Pierre Dupuy, Vladimir Safatle, Olgária Matos, Frédéric Gros, Newton Bignotto, Renato Lessa, Eugène Enriquez, João Carlos Salles, Jorge Coli, Eugênio Bucci, Pascal Dibie, Paul Clavier, Antonio Cicero, Sergio Paulo Rouanet, Luiz Alberto Oliveira, Francisco de Oliveira

MUTAÇÕES
A experiência do pensamento

ORGANIZAÇÃO
Adauto Novaes

Obras organizadas por Adauto Novaes

Anos 70 (1979); *O nacional e o popular na cultura brasileira – música, cinema, televisão, teatro, literatura e seminários* (1982); *Um país no ar – televisão* (1986); *Os sentidos da paixão* (1987); *O olhar* (1988); *O desejo* (1990); *Rede imaginária – televisão e democracia* (1991); *Ética* (1992); *Tempo e História* (1992); *Artepensamento* (1994); *Libertinos libertários* (1996); *A crise da razão* (1996); *A descoberta do homem e do mundo* (1998); *A outra margem do Ocidente* (1999); *O avesso da liberdade* (2002); *O homem-máquina* (2003); *A crise do Estado-nação* (2003); *Civilização e barbárie* (2004); *Muito além do espetáculo* (2004); *Poetas que pensaram o mundo* (2005); *Anos 70* (segunda edição – 2005); *Oito visões da América Latina* (2006); *O silêncio dos intelectuais* (2006); *L'autre rive de l'Occident* (2006); *Les aventures de la raison politique* (2006); *Ensaios sobre o medo* (2007); *O esquecimento da política* (2007); *Mutações – ensaios sobre as novas configurações do mundo* (2008); *Vida vício virtude* (2009); *A condição humana – as aventuras do homem em tempos de mutações* (2009).

Agradecimentos

Ministro Juca Ferreira, José Jacinto de Amaral, Clauir Luiz Santos, Eliane Sarmento Costa, Danilo Santos de Miranda, José Eduardo Lima Pereira, Ana Vilela, Luis Eguinoa, Agostinho Resende Neves, Clotilde Hasselmann, Pedro Hasselmann e Thiago Hasselmann.

Estes textos foram originalmente produzidos para o ciclo de conferências Mutações – A experiência do pensamento. Concebido pelo Centro de Estudos Artepensamento, em 2009, o ciclo aconteceu no Rio de Janeiro, em Belo Horizonte, São Paulo e Brasília com o patrocínio da Petrobras e apoios da Fiat, Casa Fiat de Cultura, Caixa Econômica Federal, SESC SÃO PAULO, Embaixada da França e Academia Brasileira de Letras. O curso foi reconhecido como Extensão Universitária pelo Fórum de Ciência e Cultura da Universidade Federal do Rio de Janeiro.

Sumário

7   Apresentação
    Uma árdua experiência
    Danilo Santos de Miranda

9   O espírito recusa a habitar sua obra
    Adauto Novaes

31 O que significa "pensar"? Aventuras do pensamento entre
    a Antiguidade e a Modernidade
    Francis Wolff

51 A representação técnica do mundo e a inexperiência do pensamento
    Franklin Leopoldo e Silva

63 O fim do humanismo e a tarefa do pensamento
    Oswaldo Giacoia Júnior

91 Os contornos indeterminados do moderno
    Claude Imbert

107 Pensar o mal hoje. Ensaio sobre o apocalipse nuclear.
    Jean-Pierre Dupuy

133 Há situações em que é imoral pensar? O duplo fundamento
    insuficiente do ato moral.
    Vladimir Safatle

157 Modernidade: o deslimite da razão e o esgotamento ético
    Olgária Matos

177   Da morte do sujeito à invenção de si (experiências do pensamento
      e exercícios espirituais estoicos a partir de Michel Foucault)
      Frédéric Gros

195   O bem comum e a vontade geral
      Newton Bignotto

219   Da Filosofia Política e da Crença (ou das condições necessárias para a
      experiência do pensamento sobre a política)
      Renato Lessa

243   O paradoxo da imaginação: fonte do pensamento,
      enclausuramento da crença
      Eugène Enriquez

265   O lugar do anímico: experiência e ficção em Wittgenstein
      João Carlos Salles

279   Mistérios de um mundo sem mistérios
      Jorge Coli

289   Um preâmbulo: O "raio visual" ou as memórias de infância
      Eugênio Bucci

323   Como nossos jovens pensam?
      Pascal Dibie

335   Metafísica e tecnociência: uma cooperação impossível?
      Paul Clavier

351   A razão niilista
      Antonio Cicero

373   A mutação darwinista
      Sergio Paulo Rouanet

389   O que Poincaré sussurrou para Valéry
      Luiz Alberto Oliveira

409   Tempos antiprometeicos
      Francisco de Oliveira

413   *Sobre os autores*

419   *Índice onomástico*

Uma árdua experiência
Danilo Santos de Miranda
Diretor Regional do SESC SÃO PAULO

O ciclo de conferências Mutações, organizado por Adauto Novaes, apresenta importantes e fundamentais reflexões sobre a condição humana. Condição esta que perpassa questões do nível do intelecto, mas que, no entanto, refletem sobre os corpos nas mais diversas situações, desde impressões sobre o mundo que atingem o indivíduo até aquelas que se espalham neste estado coletivo que podemos denominar Humanidade.

Autores nacionais e internacionais expõem seus pensamentos refletidos na história e observam mudanças substanciais nos comportamentos "guiados" por um novo modo de pensar. Reflexões sobre a experiência do pensamento, tema da publicação que o SESC SÃO PAULO ora apresenta ao público, sugerem que a evolução humana continua, mas num processo em que o niilismo segue cada vez mais fortalecido, em que o declarado pós-humano tende a um servilismo das tecnociências, hoje profundamente arraigadas em nosso dia a dia.

Podemos dizer que o conteúdo apresentado na obra não facilita a digestão cognitiva sobre nossas vidas presentes. Sob a égide da questão referente à experiência que podemos ter com o que pensamos, surgem sentimentos de pessimismo e/ou certa obscuridade sobre o devir. Aliás, a facilidade de compreensão não se dá por uma falta de clareza, mas pelo desnudar dos tempos incertos em que vivemos, cujas percepções ora se declaram sob a luz da razão e ora põem em xeque tal racionalidade.

Porém, qual o caminho para o conhecimento que não seja árduo, que não esteja repleto de obstáculos? A experiência do pensamento se liga intimamente ao modo como vivemos. Neste sentido, questionar o que está compreendido em sua esfera, independente da racionalidade empreendida, é pôr um pouco de luz no caminho que nos conduz pela concretude da vida. Quanto mais nos afastamos do espelho no qual estamos ou somos refletidos (a nós mesmos, uns aos outros), mais nos separamos de um sentido real de nossa existência.

É na procura de não se perder pelas imposições sociais manipuladas, na busca de tentar fugir da alienação que nos trancafia em uma condição de ignorar o que está pulsante em nossa volta, na pretensão de estender o olhar e compreender as transformações de toda ordem é que se encerra a importância destes ciclos chamados Mutações.

Diante de tal relevância, o SESC SÃO PAULO leva a público as conferências que fizeram do pensamento uma experiência de entrega às reflexões sobre a condição humana. Mesmo carregando, muitas vezes, um tom trágico, os ensaios apresentados nos conduzem a uma situação que nos põe cruamente de frente ao mundo, uma situação que não se presta a agradar ou desagradar, mas que simples e notadamente nos faz pensar e manter vivo este ato que por vezes nos serve e que por outras nos torna mais subservientes.

O espírito recusa a habitar sua obra
Adauto Novaes

> *O ser exige de nós criação para que dele tenhamos experiência.*
> Maurice Merleau-Ponty

Ao analisar a desordem do mundo provocada pelas grandes transformações e mostrar que se tornou impossível deduzir das coisas passadas prováveis imagens do futuro, Robert Musil escreve sobre aqueles que se recusam a enfrentar o novo mundo: "eles acreditam que se pode curar a decadência". Uma época que não compreendeu sua novidade, conclui Musil, fica apenas na triste lamentação daquilo que imagina ter perdido sem se dar conta de que muitas das construções, "fundadas sobre frágeis estruturas intelectuais", desabaram, deixando escombros. Ainda assim, muitos insistem nas velhas construções. Mas, como diz Claude Imbert no seu texto aqui publicado, *ninguém é habilitado a desprezar sua época*. Lembremos também do protesto de Maurice Merleau-Ponty: temos apenas as palavras da filosofia de ontem, nada para hoje nem para amanhã. Musil, Paul Valéry, Karl Kraus, Merleau-Ponty, Wittgenstein e outros pensadores citados neste livro nos convidam, pois, a pensar o que acontece com o pensamento. Comecemos, segundo Musil, pela própria filosofia, para fugirmos das reflexões mecânicas presas ao espírito da antiga especulação. Este é o espírito geral dos ensaios de *A experiência do pensamento*.

Depois de expor as novas configurações do mundo e depois de especular sobre a condição humana, ou o lugar do homem neste novo mundo, temas dos livros anteriores, chegamos ao terceiro movimento das mutações com as perguntas: como pensar o mundo dominado pela tecnociência? Como fugir da visão apocalíptica que afirma que o verdadeiro fim do mundo está no aniquilamento do espírito, como anuncia Kraus?

Tendemos a dizer que as mutações, por terem a tecnociência, a biotecnologia e novas formas de comunicação como eixos dominantes, dão-se no vazio ou à revelia do pensamento. É certo que o espírito produziu uma aventura para a qual nem ele mesmo consegue definir limites e abrir espaço para o trabalho do pensamento. Se tomarmos como exemplo outra prodigiosa mutação que foi o Renascimento, a relação da revolução que vivemos hoje com o pensamento torna-se evidente: o Renascimento apontava ao mesmo tempo para o futuro e para o passado, verdadeira paixão pelo novo e paixão pelo antigo. Seus eruditos, escreve o filósofo Alexandre Koyré,

> exumaram todos os textos esquecidos em velhas bibliotecas monásticas: leram tudo, estudaram tudo, tudo editaram. Fizeram renascer todas as doutrinas esquecidas dos velhos filósofos da Grécia e do Oriente: Platão, Plotino, o estoicismo, o epicurismo, os pitagóricos, o hermetismo e a cabala. Seus sábios tentaram fundar uma nova ciência, uma nova física, uma nova astronomia; ampliação sem precedentes da imagem histórica, geográfica, científica do homem e do mundo. Efervescência confusa e fecunda de ideias novas e ideias renovadas. Renascimento de um mundo esquecido e nascimento de um mundo novo. Mas também: crítica, abalo e, enfim, destruição e morte progressiva das antigas crenças, das antigas concepções, das antigas verdades tradicionais, que davam ao homem a certeza do saber e a segurança da ação.

Nada disso vemos hoje, era da mutação tecnocientífica, a não ser a morte de algumas das antigas crenças e o elogio dos fatos e dos acontecimentos técnicos, e, principalmente, o elogio do presente eterno, sem passado nem futuro. Tudo se torna veloz, volátil e efêmero. Podemos dizer com Fernando Pessoa que assistimos a tudo como a um "espetáculo sem enredo feito só para divertir os olhos – bailado sem nexo". Antes, uma das virtudes era o desejo de duração das obras de arte e das obras de pensamento. Como lemos em Valéry, "entre as crenças que estão morrendo, uma delas já desapareceu: a crença na posteridade e seu julgamento". Sem os ideais de posteridade e julgamento não há trabalho do pensamento.

Novas experiências podem levar a novos pensamentos: "A filosofia está em todo lugar, até mesmo nos 'fatos' – e ela não tem nenhum lugar de domínio no qual esteja preservada do contágio da vida", escreve Merleau-Ponty de maneira desafiadora em *Signes*. Resta, pois, à filosofia a "prospecção do mundo atual", justamente "porque estamos no mundo, porque nossas reflexões nascem no fluxo temporal que procuram captar". Ao falar de "fatos" e de "mundo atual", Merleau-Ponty antecipava a crítica à ciência que se basta com suas experimentações, suas provas e axiomas, liberada das questões "arcaicas" da origem, do fundamento e da experiência do pensamento. O desenvolvimento das ciências tende a enfraquecer a noção de saber. Ou melhor, assistimos à ruína da "nobre arquitetura" construída com os dois pilares da ciência e do saber diante da convicção moderna de que qualquer *saber* que não traga na sua estrutura um *poder* efetivo tem apenas importância "convencional": "Qualquer saber só tem valor se for descrição ou receita de um poder verificável" – escreve Valéry. "Desde então uma metafísica e mesmo uma teoria do conhecimento, quaisquer que sejam, encontram-se brutalmente separadas e distanciadas daquilo que é tido, mais ou menos conscientemente, *por todos*, por único saber real [...] Da mesma maneira, ética e estética se decompõem por si mesmas em problemas de legislação, estatística, história ou fisiologia [...] e em ilusões perdidas." A nova realidade proposta pela tecnociência força-nos a voltar ao pensamento, a repor a velha arquitetura ciência-saber.

A derrota do pensamento tem também outra origem: manipulamos objetos técnicos que fazem operações sem que tenhamos o mínimo conhecimento do seu funcionamento. Eles são capazes de responder a complicadas questões sem que possamos seguir a lógica mais elementar. A neurociência penetra nos arcanos do cérebro e põe, a cada dia, novos problemas para a percepção e novas questões sobre a natureza do homem. Mas, além da inércia e das lamentações dos intelectuais, predomina a impotência do espírito para voltar-se sobre si mesmo e criar potências que se oponham ao espírito científico. A situação hoje certamente não é a mesma de quando o espírito podia exercer a função crítica: na modernidade, o *espírito crítico* estava em todas as áreas da atividade humana: *crise* da política, *crise* da ciência, *crise* das mentalidades, *crise* da crise etc. Suspeitamos que o saber e o poder criados pela razão e pela racionalidade técnica, que resultaram na tecnociência – esta nova realidade do conhecimento –, estejam dificultando o trabalho do espírito. É preciso, pois, emancipar o espírito de sua própria criação. Hoje, quando a *mutação* toma o lugar da crise, o espírito sente-se à deriva. Como observa

Paul Valéry, "aquilo que nós mesmos criamos conduz-nos para onde não sabemos e para onde não queremos ir". A sensação é a de que o espírito perdeu o controle e o poder de operar e de saber. Uma das teses centrais de Valéry é: *Je ne sais que ce que je sais faire*. O verdadeiro conhecimento consiste, pois, não em compreender as coisas, os pensamentos e os seres apenas, mas em fabricá-los, experimentá-los. A experiência opera sobre os dados da natureza, da sociedade e do próprio pensamento.

Diante da desordem e da banalidade do mundo, somos convidados a repensar conceitos como espaço, tempo, velocidade, afetividade, natureza, costumes, experiência, vazio, informação, esquecimento, memória, crença, tradição etc. Interroguemos, pois, sem aguardar respostas decisivas.

Mas atenção: não nos sentimos muito confortáveis neste novo mundo. Sentimos que pouca coisa pode estar certa nele, mas é preciso andar com o seu tempo. Procurar um pensamento diferente da força criadora da tecnociência – criação superficial, por certo – e da teimosia estéril de pensamentos que nada têm a ver com o seu tempo. Mais: as mutações são incontornáveis e, com elas, entre coisas positivas e negativas, temos aquilo que Musil define como *destronização da ideocracia*: "E se Arnheim tivesse podido ver alguns anos à sua frente, teria visto que 1920 anos de moral cristã, milhões de mortos de uma terrível guerra e uma floresta alemã de poemas bradando sobre o pudor feminino não conseguiram adiar uma só hora o fato de um dia as saias e cabelos das mulheres começarem a encurtar; e teria visto as jovens europeias despindo-se de proibições milenares como bananas que se vão descascando, nuas". Ora, o que Musil quer é evidenciar a impotência de uma civilização morta diante de nova ordem comandada por "alfaiates, moda e acaso". É mais ou menos, conclui Musil, "como taparmos um buraco vazio com uma cúpula vazia: o vazio superior apenas aumenta o vazio vulgar, e, assim, nada é mais natural do que, a uma época de culto à personalidade, suceder outra que não dê valor algum à responsabilidade e grandeza". Ele fala também da existência de uma "democracia dos fatos" que nenhuma síntese consegue mais organizar a partir de agora. Jacques Bouveresse amplia as ideias de Musil com um comentário mais radical: acrescentemos, diz ele, uma "democracia das ideias" e entre elas nenhuma, e principalmente as da ciência, pode mais ser autorizada a impor às outras sua superioridade, sua autoridade, sua lei. Vivemos, pois, segundo Bouveresse, a indefinição: nem a *ideocracia,* nem o predomínio dos fatos que acabam gerando a gigantesca superfície dos modismos.

Paul Valéry, um dos autores de referência para Merleau-Ponty, começa assim o *Prefácio às Cartas Persas:* "uma sociedade eleva-se da brutalidade à ordem. Como a barbárie é a era dos *fatos* [...] a ordem exige a *ação de presença de coisas ausentes*, e resulta do equilíbrio dos instintos pelos ideais". Mais adiante, Valéry esclarece que por era dos fatos ele queria dizer domínio dos *fatos científicos* e definia os "ideais" como *coisas vagas* – a teoria, a metafísica, as metáforas, as artes, as crenças –, enfim, lá onde a liberdade do espírito torna-se possível. Sem as *coisas vagas,* os fatos estarão sempre submetidos às normas do conhecimento científico. Mas, ao lado das *coisas vagas,* Valéry sugere também que o mundo dos fatos não é apenas fonte de ilusão ao se imporem eles como naturais que se cristalizam em hábitos e fórmulas; o mundo dos fatos pode e deve ser visto como uma possibilidade de reflexão. Por exemplo, a passagem do mundo natural e individual dos fatos – que deixam as coisas e os indivíduos isolados, atomizados – ao mundo público dá-se através da reflexão política, abrindo espaço à constituição do mundo refletido e não do mundo dado naturalmente. Podemos traduzir também da seguinte maneira o que diz Valéry: tudo o que é historicamente um *fato* pode ser "desobjetivado", reconstruído, retomado a partir do acúmulo de sentidos que cada fato histórico contém e pede para vir à expressão, experiência temporal indeterminada e obscura não reificada ainda. Esta é uma das maneiras de retomada do passado; a experiência individual, que é modelada pela estrutura cultural e política, alarga-se, inscrevendo-se em uma "vasta rede de sentidos". Como escreve Benjamin, a experiência constitui menos os dados isolados, "rigorosamente fixados pela memória, do que dados acumulados, muitas vezes inconscientes, que se reúnem nela". O sujeito universaliza-se através da experiência. A experiência histórica pode transformar-se em energia do espírito como potência de transformação contra o "tempo petrificado" da modernidade. Este movimento leva à convergência da experiência do mundo com a experiência do pensamento e cria, ao mesmo tempo, o redobramento do pensamento sobre si mesmo. Enfim, dois movimentos: junção da experiência com o pensamento e condução da experiência em direção à inteligência de seu próprio sentido. A modernidade que, segundo Valéry, levou ao esquecimento as duas maiores invenções da humanidade, o passado e o futuro, produziu também a degradação da experiência ou, como escreveu Benjamin, instituiu o "caráter medíocre e raso da experiência", próprio da época do Iluminismo. Vivemos o presente eterno, ou melhor, o presente vive sem a mediação das origens. Nos tempos atuais – continua ele –, "a experiência é reduzida de alguma maneira ao ponto zero, ao mínimo de significação". Relembremos aqui o prefácio de Hannah Arendt ao ensaio *Entre o passado e o futuro*, no qual ela diz que a questão central está no "acabamento" que todo o acontecimento vivido precisa ter: sem este acabamento pensado após o ato, escreve Arendt, sem a articulação realizada pela memória, simplesmente não sobra nenhuma história que possa ser contada:

> Não há nada de inteiramente novo nessa situação. Estamos mais acostumados às periódicas erupções de exasperação apaixonada contra a razão, o pensamento e o discurso racional, reações naturais de homens que souberam, por experiência própria, que o pensamento se apartou da realidade, que a realidade se tornou opaca à luz do pensamento, e que o pensamento, não mais atado à circunstância como o círculo a seu foco, se sujeita, seja a tornar-se totalmente desprovido de significação, seja a repisar velhas verdades que já perderam qualquer relevância concreta.

Arendt cita Tocqueville: "Desde que o passado deixou de lançar luz sobre o futuro, a mente do homem vagueia nas trevas". Como vocês podem ainda existir, "vocês que cortaram suas raízes e deixaram as flores secarem?", pergunta um personagem oriental que questiona o Ocidente dominado pela tecnociência em um dos mais belos textos de Valéry – *Le Yalou:*

> Nosso império é tecido de vivos, de mortos e da natureza. Ele existe porque comporta todas as coisas. Aqui, tudo é histórico: certa flor, a leveza de uma hora que avança, o volume delicado dos lagos entreabertos pela luz, um eclipse comovente [...] Acima destas coisas, os espíritos de nossos pais e os nossos se reencontram. Elas se reproduzem e, enquanto repetimos os sons que eles deram por nomes, a lembrança nos liga a eles e nos eterniza.

Por fim, uma crítica ao saber ocidental: vocês, que sabem tantas coisas, ignoram as mais antigas e as mais fortes e, ao desejar o imediato, "vocês destroem ao mesmo tempo pais e filhos". Se tradição, origem, cosmogonias, mitologias são o primeiro tempo do espírito, é a partir dele que encontramos respostas e soluções provisórias – complementos de manobras incompletas. É indo além das ingenuidades imediatas que se constroem sistemas de pensamento. É assim que podemos ler os mitos primitivos que a antropologia estrutural trabalhou tão bem. Sem memória, como retomar o conceito de experiência, em oposição à experiência vivida ligada ao imediato? Benjamin compara seu método à "cisão do átomo, que libera forças imensas da história que estavam presas no 'era uma vez' da historiografia clássica. A história que mostra as coisas 'tais como elas foram verdadeiramente' tornou-se o mais poderoso ópio do século". A metáfora da cisão do átomo nos induz a pensar que cada fragmento da intuição abre para novos horizontes que se descobrem sem cessar. Mais: ela nos conduz ao estudo das experiências cotidianas sem que sejam lidas como uma repetição circular dos acontecimentos. Mas eis o grande problema, ou a contradição: vivemos em um tempo fragmentado e ao mesmo tempo cercado de pobreza ou privação da experiência, momento da "perda da experiência histórica, a *derrota da experiência*", como conclui Benjamin. Como ver o presente como momento de transição do vivido e do pensado para o não pensado ainda – ou da experiência vivida à experiência – se estamos privados da experiência histórica? Na era das mutações com o domínio da tecnociência – dominação desumanizada – e o enfraquecimento da ideia de trabalho humano, da ideia de classe universal e da própria ideia de singularidade humana, a experiência histórica tende a ser posta em questão. Eis a pergunta: como pensar a experiência histórica em uma época que abole tal experiência, ou, na melhor das hipóteses, torna os homens pobres em experiências e possibilidades? A perda do humano é proporcional ao avanço vertiginoso da tecnociência.

Não podemos recorrer a conceitos que precedam a experiência que pudessem dar sentido à pluralidade caótica dos novos acontecimentos por duas razões: primeiro, porque muitos desses conceitos já não dão conta da realidade; segundo, porque o *esquecimento* pode também trabalhar em sentido contrário na reflexão: no lugar de ir do conhecido ao desconhecido, na fase de pensamento puramente operacional que nos domina, corremos o risco de caminhar em sentido inverso, isto é, caminhar para desconhecer o já conhecido: "não sei mais o que sabia. O que eu superara é hoje um obstáculo". Resta-nos a crença proposta por Benjamin com sua dialética: seguindo Goncourt, para quem se deve fazer história a partir dos restos da história, Benjamin vê, nos "fenômenos de decadência e de declínio, os precursores ou, por assim dizer, as miragens das grandes sínteses ulteriores".

O título *A experiência do pensamento* pede alguns esclarecimentos. O que se entende por experiência? O pensamento clássico a define como a "mãe de todas as coisas". Para o pensador sem sistema acabado, ela é paradoxal: a experiência é parte do universo das "impressões, hesitações e clareza; caminha em direção à produção de ações; trata da organização e da desorganização; das energias e das interdições; da passagem para estados sucessivos; do acaso, do acidental, do significativo, do adaptado, do acomodado"(Valéry). Para Benjamin, a filosofia repousa sobre o fato de que "a estrutura da experiência encontra-se na estrutura do conhecimento e só pode desenvolver-se a partir dela". Para Foucault, a experiência é a "correlação, em uma cultura, entre domínios do saber, tipos de normatividade e formas de subjetividade". Configurar uma experiência consiste em pensar um problema: "Para isso", escreve Foucault, "é preciso dar atenção às práticas reflexivas e voluntárias através das quais os homens não apenas se fixam regras de conduta, mas procuram transformar-se, modificar-se na sua singularidade e fazer de sua vida uma obra que traga certos valores estéticos e respondam a certos critérios de estilo". Aqui, a ideia de experiência está ligada à história em relação a si mesma. A experiência é, pois, sempre invocada em momentos de crise da razão. Montaigne começa assim o ensaio *Da experiência*: "O desejo de conhecimento é o mais natural. Experimentamos todos os meios suscetíveis de satisfazê-lo, e quando a razão não basta apelamos para a experiência". É evidente que Montaigne não estava pondo em questão a razão, mas o seu domínio sobre o trabalho do pensamento e as formas que ela adquire historicamente. O ensaio – cheio de exemplos políticos e jurídicos – mostra a existência não apenas do embate entre verdade e liberdade contra as normas irracionais, mas também a insuficiência e os limites das normas racionais. Ao escrever que "a autoridade das leis não está no fato de serem justas e sim no de serem leis, e nisso reside o mistério de seu poder" e que quem as obedece porque são justas cai em erro, Montaigne faz uma crítica que vai muito além das questões puramente históricas. Critica, na realidade, a ideia de crença na palavra, ou o poder da palavra, e isso é fonte da desrazão. Para alguns de seus comentadores, razão e "discurso" se equivalem. Ora, como escreve Bernard Sève no livro *Montaigne – des règles pour l'esprit*, para Montaigne, a razão é uma "faculdade" de segundo tempo porque trabalha sobre coisas que já estão aí, apoiando-se em princípios que ela mesma não pôs. Sève cita Montaigne: "Il est bien aisé, sur des fondements avoués (admis), de bâtir ce qu'o n veut car, selon la loi et ordonnance de ce commencement, le reste de pièces du batiment se conduit aisément [...] Par cette voie nous trouvons notre raison bien fondée, et discourons à boule vue (en toute facilité). [...] Car chaque science a ses principes présupposés par où le jugement humain est bridé de toutes parts". E mais: "notre raison est flexible à toute sorte d'images". As palavras – ou o discurso – são estas imagens.

Assim, a razão depende sempre dos princípios que ela mesma deve admitir sem provas. A saída para o pensamento em Montaigne na interpretação de Sève está, portanto, não nos avanços da razão, mas no espírito, "potência" que trabalha *ex nihilo*, sem princípio anterior que o condicione. O espírito, conclui Sève, distingue-se da razão como uma operação "primeira" de uma operação "segunda". Em síntese, se a razão é a norma, o espírito, como potência permanente de transformação, é invenção e tem fobia da repetição. O termo espírito deve ser tomado no sentido intelectual, e não religioso. Mas, se o espírito trabalha *ex nihilo,* como escreve Montaigne, nem por isso ele é descolado da realidade. Qual a realidade com a qual o espírito é convidado a lidar hoje? Ora, nossa realidade pode ser definida pela velocidade da reprodução técnica, o que leva o pensamento a estar sempre a reboque dos acontecimentos. Mas o espanto maior decorre da autonomia do "espírito" científico (fruto da cisão entre ciência e pensamento) que age independentemente da vontade do pensamento. Sabemos que tudo o que foi produzido – dos objetos técnicos às teorias – é fruto do trabalho do espírito, e o resultado dessa produção exerce enorme influência na vida social, cultural e política; mas notamos também que a eficácia técnica cria enorme barreira para o trabalho do pensamento. Mais: a falta de novos conceitos que acompanhem a revolução tecnológica criou aquilo que Jean-Pierre Séris, em seu excelente livro *La technique,* chamou de "pensamento choroso" ou lamentoso: "O conceito e a dialética deram lugar à ideia pré-fabricada, à pacotilha e ao *gadget*, ao discurso bem-pensante e ao pensamento choroso, doutrinariamente invertebrado e muitas vezes insignificante. [...] O mais estranho é esta necessidade de falar de uma realidade que se ignora, de desqualificar em sã consciência a realidade que visivelmente se ignora mais ainda". O que Séris quer dizer é que é preciso pensar, sem preconceitos, a forma que a ciência e a técnica deram ao mundo. A tarefa é bem mais difícil do que quando considerávamos que a civilização ocidental estava em crise apenas; o pensamento detinha ainda certos meios conceituais de análise. É certo que muitos conceitos foram uma "invenção mais ou menos cômoda", e seu uso como explicação mecânica para tudo o que acontecia contribuiu para a derrota do pensamento. Tomemos como exemplo as palavras *democracia* ou *liberdade*. Elas não passam de generalidades e têm mais valor mercantil do que sentido. Para mostrar a insuficiência dos conceitos, Valéry cita como exemplo a palavra *Universo:* "A paixão do intelecto quer tudo abolir pelo ato de tudo reconstruir. O espírito inventa 'Universo' a fim de poder com um único golpe, uma só *palavra*, afrontar, aprisionar, e portanto consumir todas as coisas. Ele supõe a Unidade, do qual precisa como adversário bem definido. Procura resumir tudo em uma única 'lei', como aquele imperador que desejava que o gênero humano tivesse apenas uma cabeça. *É o mesmo sentimento".* Esquece-se a "natureza transitiva", instável e consistente, mas frágil, de cada conceito, que precisa ser reinventado a cada momento de mutação. O universo era "um Todo e tinha um centro. Hoje não há mais Todo nem centro. Mas continua-se a falar de Universo". É o que diz o Fausto de Valéry a propósito da forma transitiva de todo conceito:

> *Le véritable vrai n'est jamais qu'ineffable*
> *Ce que l'on peut conter ne compte que fort peu.*

O que diz Valéry nos remete ao Nietzsche do ensaio *Verdade e mentira no sentido extramoral,* onde lemos que a arquitetura do mundo é feita de frágeis conceitos:

> Pode-se muito bem admirar o homem como poderoso gênio da arquitetura que é: conseguiu erigir uma cúpula conceitual infinitamente complicada sobre *fundações moventes*, sobre água corrente. Na realidade, para encontrar um ponto de apoio sobre tais fundações, reconhece-se que se trata apenas de uma construção semelhante a uma teia de aranha tão fina que pode seguir a corrente do fluxo que a leva, tão resistente a ponto de não se dispersar com o vento. Como gênio da arquitetura, o homem supera em muito a abelha: esta constrói com a cera que recolhe da natureza; o homem, com a matéria bem mais frágil dos conceitos que é obrigado a fabricar apenas com os próprios meios.

Tendemos a pensar que conceito em Nietzsche resume não apenas a sobrevivência do homem, mas define também sua natureza. Para ele, o que diferencia o homem dos outros elementos da natureza é a palavra, isto é, a capacidade de formular e expressar conceitos para se defender, conservar-se e criar obras. Nietzsche mostra que, na origem, é a *linguagem* que trabalha na elaboração de conceitos; mais tarde isso passa a ser tarefa da *ciência*: "Como a abelha que constrói as células de sua colmeia e em seguida as enche de mel, a ciência trabalha sem cessar neste grande *columbarium* de conceitos, no cemitério das intuições, constrói sem cessar novos andares mais elevados, escora, limpa e renova as velhas células e esforça-se principalmente em encher este *columbarium* elevado até a desmesura e em introduzir nele a totalidade do mundo empírico [...]". Contra a intuição, a abstração do conceito. Existem, porém, momentos em que o homem não é mais guiado por conceitos, mas pelas intuições, ou melhor, momentos em que "o homem racional e o homem intuitivo estão lado a lado, um no medo da intuição, o outro no desprezo da abstração, e este é tão irracional quanto o outro é insensível à arte".

Poucos filósofos desconfiaram tanto da exatidão e da "força petrificante" do conceito quanto Nietzsche. Em quase toda a sua obra, ele mostra que "verdade" e "moral" são conceitos imaginados em oposição ao mundo real. "Verdade", para ele, é apenas "um exército movente de metáforas, metonímias e antropomorfismos" de valor instrumental. Com isso, ele quer dizer que todo conhecimento é também instrumental. Em decorrência disso, sua visão do homem, por exemplo, fragmenta-se "em múltiplas imagens", como observa Eugen Fink, demolindo todas as ilusões que o homem faz de si mesmo. No lugar do conceito, ele põe a ideia de *criação*, da qual depende o destino da essência humana: por criação ele entende não o trabalhador da sociedade industrial, "o produtor do nosso mundo tecnicizado – como lembra Fink –, mas o artista, o pensador, o poeta, o legislador e o herói que fundam uma cidade". O homem, portanto, não é a sede da razão: o Iluminismo de Nietzsche se exerce contra o próprio Iluminismo "sem acreditar ingenuamente na razão, no progresso e na ciência. A ciência não é, para ele, senão um meio de questionar a religião e a metafísica, a arte e a moral". Por fim, Fink fala de um ceticismo "radical e perfeito quando Nietzsche conduz o homem a uma 'potência criadora anônima', contra um vir a ser do mundo conceitualmente indefinível". Talvez esta contradição seja resumida no que escreve Fink no seu ensaio *Nova experiência do mundo*: "O homem se perde no vir a ser universal, o mundo se concentra no homem [...] Os conceitos falsificam e alteram na medida em que, por seu esquematismo estático, solidificam o movimento real". Daí a escolha de Nietzsche pela "intuição", pela multiplicação de imagens e pela volta da experiência do mundo.

Variations sur Descartes.
Parfois je pense; et parfois, je *suis.*

Mas devemos ficar atentos também às experiências cotidianas e repetitivas. Talvez fosse mais correto falar da perda da experiência diante do movimento circular dos acontecimentos: as novas tecnologias (computador, televisão...) nos levam a um mesmo procedimento mecânico. Isso nos remete à ideia de experiência em Walter Benjamin das *Passagens* e de *Sobre alguns temas baudelairianos* que ele identifica ao tédio. Os textos de Benjamin podem nos ajudar a entender a experiência do tempo hoje, muito diferente da experiência do tempo do século XX: vivemos uma radicalidade daquilo que ele chamava "tempo homogêneo e vazio": como os operários do século passado em uma fábrica, repetimos em nosso cotidiano os mesmos gestos, só que em ritmo acelerado e louco nas ruas, nos escritórios, nas nossas casas. Os ritmos lentos dos processos naturais tendem a desaparecer, e com eles a experiência do olhar: a percepção é feita de maneira diferente. A sucessão rápida das imagens, a aceleração das comunicações, o ritmo da difusão das informações – apenas anunciadas e imediatamente esquecidas por outras mais espetaculares – anulam o paciente e lento tempo da reflexão, ou melhor, joga o tempo do pensamento para mais tarde. Mais: as coisas perdem a verdadeira velocidade de sua essência. Parar para pensar equivale a perder o bonde da história dos acontecimentos, da moda, das celebridades e, portanto, o tempo da "vida vivida".

Duas citações de Montaigne sobre o trabalho do espírito: "Mais parce que, aprés que le pas a été ouvert à l'esprit, j'ai trouvé, comme il advient ordinairement, que nous avions pris pour exercice malaisé et d'un rare sujet ce qui n'est aucunement et qu'après que notre invention a été échauffée, elle decouvre un nombre infini de pareils exemples[...]". É uma busca sem fim do espírito e "ses inventions s'échauffent, se suivent, et s'entreproduisent l'une l'autre". Mas é preciso dar o primeiro passo, como nos convida Montaigne.

Em tempos de racionalidade técnica e irracionalidades, voltemos à ideia de experiência do pensamento.

Na relação entre Ciência e Pensamento, muito se escreveu sobre as concepções puramente instrumentais das teorias. Valéry vê, por exemplo, uma transformação radical na maneira de pensar da ciência que tende cada vez mais a substituir o saber pelo aumento do poder. Ele escreve: "A entrada em cena da teoria da energia e daquela que fala da aplicação dos cálculos estatísticos à física marca uma época do espírito. Porque estas teorias consagram o abandono da pretensão de conhecer o universo físico em si, e manifestam a resignação em trocar o saber pelo poder. Não se trata mais de penetrar o íntimo das coisas, mas de se limitar às suas manifestações *finitas*, isto é, sensíveis e tangíveis – ou numeráveis". Com isso, ele não quer dizer que a ciência reduz-se a procedimentos positivistas apenas: é evidente que ela traz nela mesma muito mais do que o que vem à expressão. Ao renunciar a especulação dos mecanismos internos, que são os responsáveis, como observa Jacques Bouveresse, pela ocorrência e pela sucessão dos fenômenos que observamos, acabamos "por nos concentrar exclusivamente sobre a tarefa que consiste a se dar os meios de descrever, medir, calcular e predizer seus efeitos". Com o predomínio da visão instrumental, a ciência perde sua significação profunda. Mas o pensamento perde muito mais ao se pôr a serviço da ideia de progresso científico e técnico. Nesse processo, o esclarecimento, no lugar de buscar a transparência do fundamento das coisas, acaba por servir a um fim que não é um fim em si, como escreve Wittgenstein:

> Nossa civilização caracteriza-se pela palavra 'progresso'. O progresso é sua forma, e o fato de ela progredir não define propriamente uma de suas propriedades. Ela é tipicamente construtiva. Aquilo que a torna ativa é o fato de levantar uma construção sempre mais complicada. E o próprio esclarecimento não faz outra coisa a não ser o de servir a este fim que não é um fim em si. O que me interessa não é construir um edifício, mas ter diante de mim, de maneira transparente, os fundamentos dos edifícios possíveis.

Quando se trata do pensamento, a crítica de Valéry é também radical: para ele, hoje, tudo, ou quase tudo na filosofia, tende a se reduzir ao uso de algumas palavras, ou melhor, aos recursos da linguagem. O ceticismo radical leva Valéry a esta imagem da filosofia: "Quanto às questões que atormentam a metafísica e a consciência [...] elas se assemelham aos movimentos dos animais presos que andam indefinidamente da esquerda para a direita, da direita para a esquerda até caírem de fadiga. O pensador está na prisão e move-se indefinidamente entre quatro palavras". Estas duas reduções criam um abismo profundo "entre as ambições e as realizações da ciência e da filosofia", na avaliação de Bouveresse.

Mas ao falar de *coisas vagas*, Valéry não descarta os paradoxos e ambiguidades que estas duas palavras trazem. Ele nos conduz a dois mundos que o pensamento das *coisas vagas* deve especular: o mundo da verdade e o mundo da crença. No mundo dominado pelos fatos, tendemos a acreditar em tudo o que a ciência prescreve e explica, supondo que seja o mundo verdadeiro. Recorramos a Nietzsche: ele diz que o "homem de verdade [...] tal como a crença na ciência o pressupõe, *afirma* [...] *um outro mundo* diferente do mundo da vida, da natureza e da história; mas, na medida em que ele afirma um 'outro mundo', da mesma maneira não deve ele justamente negar seu outro, este mundo, *nosso* mundo?". Ao construir o mundo em torno da ideia de crença, corre-se o risco não apenas de fetichizar a ciência, mas também o de promover o retorno ao que Musil chamou de "nostalgia da crença", entre elas a crença religiosa.

Tanto nos *Cahiers* quanto nos ensaios filosóficos e políticos, Valéry não cessou de dar importância a um termo que nos toca particularmente quando o tema em discussão é a experiência do pensamento em um mundo dominado pela ciência e pela técnica. Pode-se dizer que grande parte de seu pensamento gira em torno da ideia de *fidúcia*. Confiança; fiar-se. Esta palavra, como nos lembra Jean-Michel Rey, serve em Valéry para um conjunto de analogias, aventuras do pensamento sem direção preestabelecida, predisposta, portanto, à reflexão. Lemos, por exemplo, em um fragmento de um *Cahier* de 1939:

> C'était fini de la métaphysique – de la mistique – de la société – de la partie naïve de poésie et surtout de l'histoire et du roman, croyances!...
> Tout ce fiduciaire s'évanouit...
> Que restait-il? Les 'sciences' mais en tant que reduites à leurs opérations et pouvoirs.

Entenderemos melhor este fragmento se lermos outro, também dos *Cahiers*: "Toda minha 'filosofia' é dominada pela observação do caráter finito – *por razão funcional* – de todo 'conhecimento'. Este caráter é real – enquanto todo *não finito* é fiduciário. Este *finito* é exigido pelo cíclico".

Com o domínio da ciência como "operações e poderes", certa positividade que confiança e crença – *coisas vagas* – podem trazer desfaz-se. O termo *coisas vagas* passa a ter outro sentido, o de crença apenas, novo "avatar" da ilusão religiosa. Mais: uma vez que hoje as religiões tendem a mobilizar mais do que a política, como nos alerta Žižek, devemos ficar atentos a uma questão mais delicada ainda que se avizinha: à junção neurociência e religião que promete produzir o que se denomina "neuroteologia", "campo de pesquisa em que, pela manipulação dos neurônios, tenta-se despertar no cérebro sensações de experiência religiosa". "Neuroteólogos", diz Žižek, "acham que, dentro de anos, teremos a experiência mais transcendental de Deus". Seria, certamente, outra grande derrota do pensamento.

Mas o que nos assusta hoje é o pesadelo de um pensamento sem vínculos com o real e, ao mesmo tempo, a existência de uma realidade que se estrutura como bloqueio à expressão. Somos convidados não ao diálogo do pensamento com o pensamento, mas, a partir do novo mundo, propor a experiência de pensamentos. Retomar, em um só gesto, a origem do pensamento e a fundação, isto é, aquilo que jamais foi pensado. Por origem e fundação entenda-se o impensado, que é parte da tradição e que, no entanto, "abre-se para outra coisa".

O que Merleau-Ponty diz nos leva a pensar, na tradição de Heidegger, que o pensamento do ser jamais está completamente separado do mundo que nos cerca: verdade ontológica e transcendência relacionam-se sempre com coisas particulares. Como podemos ler nas *Teses de Heidegger sobre a verdade*, de Jean Wall, "a transcendência da realidade humana é a condição deste pensamento do ser enquanto diferente do pensamento do existente e também enquanto ligada ao pensamento do existente". Merleau-Ponty define assim o trabalho do espírito: gesto simultâneo de sair de si e entrar em si que se revela quando a experiência se abre aos segredos do mundo. "É à experiência que nos dirigimos", escreve ele em *O visível e o invisível*, "para que ela nos abra ao que não é nós". Esta é a maneira de fugir do pensamento idealista quando o ontológico se funda no transcendental.

Vivemos hoje uma situação paradoxal: uma mobilização permanente e sem fim no vazio, sem interioridade pessoal e sentido coletivo, portanto, na ausência de experiência, e, ao mesmo tempo, um não saber do mundo. Isso equivale à perda da experiência histórica. Traduzindo: vivemos sem história e sem as abstrações que dão sentido aos fatos históricos e à pluralidade caótica dos acontecimentos. Assim, ficamos impossibilitados não apenas de pensar as ruínas no momento mesmo em que elas se dão, mas também – o que é mais trágico – antes que elas aconteçam, como pedia Walter Benjamin? É como se estivéssemos cercados de imagens sem objeto ou habitássemos um mundo no qual as coisas ganhassem valor, mas perdessem sentido.

Uma das origens deste mundo é certamente o domínio da ciência e da técnica. Tomemos, pois, como um dos pontos de partida a ideia proposta por Heidegger de uma cisão entre ciência e pensamento e sua célebre frase: "a ciência não pensa". Para Heidegger,

> a ciência não se move na *dimensão da filosofia*. Mas, sem o saber, ela *se liga* a esta dimensão. Por exemplo: a física move-se no espaço, no tempo, no movimento. A ciência enquanto ciência não pode decidir o que é o movimento, o espaço, o tempo. Portanto, a ciência não *pensa;* ela nem mesmo *pode* pensar *neste* sentido com seus métodos. Não posso dizer, por exemplo, o que é a física com os métodos da física. É que não posso pensar a física à maneira de uma interrogação filosófica. A frase "A ciência não pensa" não é *un reproche*, mas simples constatação de uma estrutura interna da ciência: é próprio de sua essência que, de uma parte, ela dependa daquilo que a filosofia pense, mas que, de outra parte, ela mesma esqueça e negligencie o que *aí* se exija ser pensado.

É bom deixar claro: ninguém pode afirmar com seriedade que a humanidade em geral e os pensadores em particular criticam – ou lamentam – a contribuição da ciência para a descoberta de verdades reconhecidas. Duvidar, "por princípio", do que afirma a ciência moderna e, ao mesmo tempo, "dar provas de receptividade assustadora em relação a teorias ou fenômenos que a ciência rejeita como inteiramente inverídicas" é uma das características mais marcantes da mentalidade "pós-moderna", como afirma Jacques Bouveresse. Esta maneira de pensar conduz àquilo que aparece como seu contrário – isto é, o elogio das crenças religiosas e das superstições –, que rivaliza com o cientificismo dominante, mas que resulta sempre no mesmo ponto final: a derrotar o pensamento. Robert Musil, um dos ensaístas mais importantes do nosso tempo, mostra que o homem moderno vive na confluência de dois mundos que anulam o trabalho do pensamento: no ensaio em que faz o "retrato clínico do espírito aviltado pelos gozos prolongados da intuição", espírito do nosso tempo, ele diz: "Que toda a riqueza do nosso tempo acabe finalmente nisso: que o essencial jamais pode ser dito ou tratado, que se mostre extremamente cético *in ratione* (isto é, precisamente contra tudo o que não tem outra virtude que não a de ser verdadeiro!), mas incrivelmente crédulo em relação a tudo o que passa pela cabeça, que se ponha as matemáticas em dúvida para melhor confiar nas próteses da verdade [...]". Em outro ensaio, põe em questão a ideia de ciência como crença quase religiosa. Pressionado pelo racionalismo do conhecimento tecnocientífico e pelo irracionalismo das crenças, vemos hoje o eclipse daquilo que Paul Valéry e Robert Musil chamaram de *utopia da polidez do pensamento* ou *polidez do espírito*. Se a polidez é a arte dos signos, como nos lembra outro filósofo, Alain, como nomear os signos que hoje dominam a vida social, cultural e política? Tudo é remetido à aridez dos números, à aspereza dos sentidos e à arrogância intelectual do imediato. Musil dirige-se em particular aos intelectuais quando escreve: "Há no mundo algo que nos deveria levar à polidez e à discrição mais extremadas (= a humildade indutiva), seja quando agimos ou quando nossos pensamentos referem-se a ele, e esta polidez deveria bastar para se deduzir dele todas as outras polidezes. Mas em geral isso jamais é levado em consideração". Musil escreve ainda em *O homem sem qualidades*:

> Se perguntarmos de maneira imparcial como a ciência assumiu a forma que tem hoje em dia – o que em si é importante, pois ela nos domina e nem mesmo um analfabeto está a salvo dela, pois aprende a conviver com incontáveis coisas de origem científica –, já temos dela outra imagem. Segundo tradição fidedigna, isso começou no século XVI, uma era de intensa mobilidade espiritual, quando já não se tentava mais penetrar os segredos da natureza, como se fizeram com dois mil anos de especulação religiosa e filosófica, mas nos contentávamos, de um modo que só pode ser chamado de superficial, com a pesquisa de sua superfície [...] Podemos começar com a singular predileção do pensamento científico por explicações mecânicas, estatísticas, materiais, às quais se retirou o coração. Encarar a bondade apenas como forma especial de egoísmo; ligar emoções com secreções internas; constatar que o ser humano consiste em oito ou nove décimos de água; declarar que a famosa liberdade ética do caráter é um anexo mental da livre-troca, surgido automaticamente; atribuir a beleza à boa digestão e bons tecidos adiposos; colocar reprodução e suicídio em gráficos anuais que mostram como obrigatório aquilo que parecia vir de

livre decisão; considerar o êxtase e a demência como aparentados; comparar como extremidades retal e oral da mesma coisa o ânus e a boca: esses tipos de ideias que revelam o truque que existe no teatro mágico das ilusões humanas sempre encontram uma espécie de preconceito favorável, para as fazer passar por particularmente científicas.

Musil conclui este quadro tão atual, a era de domínio da explicação da biociência para tudo, que a voz da verdade tem um rumor secundário suspeito. É preciso lembrar o que diz a filosofia de Merleau-Ponty: o corpo humano possui um "outro lado", um lado "espiritual", lado escondido para sempre ou provisoriamente, intelecto como potência de transformação.

Ora, esta maneira de pôr o problema nos remete à discussão da essência da ciência e sua relação com o pensamento. Permite também entender melhor o que Heidegger quer dizer com *a ciência não pensa*. É certo que, além de fincar raízes na essência da realidade humana, a ciência é também uma das possibilidades desta realidade: "isso equivale a dizer", escreve Jean Wall,

> que existem outras possibilidades, e dizer também que a ciência é ligada a outra coisa que não a ela mesma, isto é, ao pensamento do ser. A transcendência e o ato de transcender são de alguma maneira o outro que é suposto pela própria ciência. A ciência, qualquer ciência, estuda não o ser – isso é reservado à filosofia –, mas certo domínio do existente. Existe sempre um domínio particular do existente que é estudado pela ciência. Portanto, qualquer ciência é uma ciência particular, e é isso que distingue qualquer ciência da filosofia.

Diferente da ciência, que procura dominar o existente, o pensamento é o fundamento da existência do homem.

Pode-se dizer, portanto, que enquanto a filosofia busca o conhecimento do ser (através das várias formas: da ética, da política, das artes etc.), a ciência trabalha sempre no sentido do domínio e controle do que existe. Pode-se sintetizar com o embate ou diferença entre duas expressões: o mundo dos "fatos" e o das "coisas vagas".

Quando Merleau-Ponty escreve que "a filosofia está em todo lugar, até mesmo nos 'fatos'", ele nos quer alertar para duas coisas: primeiro, que o pensamento exige de nós trabalho para que ele próprio seja revelado a partir dos fatos; segundo – o mais importante –, a distinção que ele propõe entre "fato" e pensamento. Podemos acrescentar ainda que os fatos científicos se dão hoje em excesso e propõem-se a uma "visibilidade" opaca. Além do mais, não são dizíveis, isto é, tendem a dificultar o trabalho do pensamento e sua expressão. Ora, Heidegger nos mostra que todo pensamento traz nele o impensado, e a tarefa da filosofia consiste em ir em direção a ele. Estes desvendamentos levam ao entendimento do ser. Repetimos, com este gesto de retomada permanente, "a experiência das grandes filosofias". É neste sentido que devemos entender a ideia de Merleau-Ponty de que, em filosofia, jamais existe superação absoluta, mas retomada.

Eis a questão: o que está dificultando hoje o diálogo com o passado e, em consequência, a retomada do pensamento? Talvez a fé cega nos postulados da ciência – em particular a biociência – que pretende "inaugurar" tudo e a tudo dar uma resposta científica. Não podemos abrir mão dos grandes sistemas filosóficos porque o pensamento é uma retomada; um resultado científico pode ser substituído por outro porque seu trabalho é sempre parcial, enquanto o pensamento busca sempre o universal. Como nos diz Wall a propósito da ciência, "não é sua essência própria que está implicada na busca de uma verdade científica", uma vez que ela opera sobre fatos, ou melhor, não existe essência científica. Diferente da filosofia, que jamais busca resultados, a ciência é um "conhecimento positivo, ocupando-se de um domínio determinado do existente [...] A ciência procura esclarecer algo que é dado, a filosofia transcende todo dado".

Por fim, algumas observações sobre as relações entre técnica, ética e política. Costuma-se dizer que, na visão antiga, a ação técnica era controlada e limitada no tempo e no espaço: ainda que modificasse o meio natural, em última instância deixava à natureza a função de totalidade. O máximo que se poderia dizer é que utensílios e máquinas eram extensões do homem; até mesmo, como escreve McLuhan, as mídias eletrônicas eram consideradas extensões do sistema nervoso. Ou seja, a técnica estava a serviço do prolongamento da "essência" humana. Mas não devemos esquecer que, desde o início, a ciência moderna sonha com o domínio da natureza tendo em vista melhorar as condições de existência e, com isso, chegamos enfim à manipulação genética, à cibernética, à informática etc. Aos poucos, a tecnociência foi ganhando autonomia não só em relação à natureza, mas também em relação à política e à ética. Mais: como nos lembra Gilbert Hottois, autor de

Le signe et la technique (La philosophie à l'épreuve de la technique), as respostas aos problemas da civilização técnica, no lugar de serem políticas (ou éticas), tornaram-se elas mesmas técnicas: "Os males engendrados pela técnica seriam solucionados com *mais* técnica, com uma técnica avançada ou outra técnica (por exemplo: a telemática como remédio para o centralismo burocrático e industrial; a fusão controlada como remédio para a fissão; as bactérias manipuladas que tornam biodegradáveis os lixos 'indigestos' etc.)" . Em síntese, a tecnociência torna-se um sistema autônomo de tal sorte que o humano (individual e coletivo) "torna-se o vetor, não o mestre, do crescimento técnico". O pensamento vem a reboque das decisões técnicas. Hottois dá outro exemplo: hoje, a informatização da sociedade é uma "indiscutível" necessidade. A decisão política, diz ele, consiste no máximo em curvar-se diante desta necessidade e a antecipação do que será a sociedade informatizada é extremamente vaga e incontrolável. Por fim, no percurso da mutação técnica, Hottois conclui que hoje a humanidade aparece menos "como uma natureza ou uma essência (formalmente definida se bem que a realizar e a se fazer) e mais como um nó insondável de possíveis que nenhuma teoria pode seriamente antecipar ou esclarecer". É aqui que entra o papel essencial da ética e da política. A crítica nos mostra que o domínio da tecnociência cria problemas ao mesmo tempo para a ética e para a política. Se levarmos às últimas consequências os axiomas de que, para a tecnociência, "tudo é possível" e "é preciso fazer, experimentar, todo o possível", entramos então em rota de colisão com as ideias de teoria, política e ética. Ora, a teoria trabalha nos limites do possível em sínteses provisórias que sabem que trazem nelas o impensado. Ela não tem a "evidência absoluta" da técnica que só se apresenta como "evidência" porque se recusa a penetrar no íntimo das coisas e se basta com as manifestações finitas, isto é, "sensíveis e tangíveis – ou numeráveis". Em poucas palavras, trata-se cada vez mais da substituição do saber pelo poder técnico. Em breve ensaio sobre a relação entre técnica e ética, Hottois fala da "dupla desmedida" da técnica desenvolvida por J. Ellul no livro *Le système technicien*: "A técnica é em si supressão dos limites. Para ela não existe operação impossível ou proibida: isso não é um caráter acessório ou acidental, é a própria essência da técnica [...] A autonomia (da técnica) manifesta-se em relação à moral e aos valores espirituais. A técnica não suporta nenhum julgamento, não aceita nenhum limite [...] ela se situa fora do bem e do mal". A conclusão a que chegam Hattois e Ellul é que o domínio da técnica permite o surgimento concreto do desaparecimento da experiência moral em consequência de uma mutação do próprio homem. Ora, sabemos que o humano é o mediador da ética e se pudéssemos pensar uma ética da técnica só nos restaria uma hipótese de difícil sustentação: "promover unicamente os possíveis tecnocientíficos que não corram o risco de alterar gravemente ou irreversivelmente ou suprimir a capacidade ética da humanidade". Cabe ainda defender o imperativo de Hans Jonas em seu famoso livro *O princípio responsabilidade*: "Aja de tal maneira que as consequências de sua ação sejam compatíveis com a permanência de uma vida autenticamente humana sobre a terra".

Por fim, uma brevíssima nota sobre técnica e política: sabemos que o simbólico é essencial no ordenamento político. Que seria da política sem a ordem simbólica? Ora, o advento da aliança tecnopolítica levou à irrelevância dos signos e símbolos. A tecnocracia, na medida em que é separada do campo simbólico, da cultura e da história, trata a política como um de seus objetos calculáveis e manipuláveis, técnica de canalização e controle do político.

O que significa "pensar"?
Aventuras do pensamento entre a Antiguidade e a Modernidade
Francis Wolff

Como tentamos mostrar em nossa contribuição sobre *A condição humana*[1], a maior mutação no pensamento científico contemporâneo é a passagem, hoje em dia, de uma definição do homem feita pelas "ciências humanas" (sociologia, antropologia cultural, psicanálise etc.) do século XX, a uma definição puramente biológica: o "homem neuronal", como se costuma dizer. De tal forma que parece fácil responder à pergunta: "O que significa pensar?". O pensamento é uma atividade de nosso cérebro. Ou melhor, é a atividade do cérebro de certos mamíferos evoluídos, atividade que lhes permite adaptação a melhores condições na vida terrestre. Aprofundar mais é inútil. O pensamento é isso e só isso. A engenharia de imagens cerebrais progrediu tanto nos últimos anos que é quase possível *ver* "ao vivo" as áreas do cérebro solicitadas nas diversas atividades do sujeito, por exemplo, reconhecer um rosto, relembrar um perfume, fazer um cálculo mentalmente, ter um pesadelo, aprender a dançar etc.

Portanto, é possível observar inúmeros pensamentos de que não temos consciência e até analisar o processo mental complexo pelo qual passa nosso cérebro, sem nossa ajuda, para que possamos abrir a porta, fechar a janela, responder automaticamente a uma pergunta banal ou recuar a bola para um jogador livre de marcação. Tudo isso pode ser observado, tudo isso pode

---

1 Ver Francis Wolff, "As quatro concepções do homem", in *A condição humana: as aventuras do homem em tempos de mutações*, São Paulo: Edições SESC SP/Agir, 2009, pp. 37-73.

ser medido. Aliás, depois de um acidente cerebral, quando alguém se vê privado de determinada função mental, temos a prova de tudo o que era necessário *pensar* para poder simplesmente mexer, calcular, falar, atividades que fazíamos sem delas nos dar conta – *isto é: sem vivenciá-las*. Logo, o pensamento parece ser nada além de uma série de impulsões elétricas do cérebro, e constatamos que o continente do pensamento é muito mais vasto do que a ilha da consciência. A experiência consciente é apenas a parte emergida do *iceberg* do pensamento.

É por isso, aliás, que não podemos nos satisfazer com esta primeira definição do pensamento pela atividade cerebral, se "pensar" – no sentido pleno do termo – significa "fazer" algo. Senão, seria como definir um quadro de Leonardo da Vinci pelos comprimentos de onda das cores ou uma música de Tom Jobim pelas vibrações do ar. É verdade que a mais bela música do mundo não passa de uma série de ondas mensuráveis em comprimento, intensidade, frequência etc. Porém, não há nada em comum entre essas medições físicas e o que ouvimos numa música. As vibrações do ar são um fenômeno *objetivo* que não se ouve. Acontece que um som é audível, e ouvir é experimentar algo; e isso é um fenômeno *subjetivo*, algo que cada um pode experimentar. Ouvir significa sentir algo que os surdos não podem sentir, embora sejam capazes de entender, analisar e medir comprimentos de ondas sonoras. A verdadeira dificuldade é essa: como explicar que quando um corpo emite radiações eletromagnéticas cujo comprimento de onda é de 580 nanômetros... Vemos amarelo e pensamos "amarelo"?

É a mesma coisa para o pensamento em geral: há por um lado o pensamento como atividade cerebral, objetiva, mensurável; e há por outro lado *a experiência* que cada um faz ao pensar, ou seja, o fluxo permanente dos pensamentos diversos que passam pela nossa mente a cada instante. Não vemos a relação que existe entre os dois, apesar de saber que ela *existe*. Sabemos que sem a atividade cerebral não pensaríamos. Sabemos que a primeira é a condição da segunda. Sem cérebro, nada de pensamento; sem conexões elétricas entre os bilhões de neurônios, nada de cheiro, nem de cor, nada de amor nem de ódio, nada de prazer nem de dor, nem $2 + 2 = 4$, nem B e A = BA, nada de Beethoven nem de Carlos Drummond de Andrade. Mas o que é impossível entender é a relação de causalidade entre corpo e mente, entre cérebro e pensamento, é o processo de transformação de impulsões elétricas em estados de consciência. Como movimentos físicos se tornam uma experiência, um som, uma cor, uma lembrança; como a composição química da pera (que é possível analisar nos menores detalhes) dá a esta fruta seu gosto único de pera que experimentamos?

Esse é o problema maior da disciplina que chamamos "filosofia da mente" e que se chamava na Idade Clássica de problema da relação entre a alma e o corpo. Problema duplo, aliás: como movimentos do corpo (impulsões do cérebro) podem se tornar pensamentos em mim? E reciprocamente: como pensamentos podem se tornar impulsões do corpo? Por exemplo: quero sair daqui (é um desejo, logo um simples pensamento) e fui, já estou indo embora, é um movimento: meu pensamento é capaz de agir sobre meu corpo, uma ideia que passa pela minha mente é capaz de agir sobre minhas pernas. Milagre! É mágico: o pensamento tem capacidade de agir sobre o corpo! Melhor ainda: é possível mesmo que um pensamento controle um corpo alheio, o de um robô, por exemplo[2].

O pensamento é uma coisa e a experiência do pensamento, outra coisa[3]. A experiência do pensamento não é o pensamento todo, ela é geralmente sua parte mais nobre. Ela também é às vezes uma carga inútil. De qualquer jeito, segundo esta segunda definição, o pensamento acompanhado de consciência não é mais um processo físico, um mecanismo cerebral, é a experiência de um sujeito. Que sujeito? *Eu*, pura e simplesmente. Cuidado, contudo: posso estar consciente de algo sem ter a consciência de que sou eu quem está consciente disso. É provavelmente o que acontece com um bebê, por exemplo. Ele tem consciência de sentir fome, de sentir sede, de sentir dor, ele tem consciência do que vê, ele reconhece rapidinho a voz ou o rosto de sua mãe, ele até reconhece rapidamente seu próprio braço, sua mão, porém ele não tem consciência de que se trata de *sua* mão, de que esta mão é dele, de que seu corpo é um conjunto e que este conjunto é ele, de que este ele é um *eu*, sempre o mesmo, este *eu* que ele ainda não tem a consciência de ser. Ele pode pensar muitas coisas antes de conseguir pensar a si próprio. Ele pode experimentar o mundo antes de experimentar a si mesmo.

---

2   Ver Joëlle Proust, "Autocontrole: em direção a um novo homem?", in *A condição humana: as aventuras do homem em tempos de mutações*, ed. cit., pp. 341-373.
3   Ver em particular, hoje, David J. "Chalmers, The Conscious Mind", in *Search of a Fundamental Theory*, Oxford, New York: Oxford University Press, 1996.

Para todos os efeitos, um pensamento completo e acabado é uma consciência e seu sujeito. É um ato, *pensar*, acompanhado de seu agente, *eu*. E o conjunto propicia esta experiência única: "estou pensando".

Isso não significa que eu seja o autor, a origem, o dono dos meus pensamentos, como se dependesse do meu bem-querer pensar isso ou aquilo. Na maior parte do tempo, o que estou pensando, penso sem querer, e, como dizia Nietzsche, um pensamento vem em mim quando ele quer e não quando eu quero. Ninguém é verdadeiramente o dono absoluto de seus pensamentos, embora cada um esteja convencido de que ele é o autor de seus pensamentos como é o sujeito gramatical de seus atos. Os pensamentos vão, vêm e se vão, muitas vezes independentemente da minha vontade: pensem nos pensamentos parasitas, obsessivos, ou ainda na incapacidade nossa muitas vezes de pensar no que deveríamos, de nos concentrar, de dobrar nosso pensamento de acordo com nossa *força de vontade* – força essa que é apenas mais um pensamento, que na maioria das vezes também não depende de mim. Quando se diz que experimentar o pensamento significa ter a sensação de que sou eu quem pensa, não quer dizer que "eu" seria o criador dos meus pensamentos, como se estes me obedecessem. A relação entre mim e meus pensamentos é antes oposta: é porque experimento estes pensamentos o tempo inteiro, que eles criam em mim a sensação do eu, de um eu permanente e imutável. Não sou eu quem molda meus pensamentos, são antes meus pensamentos que me moldam. Afinal de contas, pensar, para um sujeito, significa poder saber que ele pensa. Não há experiência do pensamento sem um sujeito capaz de experimentá-lo.

E é aí, finalmente, que eu entro, eu. De vez em quando, com efeito, ocorre que este pensamento que está em mim como um fluxo permanente, este pensamento que viravolta sem parar de acordo com as circunstâncias da existência e para nos objetos os mais variados, ocorre que este pensamento para neste objeto específico que lhe serve de suporte permanente e que chamo de eu.

E então, em vez de pensar nisso ou naquilo, no tempo lá fora ou no terrorismo internacional, penso em "mim", penso que estou pensando, penso, logo "eu", os pensamentos parecem ser meus, penso que sou *eu* quem está pensando e o pensamento cessa de ser produzido em mim sem querer para parecer que é produzido por mim. Eu penso. Eu penso, isto é: penso que estou pensando, o que não significa nada além de penso que sou *eu* quem está pensando; penso-me como não apenas o centro focal onde ocorrem pensamentos, mas o sujeito, o sujeito único, o sujeito inicial de todos os meus pensamentos. Sou eu quem está pensando, penso, quando começo a pensar que, de fato, penso.

Ao experimentar o pensamento, percebo que ele tem, portanto, essa dupla propriedade surpreendente de ser ao mesmo tempo transitivo (ele possui um objeto exterior) e reflexivo (ele pode tomar a si mesmo como objeto), e este objeto que é ao mesmo tempo sujeito, eu o chamo de eu. Eis então o terceiro grau do pensamento, mais elevado, porém também mais restrito que os anteriores: não mais uma série objetiva de impulsões elétricas no cérebro de alguns animais, não mais uma pequena parte deste fenômeno cerebral, aquela que constitui o fluxo permanente que vivencio, mas uma pequena parte deste fluxo, aquela da qual posso me tornar consciente pensando que sou eu quem está pensando. E já que o pensamento que vivencio sempre é *meu* pensamento e que, reciprocamente, a cada vez que me dou conta de que estou pensando, também sei que sou *eu* quem está pensando, posso concluir que meu pensamento sou eu e que eu nada mais sou do que meu pensamento. Foi, aliás, a definição de Descartes, para quem nada sou além de uma *coisa pensante*.

Mas o que é "uma coisa que pensa"? É, diz ele, "uma coisa que duvida, que concebe, que afirma, que nega, que quer, que não quer, que também imagina e sente"[4]. Logo, pensar para Descartes significa ser consciente de qualquer coisa. E pensamos o tempo inteiro. Não conseguimos nos impedir de pensar. Tentem não pensar e logo esse esforço para não pensar será seu próprio pensamento.

(Daí o poder dos gurus! Eu notei acima que cada um de nós tinha o poder mágico de agir sobre o corpo com o pensamento: basta geralmente pensar que eu quero andar para que apenas este desejo faça que eu comece a andar. Mas, agora, vou fazer uma coisa melhor ainda. Posso lhes mostrar que tenho não somente o poder do meu pensamento para agir sobre meu corpo, mas também – como todo mundo – um poder mágico sobre os pensamentos de vocês mesmos. Posso, por exemplo, fazer com que vocês pensem num elefante cor-de-rosa. Tenho certeza disso. Vocês não acreditam? Vocês acham que

---

4 Descartes, "Méditation seconde", in *Méditations métaphysiques*, IX, 22, Paris: Adam-Tannery, 1983.

conseguem agora mesmo não pensar num elefante cor-de-rosa? Muito bem. Então, vamos, tentem agora, neste instante, não pensar num elefante cor-de-rosa; vocês vão ver que é impossível. De fato, ao realizar o esforço de não pensar nisso, vocês vão pensar nisso, vocês vão pensar nisso como eu quis que pensassem e como vocês mesmo não queriam. Viram? Não é difícil ser um charlatão, um predicador que se diz dono de suas forças de vontade, um guru que se apodera de seus pensamentos contra sua vontade.)

Logo, o pensamento é a consciência. Ele é necessariamente indefinível, pois como defini-lo sem pressupô-lo? Não se pode dizer o que ele é, só se podem elencar seus diferentes modos. Pensar significa em primeiro lugar sentir, ou seja, perceber – porque quando sinto algo, quando vejo, quando ouço algo, tenho consciência de que sinto, vejo, ouço este algo. Consequentemente, ouvir um som, uma música, enxergar uma cor, um rosto, já é pensar. Talvez seja o grau mais baixo do pensamento, já que permaneço totalmente passivo: perceber significa *receber* algo que me é dado de fora, que me é quase que imposto; tenho de fechar os olhos, tampar os ouvidos se eu não quiser enxergar ou ouvir, mas não sou eu quem decide o que está para ser visto ou ouvido. Num segundo nível, posso também imaginar, isto é: representar-me mentalmente coisas sensíveis, as que eu poderia ver, ouvir, sentir, embora elas não estejam presentes no atual momento, como a Torre Eiffel ou o Cristo do Corcovado. Ao imaginar, já penso de maneira mais ativa, depende mais de mim, sobretudo sob a forma mais elevada da imaginação chamada criativa, a dos artistas ou romancistas; a imaginação é uma invenção de personagens possíveis, de lugares, de mundos verossímeis: foi deste pensamento imaginativo que saíram as maiores criações da mente. Eis uma experiência de pensamento propriamente humana! E paralelamente a essas duas formas de imaginação, existe o pensamento que nos permite viajar no tempo, este pensamento que é chamado memória, que também possui duas formas diferentes: a lembrança passiva e a rememoração ativa quando faço um esforço para procurar na minha memória algo que eu vi, que eu vivi ou simplesmente que eu sei. Sob sua forma geral, na escala de um povo ou da humanidade, essa experiência do pensamento é a história. Do mesmo modo que não há pensamento individual sem memória, não há pensamento coletivo e, portanto, não há coletividade, comunidade ou povo sem um passado, sem a *crença* num passado (seus mitos fundadores, o que ele considera como sua tradição, sempre em processo de reinvenção) e sem o saber sobre seu passado (trata-se da sua própria história, cuja constituição e reconstituição nunca acabam).

Acima da percepção, da imaginação, da memória, existe principalmente tudo o que tem a ver com o que Descartes chama "conceber"; ao que podemos acrescentar "afirmar", "negar", assim como refletir, raciocinar, enfim, os modos do pensamento *racional*.

Vamos considerar seus três graus. Há primeiro a "concepção", que é preciso distinguir da "imaginação". Um conceito é uma representação mental geral e abstrata, enquanto uma imagem é uma representação mental concreta e específica. Tentem imaginar um homem em geral: vocês não vão conseguir. Pois vocês vão imaginar ou um homem ou uma mulher ou uma criança ou um idoso ou um moreno ou um loiro, mas o ser humano em geral não é nem homem nem mulher, nem jovem nem idoso, nem moreno nem loiro, já que ele pode ter qualquer uma dessas características. Porém, se é impossível formar a imagem de um homem em geral, é muito fácil conceber o homem. Quando penso em "homem", incluo no meu conceito tudo o que há de comum entre todos os homens reais ou possíveis e somente isso; o conceito é o produto de um duplo processo de abstração (abstrai-se o que é específico e que, logo, pode ser imaginado) e de generalização (mantêm-se em mente todas as características humanas). Por exemplo, quando digo "o homem é um animal social", refiro-me ao conceito de homem. Igualmente, é a partir do conceito de círculo que o geômetra raciocina. E o círculo do geômetra não é nem grande nem pequeno, ele não tem cor, seu diâmetro não possui espessura (o que é matematicamente necessário e fisicamente impossível) etc. É inimaginável e, no entanto, muito fácil de conceber. É simplesmente uma figura fechada na qual todos os pontos estão a igual distância de um mesmo ponto chamado "centro". Eis de novo uma experiência de pensamento propriamente humana.

O segundo nível do pensamento racional é aquele que combina conceitos para transformá-los em proposições. Não se trata mais de refletir sobre o cão ou o animal, mas de pensar a relação entre os dois, de afirmar algo sobre algo: por exemplo, "os cães são animais". Finalmente, a mais alta forma de pensamento ou pelo menos a mais complexa é o raciocínio, que combina proposições. Não se pensa mais a proposição "os cães são animais" ou "os animais são mortais", pensa-se a relação entre as duas, podendo-se deduzir "os cães são mortais".

O ponto em comum entre esses três graus do pensamento racional (o conceito, a proposição e o raciocínio) é que eles são impossíveis sem a linguagem e até sem uma linguagem realmente específica, própria ao homem: a linguagem articulada, que com alguns milhares de palavras pode fazer referência a uma infinidade de pensamentos. Talvez seja possível sentir, imaginar, desejar e até relembrar sem linguagem, mas não se pode conceber sem linguagem e, por conseguinte, nem afirmar nem raciocinar. A partir do momento em que há linguagem, o pensamento fica completamente diferente: ele se torna claro e distinto, inclusive a própria consciência. De fato, as palavras servem para comunicar, para serem dirigidas a outras pessoas; porem só se pode pensar consigo mesmo com as palavras comuns a todos. Dito de outra maneira, "pensar significa falar consigo mesmo", como dizia Platão. Eis uma nova definição do pensamento. Por mais individual que seja qualquer pensamento, só se pode pensar bem, de verdade, com outros, graças a outros, mesmo quando se está sozinho. E às vezes contra outros, e com a ajuda deles! É o que se chama *argumentar*.

O pensamento racional começa com a comunicabilidade, com a dizibilidade. Sozinho, tenho meus humores, meus sentimentos, minhas crenças, minhas opiniões, minhas convicções. Se eu quiser inculcar minhas crenças, minhas opiniões, minhas convicções a uma criança, basta-me a autoridade: "Acredite em mim, estou lhe falando, sou seu pai, seu educador, seu superior, você precisa acreditar em mim". Porém, se eu quiser convencer um ser que considero meu igual, preciso *argumentar*, e assim minha convicção poderá deixar de ser minha para se tornar um pensamento compartilhado. Preciso fornecer razões de pensar isso ou aquilo. E se eu encontrar razões válidas para todo mundo, a qualquer momento e em qualquer lugar, que fazem que qualquer outro ser falante, contanto que não tenha preconceitos e seja de boa-fé, tenha de acreditar em mim, então minha argumentação será universalmente válida e meu pensamento adquirirá o maior valor, o qual não será mais vinculado a mim, mas ao simples pensamento. Por exemplo: qualquer um pode *demonstrar* que $2 + 2 = 4$ ou que a soma dos ângulos de qualquer triângulo é de 180 graus. Não é uma questão de opinião. É a forma mais alta de pensamento, o pensamento racional. E trata-se de um pensamento sem pensador.

Num primeiro nível, já se disse que o pensamento nada mais é que a atividade de um cérebro. Contudo, para que um pensamento seja completo, ele precisa ser pensado, ou seja, consciente. É o segundo nível, que também não é próprio ao homem. Num terceiro nível, essa consciência precisa se tornar consciência de si, é preciso que haja um sujeito ("eu"), subjacente ao pensamento para que este pensamento seja completo, acabado. Nesse nível, notamos que ainda existe uma série de gradações, dependendo de este "eu" ser, em maior ou menor grau, o autor do próprio pensamento: completamente passivo na percepção, mais ativo na imaginação criativa ou na rememoração voluntária, ele parece ser o criador dos próprios pensamentos quando estes se tornam racionais no pensamento conceitual e no raciocínio. Mas é aí que assistimos a uma estranhíssima reviravolta. O maior grau do pensamento é aquele de minha autoria e não aquele que escapa ao controle da minha consciência. Mas o maior grau do pensamento de minha autoria não é mais um pensamento cujo autor sou eu, mas um pensamento sem autor ou, melhor dizendo, um pensamento cujo autor somos *nós*. Quem "nós"? Não uma determinada coletividade, mas sim a humanidade inteira. O pensamento racional é de fato um pensamento que, mesmo quando sou eu quem o experimenta, permanece sem nenhum autor, a não ser a própria razão. Quando penso racionalmente, penso o que qualquer homem poderia e deveria pensar. Não sou mais eu quem está pensando, é o homem (o homem conceitual) que pensa em mim. Se eu penso que $2 + 2 = 4$, não penso isso porque *sou eu*, mas justamente penso bem, penso corretamente, porque *não o penso mais em meu nome*, mas em nome da razão apenas, anônima, *sem rosto*, com a qual meu pensamento se identifica. É por esse motivo que foi um imenso progresso para o pensamento humano em geral o fato de poder pensar que $2 + 2 = 4$. Agora, se eu penso – isto é: se eu acreditar – que $2 + 2 = 5$, sou eu mesmo, eu sozinho quem pensa isso. Pois é minha individualidade, com suas carências e seus defeitos, quem comete erros ou é vítima de ilusões. Mas, quando penso certo, não penso mais em meu nome, *penso em nome de toda a humanidade*.

    Parece estranho. Será que um grande pensamento, um pensamento genial, como o de um grande artista, de um grande cientista, de um grande filósofo não é um pensamento novo, singular, pessoal, aquele que ele é o único a ter tido e que ninguém outro poderia ter tido exceto ele? É verdade, de certa forma, embora seja preciso desconfiar do desejo individualista de se singularizar a todo custo e do culto moderno à originalidade: os grandes pensamentos, as invenções mais brilhantes são muitas vezes anônimas.

Quem inventou a roda ou a aspirina, quem descobriu o número zero ou os Dez Mandamentos?

É inegável, todavia, que alguns gênios são autores de pensamentos pessoais inéditos e singulares. Contudo, o gênio deles consiste justamente no fato de pensarem em nome de toda a humanidade. Eles pensam com sua personalidade, isto é, com seu estilo e seu talento próprios, mas não expressam sua opinião individual, seus gostos ou suas convicções, eles inventam novas maneiras de pensar das quais, depois, cada um poderá se apropriar, reconhecendo nelas um pensamento universalmente válido. Tomemos alguns exemplos: o gênio de Galileu não consistiu na expressão de um pensamento original, mas na defesa, sozinho contra todos, do sistema heliocêntrico imaginado por Copérnico, ou na formulação da lei da queda dos corpos. Ali, ele manifestava um pensamento que deveria ter sido o da humanidade inteira e que ia em breve ser incorporado ao saber desta humanidade. Igualmente, a filosofia de Platão ou de Kant não representa a exposição de seus pensamentos pessoais, embora os senhores Platão e Kant os tenham tornado seus. É o itinerário necessário, obrigado, de um pensamento que se submete aos imperativos universais do raciocínio e de que cada um de nós, ao lê-lo, ao entendê-lo, tentando percorrer o mesmo itinerário, pode se apropriar, recorrendo aos mesmos raciocínios e às mesmas experiências do pensamento.

Eis que chegamos às mais altas formas da experiência humana do pensamento. São aquelas que cada um pode experimentar por não ser ninguém específico, são as experiências do pensamento racional. Quais são, porém, seus grandes gêneros? Com outras palavras: quais são as grandes atitudes possíveis do pensamento humano? Quais são as maneiras mais genéricas que o pensamento tem de se vincular ao mundo?

Num trecho da *Metafísica*, Aristóteles nota: "todo pensamento racional é teorético, prático ou poiético"[5]. Isso significa que existem três grandes tipos de experiências do pensamento racional. Vejamos em cada caso em que consiste essa experiência.

Sou uma criança. Estou sozinho, à noite, olhando para o céu estrelado. Admiro a abóbada celeste, eu gostaria de entender o que são todos estes pontinhos luminosos: será que são deuses? Pedras? Fogos? Eu também que-

---

[5] Aristóteles, *Metafísica*, livro épsilon, capítulo 1, coluna b, linhas 24-25, p. 1025.

ria entender o que são estes astros maiores, por que eles se movem com tamanha regularidade, quando nada parece levá-los a isso, por que outros parecem não seguir o mesmo ritmo? Dividido entre a admiração e a preocupação, eu ficaria satisfeito se soubesse responder a essas duas grandes perguntas: *O que é? Por que* acontece assim? Minha experiência de pensamento é "teorética".

Sou uma criança e disponho de blocos de terra ou de massa de modelar. Espontaneamente, imagino o que posso fazer com isso: cilindros ou bolas bem regulares que eu tenho prazer em modelar da maneira mais regular e harmoniosa possível, e formas que imitam ou representam objetos conhecidos, "homenzinhos", casas, e também talvez coisas úteis, vasos que poderiam conter flores, uma cumbuca para beber. Eu ficaria satisfeito se conseguisse *fazer* algo de belo ou de útil com essa matéria bruta. Minha experiência de pensamento é "poiética". Sou uma criança e vejo ao meu lado uma mãe de família que distribui fatias de bolo a um grupo de crianças. Vejo uma criança mais magrela que é visivelmente o alvo das zombarias das outras crianças e para a qual a mãe não dá nenhuma fatia. Ela está chorando. Dividido entre o desejo e o medo de intervir, tenho um sentimento de injustiça e até de revolta. Eu gostaria de mudar a situação. Eu ficaria satisfeito se eu, ou alguém, pudesse *agir* para restabelecer o que me parece ser a ordem justa. Minha experiência de pensamento é "prática".

Essas três experiências de pensamento da criança também são as da humanidade. Na sua forma elaborada, abstrata, genérica, anônima, conceitual, elas se tornam as três grandes atitudes do pensamento diante do mundo. Existe a experiência teorética: é a da ciência e da filosofia; trata-se de entender a realidade, de explicar a natureza e o mundo para satisfazer à necessidade humana, meramente humana, de saber. Existe a experiência de pensamento poiética: é a da arte e da técnica; trata-se de fabricar, de confeccionar algo novo (de belo ou de útil) a partir de um material natural dado. Existe a experiência de pensamento prática: é a da moral e da política; trata-se de agir para transformar uma realidade insatisfatória em função de valores ou de normas universais.

O pensamento teórico supõe que o real seja deixado tal como está, para poder apreendê-lo assim pelo pensamento. O que nós pensamos é *o que é* – o "ser". No pensamento teórico, estou diante do mundo e, por assim dizer, fora do mundo para melhor vê-lo, admirá-lo, entendê-lo. O mundo é assim: constato isso, me surpreende, porém me contento com isso. Ele não é insatisfatório, portanto, não procuro nem melhorá-lo nem transformá-lo; ele é simplesmente surpreendente e até admirável, como o céu estrelado ou como um ser vivo cujo coração está batendo. Mas por que o céu é estrelado? E por que um coração bate?

A experiência de pensamento teórico combina dois pensamentos. Uma admiração, uma espécie de pausa do pensamento diante do ser: "Olhe só, é extraordinário, é assim". É a curiosidade inata da criança ignorante ou a curiosidade insaciável do cientista. E também, ao mesmo tempo, uma questão coloca o pensamento em movimento: "Por quê? O que é que faz com que seja assim e não de outro jeito?". O pensamento teórico é um pensamento "desinteressado". Daí se tratar de um pensamento "de luxo", por assim dizer. Se eu tenho uma mente teórica, quero entender o que é a água e por que ela evapora ao ferver ou se solidifica ao gelar. Mas isso somente se eu não estiver com sede! Pois se eu estiver sedento, a água nada mais é do que "boa para beber" e não "boa para pensar". Do mesmo jeito, se eu estiver faminto, vai ser impossível olhar uma fruta ou um peixe com um olhar desinteressado. Quero simplesmente comê-los, isto é: possuí-los, fazer da sua carne minha própria carne, transformá-los em mim mesmo, para resguardar minha vida. Não é todo mundo que goza do luxo de poder experimentar um pensamento puramente teórico. A fome não é uma experiência de pensamento. É a experiência insuportável de uma carência física que impede de pensar.

Ao contrário disso, o pensamento prático e o poiético procuram não entender a realidade, mas transformá-la. O objeto desses pensamentos não é o ser, mas o não ser. Porém, não do mesmo jeito.

O pensamento poiético começa por uma constatação negativa: "Algo não vai bem". Não é o mundo, sou eu. Falta-me algo. Tenho uma necessidade que preciso satisfazer. O mundo exterior me convém, pois ele pode servir para suprir essa carência interior, contanto que eu possa transformá-lo, que eu o molde à minha imagem, à imagem do que eu sou, do que eu quero. Assim faz a criança, que torna presente sua mãe ausente representando-a através de um desenho. Assim faz o artista que pinta, que esculpe, que conta, que representa através de qualquer suporte, que transforma uma matéria bruta para dar-lhe uma forma familiar. Assim também procede o pensamento técnico: fazer fogo com pedrinhas, confeccionar roupas com lã ou algodão, obter algodão a partir de plantas, construir uma casa para se abrigar, fabricar sapatos para andar, medicamentos para acalmar a dor ou curar ferimentos. A experiência do pensamento poiético também é dupla. Primeiro, uma parada, pensar: "Não, não estou satisfeito" e depois pensar: "Eu poderia estar aquecido, ter um abrigo, não sentir mais dores nos pés se eu fizesse outra coisa com esta terra, com estes pauzinhos, com estas plantas". Consideramos a natureza tal como está, mas, ao contrário do pensamento teórico, a tomamos como uma simples matéria a ser moldada, para que corresponda aos nossos desejos e às nossas necessidades: o frio, a fome ou até simplesmente a necessidade para o homem de fazer de um mundo estranho ou hostil um mundo familiar, à sua própria imagem e, portanto, de modelar um objeto natural para imprimir-lhe sua marca própria. Como disse Hegel, na arte ou na técnica, o homem age "para despir o mundo exterior do seu caráter fundamentalmente estranho e para reconhecer a si mesmo na forma das coisas... Vejam as primeiras impulsões da criança: ela quer ver coisas que ela própria criou".

Passemos à experiência do pensamento prático. Como o pensamento poiético, ele começa por uma constatação negativa. "Algo não vai bem." Porém, desta vez, não sou eu, mas o mundo. No pensamento prático, o homem depara com algo exterior a ele mesmo que lhe parece detestável, insuportável: "É injusto!". Ou seja, o ponto de partida da experiência de pensamento prático é um "não" ao mundo. A experiência do pensamento prático começa não comigo – como no pensamento poiético –, mas com o mundo – como no pensamento teórico. Todavia, ao contrário deste, ela não é um "sim", "Que o mundo seja assim! (*Amém*)", mas um "o mundo não é aquele que deveria ser": olhe a colheita perdida, a criança maltratada, os homens explorados! Não é mais a constatação surpresa, admirativa diante do ser; é uma queixa, um protesto ou um grito de revolta. Mas a experiência do pensamento prático não para neste "não" para o ser. Como no pensamento poiético, esta reação negativa espontânea é completada por um pensamento *positivo*: o mundo deveria ser outro. Trata-se também, pois, de um pensamento duplo: "não" ao estado real das coisas e "sim" a um estado ideal das coisas. Contudo, ao invés de tomar o mundo como uma matéria que posso transformar em qualquer objeto que poderia satisfazer às minhas necessidades, quero agir no mundo para moldá-lo à imagem do que eu gostaria que ele fosse, à imagem, portanto, que meu pensamento tem do que ele deveria ser. Não basta pensar "é injusto", é preciso pensar ao mesmo tempo "eis o que tem de ser feito para chegar à justiça": distribuir a mesma fatia de bolo para cada um, abolir os privilégios desmerecidos, fazer um mundo em que nenhum homem passaria fome etc. Logo, é preciso pensar ao mesmo tempo *não* a situação existente e *sim* a uma situação imaginada ou, melhor, concebida. É preciso *almejar* uma outra situação, uma outra humanidade, um outro mundo – o que supõe que o pensamento disponha de normas (a igualdade, por exemplo), de valores (a justiça, por exemplo), de princípios (não fazer a outrem o que você não gostaria que este lhe fizesse, por exemplo). Assim é o pensamento prático.

As três experiências de pensamento, sejam elas as de um indivíduo, de uma criança ou da humanidade inteira, têm em comum o fato de requererem um duplo movimento do pensamento, um olhar parado no ser ou no sujeito (positivo "é assim" ou negativo "não deveria ser assim"), e um movimento do pensamento, ou seja, um certo tipo de questionamento: "Por que é assim?", com o desejo de entender ou de saber; "Como poderia ser?", com o desejo de moldar ou fabricar; "Como deveria ser?", com o desejo de agir, sozinho ou com outros. Tais experiências de pensamento, cada um de nós pode vivenciá-las diariamente, o tempo inteiro. Ou, melhor dizendo, cada um poderia vivenciá-las. As ocasiões não faltam, porém, na maioria das vezes, não levamos essa experiência de pensamento a cabo. Para satisfazer nosso desejo de saber ou nossa simples curiosidade, uma resposta geralmente nos basta. "O céu está bonito, hoje à noite, ele está desanuviado." "Ah, e por quê?" Responde-se sem pensar: "Porque o tempo está geralmente bonito nesta estação". Não aprofundamos mais. Igualmente, a necessidade de melhorar nosso estado se contenta muitas vezes com um gesto automático: está frio demais hoje? Coloco um pulôver. Estou com muito calor? Ligo o ventilador. Igualmente, nossa vontade de agir se satisfaz a maior parte do tempo com um ato ou às vezes até com uma abstenção: um mendigo me pede ajuda; dou-lhe esmola ou finjo não ouvi-lo. E depois não penso mais nisso, é tão corriqueiro.

Nesses três casos, evidentemente, não penso que atrás das minhas reflexões confusas, dos meus gestos automáticos, dos meus atos mecânicos, há toda uma experiência de pensamento além de mim, que é o pensamento humano em geral, anônimo, universal; um pensamento que não depende de ninguém, mas que é apenas o prolongamento indefinido das minhas reflexões, dos meus atos, dos meus gestos. E estas experiências de pensamento *completas* se chamam ciência ou filosofia, arte ou técnica, ética ou política.

Assim, por exemplo, atrás do meu pensamento banal sobre o tempo que faz hoje existe na verdade uma ciência, a *meteorologia*, que estuda os fenômenos atmosféricos (as nuvens, as depressões e as precipitações), ciência complexa que mobiliza a mecânica dos fluidos, mas também outros ramos da física ou da química, e que se apoia em modelos matemáticos muito elaborados. E a palavra "meteorologia" vem do grego antigo, em que *meteor* designa as partículas em suspensão na atmosfera e *logos* significa discurso ou conhecimento racional. Pois a reflexão sobre o saber racional que chamamos de ciência nasceu no pensamento grego clássico. Atrás do simples gesto de me cobrir se eu estiver com frio ou de ligar o ventilador se estiver com calor, há toda a técnica humana (a domesticação do carneiro, a tecelagem da lã, sem falar da eletricidade) que foi possibilitada por milhares de descobertas e de invenções devidas à engenhosidade humana: em suma, existe uma experiência milenar de pensamento acumulado. E a palavra "técnica" provém do grego *technè*, que significa *know-how*, e é à reflexão grega clássica que devemos a reflexão sobre este *know-how* racional que chamamos de "técnica". Finalmente, atrás do meu ato banal de dar esmola ou não ao mendigo, há (ou poderia haver) todo um pensamento sobre os deveres de socorrer um ser humano, sobre as consequências de meu gesto (melhorar provisoriamente a situação de um indivíduo? Ou, pelo contrário, incentivar a mendicância?), sobre os princípios do meu gesto (aliviar-me de um sentimento de culpa? Ou, ao contrário, tratar qualquer outro como um igual?) ou sobre as virtudes, por exemplo, sobre a caridade individual, que tem a ver com ética, ou sobre a justiça social, que tem a ver com política. As palavras ética e política também vêm do grego, da palavra *ethos*, que significa costumes, e de *polis*, que significa vida em sociedade. E a reflexão sobre as normas, sobre os valores universais das condutas, sejam elas individuais ou coletivas – isto é, a ética e a política –, nasceu no pensamento grego clássico. Eis a experiência de pensamento mais completa que pode haver atrás do meu ato ou da minha abstenção: o pensamento ético ou político.

A filosofia grega clássica teorizou, portanto, estas três grandes experiências de pensamento humano que chamamos de ciência, de técnica, de ética ou de política. Desde a Antiguidade e até os dias de hoje existe uma continuidade. Herdamos do pensamento antigo esses três grandes tipos de experiência de pensamento racional. Contudo, entre a experiência antiga da ciência, da técnica e da política, e o pensamento moderno, também existem rupturas.

A primeira grande diferença é que na Antiguidade clássica, tratava-se de experiências finitas, quando hoje temos experiências do infinito.

Para os Antigos, a ciência é um saber racional acabável. Aquele que "possui" a ciência ou o saber sabe tudo o que é possível saber sobre qualquer coisa. Embora na verdade nenhum homem saiba tudo sobre qualquer coisa, embora nenhuma ciência seja acabada ainda, mesmo assim a ciência sobre algo é por definição acabável. Mesmo que não saibamos tudo hoje sobre a Lua e o Sol, saberemos um dia explicar completamente o que são e por quê se movem daquele jeito, naquela velocidade, naquela distância etc. Dito de outra maneira, a convicção do saber científico antigo baseia-se na possibilidade pelo menos teórica de um saber total e unificado. O modelo do saber é a demonstração matemática, que parte de princípios certos e deles tira todas as consequências possíveis.

A ciência moderna, pelo contrário, é marcada pelo menos desde o século XVIII pela ideia do progresso indefinido. Sabemos hoje que sabemos mais do que ontem, mas também sabemos que nunca saberemos tudo. Não somente porque sabemos que existem limites absolutos ao pensamento humano (nunca conheceremos as primeiríssimas causas, os primeiros princípios: por que existe um mundo, e por que existe este mundo e não outro, e por que existem estas leis da natureza e não outras), mas também porque a condição do conhecimento científico é a divisão entre as diferentes disciplinas científicas (não há uma ciência, mas uma diversidade de ciências heterogêneas); revela-se impossível ou pelo menos não científico ter como intenção reuni-las num só *corpus* de saber. A ideia de saber total é hoje contraditória com a ideia de ciência. É por isso que desde o advento da Modernidade esta ideia de ciência é associada à de "pesquisa". Para nós, a ciência é a indefinida "pesquisa científica". Acontece que, para um grego da Antiguidade, a ideia de "pesquisa científica" representaria uma contradição nos termos. Enquanto uma pessoa pesquisa, significa que ela não faz ciência, ou pelo menos que ela não *possui* a ciência. É até por causa disso que os céticos, isto é, precisamente aqueles que não acreditam na possibilidade do saber, se definem como "pesquisadores". É porque acham que a ciência é impossível que eles atribuem ao pensamento a tarefa indefinida de continuar a pesquisar.

É a mesma coisa com a técnica. A essência da técnica é a satisfação das necessidades humanas. Os homens têm carências *naturalmente*, eles tentam supri-las transformando o mundo. Mas o que se sabe hoje é que as carências humanas nunca serão supridas, porque os progressos da técnica também são indefinidos. Por um lado, eles satisfazem necessidades; por outro, eles não param de criar novas. Eu nunca precisei de telefone celular antes de eles serem inventados. Mas desde que o foram, que se espalharam e que todo mundo, ou quase, possui um, eles se tornaram indispensáveis. Não sentíamos falta deles antes. Porém, eles criaram essa carência; e assim por diante, ao infinito, para as próximas invenções. Acontece a mesma coisa na área da técnica em que os progressos são os mais incontestáveis: a medicina. O desenvolvimento da higiene, da farmácia, da anestesia e da cirurgia permitiu uma significativa redução da mortalidade infantil e um notável progresso da esperança de vida nos países desenvolvidos. Mas sabemos também que a medicina não nos torna imortais. Não existe, portanto, um fim para esse progresso, se é que ele vai continuar.

De certa forma, ocorre a mesma coisa com o pensamento ético e político. O que está claro, mais do que nunca, é que nada mais está claro hoje em matéria de política. Faz duas ou três décadas que não há mais horizonte nítido do que seria o fim, o derradeiro fim da vida política. Houve durante muito tempo o horizonte religioso do fim da história e da redenção humana definitiva; ele cedeu lugar, nos séculos XIX e XX, nas filosofias da história e depois nas utopias revolucionárias, aos sonhos de libertação total do homem, de fim definitivo da exploração do homem pelo homem. Este sonho está adormecido desde que ele se chocou com a realidade.

Como vimos, toda experiência de pensamento ético e político, de fato, se for completa, necessita de dois pensamentos simultâneos. De um lado, uma razão para agir: é o pensamento que diz que o mundo vai mal. Do outro, uma finalidade para a ação: é o pensamento que sabe o que é preciso fazer para que o mundo vá bem. Se eu tiver que resumir a experiência do pensamento político hoje, eu a definiria assim: sabemos bem o que é ruim, não sabemos muito bem o que seria bom. E até suspeitamos que almejar a todo custo um Bem absoluto, uma libertação *total*, seria o fim definitivo da história humana, esta esperança, quando tenta quebrar *na realidade e não no sonho* a história do homem em dois (entre um antes e um depois), causa tantos ou mais males que aqueles aos quais ela pretendia pôr fim. O que faz com que, afinal de contas, saber em que consistem as injustiças sem saber definir com precisão ou almejar a justiça absoluta talvez não seja tão ruim: porque talvez nos permita almejar e fazer com que regridam aos poucos injustiças reais aqui ou acolá, em vez de forçar a instauração da Ideia de uma Justiça final. Dá para ver que, na área política pelo menos, a experiência do ilimitado tem vantagens. Ela nos protege contra todos os sonhos de Pureza e de Absoluto que ainda alimentam os terrorismos e as ideologias da redenção.

A segunda grande diferença entre a experiência *antiga* da ciência, da técnica e da política, e a experiência contemporânea é que esses três tipos de pensamento perderam hoje uma grande parte de sua autonomia.

A autonomia antiga dessas três experiências de pensamento vinha, entre outras coisas, do fato de que os três *porquês* que as alimentavam eram de natureza diferente. O *porquê* do pensamento teorético pedia geralmente uma resposta essencialista, ou seja, uma definição, como em matemática: "se soubéssemos *o que são* realmente a Lua, o Sol e a Terra, saberíamos tudo sobre sua atividade, sua evolução, seus movimentos". A explicação científica era assim uma causa formal, pelo menos na época clássica de Platão e Aristóteles: é o que são as coisas na sua essência eterna que deve explicar como se comportam. O *porquê* do pensamento técnico era outro: ele pedia uma resposta em termos mecânicos, ou seja, uma causa motriz. É sabendo como os movimentos produzem outros movimentos, dependendo das matérias que compõem as coisas, que se poderá agir sobre elas e transformá-las à vontade, já que a técnica nada mais é que um determinado movimento exercido sobre materiais. É assim que foi possível conceber empiricamente polias, engrenagens, alavancas, mecanismos diversos, casas que ficam em pé, barcos que flutuam etc. Quanto ao *porquê* da ética e da política, ele pedia uma resposta em termos de causa final, de objetivo: o Bem, a Pólis justa, o Estado perfeito etc.

Hoje, as três experiências de pensamento perderam sua autonomia. Primeiro, porque a técnica moderna desde o século XVII é cada vez menos empírica, cada vez menos fruto do acaso, do tateamento, da engenhosidade inventiva – e cada vez mais uma *aplicação* das descobertas científicas. Pensemos na medicina, que se tornou científica no fim do século XIX; pensemos em todas as aplicações civis ou militares da energia elétrica ou da composição atômica da matéria no decorrer do século XX; pensemos hoje nas biotecnologias, aplicação direta da revolução da biologia molecular, seja na área agrícola, seja na alimentar ou na médica. A experiência do pensamento técnico depende cada vez mais da compreensão científica da natureza. Mas a recíproca é verdadeira: está havendo desde o século XVII uma formidável promoção da causa motriz no campo científico. As ciências da natureza (sobretudo a física) vêm concebendo o mundo cada vez mais como uma sequência de eventos ou de movimentos que se encadeiam, e elas querem entender como um dado movimento causa necessariamente aquele outro movimento (ou outra reação) de acordo com leis constantes. Foi assim na verdade que o pensamento científico passou a raciocinar a partir do modelo de pensamento técnico. Dá para entender por que o pensamento científico e o pensamento técnico muitas vezes se embaralham, e por que entender como "funciona" o mundo significa muitas vezes se perguntar como transformá-lo em nosso benefício. Logo, tornou-se difícil hoje dizer se a medicina é uma ciência ou uma técnica. Do mesmo modo, quem poderia dizer, na conquista espacial dos anos 1960 e 1970 e nos seus prolongamentos atuais, o que dizia respeito à ciência (entender melhor nossa situação no universo), o que dizia respeito à técnica (instalação de satélites artificiais em órbita geoestacionária com fins civis ou militares) e o que dizia respeito à política (rivalidade Estados Unidos-União Soviética durante a guerra fria)? E mesmo se a maioria dos cientistas em muitas áreas, por exemplo, na matemática ou na física quântica, são motivados apenas pelo eterno desejo de saber, é preciso convir que a maioria dos laboratórios de pesquisa, seja em física, biologia ou *a fortiori* em informática, são financiados por uma pesquisa privada que conta, evidentemente, com desdobramentos tecnológicos em termos de patentes industriais. E até as pesquisas mais importantes com financiamento público dependem obrigatoriamente das políticas das grandes nações.

Em tais condições, não é de surpreender que os laboratórios de pesquisa farmacêutica – sejam eles privados ou públicos – trabalhem mais para desenvolver medicamentos de conveniência para os habitantes dos países ricos do que para lutar contra a malária, que mata uma criança a cada trinta segundos na África e entre um milhão e três milhões de pessoas por ano, segundo estimativas da OMS, porém todas elas nos países pobres, que são completamente dependentes da medicina dos países ricos para seu aprovisionamento farmacêutico.

Logo, fica patente que se o pensamento científico e o pensamento técnico perderam um pouco de sua autonomia um em relação ao outro, eles também perderam qualquer autonomia em relação à política, seja ela doméstica ou internacional. Seu desenvolvimento depende das políticas dos governos e de suas prioridades orçamentárias. Não devemos, portanto, incriminar nem o pensamento técnico nem o pensamento científico pelos males do nosso planeta. O pensamento científico em si nos permitiu entender cada vez melhor nosso mundo e a natureza, ele fez com que a superstição, os preconceitos e inúmeras concepções arcaicas recuassem. Nem devemos incriminar o pensamento técnico: ele permitiu a emancipação do homem, a conquista da natureza, o progresso médico. Não é a técnica que assola os povos da África que morrem de aids ou de tuberculose, como todos os que, no mundo inteiro, passam fome. Pois é justamente o pensamento técnico que permite hoje tratar a aids ou curar a tuberculose e ele poderia fazer com que sete bilhões de seres humanos comessem. O escândalo é precisamente que essas técnicas não chegam até eles. Eles não sofrem por causa da técnica, mas pela sua ausência. O problema não é nem um pouco técnico, mas político. O que o espetáculo da ciência ou da técnica contemporânea nos inspira não é a sua potência ilimitada nem a sua impotência, é antes a impotência ou a potência ilimitada da política.

O pensamento político às vezes peca pelo excesso de potência quando substitui a religião querendo estabelecer imediatamente na terra a Pureza, o Absoluto, o Ideal, em vez de decidir combater os males reais. A política às vezes peca pela impotência quando esquece sua própria finalidade, que é o único valor em que se baseia a vida em comum entre os homens: a justiça.

E se eu tiver de advogar, nesta conclusão, em favor das experiências de pensamento de amanhã, eu defenderia a ideia de uma ciência que fosse novamente autônoma e resgatasse o sentido do puro desejo de saber; a ideia de uma técnica que também redescobrisse seu sentido, suprir necessidades humanas, e em primeiro lugar onde elas são as mais gritantes; e a ideia de um pensamento político autônomo, ele também, que definisse seus próprios meios a partir da única finalidade concebível para a vida política: a justiça.

A representação técnica do mundo e a inexperiência do pensamento
Franklin Leopoldo e Silva

Uma das características mais marcantes da modernidade já se acha anunciada por Bacon, no aforisma 3 do *Novum Organum*, por via de duas afirmações que podem ser consideradas emblemáticas: 1) conhecimento e poder são sinônimos; 2) o que na filosofia contemplativa se designa por causa na ciência prática torna-se regra[1]. De acordo com essa concepção, *pensar o mundo* significa acumular poder sobre as coisas mediante o conhecimento das regras que governam o comportamento dos fenômenos. Antecipa-se aí o que será mais tarde entendido por *objeto*: algo que não está diante de nós para ser contemplado, mas sim para ser dominado pela astúcia de uma submissão que na verdade se revela como o desvendamento da conduta da natureza pelo inventário preciso de suas regularidades. Esse procedimento permite que o sujeito transfira para si a força e o poder que se manifestam no encadeamento do mundo natural e possa então exercê-los em prol da satisfação de suas necessidades.

Já vemos aí com suficiente clareza a posição que o homem ocupará na modernidade e que designamos como o lugar do sujeito que sabe criar para si uma situação de domínio da realidade. A substituição do ideal contemplativo pelo método que permite apreender regras preconiza uma nova

---

[1] "Knowledge and human power are synonymous, since the ignorance of the cause frustrates the effect; for nature is only subdued by submission, and that which in contemplative philosophy corresponds with the cause in practical science becomes the rule" (Bacon, 1952, p. 107).

racionalidade segundo a qual a atividade de pensar e de agir são consideradas inseparáveis. Com efeito, na medida em que conhecimento e poder se identificam, os resultados do saber já não são vistos como fins em si mesmos, mas principalmente como meios de interferir na realidade a partir de propósitos humanos. A forma do conhecimento passa a ser dada pelo perfil instrumental da racionalidade aplicada. Nesse sentido, Bacon já traça, no alvorecer da modernidade, a rota de um processo de civilização pautado pela conjunção entre ciência e técnica.

Os fundamentos metafísicos dessa nova visão de mundo foram estabelecidos por Descartes através da afirmação de que a primazia da subjetividade, por via de um conhecimento representacional metodicamente exercido, seria a única garantia da verdade, tanto em relação ao objeto quanto no que concerne ao sujeito. Com isso se constrói o paradigma geral de uma nova ontologia em que a presença de critérios metódicos assegura que a passagem do sujeito ao objeto seja a trajetória mais adequada para estabelecer a correspondência entre a realidade e o pensamento. Dessa maneira Descartes recoloca em termos mais gerais a perspectiva baconiana, e produz para ela uma justificativa lógica e metafísica ao elevar a união entre teoria e prática ao estatuto de autêntica sabedoria, sob a égide da unidade da razão. Mas nessa concepção moderna de sabedoria já é possível identificar a relevância do poder reivindicado pelo sujeito.

No entanto, apesar de o sistema assim estabelecido apresentar um alto grau de coerência interna e expressar na sua configuração a vocação para a totalidade, ainda se poderia perguntar pelos pressupostos dessa construção, notadamente no seu eixo constitutivo que sustenta a convergência entre os objetivos teóricos e os propósitos éticos. Ou seja, ainda seria possível levantar a questão acerca do perfil que foi determinado para a relação entre racionalidade e experiência humana. A pertinência do problema deriva de que a configuração sistemática do humanismo clássico supõe opções, hierarquias e atribuição de valor às faculdades humanas e ao modo de exercitá-las, tendo em vista atingir as metas implicadas na ambição a ser realizada pela modernidade. Nesse sentido, a pergunta fundamental é: por que, a partir de um determinado momento, a relação entre *saber* e *poder* aparece como signo da integridade do sujeito e como critério necessário do cumprimento da vocação e do destino humanos?

A reciprocidade entre saber e poder foi abordada, no contexto contemporâneo, por Henri Bergson, exatamente com o intuito de compreender como e por que essa relação se manifesta na destinação técnica da racionalidade que opera no conhecimento e nos demais aspectos da organização da vida. Trata-se, é claro, de uma abordagem que supõe outra configuração epistêmica, notadamente outra relação entre filosofia e ciência, tal como o filósofo a apreende no período compreendido entre o final do século XIX e o início do século XX. O propósito de Bergson é retomar a questão do fundamento da relação entre saber e poder num contexto em que a hipótese explicativa inclua outros elementos além das pressuposições metafísicas que teriam orientado a elaboração cartesiana.

O principal acontecimento científico que se deu no período de formação de Bergson foi a Teoria da Evolução. O trabalho de Darwin, se não está na origem, reforçou profundamente o interesse do filósofo pelas questões atinentes à vida, seu princípio, seu desenvolvimento, sua história, enfim. A ontologia da Bergson é uma teoria da vida que tem como contrapartida científica a ideia de evolução e suas repercussões nos estudos de biologia. É nesse contexto que ele pensará as duas grandes funções que proporcionam ao ser humano o relacionamento com a realidade como meio em que vive: a percepção e a inteligência. Como produtos da evolução, cumprem a tarefa de promover a adaptação da existência humana ao entorno vital, assegurando a sobrevivência, que é o grande propósito da vida em todas as suas manifestações.

De acordo com essa direção tomada pelo trajeto da vida, a inteligência, voltada para a promoção das condições de sobrevivência dentro dos critérios de adaptação, é um órgão essencialmente destinado a produzir representações governadas pelo objetivo prático. A natureza não nos fez para *pensar* no sentido especulativo, mas para *exercer o pensamento* na exata medida em que isso é necessário para agir sobre as coisas e delas tirar proveito para a sobrevivência. A verdade teórica, desinteressada, não está entre os propósitos da vida em sua evolução. Assim sendo, toda a armação sistêmica do entendimento, que os filósofos entenderam como meio de atingir um conhecimento puro, está, de fato, a serviço da persistência das condições de vida, num sentido totalmente pragmático. As teorias do conhecimento transfiguraram esse instrumento e fizeram dele um intelecto contemplativo. Uma filosofia da evolução desmistifica essa crença, recolocando as capacidades intelectuais no plano em que a natureza as fez.

Esse plano é o de um conhecimento totalmente voltado para a ação. "Muito antes que tivesse havido uma filosofia e uma ciência, o papel da inteligência já era o de fabricar instrumentos e guiar a ação de nosso corpo sobre os corpos circundantes. A ciência levou esse trabalho da inteligência bem mais longe, mas não mudou a direção. Visa, antes de tudo, tornar-nos senhores da matéria" (Bergson, 2006, p. 36). A percepção recorta o real de acordo com nossos interesses vitais; a inteligência prolonga e aprimora essa seleção de aspectos segundo os mesmos interesses, passando dos órgãos, de que nos servimos como "utensílios naturais", à fabricação de utensílios que podem ser considerados "órgãos artificiais". Nesse jogo, o que está sempre em causa é a articulação da realidade de modo que possamos agir sobre ela, porque vivemos de acordo com o que fazemos para transformar a realidade em meio adequado à vida. A ciência progride segundo esses interesses, "o valor das teorias científicas sendo sempre medido pela solidez do poder que nos dão sobre a realidade" (Bergson, 2006, p. 37).

Note-se que a relação entre conhecimento e poder é visada no seu estatuto *natural* e, sendo assim, de certo modo se pode dizer que até esse ponto a análise de Bergson se move num plano "naturalista" em que a inteligência é considerada órgão natural de cujo desempenho decorre um poder, também natural, de adaptação e sobrevivência. É preciso que essa base naturalista fique clara para que possamos compreender todas as suas consequências. O valor que certa vertente do pensamento atribui à ciência gerou, como se sabe, a versão de um saber "desinteressado", movido unicamente pelo amor à verdade. Ora, sem esmiuçar os componentes ideológicos dessa concepção, Bergson pode descartá-la pela via de uma associação entre teoria do conhecimento e teoria da vida, ambas convergindo para a constatação, apoiada numa interpretação ampla do evolucionismo, da instrumentalidade da inteligência como sua destinação vital.

A concepção bergsoniana de inteligência como um modo de relação pragmática da consciência com a realidade possui o alcance de uma compreensão do vetor técnico da civilização. Como o conhecimento de inteligência foi, a partir de sua condição natural, consolidado historicamente como o modo universal de conhecimento, a consequência foi que a filosofia não apenas se valeu dele, mas também o justificou nessa suposta universalidade. Assim a metafísica, que em princípio não se enquadra na intenção pragmática da inteligência, constituiu-se também pelo mesmo modelo, o que teria sido a causa das dificuldades e dos impasses que levaram Kant a destituí-la da condição de conhecimento teórico. Segundo Bergson, porém, a natureza pragmática do conhecimento intelectual, os procedimentos, possibilidades e limites que lhe são inerentes, tornam esse tipo de conhecimento inadequado também para a psicologia e as ciências humanas – se entendermos que o que haveria de específico no homem de alguma forma escapa aos requisitos de conceituação e de objetividade aplicados à realidade física.

Entretanto, o mais importante no contexto que nos interessa é a explicação bergsoniana da racionalidade instrumental como forma de consolidar o poder sobre a realidade mediante as técnicas de controle que o conhecimento pode produzir. A representação da realidade através da inteligência produz uma imagem técnica do mundo, que se reflete na posição do sujeito. Tendo em vista a índole restritiva desse conhecimento, manifestada principalmente na função simbólica do arcabouço conceitual, isto é, no reducionismo que decorre da hegemonia da estrutura categorial imposta à realidade em vista de sua representação pragmática, compreende-se o triunfo histórico de uma ciência estreitamente associada à técnica e a importância desse fenômeno no curso da civilização.

A experiência humana, de modo geral, é constituída segundo parâmetros de uma abordagem objetivista de todos os aspectos da realidade, que tem como suporte um pensamento reduzido no seu alcance, restrito a um recorte muito parcial e afeto a uma dimensão superficial da realidade. A motivação pragmática que, antes de ser uma opção, é *natureza*, e natureza tornada *cultura*, fortalece a *técnica* do pensar, isto é, as mediações simbólicas que alienam o espírito, distanciando-o de si mesmo e da verdadeira realidade.

Ao indicar que a técnica não pode ser considerada mera aplicação da ciência, mas sim algo a ela ligado por vínculos essenciais, Heidegger se coloca também na posição de reconhecer que, ao menos na modernidade, a presença da tecnociência responde a uma necessidade profundamente inscrita na conformação de um mundo que o homem habita e explora por meio da identificação entre conhecimento e poder. Se a modernidade se caracteriza pela representação como "imagem do mundo", é possível dizer que essa imagem vai sendo, ao longo da modernidade, tecnicamente estabelecida através da função de um sujeito de conhecimento, que é ao mesmo tempo um agente de transformações. Isso deriva da alteração do sentido do conhecimento, que já mencionamos, e que se manifesta na profunda modificação da noção de *teoria*.

Os gregos compreendiam o conhecimento teórico, naquilo que o diferenciava da simples opinião, como um olhar que a alma lança à verdade, intuída mediante um exercício de intelecção. Esse sentido de *olhar* presente na concepção grega de teoria será herdado pelos latinos e expresso na palavra contemplação. A vinculação entre saber e poder, que associa conhecimento e atividade, que faz do *sujeito* um *agente*, já coloca no interior da própria imagem representativa do mundo o sentido do agir e da conformação da realidade às intenções diretoras da ação.

Essa situação, isto é, a nova relação que se estabelece entre o homem e a natureza por meio da técnica, é assim comentada por Heisenberg: "Atualmente, vivemos num mundo de tal maneira transformado (pelo homem) que só encontramos por toda parte as estruturas de que é autor: emprego de instrumentos na vida cotidiana, preparação de alimentos pelas máquinas, transformação da paisagem pelo homem; de maneira que o homem somente encontra a si mesmo" (Heisenberg, 1962, p. 28). Não se pode dizer que o homem esteja *diante* da natureza como algo que se lhe opõe, pois a natureza transformada pela técnica somente se mostra através das interferências humanas. O encontro da natureza tornou-se o encontro do homem cuja presença ativa a natureza reflete por toda parte. A imagem técnica da natureza é a imagem do próprio homem. Toda a terra está transformada ou destinada a vir a sê-lo.

Essa presença técnica corrobora o modo científico de interagir próprio da ciência contemporânea, em que não se pode mais dissociar os fenômenos observados do observador e de suas técnicas de observação. "O objeto da pesquisa não é a natureza em si, mas a natureza enquanto captada pela interrogação humana" (Heisenberg, 1962, p. 29). E nesse caso também se pode dizer que o sujeito encontra, no objeto, a si mesmo, isto é, a realidade tal como as condições de investigação a tornam observável e cognoscível. Nessa situação, tanto se pode dizer que o ser humano realiza a ambição que movia a ciência na sua origem quanto se pode dizer também que ele encontra, aí, o limite de sua relação com a realidade e que transpor esse limite equivaleria a superar-se a si mesmo. Pois a realização do domínio humano sobre as coisas teria levado a uma indistinção entre o homem e a natureza. Essa constatação incide profundamente nas condições de existência, e Heisenberg conclui: "O homem está, doravante, só consigo mesmo" (Heisenberg, 1962, p. 27).

A exterioridade da técnica e a extensão do poder de domínio teria resultado no que talvez possa ser considerado o extremo limite do exercício do poder: a anulação do *ser próprio* daquilo sobre o que se exerce o poder. A extensão ilimitada do poder faz com que *aquele* que o exerce não possa mais encontrar o *outro* cuja subordinação ao poder se manifestaria em algum grau de resistência. A solidão inerente à tirania, de que os gregos falavam em termos políticos, se mostra como vocação e realização da civilização técnica. Não é por acaso que os totalitarismos contemporâneos procuraram realizar-se e justificar-se no plano da administração técnica da vida e da morte, subordinando os seres humanos aos efeitos da eficiência técnica de procedimentos que refletem o poder na sua totalidade.

É essa lógica do poder implicada na técnica o que impede de considerá-la mero produto derivado da ciência, uma espécie de aplicação ocasional e acidental. Como a associação entre saber e poder se manifesta na efetividade da técnica, é preciso convir que o impulso do progresso faz parte da lógica do poder, portanto da fabricação da verdade (Foucault), e não se refere à sua simples descoberta. As perguntas que o homem dirige à natureza estão profundamente comprometidas com a projeção de si mesmo como agente dominador. Às palavras de Heisenberg fazem eco as de Heidegger, mas no sentido de infletir a observação do cientista:

> Desse modo, amplia-se a ilusão de que tudo que vem ao encontro subsiste na medida em que é algo feito pelo homem. Esta ilusão torna madura uma última aparência enganadora. Segundo esta aparência, parece que o homem em todos os lugares encontra mais a si mesmo. Heisenberg apontou com toda razão para o fato de que, para o homem de hoje, a realidade deve se apresentar desse modo mesmo. Entretanto, o homem de hoje, justamente, não encontra mais a si mesmo, isto é, não encontra mais sua essência[2].

E o motivo é que, totalmente preso ao que faz, no sentido da exterioridade da técnica, perdeu a relação com ele mesmo, e nem sequer se vê como responsável pelo que é solicitado a fazer. Em outras palavras, o homem se expôs de tal modo à causalidade técnica (causa eficiente) que já não pode mais compreender a sua proveniência, ou seja, já não pode relacionar a pro-

---

2   Heidegger, 1997, p. 9.

dutividade técnica àquilo que é essencialmente[3]. O homem estabeleceu uma relação calculada e calculável com a natureza, o que permitiu o domínio previsto no ideal baconiano, mas, nesta relação, a verdade do próprio homem se retraiu e permanece encoberta. Esse velamento é também o da verdade das coisas, na medida em que a relação calculada e calculável com a natureza impede seu *aparecer* no sentido de *poiesis*, a produção da natureza na força própria de seu vir a ser e não sua fenomenalidade segundo as formas da razão subjetiva.

A maneira pela qual Heidegger entende a afirmação de Heisenberg é que, se por um lado é certo "que o homem está por toda parte porque se projetou de tal forma no mundo que a interferência técnica acabou por reconstituir a realidade", por outro lado, "pode-se dizer também que essa mesma atividade fez com que perdesse a si mesmo e às coisas na originalidade de seu ser". Assim, em toda parte o homem encontra o que fez e o mundo que construiu; mas em parte alguma se encontra a si mesmo nem encontra a natureza no sentido do *outro* com que poderia partilhar sua existência. O homem encontra por toda parte a si mesmo apenas no sentido de que o real é representado segundo suas exigências.

> A riqueza da terra desabriga-se agora como reserva de carvão, o solo como espaço de depósitos minerais. [...] O campo é agora uma indústria de alimentação motorizada. O ar é posto para o fornecimento de nitrogênio, o solo, para o fornecimento de minérios, o minério, para o fornecimento de urânio, este, para a produção de energia atômica [...]. A central hidroelétrica está posta no Reno. [...] A central hidroelétrica não está construída no Reno como a antiga ponte de madeira que há séculos une uma margem à outra. Pelo contrário, é o rio que está construído na central elétrica[4].

É dessa forma que o homem vê a si mesmo na natureza: porque vê na floresta a reserva de carvão e madeira; no solo, a reserva de minerais; no

---

3 Heidegger não considera que "essência" deva ser entendida como atributo principal ou gênero abrangente, tal como nas concepções clássicas, por exemplo, substância como o referente genérico de aspectos do real. Essência é, para ele, a própria duração da coisa na continuidade de seu existir. A permanência, que se atribui à essência, seria, nesse caso, a própria continuidade de algo no ato continuado de sua existência (cf. Heidegger, 1997, pp. 83 ss).

4 Heidegger, 1997, pp. 57-59.

rio, a reserva de energia etc. Assim, ele não se vê, mas enxerga a consumação de seu poder que a razão técnica antecipa na visão da natureza como matéria-prima de realizações humanas. Ora, se é esta a relação dominante que o homem mantém com a natureza e consigo mesmo, em que sentido se pode dizer que tal relação consiste em pensar a si mesmo e à natureza? O que Heidegger deseja indicar é que a representação técnica da natureza, ao se constituir de imagens daquilo que será *feito*, em benefício do domínio da natureza, deixa necessariamente escapar a realidade original e, assim, *faz desaparecer* também o sujeito que poderia pensá-la numa relação que precedesse a representação utilitária. A representação técnica faz com que a natureza não se apresente a não ser como matéria da elaboração técnica; e que o homem só esteja presente como sujeito dessa apropriação.

Podemos, a partir daí, extrair algumas consequências. A posição de sujeito, naquilo que implica termos de efeito dominador, resulta na perda de duas dimensões de realidade: em primeiro lugar, o finalismo da técnica ao estruturar a representação da realidade natural transforma essa realidade numa imagem da natureza dominada – aquilo que tecnicamente se pode fazer da natureza; em segundo lugar, como esse modo de representar oculta a realidade em si mesma, fazendo-a aparecer apenas como matéria-prima do fazer humano, perde-se também a dimensão desse mesmo fazer, isto é, a visão do que seria a técnica em sua própria essência. Nem a natureza é pensada em si mesma, nem a técnica é percebida na essência de seu processo. Em outras palavras: a realidade natural aparece tão somente como aquilo que há de ser transformado ou o resultado potencial dessa transformação. Em terceiro lugar, o sujeito aparece apenas como aquele que coordena tal transformação por meio do conhecimento antecipado desse resultado, que é o elemento diretor de todo o processo. Assim, tanto a natureza quanto o homem que dela se apropria situam-se na técnica, isto é, no plano do real dominado e transformado. A natureza e a ciência se subordinam à representação antecipada do resultado técnico.

Ora, se essa representação significa a imagem, elaborada pelo sujeito, do mundo enquanto campo de expansão do seu poder, cabe perguntar se em tudo isso não se poderia ver uma alteração significativa da experiência, que consistiria na subordinação do saber ao poder, na medida em que a representação técnica da realidade e da relação que mantemos com ela seria, nessas condições, inteiramente governada pela perspectiva do controle, tanto do sujeito quanto do objeto, em vista dos objetivos inscritos na finalidade da tecnicização. A questão que se coloca é então: até que ponto essa alteração – esse regime de representação – afeta a experiência a ponto de excluir dela o próprio pensamento? Em outras palavras, essa espécie de vontade de poder tecnicamente exercido por meio do conhecimento dirigido para tal fim não anula a dimensão em que a experiência humana se definiria como pensamento?

De Aristóteles a Marx, sempre se supôs que a diferença entre o trabalho humano, governado pelo intelecto, e a atividade dos animais, guiada pelo instinto, seria a anterioridade do pensamento em relação à fabricação. O caráter singular da práxis estaria em que, ao interferir na realidade, o homem a reconstrói em seu pensamento antes de fazê-lo com suas mãos. Este seria o caráter específico da técnica considerada como atividade *humana*, que impõe a distância intransponível entre a mais perfeita das abelhas e o mais inábil dos artesãos. "O resultado do trabalho preexiste idealmente na imaginação do trabalhador. Ele não apenas opera uma mudança de forma na matéria bruta, mas realiza ao mesmo tempo um objetivo que lhe é próprio e do qual ele tem consciência, e que determina seu modo de ação"[5].

Essa continuidade entre pensamento e intervenção técnica na natureza, característica própria do trabalho, que indica a singularidade da ação, significa principalmente que o sujeito opera sobre a realidade natural a partir de objetivos previamente presentes na consciência que ele tem do mundo – o que mostra a relação, pelo menos de direito, que a ação mantém com a liberdade. Assim, além da materialidade da ação e de seu caráter operante, o que é preciso notar nessa atividade é o seu perfil ético: o sujeito é livre para agir, decide acerca de seu fazer na sua consciência e aquilo que faz se integra na consciência de si e do mundo por via de uma representação da realidade que é ao mesmo tempo a realização da possibilidade de transformá-la a partir de seus projetos.

Entretanto, quando prevalece a representação técnica, sobrevém um certo obscurecimento da consciência de si e do real, dada a impossibilidade de distinguir a decisão da ação, isto é, o instrumento daquele que o utiliza. É a esse fenômeno que se chama propriamente *razão instrumental*: a impossibilidade de distinguir entre a razão e o instrumento por ela fabricado, de tal modo que a própria razão se torna um instrumento: na linguagem de Bergson, um utensílio que serve para fabricar outros, o instrumento do instrumento.

---

5   Marx, 1983, pp. 149-150.

O que se perde nesse processo é o percurso da consciência à coisa, ou da liberdade à ação. Pode-se dizer, portanto, que a história da realização da vocação dominadora da ciência e da técnica produziu um compromisso da subjetividade com a técnica no qual essa relação foi de tal modo obscurecida que se acabou por perder o elemento originário: a decisão livre de dominação tecnológica do mundo. É nesse sentido que a expressão "tecnociência" (indiscernibilidade entre ciência e técnica; portanto, entre conhecimento e poder) define a racionalidade que se manifesta na modernidade tardia. Quando Heidegger diz que o homem não é capaz de se encontrar no mundo que ele mesmo transformou tão radicalmente, deve-se entender por isso que a presença da técnica oculta a presença do homem. Este não pode pensar-se no âmbito do domínio que ele mesmo instituiu, e também não pode pensar, em termos de unidade e totalidade, o mundo representado como imagem técnica.

No limite, isso significa que não é mais possível identificar o referente (a realidade) da imagem do mundo tecnicamente produzida. Vivemos num mundo em que os objetos (e também as instituições, os afetos, as condutas, as práticas) se oferecem como imagens que não podem ser remetidas aos seus referenciais, porque a imagem ganhou uma autonomia que implicou o desaparecimento daquilo de que ela seria a imagem. O resultado desse processo de anulação da realidade é a imagem em si, um paradoxo que revela na sua própria vigência a escuridão em que mergulhou a distância que em princípio deveria existir entre representação e representado. A imagem tecnicamente produzida não necessita de referência, como se a técnica da reprodução tivesse anulado o original e a própria relação tivesse deixado de fazer sentido. Não preservamos as relações que outrora constituíam a imagem na sua vinculação à "própria coisa". Não vemos a imagem como o reflexo da realidade; não a vemos tampouco como deformando ou mascarando a realidade; não a vemos como remetendo à ausência de realidade; em suma, não a vemos mais sob o regime da relação: ela remete apenas a si mesma. Esta similaridade intransitiva põe em xeque todo o esquema de representação que orientou a modernidade. Se desapareceu o critério de relação imagem-coisa que Descartes chamava *valor de verdade*, o que nos resta para avaliar tudo aquilo que é posto para nosso desejo e apropriação?[6]

---

6   Baudrillard, 1991, p.13.

Mas não nos ensina a tradição moderna, justamente desde Descartes, que pensar criticamente é sempre remeter a imagem representada à sua *causa*, aquilo *de que* ela é imagem? Se a partir da imagem não se vê nem se suspeita da realidade, é porque a imagem oculta sua própria natureza: a indistinção anula a realidade e o imaginado. É ao objeto que se apresenta no interior dessa impossibilidade de discernimento que Baudrillard chama *simulacro*, isto é, fantasma na sua própria origem, artifício sem arte, efeito sem causa eficiente, aquilo que no próprio ato de aparição oculta a semelhança. A questão principal talvez seja esta: o simulacro não oculta a coisa que simula, mas sim a própria relação de semelhança; aquilo que, no caso da imagem, seria o fator de legitimação da representação. Uma vez o simulacro tornado, assim, *forma* da representação, a produção técnica da imagem seria, então, ao mesmo tempo, a produção da impossibilidade de legitimação, e não é difícil perceber o alcance dessa constatação na esfera das práticas, notadamente da política. E se ainda supomos que o pensamento, no seu exercício crítico, deveria ser esse percurso de legitimação que retorna da imagem à coisa, no sentido cognitivo, e do que é ao que deveria ser, no sentido ético, o que se perdeu foi a possibilidade de pensar desse modo, de realizar, por meio da dúvida, da crítica, da genealogia, o que, em vários momentos da história do pensamento se chamou, ingenuamente ou não, de experiência da verdade.

Referências bibliográficas

BACON F. *Novum Organum*, I, 3. Great Books. *Encyclopedia Britannica*. Chicago: University of Chicago, 1952.
BAUDRILLARD, J. *Simulacros e simulação*. Trad. Maria João da Costa Pereira. Lisboa: Relógio D'Água, 1993.
BERGSON, H. *O pensamento e o movente*. Trad. Bento Prado Neto. São Paulo: Martins Fontes, 2006.
HEISENBERG, W. *La nature dans la physique contemporaine*. Trad. U. Karvelis e A. Leroy. Paris: Gallimard/Idées, 1962.
HEIDEGGER, M. A questão da técnica. Trad. e apresentação de Marco Aurélio Werle. *Cadernos de Tradução 2*, São Paulo, Departamento de Filosofia da FFLCH da USP, 197.
MARX K. *O capital*, L. I. Trad. Régis Barbosa e Flávio Kothe. São Paulo: Abril Cultural, 1983.

O fim do humanismo e a tarefa do pensamento
Oswaldo Giacoia Júnior

Num sábado, 26 de setembro de 1959, o jornal *Neuer Zuricher Zeitung* publicava um artigo, de autoria do filósofo Martin Heidegger, em que este dizia:

> Numerosos são aqueles que hoje parecem defrontar-se com a dificuldade de encontrar uma concepção de história adequada ao domínio da técnica moderna e da ciência com a qual esta se identifica. Tal concepção permitiria ordenar o estado do mundo determinado por esse domínio e apreendê-lo de modo compreensível. Mesmo que uma tal tentativa tivesse êxito, a técnica moderna e a ciência, que a ela pertence, permaneceriam desconhecidas quanto à sua essência. Sem nenhuma dúvida, o efeito seria bem diferente se a própria *essência* da técnica anunciasse e esboçasse, por antecipação, a face do destino em cuja pertença toda coisa recebe o quinhão que lhe compete. Para revelar tais possibilidades, deveríamos, de início, aprender a pensar a partir de sua essência aquilo que "propriamente" (*eigentlich*) já adveio, e a guardá-lo continuamente num pensamento que rememora (*andenkend*).

No início do ano, a propósito de um foguete espacial russo, o presidente do conselho soviético declarou: "Nós somos os primeiros no mundo a ter impresso no céu, da Terra à Lua, uma trajetória de fogo". O editorial de um dos grandes jornais da República Federal da Alemanha, em sua primeira frase, comentou isso da seguinte maneira: "Ninguém pode refutar a jactância de Nikita Khrouchtchev – o fato de que a União Soviética conseguiu imprimir no céu, da Terra à Lua, uma trajetória de fogo".

O autor do editorial tem razão de pensar que "ninguém pode refutar" essa pretensão. Porém, o que significa aqui refutação? Antes de tudo, torna-se necessário, para nós, pensar o conteúdo da declaração de Khrouchtchev, no qual, em verdade, ele próprio *não pensa*: não existe mais nem "a Terra", nem "o Céu", no sentido da habitação poética do homem sobre essa terra. A exploração realizada pelo foguete é a concretização, há três séculos, daquilo que se acha disposto (*gestellt*), sempre mais unilateral e deliberadamente como sendo a natureza, e que, no presente, foi instalado (*bestellt*) como fundo de reserva universal, interestelar. A trajetória dos foguetes lança brutalmente no esquecimento "Terra e Céu". Os pontos entre os quais ela se desenrola não são nem uma nem o outro. O artigo em questão deveria começar assim: não há senão um pequeno número de homens – e eles não dispõem de poder –, que têm hoje a capacidade e a resolução para pensar, e para fazer pelo pensamento a experiência de uma mudança do mundo, que "não inicia uma nova era", mas conduz uma época já estabelecida em direção de seu extremo acabamento[1].

Em formulação recente, o filósofo Slavoj Žižek retomou um problema similar, atualizando-o relativamente aos desdobramentos técnicos das pesquisas biomoleculares:

> A principal consequência dos avanços da biogenética é o fim da natureza: ao conhecermos as regras de sua construção, os objetos naturais se tornam objetos disponíveis e manipuláveis. A natureza, humana e inumana, é assim "dessubstancializada", privada de sua impenetrável densidade, daquilo que Heidegger chamou de "terra". A biogenética, com sua redução da própria psique humana a um objeto de manipulação tecnológica, é portanto efetivamente uma espécie de instância empírica do que Heidegger via como o "perigo" inerente à tecnologia moderna[2].

A mutação de que hoje somos autores e também testemunhas ultrapassou o assombro produzido pela trajetória das naves espaciais. Nela discernimos outros sinais indicativos do domínio planetário da cibernética – essa figura destinamental e pós-moderna da metafísica. Atualizando a advertência

---

1 *Neuer Zuricher Zeitung*, 26 de setembro de 1959.
2 Ver S. Žižek, "A falha da bio-ética". Folha de S. Paulo. São Paulo, 22 jun. 2003, Caderno Mais!, p. 4.

de Heidegger, seria preciso motivar um certo número de homens e mulheres com capacidade, disposição e resolução de pensar e de fazer, pelo pensamento, uma experiência não mais agora lastreada na trajetória dos foguetes, mas na extensão e aprofundamento exponencial do domínio intergalático da tecnologia e da ciência que a ela pertence: na pós-modernidade, quando as antropotécnicas desenham a figura do pós-humano e do transumano, é preciso que o pensamento recoloque a pergunta pela virtualidade do real. Nesse sentido, o artigo de Heidegger, assim como a reflexão recente de Žižek, nos confrontam com problemas e desafios cada vez mais urgentes: a essência da técnica e os limites do humanismo.

A ESSÊNCIA DA TÉCNICA E OS LIMITES DO HUMANISMO

Em primeiro lugar, eles nos fornecem indicativos importantes para uma concepção não instrumental e não antropocêntrica da moderna racionalidade tecnocientífica. Esta, não seria adequado considerá-la como *meio*, em si mesmo neutro e indiferente, passível de usos e destinamentos diversos, cuja legitimidade seria determinada pelos fins a que se presta.

Esse tipo de abordagem pressupõe a validade e vigência da relação meios-fins, e, como resultante necessária, um entendimento da técnica – dependente dos modos de aproveitamento de seus efeitos planejáveis, sempre sob a condição de um controle racional possível, a ser exercido em vista de valores; por exemplo, a consolidação do domínio humano sobre as forças e recursos da natureza, com vistas à organização racional da sociedade (humanização das relações entre os homens e a natureza; humanização das relações dos homens entre si), assentada em bases jurídico-políticas, as quais permitiriam fazer desaparecer as modalidades historicamente conhecidas de opacidade e opressão.

Afinal de contas, a postura dominante na história da civilização ocidental considera que todo o âmbito das interações do homem com o mundo extra-humano – caracterizado como o domínio do fazer e produzir, isto é, da *techne* – é eticamente neutro, tanto do ponto de vista objetivo quanto do subjetivo. Relativamente ao objeto, a intervenção técnica do homem sobre a natureza poderia apenas produzir efeitos de reduzidas dimensões, não sendo o caso de gerar danos irreversíveis sobre a totalidade da ordem natural. Subjetivamente, pois o âmbito do fazer técnico está ligado ao reino das necessidades e do trabalho, da produção e da reprodução da vida – portanto não ao domínio de autocompreensão, que sempre foi tido como ligado à essência, à destinação principal do homem, para cuja efetivação este empreende seu máximo esforço e empenho, a saber: à vida política, ao agir virtuoso como indivíduo e cidadão, à praxis orientada por princípios, normas e valores vinculantes.

Pode-se considerar que, para o conjunto da tradição, apenas a relação do homem consigo mesmo e com os outros homens era portadora de significação e relevância ética; ou, em outras palavras, toda ética tradicional é *antropocêntrica*. Para o agir, nessa esfera de efetividade, a condição fundamental do ente *homem* e sua essência eram considerados uma constante, jamais constituída, ela mesma, um *objeto* da intervenção transformadora da *techne*.

Ademais, a concepção instrumental do desenvolvimento tecnológico moderno revela, a cada dia, suas insuficiências e limitações teóricas bem como, no fim das contas, uma inconsistência cada vez mais patente. Por um lado, a sobrevivência e o futuro das sociedades ocidentais passam a depender da atualização de seu potencial tecnológico, o que transforma as tecnociências nas mais relevantes forças produtivas. Com isso, a dialética entre a aquisição de novos poderes e capacidades técnicas (ou vantagem técnica), e a possibilidade de sua utilização tem de realizar-se sob a forma da coerção ao aproveitamento, em escala industrial, dos avanços do saber-poder técnicos. Como todo movimento coercitivo, o progresso técnico inverte a promessa originária de emancipação, a que sempre esteve ligado como dominação técnica da natureza.

A interpretação tradicional da ciência e da técnica modernas, que as considera, ao mesmo tempo, produtos do fazer humano e agenciadores dessa mesma capacidade produtiva, é de inequívoca extração humanista – cega, por sua vez, para o enredamento histórico-cultural entre técnica e metafísica, sobretudo entre humanismo e metafísica. Pois, segundo Heidegger:

> [...] Todo humanismo ou funda-se numa metafísica, ou ele mesmo se postula como fundamento dela. Toda determinação da essência do homem que já pressupõe a interpretação do ente, sem a questão da verdade do ser, e o faz sabendo ou não sabendo, é metafísica. Por isso, mostra-se – e isso no tocante ao modo como é determinada a essência do homem – o elemento mais próprio de toda

metafísica, no fato de ser "humanística". De acordo com isso, qualquer humanismo permanece metafísico[3].

Compreender a essência da técnica num horizonte pós-metafísico poderia talvez permitir uma reapropriação da essência da técnica, que não se confunde com as propriedades dos objetos técnicos, com artefatos ou maquinários. O acesso a essa essência seria possível unicamente numa relação *pensante*, não operacional e calculatória, que comprometeria, por seu turno, a essência do homem como ser pensante. Esse pensamento descortina uma modalidade compreensiva para além dos limites dos antropocêntricos do humanismo e da racionalidade instrumental. Em vez disso, ela nos permitiria apreender a imbricação entre a técnica e a metafísica, inscritas ambas no horizonte histórico e destinamental do esquecimento da pergunta pela verdade do ser, em sua correspondência com a essência do homem. Essa meditação sobre a essência da técnica manifesta os perigos ínsitos ao desenvolvimento autonomizado da tecnologia em nossas sociedades – de modo algum dócil ao controle racional de indivíduos, grupos ou Estados.

Ao contrário, ele se desdobra numa escalada compulsiva, em espiral infinita que nos impele, cada vez mais, para a beira do abismo, da catástrofe – ecológica, por exemplo –, colocando em risco as condições de possibilidade de uma autêntica vida humana no planeta Terra. Essa dinâmica revela que as tecnociências não se deixam submeter ao controle e planejamento por parte das modalidades tradicionais de poder social, econômico-político, evidenciando, antes, um imenso potencial para colonizar e tornar dependentes de si as diversas formas, até hoje conhecidas, de organização da sociedade.

Mas, uma vez que toda reprodução coercitiva é também sintoma de dependência, de perda de controle, assim também um credo essencialmente moderno – *a crença na resolução de todos os macroproblemas humanos pela intensificação da marcha progressiva da tecnociência (formal, natural ou humana)* – revela-se como delírio de onipotência e, desse modo, converte-se no contrário da própria postulação, ou seja, em impotência e desgarramento, como dificilmente reversível perda da capacidade de *autarcheia*.

---

3 M. Heidegger, *Sobre o "Humanismo"*, trad. Ernildo Stein, in Coleção Os Pensadores, São Paulo: Abril Cultural, 1973, p. 351.

Heidegger nos confronta, pois, com a necessidade de despertar dessa *hybris*, de conquistar, pelo pensamento, uma potência de segundo grau: a capacidade de subtrair-se à compulsão, que nos impele à repetição cega do mesmo, a percorrer sempre os mesmos caminhos que, em vez de salvação, potencializam o perigo, enredando-nos mais profundamente na alienação.

Os desenvolvimentos mais recentes da tecnociência, que subvertem nossa autocompreensão como seres no mundo, ainda não foram conduzidos à consciência da própria historicidade. Sendo assim, nem uma condenação reacionária e maniqueísta da tecnologia, com a ameaça escatológica de terrores irracionais, nem o ingênuo deslumbramento pelas virtualidades prometeicas do transumanismo, pós-humanismo e sobre-humanismo permitem um discernimento essencial da técnica, na medida em que não brotam de uma meditação sobre o ser do homem, em sua condição de ser pensante, menos ainda de um compromisso com seu destino.

O horizonte desse comprometimento só pode ser o pensamento – e só pode ser divisado a partir de uma relação pensante entre o ser do homem e a essência da técnica. Pensamento avesso, irredutível à divisão compartimentada da racionalidade, determinada ela própria pelo domínio técnico do pensamento; um pensar reverente, refratário ao ativismo político e ao falatório estéril dos saberes insulares, que resgata as ligações entre o conhecer, o sentir, o imaginar, o lembrar, o cuidar e o esperar.

Evocamos, com isso, uma postura meditativa a ser descrita em vários registros: a sobriedade, como resgate prudencial da lucidez, alcançada a partir de um exercício permanente de autorreflexão e autocrítica, zelosa das circunstâncias e condições em que se desenrola a vida dos seres intramundanos em comum, uns com os outros, nas dimensões do passado, presente e futuro. A liberdade em relação aos ofuscamentos em que estamos enredados. A modéstia em relação à nossa capacidade de prever as consequências de ações tornadas possíveis por nosso próprio saber-poder – o que implica um discernimento a respeito de nossa posição subjetiva nesse processo: se agentes ou agidos na dinâmica autonomizada da configuração técnica do mundo.

A capacidade de renunciar à tentação do uso compulsivo do poder tecnológico, a abertura para dimensões de responsabilidade que ultrapassam o âmbito das relações inter-humanas – e que só pode ser entrevisto a partir de uma retomada do pensar como correspondência à verdade do ser, o que não se reduz a um intensificado avatar da operatividade humana.

Recuperar esses desafios, que se projetam para além dos humanismos tradicionais, sem incorrer nas fantasias tecnológicas de onipotência do homo faber; recuperá-los, tanto para repensar suas virtualidades quanto para atualizar seus limites, pode ser de grande utilidade para a colocação do problema filosófico que, mais do que nunca, nos concerne: afinal, o que estamos fazendo de nós mesmos, num tempo em que só as mutações são permanentes?

Não estariam enraizadas no mesmo solo das éticas antropológicas e humanitárias tanto as fantasias *cyberfuturistas* dos "parceiros da criação" como também a nostalgia fundamentalista, que defende a qualquer custo a intangibilidade da vida e da natureza humana? Pois, não estabelecem todas elas como o fim supremo o progresso, o bem-estar do gênero humano – meta para a qual deve concorrer principalmente a tecnologia moderna como poderoso meio auxiliar, como uma virtualidade inesgotável posta à disposição e sob o controle da capacidade operativa do homo faber?

Não permanecem elas, portanto, em termos heideggerianos, outras tantas variantes do humanismo e, por causa disso, da metafísica, se é verdade que a metafísica provê o fundamento de todos os humanismos? Ao pressupor, pois, uma interpretação da sua natureza do homem como *animal racional*, ela entifica essa essência e, portanto, não a reflete no horizonte de um pensamento que medita sobre a essência do homem, vinculada à diferença ontológica originária entre os entes e o Ser – esquecendo-se, portanto, que a determinação essencial do homem, sua *Bestimmung*, não se deixa apreender em sua verdade, senão em sua correspondência pensante para com a verdade do Ser.

Para Heidegger, a condição de animal racional não desvela a verdade da essência do homem; ao contrário, ela o remete a uma diferença abissal em relação àquilo que constitui essa essência; a saber, o apelo e a correspondência ao chamado do Ser; o pôr-se, a cada vez, a caminho da verdade do Ser, que se dá como destinamento na história, e à qual, em sua essência, o homem corresponde pelo pensamento, ao habitar a linguagem, a casa do ser.

A meu ver, é positiva a resposta à questão acima formulada. E, se isso é verdade, então nenhuma dessas posições em debate meditou com suficiente profundidade e cuidado sobre a verdadeira essência da técnica moderna – pois esta só se deixa apreender pelo pensamento no horizonte historial da verdade do Ser. Não se trata, portanto, de desídia, incúria, falta de engenho, ou *déficit* da racionalidade lógica; porque, para tanto, seria antes necessária uma reflexão sobre a história da própria metafísica, a ser feita a partir do diálogo com os pensadores essenciais – de Platão a Nietzsche.

Por isso mesmo, e a despeito de serem posteriores às análises de Heidegger, a maior parte das teorias modernas sucumbem ao veto heideggeriano de curta compreensão da essência da técnica, pois passam ao largo de uma realidade que não mais podemos negar: o "perigo" embutido na dinâmica autonomizada da dominação tecnológica da natureza talvez não possa ser conjurado por nenhuma das modalidades conhecidas de organização sociopolítica. Isso pode ser constatado tanto pelo que ocorre no liberalismo capitalista ocidental, quanto pelo que ocorreu historicamente na experiência do assim chamado "socialismo real".

Já nos referimos a uma situação de extremo perigo. Perigo de que exatamente? – caberia perguntar. Perigo de permanecer submerso no esquecimento do ser que caracteriza a história da metafísica, inebriado pelo delírio de onipotência acerca das possibilidades do fazer humano, de modo que o pensamento filosófico não mais se coloque à altura da tarefa de refletir de modo originário sobre a *essência* e a verdade da técnica. Esta, para Heidegger, não possui, ela mesma, nada de técnico, nem se confunde com artefatos tecnológicos.

Para Heidegger, a técnica é, fundamentalmente, em sua acepção originária, uma modalidade de *pro-ducere* [de *her-vor-bringen*]. De acordo com isso, produzir é, portanto, trazer à luz ou conduzir à frente, desvelar, des-ocultar – acepção que não corresponde às noções recorrentes da técnica, considerada como meio para um fim (concepção instrumental), ou como incremento do poder-fazer humano (concepção antropológica). Para Heidegger, a técnica não é meio, nem uma amplificação da capacidade humana de produzir; a técnica é, essencialmente, um modo de des--ocultar, de desvendar, de retirar o véu, mostrar *alétheia*.

> O que tem a essência da técnica a ver com Des-ocultar? Resposta: tudo. Pois no des-ocultar se funda o *pro-ducere*. Mas este reúne em si os quatro modos da causação – a causalidade – e os domina. Ao domínio desses modos pertencem fim e meio, pertence o instrumental. Este vale como o traço fundamental da técnica. Se perguntamos, passo a passo, o que seria propriamente a técnica representada como meio, então chegamos ao Des-ocultar. Nele repousa a possibilidade de toda fabricação disponibilizadora.[4]

---

4 M. Heidegger, *Die Frage nach der Technik*, 5ª ed., Pfullingen: Neske, 1982, p. 12. As quatro modalidades de causação referidas são, obviamente, as causas material, formal, eficiente e final.

A respeito dessa essência, observa Heidegger,

> muito se escreve, mas pouco se pensa. A técnica é, em sua essência, um destino ontológico-historial da verdade do ser, que reside no esquecimento. A técnica não remonta, na verdade, apenas com seu nome, até a *tékne* dos gregos, ela se origina ontológico-historialmente da *tékne* como um modo do *alethúein;* isto é, do tornar manifesto o ente. Enquanto uma forma da verdade, a técnica se funda na história da metafísica. Esta é uma fase privilegiada da história do ser e a única da qual, até agora, podemos ter uma visão de conjunto[5].

Ora, se história da metafísica é também a história do esquecimento do ser e de sua substituição pelo ente, só um pensamento que ultrapassou a metafísica pode abrir-se para a rememoração do sentido do ser e, portanto, para pensar originariamente a essência da técnica como um acontecer destinamental (*Geschick*) da história da verdade do ser. Justamente disso o humanismo, em qualquer de suas modalidades, é incapaz, pois ele é essencialmente metafísico; portanto, só compreende a técnica em chave antropológica e instrumental, ou, dito modernamente, como vontade de poder – isto é, como potencialização da capacidade humana de produzir.

Desse ponto de vista, faria sentido considerar Nietzsche, quanto ao essencial, como o pensador por excelência da técnica moderna – pois, de acordo com Heidegger, Nietzsche pensa a vontade de poder como a essência do ente, na chave aristotélica da *dynamis* e *entlechia,* como um princípio metafísico. O eterno retorno constituiria, na era da dominação planetária da tecnologia, a figura do ente, o *aspecto* representacional da *existência* dos entes bem como da sua totalidade, cuja essência é determinada como vontade de poder. A doutrina do eterno retorno seria o equivalente metafísico do cálculo como potência, asseguramento e objetivação, para fins de manipulação e controle, de reprodução infinita do mesmo – a saber: transformação do ser, dos entes em sua totalidade em variáveis de cálculo, da natureza em fundo de reserva de energias, disponibilizadas para apropriação tecnológica.

De acordo com Heidegger, consuma-se na filosofia de Nietzsche o acabamento da metafísica; esta se realizaria historicamente como *mobilização total,*

---

5 M. Heidegger, Carta sobre o Humanismo, trad. Ernildo Stein, in M. Heidegger. *Conferências e escritos filosóficos,* Coleção Os Pensadores, São Paulo: Abril Cultural, 1973, p. 361.

captura de todos os entes nos circuitos tecnológicos de produção, consumo e desgaste. Essa objetivação tecnicocientífica da natureza engloba tudo num único processo de aproveitamento, valorização, fabricação e desgaste, que tudo reduz à condição de variável de cálculo: "Agricultura é agora indústria alimentar motorizada; em essência, o mesmo que a fabricação de cadáveres em câmaras de gás [...] o mesmo que a fabricação de bombas de hidrogênio"[6].

Em condições tais, o humanismo, como toda metafísica, estaria também fechado para uma modalidade não objetivante e reificadora de relação com o ser dos entes; também o humanismo não se apresenta como alternativa histórica para corresponder, pelo pensamento, à essência originária da técnica moderna. Aliás, "metafísica alguma, seja ela idealista, seja materialista, seja cristã, pode, segundo sua essência, e de maneira alguma apenas nos esforços despendidos em desenvolver-se, alcançar ainda o destino, isto significa: atingir e reunir, através do pensar, o que agora é do ser, num sentido pleno"[7].

Na época de sua realização sob a forma de mobilização total, a metafísica – a despeito de todas as "boas intenções humanitárias" –, leva adiante a completa *objetivação* da natureza, inclusive da humana, transmudando a essência e a destinação do homem que, de "pastor do ser", preocupado com o cuidado dos entes, torna-se a mais importante matéria-prima a ser consumida no desgaste (*Vernutzung*) universal do ente. Aliás, o humanismo aprofunda esse processo, na medida em que, com ele, toda ética permanece intra-humana, incapaz de voltar-se para o extra-humano, para o desocultar-se das coisas mesmas, inclusive do homem em sua relação com o sentido do ser, com seu ser no mundo como *ex-sistência* finita, como transcendência e ser-para-a-morte.

E assim ocorre que, encerrada na dimensão instrumental e antropológica da técnica, a dinâmica compulsivamente autorreprodutora do progresso tecnocientífico ameaça converter as promessas da ética humanista em seu contrário. No que diz respeito às esperanças do humanismo esclarecido, as pesquisas e realizações biogenéticas recentes tornam disponível e manipulável

---

6   *Apud* R. Maurer, "O que existe de propriamente escandaloso na filosofia da técnica de Heidegger", trad. Oswaldo Giacoia Júnior, in *Natureza humana*, vol. II, n. 2, 2000, p. 406.
7   Ibid.

a base somática da personalidade, que pode então ser instrumentalizada para fins incompatíveis com o *ethos* que, até aqui, constituiria o espaço de habitação do homem no mundo, o horizonte em que se abria sua autocompreensão essencial. Desinibidas fantasias estéticas sobre as novas possibilidades técnicas de consumo mercantil do homem por si mesmo forneceriam uma réplica cínica para a crassa formulação heideggeriana, acima citada, acerca da equiparação entre agricultura, câmaras de gás e bombas de hidrogênio.

Vista sob uma ótica heideggeriana, a fúria desencadeada desse hedonismo reificador poderia muito bem figurar como a realização macabra da ética humanista – o projeto de domínio integral da racionalidade técnica, alegadamente promovido em fomento de fins humanos, tê-lo-ia reduzido à monstruosa condição de artefato tecnicamente fabricado. Em vez de fomentar o delírio de onipotência tecnológica, a sóbria diretiva de Heidegger preconiza o abandono do pretenso privilégio humano incondicional sobre todas as criaturas. O tipo de pensamento proposto por ele não se deixa dominar pelo humanismo. "Certamente não, enquanto o humanismo é metafísico. Certamente não, se for o Existencialismo e defende a frase que Sartre exprime: *Précisément nous sommes sur un plan ou il y a seulement dês hommes* [...] Em vez disso, pensando a partir de *Ser e Tempo*, dever-se-ia dizer: *Précisément nous sommes sur un plan ou il y a principalement l'Être*"[8].

Isso não significa, no entanto, que sejamos compelidos a "anatemizar" toda perspectiva humanista de reflexão a respeito desses problemas e desafios. Fixar limites éticos para a liberdade de investigação científica, levando em consideração razões de ordem "humanitária" (mesmo depois e a despeito de Heidegger), exige, antes, impor-se a tarefa de uma reflexão profunda sobre a essência da técnica moderna, que não se deixe extraviar pelo tradicional ufanismo autossuficiente, pelo delírio infantil de onipotência da produção tecnológica. Exige, isso sim, que nos reapropriemos de uma sabedoria ancestral implicada na continência prudente e na humildade – exige que recuperemos uma postura de meditação permanente, lúcida e responsável, para a qual, talvez, um olhar retrospectivo não seja despropositado.

---

8 M. Heidegger, "Carta sobre o Humanismo", trad. Ernildo Stein, in M. Heidegger, *Conferências e escritos filosóficos,* Coleção Os Pensadores, São Paulo: Abril Cultural, 1973, p. 357.

OS LIMITES DE UMA ONTOLOGIA FUNDAMENTAL:
O RETORNO DA ANTROPOLOGIA FILOSÓFICA

Sem levar em conta, em nossos dias, a crítica heideggeriana do humanismo e sua correlata filosofia da técnica, todo nosso esforço de reflexão, a despeito das melhores intenções "humanitárias", permanecerá superficial e de curto alcance. Talvez tenha sido precisamente esse desafio que mobilizou os esforços de Peter Sloterdijk. A despeito do estilo cínico e provocativo de sua *entrée* na cena filosófica mundial, *As regras para o parque humano* foram concebidas, antes de tudo, como resposta (a se julgar ainda se bem-sucedida ou não) à *Carta sobre o humanismo* de Martin Heidegger.

Num panfleto incendiário datado de julho de 1999, Peter Sloterdijk respondeu publicamente à *Carta sobre o humanismo* de Martin Heidegger. Nessa resposta, Sloterdijk reconhece o vigor e a profundidade da crítica heideggeriana ao humanismo: com ela prenuncia o fim do humanismo tradicional, o solapamento das bases metafísicas de sua ingênua má consciência. Mas, para Sloterdijk, o fundamental parece consistir nos limites e nas insuficiências práticas e teóricas da crítica heideggeriana, que não faz senão balbuciar, ou simplesmente emudecer, em face das virtualidades e das urgências do tempo presente – pós-iluminista, pós-moderno e pós-humano.

Ironizando as célebres imagens analítico-existenciais da clareira (*Lichtung*), da habitação, da vizinhança, como metáforas da linguagem, a ser entendida por Heidegger como a "morada do ser"; referindo-se aos enigmáticos proferimentos a propósito de um pensar meditativo que, em silêncio reverencial, se coloca à escuta dos destinamentos do ser, Sloterdijk se pergunta como tais obscuras diretivas provenientes do desvelamento (*alétheia*) do ser permitiriam a construção de uma "sociedade de vizinhos do ser". Para ele, esta não poderia ser senão uma *eklesia* invisível de reverentes e silenciosos indivíduos isolados.

Sendo assim, tanto a ontologia fundamental do *Dasein* quanto a filosofia que rememora a história da verdade do ser teriam necessidade, sobretudo, de uma fundamentação antropológica. E, assim, uma decidida ocupação do pensamento com o homem, com o humano da história, passaria necessariamente por uma reflexão mais terra a terra, que buscasse o contributo da antropologia, ainda que para tanto fosse necessário exumar um gênero desacreditado em nossos dias, a antropologia filosófica.

É ocioso ingressar aqui mais de perto no caráter criptocatólico das figuras da meditação de Heidegger. Decisivo é agora apenas que, através da crítica heideggeriana do humanismo, propagou-se uma mudança de postura, que remete o homem a uma ascese meditativa, que aponta para muito além de todas as metas humanistas de educação. Somente por força dessa ascese poderia se formar uma sociedade de [homens OGJ.] meditativos, para além da sociedade humanístico-literária; essa seria uma sociedade de homens que retirariam o homem da posição central, porque teriam compreendido que só existem como vizinhos do ser – e não como obstinados proprietários, ou como senhores instalados em locações principais indenunciáveis[9].

Em vez daquela bucólica pastoral ontológica que Heidegger prescreve como alternativa ética para o humanismo, Sloterdijk opta por um caminho que conduz à reflexão de volta para o domínio concreto e eficaz da história e da política, reinterpretando a *Lichtung* (clareira) heideggeriana de um modo que exige o concurso incontornável de contribuições da Antropologia. Recorrendo à Antropologia, Sloterdijk despacha a pretensa liquidação heideggeriana do humanismo e coloca em questão, a seu modo, o sentido e o papel da educação humanista na história do Ocidente. Para fazê-lo, recorre ao léxico suspeito em que até então se formulara o problemático binômio domesticação (*Zähmung*) e seleção (*Zuchtung*), entendidas como cruzamento fundamental no processo antropológico de autoconfiguração da humanidade.

Para Sloterdijk, a história cultural do Ocidente foi marcada pela tensão entre as técnicas de cultura seletiva (*Zuchtung*) e as forças civilizatórias de amansamento e domesticação (*Zähmung*) do "bicho homem". Para ele, o humanismo – insuficientemente fulminado pela desconstrução heideggeriana da metafísica – constitui, em verdade, um longo e importante capítulo dessa história; com ele se empreende uma colossal tarefa de amansar as forças selvagens e domesticar o homem por intermédio da escola e da leitura: de acordo com sua posição, é em chave antropológica que se deve complementar a *Lichtung* (clareira) heideggeriana, entendida como abertura para a transformação do homem em animal doméstico (*Haustier*).

---

9 P. Sloterdijk, *Regel fur den Menschenpark: Ein Antwortschreiben zum Brief über den Humanismus*, Frankfurt/M: Suhrkamp Verlag, 1999, p. 9.

A clareira (*Lichtung*) encontraria, portanto, seu espaço de pertinência antroplógica no contexto civilizatório da criação e regulação da vida humana em casas e cidades.

> A clareira é, ao mesmo tempo, uma praça de combate e um lugar de decisão e seleção. Em relação a isso nada mais se pode reparar com formulações de uma pastoral filosófica. Onde se erguem casas, aí tem de ser decidido o que deve ser dos homens que as habitam; decide-se, de fato e pelo fato, que espécies de construtores de casas vêm a prevalecer. Na clareira, fica demonstrado por quais empenhos os homens combatem, na medida em que aparecem como seres que constroem cidades e impérios[10].

Para Sloterdijk, de modo inteiramente outro que para Heidegger, Nietzsche foi também um mestre contemporâneo do pensamento perigoso, um dos filósofos que mais longe e claro enxergou no domínio das relações entre a antropologia, a ética e a política. Para o autor de *Assim falou Zaratustra*, o homem moderno seria sobretudo um selecionador bem-sucedido: ele teria conseguido transformar o bicho homem em "último homem"; isto é, no animal domesticado, útil e dócil, uniforme, comprazendo-se no próprio rebaixamento e mediocridade.

> Compreende-se por si que isso não pode acontecer apenas com meios humanísticos de domesticação, direcionamento e ensino. Com a tese do homem como criador seletivo do homem, rompe-se o horizonte humanista, na medida em que o humanismo jamais pode, ou está autorizado, a pensar mais adiante do que até agora a questão da domesticação e da educação. O humanista apresenta-se ao homem, e então aplica a ele seus meios domesticatórios, disciplinadores, formativos – convencido, como ele o está, da conexão necessária entre ler, assentar e abrandar[11].

O mérito de Nietzsche consistiria em ter pressentido, como o apóstolo Paulo e Charles Darwin antes dele, por detrás desse pacífico e sedentário horizonte escolar de formação um cenário mais sombrio.

---

10 Id., pp. 11 ss.
11 Id., p. 12.

Ele fareja um espaço no qual terão início combates inevitáveis sobre as direções da seleção humana – e esse espaço é aquele no qual se mostra a outra face da clareira, a face oculta. Quando Zaratustra caminha pela cidade na qual tudo se tornou menor, ele observa o resultado de uma política de seleção até então exitosa e indisputada: com auxílio de uma adequada vinculação entre ética e genética, os homens conseguiram – assim lhe parece – tornar menores a si próprios, por seleção. Eles se submeteram à domesticação e colocaram em marcha, para si mesmos, uma escolha seletiva na direção de formas de convivência entre animais domésticos. A partir desse discernimento, a crítica ao humanismo, própria de Zaratustra, surge como refutação da falsa inocuidade, com a qual se envolve o bom homem moderno[12].

Nesse ponto estratégico, percebe-se a importância que a crítica nietzschiana do humanismo, aquele ensaio de "antropologia filosófica" que se apresenta, por exemplo em *Para a Genealogia da moral,* adquire no ataque de Sloterdijk tanto a Heidegger quanto à tradição humanista. Segundo ele, Nietzsche denuncia justamente a falsa inocência dissimulada na pedagogia humanitária, a autoedulcoração de uma vontade coletiva de poder, responsável pela escolha seletiva de uma determinada figura do humano como normativa no Ocidente: a do homem bom, como animal doméstico e virtuoso. Com isso, dissimula-se, sob a capa de ensino e disciplina, uma "antropotécnica" de seleção, de cultura seletiva de um tipo humano. Cultura, escreve Nietzsche, é uma tênue pelinha de maçã envolvendo um caos incandescente.[13]

Somos concitados por Sloterdijk a romper justamente com a (auto)--mistificação humanista tradicional que o avançado grau de desenvolvimento tecnocientífico, especialmente os progressos alcançados no campo da biologia molecular, da genética e da medicina, nos habilita a tomar conscientemente em nossas próprias mãos a tarefa cultural da seleção e, dessa maneira – assim o pretende Sloterdijk – a *reescrever as regras do parque humano.*

É marca da era tecnológica e antropológica que os homens sejam mais e mais colocados no lado ativo e subjetivo da seleção, mesmo sem que tivessem volun-

---

12 Id., p. 13.
13 Cf. Fragmento póstumo de 1883, nr. 9[48], in F. Nietzsche, *Sämtliche Werke: Kritische Studienausgabe (KSA),* vol.10, Berlin/New York/Munchen: Ed. G. Colli und M. Montinari, de Gruyter, DTV, 1980, p. 362.

tariamente ingressado no papel do selecionador. Devemos constatar: existe um mal-estar no poder da seleção, e em breve será uma opção pela inocência, se os homens explicitamente se recusarem a exercer o poder de seleção, que eles de fato alcançaram. Porém, desde que, num certo campo, estejam desenvolvidos poderes de conhecimento, os homens farão má figura se – como nos tempos de uma antiga impotência – quiserem deixar agir em seu lugar um poder superior, seja ele Deus, ou o acaso, ou os outros. Na medida em que a mera recusa ou abdicação costumam fracassar em sua esterilidade, importa assumir ativamente o jogo, no futuro, e formular um código das antropotécnicas. Um tal código alteraria retroativamente também a significação do humanismo clássico – pois, com ele, tornar-se-ia manifesto e registrado que *humanitas* não compreende apenas amizade do homem para com o homem; ela sempre implica também – e com crescente explicitação – que o homem representa para o homem o poder superior[14].

Seria preciso atentar para essa condição *sui generis* do homem contemporâneo, a saber: poder incumbir-se deliberadamente da tarefa de seleção biopolítica, exercendo um poder que, de fato, já foi conquistado. No grau de autodeterminação a que nos alçamos com a moderna tecnociência, já não poderíamos mais impunemente nos furtar a assumir ativamente o jogo, como postula Sloterdjik, deixando agir em nosso lugar um hipotético poder superior.

Ora, no cenário histórico-político contemporâneo, as atuais pesquisas biotécnicas com embriões e genoma viabilizam a possibilidade de produção tecnológica da vida, para além dos limites restritivos, determinados pelo interesse terapêutico de identificar, prevenir e/ou tratar convenientemente enfermidades causadas geneticamente, afetando indivíduos e populações. Com a possibilidade técnica de decifrar e recombinar a composição dos códigos e cadeias de genes, o homem talvez tenha transposto o limiar de uma nova clareira epocal.

Esse é o conflito fundamental de todo futuro, postulado por Nietzsche: o combate entre os cultivadores seletivos do homem para o pequeno e para o grande – poder-se-ia também dizer entre humanistas e transumanistas, filantropos e transfilantropos. Nas reflexões de Nietzsche, o emblemático Além-do-homem

---

14 Id., p. 14.

não é colocado para o sonho de uma rápida desinibição, ou de uma evasão para o bestial – como supunham os maus leitores de Nietzsche dos anos 1930, que calçavam coturnos. A expressão também não é colocada para a ideia de uma retrosseleção do homem para o status do tempo de animal pré-doméstico e pré-eclesiástico. Quando Nietzsche fala do Além-do-homem, ele pensa, então, em uma era do mundo profundamente além do presente. Ele toma medida em milenares processos retrojacentes, nos quais, até agora, foi empreendida a produção de homens, graças à íntima confrontação entre seleção, domesticação e educação – numa empresa que, em verdade, soube em grande parte fazer-se invisível, e que, sob a máscara da escola, tinha por objeto o projeto de domesticação[15].

PROMETEU E O SACRIFÍCIO NECESSÁRIO:
SOBRE A VIOLÊNCIA E O SAGRADO

Meu interesse principal se instala numa perspectiva voltada justamente para milenares processos "pré-históricos", para o que poderíamos considerar como o espaço conjuntural do humano como "animal pré-doméstico e pré-eclesiástico". Sob essa ótica, parece-me que o convite de Sloterdijk para um resgate da antropologia filosófica, no contrapelo da analítica heideggeriana da finitude, pode adquirir novo sentido: pois que, por meio da antropologia, talvez possamos resgatar os rudimentos, os traços mnêmicos e biológicos nos quais se depositam os registros arquivários do processo de hominização, da aventura de autoconstituição do homem, que transfigura o hominídeo instivo em *zoon politicon*.

Concernidos pelo pensamento de Heidegger, e considerando com toda a seriedade o chamamento à reflexão nele contido, ousamos confrontar a abertura ontológica constitutiva do *Dasein* como ser no mundo, com uma tese antropológica despida das sugestões antropotécnicas de Sloterdijk. Voltamo-nos justamente para a pré-história do vir a ser homem, para a "brutalidade" do animal caçador e predatório que abandona as árvores para ganhar a totalidade do mundo.

---

15 Id., p. 13.

Essa perspectiva pode parecer extemporânea num tempo em que tudo se perfila prospectivamente, em especial na direção indicada pela tecnociência, pela biologia molecular e pela genética, com suas promessas de iminente produção tecnoindustrial do humano. Pode ser anacrônica uma reflexão que inverte a direção do olhar voltado genética ou genealogicamente para as origens, para os primórdios da cultura. No entanto, considero mais premente do que a curiosidade ansiosa acerca do que podemos fazer tecnologicamente de nós mesmos, mais urgente do que o pretenso golpe de morte em nossa autocompreensão ética – representado pela instrumentalização da base somática da personalidade – o cuidado reflexivo com as origens, o resgate de *gap* que nos distancia (e talvez nos aproxime decididamente) dos tempos primevos, que, de resto, de acordo com Nietzsche, estão presentes sempre de novo, a qualquer tempo[16].

A alusão a Nietzsche, nesse contexto, é feita para lembrar que aquilo que denominamos espírito e cultura superior, religião e civilização – tudo isso veio a ser, tem seus primórdios na pré-história do animal homem, e foram engrendrados a partir da interiorização e sublimação das telúricas forças pulsionais da agressividade, da destrutividade. Ora, isso enseja uma parceria, no pensamento contemporâneo, na antropologia filosófica de René Girard e de Walter Burkert, sobretudo levando em consideração as abissais diferenças entre as respectivas teorias e seus métodos. "Deve ser possível pensar o processo de hominização", escreve Girard, sem a indigente necessidade de acobertar as dificuldades do empreendimento debaixo de imponentes circularidades do pensamento, "de modo realmente radical, a partir da própria animalidade e sem nunca recorrer às falsas especificidades da natureza humana".

> É possível mostrar que é a intensificação da rivalidade mimética, visível em toda parte já no nível dos primatas, que deve destruir os *dominance patterns* e suscitar formas sempre mais elaboradas e mais humanizadas da cultura por meio da vítima expiatória. No momento em que os conflitos miméticos se tornam suficientemente intensos para impedir as soluções diretas é que resultam as formas animais de socialidade, e esta deve se desencadear numa primeira "crise", ou

---

16 Cf. F. Nietzsche, *Para a Genealogia da moral*. II, 9. in: Nietzsche. *Sämtliche Werke, Kritische Studienausgabe (KSA)*, vol. 5, Berlin/New York/Munchen: Ed. G. Colli und M. Montinari, de Gruyter, DTV, 1980, p. 537.

numa série de crises, o mecanismo que engendra as formas "adiadas" simbólicas e humanas da cultura.

É possível pensar que a potência e a intensidade da imitação aumentam com o volume do cérebro em toda linhagem que conduz ao Homo sapiens. Nos primatas mais próximos do homem, o cérebro já é mais volumoso que em outros animais. Deve ser essa potência crescente que desencadeia o processo de hominização, em seguida acelera esse crescimento, e contribui de modo prodigioso para a potência incomparável do cérebro humano[17].

O que somos hoje, devemos aos avatares de um desenvolvimento somático, em particular a um prodigioso aumento do volume do cérebro que favorece a intensificação da capacidade de imitação, da mimésis humano-animal. A renúncia à mimésis apropriativa, que faz desaparecer a imitação apropriativa de objeto, a qual inevitavelmente leva à guerra de todos contra todos, conduz às peripécias, às transformações e às sublimações das potências agressivas e destrutivas do animal humano – canalizadas para fora do grupo – para um terceiro, uma vítima expiatória, o cimento das relações de solidariedade e comunidade intragrupal.

O Homo sapiens torna-se sapiens em função de sua transformação em animal caçador. A vítima expiatória constituiu a verdade de nosso princípio (no princípio era a ação, e a ação homicida), e talvez continue a ser nosso destino. Eis, portanto, a origem do rito e da religião, o grau zero do processo de hominização: o rito sacrificial. Bem como o mito que o mimetiza simbolicamente e o transforma em conteúdo religioso, repete ritualisticamente o sacrifício vicário que instituiu as primeiras ordens sociais; por isso é indispensável dar a ele uma forma cultural fixa e estável (o sagrado, a religião), de modo a poder retomá-lo sempre, tanto como memorial como renovação permanente do ato fundacional.

Há, portanto, uma parte de intuição verdadeira em Totem e tabu, e ela consiste em fazer remontar a humanidade a um assassinato coletivo. Aliás, não há mito fundador que não faça o mesmo, mas foi a genialidade própria a Freud que compreendeu (contra toda a futilidade de sua época e da nos-

---

17 R. Girard, Coisas ocultas desde a fundação do mundo, trad. Martha Gambini, São Paulo: Paz e Terra, 2008, p. 118.

sa) que era preciso levar todas essas mensagens em parte fantásticas, mas concordantes em pontos essenciais, mais a sério do que a antropologia até então tinha sido capaz de fazer. Freud não conseguiu descartar elementos mitológicos que atravancam sua teoria. "Seu pai feroz é a última divindade da violência e é porque hoje ela está morrendo, com a religião psicanalítica fundada sobre ela, que podemos falar da maneira que falamos"[18].

A vitimação ritualizada constitui a canalização e a derivação de uma violência originária, desencadeada pela *mimésis* de apropriação que, se não for desviada de sua meta original – a saber, a destruição dos outros – por meio da concentração sobre o *bode expiatório*, destruiria toda e qualquer possibilidade de sociedade humana estável. Esta necessita da derivação desviada da violência de todos sobre uma vítima sacrificial, de maneira que a sociedade surge da agressão comum: "C'est la violance qui constitue le coeur véritable et l'âme secrete du sacré [...] tout rituel religieux sort de la victime émissaire, et les grandes institutions humanies sortent du rite"[19].

De acordo com esse modelo, o mecanismo bode expiatório, que se encontra na base da antropologia filosófica de René Girard, constitui a autêntica condição de possibilidade de explicação da sociabilidade humana, que, sem reivindicar uma concretização ou verificação histórica, permite avançar relativamente às hipóteses metafísicas as quais, no limite, recorrem às falsas especificidades da natureza humana ou à ficção heurística do contrato originário – uma edulcoração pacificadora como mito fundador da sociabilidade humana.

Walter Burkert também dedica seu trabalho antropológico à gênese do processo de hominização, apreendendo o desenvolvimento histórico da cultura humana de um modo mais concreto e verificável do que as teorias de Girard sobre a violência e o sagrado, de modo a formular hipóteses falsificáveis a respeito dessas origens. Para tanto, ele recorre aos fundos e achados antropológicos que dão testemunho de como o homem fez-se tal, ao abandonar as árvores para, como caçador, conquistar a terra.

Já no Paleolítico, o homem é caçador bem-sucedido de grande caça selvagem; isso já é documentado, por exemplo, nos fundos de Chou Kou Tien,

---

18 R. Girard, *Coisas ocultas desde a fundação do mundo*, trad. Martha Gambini, São Paulo: Paz e Terra, 2008, p. 121.
19 R. Girard, *La Violence et le sacré*, Paris, 1972, pp. 52 e 425.

dos assim chamados homens de Pequim. Nesse processo, é pressuposto um complexo característico de equipagem física e modos de comportamento, que separam claramente o homem de seus parentes próximos, e com isso fazem-no homem: caminhar ereto e uso de armas, de modo que é possível o rápido caminhar sobre duas pernas, e as mãos permanecem livres; trabalho em conjunto em grupo com um correspondente sistema de sinais; emprego do fogo, na medida em que a lança de madeira, reforçada no fogo, constituiu a primeira arma efetiva; diferenciação dos sexos, indo os homens para a caça, deixando mulheres e crianças na proteção do fogo doméstico – isso não é natureza imodificável, no entanto, quem se contrapõe a isso, tem de se haver com uma tradição de cem mil gerações[20].

Diferentemente do que pensa Girard, a vítima sacrificial não é o bode expiatório para o qual se canaliza a violência comum, fundadora das primeiras sociedades. O sacrifício deve ser restituído, originariamente, à caça, à *restituição à natureza* do fundamento da vida morta para perpetuação e propagação da vida humana, da devolução ao fundo comum daquilo que teve que ser morto e dilacerado para a conservação da vida humana.

> O caçador tem de matar para viver, e isso põe em cena um paradoxo em seus usos e costumes. Dessa maneira, pode-se tornar historicamente compreensível o paradoxo da vítima: não há que se perguntar como, então, matar e comer são introduzidos no culto dos deuses; isso sempre esteve lá; e, no entanto, que mesmo no necessário ato de matar, a gente se curve perante a potência da vida, isso é religião[21].

Sendo assim, se a sociabilidade humana tem como *fons et origo* a violência, então não o sacrifício expiatório, como pretendia Girard, mas o paradoxo do caçador: ter de restituir à natureza, ao fundo originário da vida, a vida sacrificada que torna possível a vida humana, ao fornecer-lhe o alimento ricamente proteico da carne. Mais uma vez, a violência e a agressão constituem a base fundacional do processo de hominização. Em ambos os

---

20 W. Burkert, *Anthropologie des religiösen Opfers : Die Sakralisierung der Gewalt*, Munchen: Carl Friedrich von Siemens Stiftung, 1983, p. 25.
21 Id., p. 24.

casos, em Burkert e Girard, a combinação da biologia, da arqueologia, da paleontologia e da antropologia nos colocam frente a frente com o especificamente humano: a canalização, a domesticação e instrumentalização da violência sob a forma do sagrado, do rito e da religião.

Portanto, é disso que se trata quando nos propomos hoje a rediscutir *a vexata questio* da natureza humana – inclusive do ponto de vista da filosofia política. De certo modo, poderíamos dizer, contra Sloterdijk, que só existe *humanitas* porque um caçador predatório transformou sua ferocidade em *Homo sapiens,* tornando-se doméstico e eclesiástico – e o fez mediante o sacrifício vitimário, da ritualização da violência sacralizada. Tendo isso em vista, caberia plenamente a lembrança de Nietzsche, que também foi um dos mais implacáveis adversários de nossa moderna necessidade de edulcoração da pré-história da hominização. A respeito da consciência moral, da má consciência e de todos os atributos em que a tradição se obstinava em discernir a "marca do divino no humano", Nietzsche via rupturas, as vertigens de saltos no abismo:

> Pertence ao pressuposto dessa hipótese sobre a origem da má consciência que essa transformação não foi gradual, voluntária, e se apresentou como um crescimento orgânico em novas condições, mas como uma ruptura, um salto, uma coerção, uma fatalidade irrecusável, contra a qual não houve nem combate, nem sequer ressentimento. Em segundo lugar, que essa inclusão de uma população até então desprovida de inibição e forma em uma forma estável foi levada a cabo só com autênticos atos de violência, assim como ela teve início com um ato de violências, que, de acordo com isso, o mais antigo "Estado" surgiu e continuou a trabalhar como uma esmagadora e impiedosa maquinaria, até que uma tal matéria-prima de povo e semianimal finalmente foi não apenas amassada e tornada flexível, mas também foi conformada. Eu emprego a palavra "Estado": compreende-se por si mesmo o que penso com isso – alguma horda de louros animais de rapina, uma raça de conquistadores e senhores, que, organizada para a guerra e com força para organizar, lança sem consideração suas terríveis garras sobre uma população talvez prodigiosamente superior, mas ainda desprovida de forma, errante. Sim, desse modo começa sobre a terra o "Estado": penso que fica deposto aquele delírio que o fazia começar com um "contrato"[22].

---

22   F. Nietzsche, *Zur Genealogie der Moral* II, 17, In: F. Nietzsche, *Sämtliche Werke: Kritische Studienausgabe*

Essa lembrança não é feita com vistas a uma demonização maniqueísta dos primórdios da vida política, pois com a internalização da violência sublimada principia, para Nietzsche, a aventura da *conditio humana*. Por outro lado, acrescentemos imediatamente que com o fato de uma alma animal voltada contra si própria, que toma partido contra si mesma, foi dado algo na terra tão novo, profundo, inusitado, enigmático, contraditório e pleno de futuro que o aspecto da terra alterou-se essencialmente com isso. De fato, foram necessários espectadores divinos para honrar o espetáculo que com isso se iniciou, e cujo final ainda não pode, de modo algum, ser avistado, um espetáculo demasiado refinado, maravilhoso, demasiado paradoxal para que ele pudesse se desenrolar, despropositadamente não percebido, sobre um ridículo astro qualquer! Desde então o homem conta entre os mais inesperados e excitantes lances de dados que a "grande criança" de Heráclito joga, chame-se ela Zeus ou o acaso – "ele desperta para si um interesse, uma tensão, uma esperança, como se com ele algo se preparasse, como se o homem não fosse nenhuma meta, mas apenas um caminho, um episódio, uma ponte, uma grande promessa"[23].

Se podemos pensar que o hominídeo se transforma em *Homo sapiens* quando se pacifica e unifica em torno da vítima sacrificial, ou então quando se torna caçador e comedor de carne, devendo devolver culturalmente à natureza a essência imperecível da caça a que deve sua nutrição e propagação, assim também a *pudenda origo* da consciência moral e organização sociopolítica que prosseguirá na *polis* é também ela da ordem da pilhagem, do assalto, da violentação – o rapto das sabinas se inscreve na saga de derivação e canalização da agressividade para o exterior. Um dos grandes equívocos da psicanálise foi pôr no mesmo plano a agressão e a sexualidade, como se o interdito do incesto fosse tão originário e ancestral quanto a necessidade de manter sob controle a violência.

Freud não vê que o controle das relações sexuais se inscreve na questão mais fundamental ainda da violência. Para compreender até que ponto essa questão é fundamental, basta invocar um seu aspecto completamente elementar, mas

---

(KSA), vol. 5, Berlin/New York/Munchen: Ed. G. Colli und M. Montinari, de Gruyter, DTV. 1980, p. 324.
23 F. Nietzsche, *Zur Genealogie der Moral* II, 16, In: F. Nietzsche, *Sämtliche Werke. Kritische Studienausgabe (KSA)*, Berlin/New York/Munchen: Ed. G. Colli und M. Montinari, de Gruyter, DTV, 1980, vol. 5, p. 323.

indubitável, que é a utilização da pedra e das armas. Muito tempo antes da aparição do *Homo sapiens*, a redução dos caninos até as dimensões atuais sugere que as pedras substituíram a dentição na maioria de seus usos, mesmo os combates dentro da espécie. Se os animais podem competir e combater sem chegar até a morte, é em razão de inibições instintivas que garantem o controle das armas *naturais*, as garras e os dentes. Não é possível acreditar que esse controle se estenda automaticamente às pedras e às outras armas artificiais no dia em que os homens começam a utilizá-las[24].

Esse aceno teórico para a psicanálise pode nos oferecer também uma direção e um caminho do pensamento que nos ajudasse a levar adiante nossa exploração reflexiva do veto oposto por Sloterdijk à ontologia fundamental de Heidegger, com sua tentativa pós-metafísica de recuperar uma tarefa para o pensamento no fim da filosofia. Talvez a grande ousadia pós-metafísica do pensamento se inicie lá onde se trata de cauterizar a derradeira permanência fóssil e residual da transfiguração da violência em sagrado: refiro-me à sacralização da violência que tem a forma do direito, e que, se desde sempre rondou os primórdios da política no Ocidente, nos dias de hoje está a ponto de imantar toda e qualquer reflexão que se encarregue de tomar por objeto o destino da política e da vida.

Colocar em termos de direitos fundamentais, por exemplo, o problema dos limites normativos (ético-político-jurídicos) que devem ser instituídos para prevenir a transformação radical da autocompreensão ética da espécie humana pela iminência de uma instrumentalização tecnológica da base orgânica da personalidade implica reiterar o dispositivo metafísico da sacralização religioso-jurídica da vida humana. Eis presente uma dimensão da discussão atual sobre a técnica cujos desdobramentos podem propiciar um horizonte inteiramente inaudito para o pensamento sobre os avatares da natureza humana na história.

Isso, porque *sacrare* remete etimologicamente à separação, e consagrar significa subtrair juridicamente (por direito humano ou divino) algo ou alguém do livre uso e comércio. A esse respeito, Giorgio Agamben interpreta

---

24 R. Girard, *Coisas ocultas desde a fundação do mundo*, trad. Martha Gambini, São Paulo: Paz e Terra, 2008, p. 111.

religio como derivando *não* de *religare* (da ligação e aproximação entre as esferas do humano e do divino), mas de *relegere*, indicando precisamente o contrário – ou seja, a distância, o escrúpulo, a observância de formas e fórmulas.

> *Religio* não é o que une os homens e deuses, mas aquilo que cuida para que se mantenham distintos. Por isso, à religião não se opõem a credulidade e a indiferença com relação ao divino, mas a "negligência", uma atitude livre e "distraída" – ou seja, desvinculada da *religio* das normas – diante das coisas e do seu uso, diante das formas da separação e do seu significado. Em contraposição a isso, profanar significa abrir a possibilidade de uma forma especial de negligência, que ignora a separação, ou melhor, faz dela um uso particular[25].

Ora, *sacrare*, tornar religiosamente sagrado, realiza-se por meio, ou instrumentalidade, de uma operação ritual sempre minuciosamente estabelecida em seus procedimentos – o *sacrifício*. Entre consagração e sacrifício subsiste um vínculo antropologicamente indissolúvel: o rito sacrificial, ou seja, o conjunto de procedimentos cultuais diferenciados de acordo com a variedade das culturas, através dos quais opera-se a passagem da esfera do humano para a do divino, do profano para o sagrado, sendo o sacrifício o limiar entre essas distintas esferas; a zona de *transitus* que a vítima deve necessariamente percorrer para que se opere a separação religiosa.

O que pretendo sugerir com isso é também e sobretudo uma interpretação rigorosamente sacrificial do direito, como dispositivo que opera e assegura as separações que efetuam e constituem um *dominium* originário – a esfera *sagrada* do político. Assim sendo, há um elo indissociável entre a sacralidade do político e a instrumentalidade sacrificial do jurídico, sendo o direito o meio pelo qual se constitui o espaço político, separado como um âmbito próprio da existência humana, não natural, propriamente cultural.

Ora, se podemos entender, nesse sentido, sacrificialmente o direito, então podemos também estender ao jurídico a vinculação indissolúvel que une o sacrifício, o sagrado e a violência, pois – como uma constante antropológica – todo *transitus* sacrificial é inteiramente pervadido, desde as origens míticas, pela violência. A esse respeito, é pertinente a observação de René Girard:

---

25 G. Agamben, *Profanações,* trad. Selvino José Assmann. São Paulo: Boitempo Editorial, 2007, p. 66.

Em numerosos rituais, o sacrifício apresenta-se de duas maneiras opostas: ou como "algo muito sagrado", do qual não seria possível abster-se sem negligência grave, ou, ao contrário, como uma espécie de crime, impossível de ser cometido sem expor-se a riscos igualmente graves. É criminoso matar a vítima, pois ela é sagrada. Mas a vítima não seria sagrada se não fosse morta. Existe aqui um círculo que receberá um pouco mais tarde, conservando-o até hoje, o sonoro nome de ambivalência[26].

O direito promove e garante, de acordo com a interpretação que ora se propõe, a instituição dessa esfera ambivalente para a qual *transitam* sacrificialmente os súditos sob a insígnia do soberano, transição que não pode ser pensada senão por meio da institucionalização da violência. Nesse sentido, instituição do dispositivo jurídico cumpriria a mesma função arcaica do sacrifício, ou seja, a neutralização eficaz da violência.

No final das contas, o sistema judiciário e o sacrifício têm a mesma função, mas o sistema judiciário é infinitamente mais eficaz. Só pode existir se associado a um poder político realmente forte. Como qualquer outro progresso técnico, ele constitui uma arma de dois gumes, servindo tanto à opressão quanto à libertação. É sob este aspecto que ele se mostra aos primitivos que, neste ponto, têm sem dúvida um olhar bem mais objetivo que o nosso. Por mais imponente que seja, o aparelho que dissimula a identidade real entre a violência ilegal e a violência legal sempre acaba por perder seu verniz, por se fender e finalmente por desmoronar. A verdade subjacente aflora e a reciprocidade das represálias ressurge, não apenas de forma teórica, como uma verdade simplesmente intelectual que se mostraria aos eruditos, mas como uma realidade sinistra, um círculo vicioso do qual se pensava ter escapado, e que reafirma seu poder[27].

A consagração, como princípio jurídico-constitucional, de um caráter como que sagrado da vida humana tornou-se, para nós, tão familiar a ponto de nos fazer esquecer sua total ausência entre as categorias fundamentais da filosofia ético-política e jurídica da Grécia. A Antiguidade clássica "na distin-

---

26 R. Girard, *A violência e o sagrado*, trad. Martha Gambini. São Paulo: Ed. Unesp, 1990, p. 13.
27 Ibidem, p. 37.

ção entre a mera vida biológica (*zoé*) e as formas qualificadas de vida *(bios)* não reconhecia nenhum privilégio ou sacralidade da vida enquanto tal".

Desse ponto de vista, talvez possamos suspeitar que os direitos humanos – na acepção corrente de prerrogativas jurídicas "inalienáveis" do homem, o que lhes confere o estatuto de princípios cardinais das declarações de direitos nas constituições dos modernos Estados liberais – sejam uma sobrevivência do resíduo mítico de sacralização da violência na modernidade política[28].

Nesse sentido, talvez possamos identificar como uma de nossas tarefas mais desafiadoras, no plano do pensamento ético-político, aquela que consiste em ousar e levar a efeito *profanação* pensante do direito, como condição prévia para uma renovação dos quadros conceituais da política, sua liberação do confisco que lhe foi imposto no interior dos limites fixados pela organização jurídica do Estado. Trata-se de uma tentativa de desativação de procedimentos e comportamentos cristalizados, atrelados de forma rígida a uma finalidade inveterada, liberando-os para a invenção, necessariamente coletiva (vale dizer, política) de *novos usos*.

O sentido de um direito que sobreviveria, desse modo, à sua própria deposição como monopólio da violência, sendo profanado para um novo uso, poderia ser comparável ao que acontece à lei após sua deposição messiânica, à forma de direito numa sociedade sem classes – para citar os exemplos históricos do cristianismo paulino e do marxismo.

> Não se trata, evidentemente, de uma fase de transição que nunca chega ao fim a que deveria levar, menos ainda a um processo de desconstrução infinita que, mantendo o direito numa vida espectral, não consegue dar conta dele. O importante aqui é que o direito – não mais praticado, mas estudado – não é a justiça, mas só a porta que leva a ela. O que abre a porta para a justiça não é a anulação, mas a desativação e a inatividade do direito – ou seja, um outro uso dele[29].

---

28 É evidente que não procuro questionar a importância fundamental das declarações de direitos como garantia das liberdades públicas, sua função histórica de emancipação e resistência ao arbítrio e à tirania. Pretendo apenas apontar o caráter bifronte que nelas se pode reconhecer, como em todo e qualquer acontecimento de efetiva relevância histórica e política. E, nesse sentido, aquilo que talvez falte no debate atual sobre direitos humanos e direitos fundamentais seja precisamente uma consciência mais apurada no tocante a essa relação entre direito e violência, soberania e estado de exceção. Quero dizer que, ao lado da função emancipatória, seria também indispensável perceber que as declarações de direito integram o dispositivo da vítima sacrificial.

29 G. Agamben, *Estado de exceção*, trad. Iraci D. Poletti. São Paulo: Boitempo, 2004, p. 97.

Talvez seja essa a seriedade do jogo, no qual brincaremos com o direito como as crianças brincam com os objetos fora de uso, não para devolvê-los a seu uso canônico e, sim, para libertá-los definitivamente dele. O que se encontra depois do direito não é um valor de uso mais próprio e original e que precederia o direito, mas um uso novo, que só nasce depois dele. Também o uso, que se contaminou com o direito, deve ser libertado de seu próprio valor. Essa libertação é tarefa do estudo, ou do jogo. E esse jogo estudioso é a passagem que permite ter acesso àquela justiça que um fragmento póstumo de Benjamin define como um estado do mundo em que este aparece como um bem absolutamente não passível de ser apropriado ou submetido à ordem jurídica[30].

No entanto, talvez isso não seja tão novo como parece – quem sabe se isso não seria o sentido profundo de uma profanação do direito e da própria política, contaminada por seu enquadramento no dispositivo jurídico-estatal da violência organizada como poder institucionalizado? Quem sabe se, desse modo, não estaríamos apenas resgatando uma ancestral motivação política da própria filosofia?

O problema que deve afrontar a nova política é precisamente este: como uma política que seria voltada à completa fruição da vida é possível nesse mundo? Mas não é esse precisamente, olhando bem, o objetivo mesmo da filosofia? E quando um pensamento político moderno nasce com Marcílio de Pádua, este não se define com a retomada com fins políticos do conceito averroísta de "vida suficiente" e de *bene vivere*? Benjamin, ele também, no *Fragmento teológico-político*, não deixa nenhuma dúvida quanto ao fato de que "a ordem do profano deve ser orientada em direção à ideia de felicidade". A definição do conceito de "vida feliz" (que, em verdade, não deve ser separado da ontologia, porque do "ser nós não temos outra experiência senão viver") permanece uma das tarefas essenciais do pensamento que vem[31].

---

30 G. Agamben, *Estado de exceção: Homo Sacer II*, trad. Iraci D. Poleti. São Paulo: Boitempo Editorial, 2004, p. 98.
31 Disponível em: <http://geocities.yahoo.com.br/polis_contemp/polis_agamben.html>.

Os contornos indeterminados do moderno
Claude Imbert

I

O conceito de *moderno* entrou na berlinda. Ou então, para melhor renegá-lo, atiram ao mesmo tempo na época, no fracasso da empreitada e na amargura pelas esperanças decepcionadas. Seria melhor se livrar do *moderno* e para isso bastaria o *pós-moderno*. Ou nem teríamos chegado lá: *Jamais fomos modernos* (1989). Bruno Latour opunha nessa obra o galileísmo experimental de Boyle, o cansativo acerto da bomba de vazio, o tipo de argumentação indutiva e de assentimento coletivo que ela produziu, ao raciocínio político de Hobbes. Daí, concluímos que a maneira como os homens são governados e como isso é retratado na história passou longe da modernidade. Mas o Leviatã também era uma máquina galileana: ele propiciava a Hobbes uma entrada dedutiva, nem que seja para acompanhá-la de uma retórica de imagens retiradas da iconografia dos *Juízos Finais*. No século XVII e numa sociedade exposta às discórdias religiosas e civis, o galileísmo alimentara os contrários. Os tempos chamados de *modernos* mantinham sua ambiguidade.

Ousemos mais um passo. Quando questionam o *moderno* hoje, o que é almejado que não se consegue esquecer? Se ele foi uma ilusão, por que é remanescente a tal ponto que seja preciso polemizar? E se o pensamento em si for uma experiência, então o tema que nos reúne hoje talvez possa ser o verdadeiro lugar deste *moderno* contestado. Nem dispositivo técnico manipulador de coisas, nem evento da história, ambos se conjugando para exercer sua tirania sobre nossa impotência: tratar-se-ia do que testa uma inteligência confrontada com uma incessante reconfiguração do real.

Modernidade, a palavra vem de Balzac, para uma comédia humana na qual ele distribui papéis e cenas, final grandioso de um esquema clássico, trabalhado desde Dante e até Molière e os trágicos franceses. *Vida moderna* é provocador, antecipando o enxerto paradoxal de uma moda sobre uma fisiologia. Beaudelaire pedia desculpas por ela, que não nos espanta mais hoje. Fica uma conseqûencia imediata, que lhe dava um tom de injunção: *ninguém é habilitado a desprezar sua época*. Menos de um século mais tarde, Merleau-Ponty a transformou no seu protesto: temos apenas as palavras da filosofia de ontem, nada para hoje nem para amanhã, dizia ele. Porém, já estamos neste amanhã. *Experiência de pensamento* é um escândalo para alguns cartesianos, que contrapõem uma realidade substancial e uma cadeia de ideias claras e distintas. Para outros cartesianos, fazer justiça às operações do primeiro modernismo consiste em primeiro lugar em não temer modificá-las. Foi nisso que se envolveram no pós-guerra, em meados do século passado, alguns filósofos franceses, entre eles Lévi-Strauss e Foucault. Estes ficam lhes devendo a estada que passaram no Brasil. Aproveito com gratidão a ocasião que vocês me dão de voltar sobre este passado e de torná-lo atual.

Quando o pensamento fica preocupado com seus próprios mecanismos, há muito em jogo para a filosofia. De meados do século XX até suas últimas décadas, esses filósofos alongaram a lista dos adjetivos cujo uso Baudelaire começara a deturpar. Queriam relegá-los, decretando se tratar de virtuosismo de escritores, quando eram na verdade dissidências meditadas, fora de uma norma que os gregos chamaram *filosofia*, o século XVII chamou *pensamento* e o neoclassicismo – entre Lambert e Kant –, *fenomenologia*. Um século e meio mais tarde, chegara a hora de deixar sem volta uma expressão de primeira ordem, um comércio controlado dos conceitos e das coisas, outrora fixado como *experiência*. Em 1945, uma revista, *Les Temps Modernes*, fixou exatamente isso como desafio, que ia demorar a ser alcançado. Como, de fato, dentro de um pensamento clássico no qual os protagonistas Sartre e Merleau-Ponty foram criados e escreveram seus primeiros livros, confessar um desgaste, descobrir um enquadramento desalinhado, dimensões inadequadas e, para começar, se recusar a se perder em reclamações tristonhas? Nas duras condições do pós-guerra, sabendo que o desastre fora pressentido nos anos 1930 sem que se soubesse como preveni-lo, será que haveria uma saída entre a afasia de uma filosofia incapaz de pensar a história, como ela tinha proposto fazer, e a retomada de *topoi* sobre a existência, a angústia e o absurdo, que não enganavam mais ninguém? Assim concluía a *Fenomenologia da percepção*. Antes da Segunda Guerra Mundial, um romance de Raymond Queneau, *Le chiendent* (1933), traduzira Heidegger usando a veia cômica. Nos anos 1940, a ficção romanesca já não bastava mais. De *Entre quatro paredes* até *Os sequestrados de Altona*, o teatro de Sartre descreveu o confinamento mental que a sua geração havia herdado. *O ser e o nada* dizia no próprio título o quanto o pêndulo filosófico estava fora de compasso.

A empreitada do moderno ia ter de enfrentar sua renegação, nas palavras e nos temores. Quanto aos temores, houve uma retração forte em relação a uma primeira evidência. Ocorreu ou uma desconstrução, levada até seu ponto de inércia: a nominação de um *Ser* sem qualidades nem movimento, indiscernível do niilismo, ou uma busca, a de uma fórmula elementar, substituindo na lógica kantiana apenas o necessário para dar continuidade ao criticismo. O programa russelliano sofreu desde então todas as consequências e decepções por ter sido usado num sentido deturpado[1]. Quanto à palavra em si, *moderno*, seria preciso desconsiderar uma opção ainda dominante, que remetia ou à natureza ou à história. A dicotomia conheceu, porém, algumas exceções perturbadoras. Falou-se em *crise*, termo empregado para um processo natural, hipocrático ou cíclico, cuja resolução é aguardada nos mesmos moldes naturalistas, acrescentando no máximo fatores meteorológicos. Acontece que o diagnóstico foi muitas vezes decepcionante, e não vale a pena se deter nisso. *Pós-moderno* quis despachar este naturalismo de maneira barata. Tudo isso poderia, dizem, ser colocado no calendário de uma história universal qualquer, a qual já viu passar muitas outras noções. Tudo poderia se resolver como um simples caso sucessório, a crise desempenhando a função de *Purgatório*.

De que *moderno* estavam falando, afinal? De um moderno acreditado pelas "grandes descobertas", por empreendimentos civis nos quais ciências e indústria coincidiram durante um tempo, ou destes *Tempos Modernos*

---

1 Quando a análise afirma ter como regra a imitação dos procedimentos matemáticos, qual deles ela segue? Não é possível evitar a contradição entre um desenvolvimento em polinômios ou em séries, como uma nova construção matemática serve de alicerce numa nova área – que nenhuma estratégia filosófica pode, no entanto, se apropriar – e um reducionismo em que Tarski e o positivismo lógico seguem uma linha aristotélica. Foi um dos equívocos que Wittgenstein recusou ironicamente, equívoco que escondia mal o recurso a uma *máquina simples*, acometido de *câimbra mental*.

evocados por Charlie Chaplin, que a revista de Sartre reforçava com suas provocações? *Moderno* não designa nada, ele qualifica. Baudelaire falou isso sobre a vida em si, Merleau-Ponty sobre a pintura de Cézanne, e Descartes desta álgebra que distinguia os matemáticos gregos de seus contemporâneos: Viète, Desargues ou Mersenne. Que um pintor, um poeta ou um cientista seja necessário e isso envolve um estilo, um método, uma efetividade, um programa onde se constrói o inteligível. Quando a arquitetura nova-iorquina do fim do século XX foi qualificada de *pós-moderna*, era para singularizar um *design*, que estaria substituindo por motivos ecológicos as construções de vidro e aço, do mesmo jeito que essas tinham rivalizado com os projetos cenográficos de arquitetos formados pela École des Beaux-Arts. Ver nessa singularidade um período histórico seria uma contradição, ao desviar uma invenção ligada às exigências de uma economia urbana para avaliar o último espírito da época nos trajes da desordem e da ausência de método, ou seja, o oposto da intenção inicial.

Qualificativo aderente, *moderno* indica uma negociação afetiva, com trocas entre o inteligível e o real. Ele abre um direito de continuação e é aí que toma sua dimensão filosófica. Foi para isso que Valéry mobilizou muito cedo seu Monsieur Teste, que teria desistido do critério cartesiano da evidência, um Leonardo da Vinci que teria lido Poincaré, um Degas conversando com as crônicas de Mallarmé[2]. Todos conspiravam a favor de um realismo solidário de seus mediadores: imagens, diagramas e linguagens heterogêneas, que são mais numerosas que o previsto, o que é melhor para nós. Qualquer equação fenomenológica entre as palavras e as coisas ficava marcada pelo arcaísmo; a apreensão do real exigia filtros mais sofisticados. Renunciava-se a fixar este *moderno* incessante em algum lugar do calendário histórico, para entrar na produção do inteligível, isto é: uma sobrevivência pautada pelos três humanismos propostos por Lévi-Strauss[3]. Nela, Baudelaire, o poeta maldito, mudara de identidade.

Proponho-me a estudar esta adjetivação do *moderno* através de alguns casos, a fim de identificar intervenções locais, criações oportunas, pontos de

---

2   Valéry nunca parou de revisar e completar o manuscrito de *Monsieur Teste*, livro que o acompanhou a vida toda. Em *Degas, danse et dessin*, ele projeta a figura de seu herói, Monsieur Teste, em dois personagens em oposição: Mallarmé e Degas.
3   Ver *Antropologia estrutural*, II, cap. XV.

não retorno, e de não ceder à técnica como a um novo "argumento dominador". (Os estoicos tinham na sua época refutado o fascínio do destino, que funcionava então nos termos de um *argumento dominador* que também chamavam de *argumento preguiçoso*.) Alguns nomes próprios, familiares e clássicos, nos ajudarão. Empreenderam, com resultados diferentes, uma operação à qual nos cabe dar prosseguimento. Wittgenstein também poderá nos ajudar na demonstração[4].

II

Para os matemáticos, *moderno* é um qualificativo endógeno, quase redundante. Seu saber se estabelece no seu próprio presente; desde o século XVII, ele serviu de norma não contestada do moderno, como se dele fosse o provedor e o operador eminente. Descartes associa a *análise dos antigos* à *álgebra dos modernos*. Nada que seja interno à matemática; ele não dependia de nenhuma outra instância que julgaria de sua validade. Quando Cavaillès se debruça sobre a gênese da teoria dos conjuntos, o lado dramático da *crise das ciências* está dissolvido, explicitado em algumas operações atribuíveis, "com os meios comuns dentro da disciplina".

Em ambos os casos, novos pensamentos eram solidários com novas maneiras de escrever, perfeitamente controláveis, chamadas para resolver problemas recentemente propostos. No século XX, porém, as consequências cruas do galileísmo se impuseram. Se, como dizia o físico florentino, a natureza está escrita em signos matemáticos, a teoria dos conjuntos e seus princípios de extensão pediam mais cedo ou mais tarde uma sintaxe que recusaria a simples equivalência com uma língua predicativa. Estavam sendo afastados a maneira como os *Elementos* euclidianos acompanhavam suas construções de uma demonstração discursiva, um *cogito* certificando enquanto ordem e método a certeza da matemática, ou a assimilação entre o *conceito* e a *função*, pela qual Kant renovara o contrato discursivo dos antigos. Quando a teoria dos conjuntos definiu suas operações e uma sintaxe à altu-

---

[4] Sobre as observações sobre as cores, a expressão da dor, a multiplicação dos jogos de linguagem e os ensaios de Wittgenstein sobre as matemáticas, ver nosso "Pain, a philosophical borderline", a ser publicado nas atas de um colóquio organizado em Santa Cruz, Oxford University Press.

ra de suas transformações, ela as integrou como uma parte sua. Foi nesse ramo da matemática que Gödel, para relembrar sucintamente, colocara nos anos 1930 o conteúdo e o local de aplicação de seus teoremas. É nele também que Cavaillès identificou uma *experiência fundamental do pensamento*. A matemática procurava suas comprovações e operações fora da cosmologia física. Simultaneamente, as analogias com as quais a filosofia confirmara seu realismo, seguido dos princípios da existência, perdiam em verossimilhança. Incapaz de sustentar suas proposições, mesmo assegurando sua proximidade com o presente inventivo da matemática, a filosofia estava entregue a si mesma. Uma desmobilização perturbadora atinge os artigos de uma fenomenologia da experiência. A primeira resposta fora um recolhimento sobre figuras discursivas minimais – Husserl e Russell brigavam pelo legado do kantismo[5]. Era impossível deixar de ver por muito tempo que a regra e o compasso de Euclides, a epistemologia dos Elementos e as fórmulas funcionais da matemática recente tinham seu lugar numa construção do inteligível, com uma dimensão antropológica e ainda inexplorada como tal. Frege, e mais tarde Cavaillès, suspeitaram de algo neste sentido[6]. *Experiência fundamental do pensamento* seria doravante um manifesto filosófico e uma senha para o pós-guerra.

III

Da matemática à pintura, o passo pode parecer muito grande, porém somente para quem não sabe que Merleau-Ponty fora o discípulo mais próximo de Cavaillès antes da Segunda Guerra Mundial. Em 1945, parecia que a modernidade tinha de ser política; Merleau-Ponty se envolveu nela de cabeça. Criticaram sua "bela alma", ele atacou as ideologias reduzidas a argumentos para não perder a honra. Constatando logo a resiliência de uma filosofia inextensível, *As aventuras da dialética* (1953) diagnosticavam esgotamento e repe-

---

5   Sabemos que Husserl confirmou nas suas últimas publicações, e mesmo com algumas hesitações e reviravoltas, a lógica transcendental. Sabemos como Russell reivindica o ceticismo, numa série de entrevistas com Allan Wood, interrompida pelo falecimento deste. Ver o apêndice ao *My Philosophical Development* (1959).
6   Daí o projeto de uma coleção de ciências humanas, apoiada por Cavaillès, Aron e Lautmann. Ele foi aprovado pelo editor Hermann, sem que se possa concluir muito de um folheto.

tição. Perseverar seria uma impostura filosófica. Simultaneamente, abrindo em outro lugar o que se fechava no filosófico, Merleau-Ponty revelava o que na *pintura moderna* forçara as constrições da estética. Ainda não se suspeitava por que e como esta *pintura moderna*, concebida a partir de alguns quadros de Cézanne que já não chocavam mais, seria uma arma filosófica para se desprender da celebração fenomenológica do mundo que devia ser a percepção. *Pintura moderna* é um conceito filosófico, ele não tem lugar no calendário dos historiadores, que contestariam suas datas: por que, de fato, Cézanne antes que Manet, Monet ou Picasso? Ele estava substituindo o encontro assintomático entre palavras e coisas, uma fenomenologia que esgotara seu sonho *(Der Traum ist ausgeträumt),* por sua antinomia mais exata: o discurso indireto da pintura[7], intocada pelas marcas da enunciação, "libertada da necessidade de asseverar". Ele mostrava assim, atrás de uma articulação limpa e mutável, sua maneira de trabalhar o visível e de destilar o real.

Vinte anos mais tarde, Merleau-Ponty deixava um ensaio à guisa de testamento, O olho e o espírito (1961), e tratava a *pintura moderna* como uma outra *experiência de pensamento fundamental*. Nele, ele confirmava a renegação de um início equivocado por uma percepção canalizada entre o sujeito e o objeto. Inserir nela o corpo não bastava enquanto permanecia uma hesitação entre corpo *fenomenal* e corpo *transcendental*. A *pintura moderna* pedia um olho cerebral, instituía um simbolismo na medida em que buscava um jeito de reconstituir "o visível com algo visível", de negociar o equilíbrio figural do real e do afeto, de registrar a operação pela qual o movimento corporal se abole na lateralidade de uma escritura. Nela se manifesta a preeminência de uma operação simbólica na qual o pintor conspira com os mestres que ele escolheu para configurar uma exterioridade de que ele se apropria. Vale aqui exatamente o quiasmo "o dentro do fora e o fora do dentro" que assume a superfície pictórica. Por sua vez, Merleau-Ponty associava um termo

---

[7] Citamos as palavras de Husserl. Merleau-Ponty trabalhou muito tempo esta noção de uma linguagem indireta na pintura. Sua maior virtude é a de preservar a função comunicativa e cognitiva da pintura, sem submetê-la a um formalismo indeterminado do belo, mas tirando-lhe as limitações da *deixis* e da enunciação, próprias à enunciação discursiva. Este texto é um passo decisivo no caminho de Merleau-Ponty para fora da fenomenologia, esta última sendo amarrada a uma construção conhecida como original, sob a denominação aristotélica de apofântica.

de fisiologia a uma operação que ele atribuía a Cézanne. Então, as anomalias que perturbavam o cânone perceptivo, como o efeito estroboscópico ou as inversões figura e fundo, se tornavam constitutivas. As vibrações coloridas da luz eram mais justas que a perspectiva e a montagem dos [...] num mesmo plano pictórico mais instrutivo que a trajetória de um móbile. Todo um passado ainda recente de pinturas desdenhadas durante muito tempo pelo público, de psicologias estranhas, de cinematografias que vieram reocupar o terreno baldio de uma percepção bloqueada nas dimensões ligadas ao que se chama o *senso comum*, estava voltando para o campo do inteligível.

Nada disso foi entendido tão cedo. Em 1961, Sartre homenagearia a memória de seu amigo e rival, ao mesmo tempo em que o trancaria no "carrossel" de seus temas favoritos. No entanto, um ano mais cedo, no prefácio a *Signes*, Merleau-Ponty o lembrava, tomando emprestadas as palavras de Stendhal, de que ninguém chega à idade adulta enquanto não tiver renunciado às boas maneiras nas quais foi educado. Sartre, mesmo prosseguindo com o projeto de uma crítica da razão dialética, não ficou surdo a esse chamado. Ele trabalhou longamente no seu manuscrito de *As palavras*, que remetia seus compromissos e manifestos ao romanesco justiceiro de sua infância. No decorrer da mesma década, Foucault corria atrás metodicamente, através de uma história pré e pós-cartesiana, da intenção de afinar *As palavras e as coisas*. *A Prosa do mundo*, primeira parte do livro e discreta homenagem a Merleau-Ponty – que desistira deste projeto impossível –, insistia nessa linha, acumulando semelhanças e afinidades, beirando o fabuloso. Nas coisas humanas, passando pela ordem e os quadros cartesianos e até a temporalidade autônoma da filologia, da economia e do transformismo, nada mais sobrava do contrato fundado de qualquer fenomenologia, qualquer que tenha sido sua transação. Quanto ao projeto das *Luzes*, que não levara em conta a construção do inteligível, ele caíra diante do historicismo. Desse colapso, nenhum pós-kantismo, abatendo sempre as mesmas cartas, insistindo na categorização ou na análise, conseguia puxar outra fenomenologia da experiência. Uma investigação, mais minuciosa que a realizada na *História da loucura na Idade Clássica*, estava atrás da sucessão das *epistemes*. Poucos leitores entenderam, confidenciava Foucault a um parente, que *As palavras e as coisas* era um livro trágico. O *trágico* é o assoreamento do *moderno* cartesiano para uma filosofia que apostava na autonomia de um sujeito espectador e tomador de decisões.

O mal-estar ia demorar a se dissipar. Sobrava um "cartesianismo itinerante", como o chamava Sartre, um cartesianismo que caiu na moda, traído pela teimosia por velhas fórmulas e, mesmo assim, sempre louvado pela sua regra sobre a evidência, quando todo o resto virara opaco, e seus meios intelectuais paralisados pela prosopopeia do começo e da origem. Essa geração entendera o limite constitutivo da proposta, que fora o de ter respondido ao galileísmo pela metade. A revolução copérnica orquestrara tudo. A transcrição das funções newtonianas em categorias de enunciação preservava tudo o mais constante, pelo preço de algumas modalidades trocadas por proposições de senso comum. Esse protocolo de experiência duraria enquanto não estivesse resolvida a oposição surda entre as regras da mecânica, um naturalismo galileano, e uma demanda naturalista ainda pensada de acordo com algumas finalidades da Antiguidade, o que Descartes concedia à montagem providencial da máquina do corpo e Kant à concordância das faculdades. Após duas guerras europeias, chamadas de mundiais, a ilusão se dissolvera sem volta. A modernidade que chamavam de cartesiana deixava ver a precariedade de sua montagem e a confusão de seu naturalismo. *A guerra aconteceu*, título do editorial publicado em 1945 por Merleau-Ponty na primeira edição de *Temps Modernes*, constatava uma ruína, histórica e política. A revisão de uma inteligência filosófica decepcionada fixava como programa a operação ainda indeterminada de um *moderno* que assumiria sua própria mobilidade.

IV

Procuraram um limiar de modernidade, hesitando entre Renascimento, cartesianismo ou Luzes, quando se tratava de captar e procurar mais que ideias: as operações onde o inteligível se constrói, numa área que desconhece a divisão entre pensamento e corpo – porque nossas máquinas e nossos algoritmos constituem um pensamento e não há pensamento sem as sintaxes e as geometrias as mais diversas, mobilizando as mídias para onde se exportam e se transformam em linguagens, fixando suas unidades e a recorrência que as prolonga. Então, as referências sucessivas de uma história intelectual adiada no calendário da história europeia se dispersavam em epistemes disjuntas, e cada uma dessas conjunções metaestáveis de saber e de real era levada pelo historicismo. *As palavras e as coisas* não têm conclusão, mas o livro termina numa opção. Ou nos contentamos com uma antropologia que insiste nos meios, limites e constantes da natureza humana. *As lições de Antropologia de um ponto de vista pragmático*, professadas por Kant nos seus últimos anos, se limitam à aprendizagem da linguagem, à brincadeira dos pronomes pessoais através da qual a criança adquire o uso da primeira pessoa e a diferencia da terceira pessoa, antes impessoal, do objeto. Essa permutação do ponto de vista dava uma versão pedagógica da revolução copérnica. Foucault, que traduzira a *Antropologia pragmática*, reserva-lhe o riso silencioso do filósofo. Ou então se esboçava uma antropologia confrontada sem parar com suas etnografias, inclusive as nossas e as contemporâneas, tais como traçadas, faladas, inscritas em diagramas, mitos e gramáticas. O discurso, seja ele de Mauss, Dumézil ou de Lévi-Strauss, por mais diferente que tenha sido à primeira vista, tomava corpo. O homem transcendental, construção residual do kantismo, se apaga então, como um rosto de areia, num grandioso *finale*.

Simultaneamente, ao recorrer à efetividade de nossas cartografias mentais, uma análise demorada de um quadro de Velázquez mostra como o pintor introduz sua própria inteligência pictórica na operação de dimensionamento da vida que estamos levando. Portão do livro, depois retomada no cerne do raciocínio, a análise de *As meninas* mostra como o pintor ali tomava o lugar do rei, que assim experimentava a dependência. Essa organização competia com o diagrama copérnico, ela tirava o criticismo do seu lugar metafísico. A *História da loucura na Idade Clássica* tratava dos lugares físicos, de territórios excluídos da vida civil, tais como as antigas quarentenas, leprosarias e outros confinamentos. *As palavras e as coisas* mudaram a abordagem e o método, deixando essa cartografia no chão em proveito de uma cartografia intelectual. Nosso presente era a consequência de três maneiras de saber, três epistemes, tratadas em três partes, embutidas uma na outra numa única trajetória filosófica, e cujo resultado representava o risco de reproduzir à nossa revelia aquela Enciclopédia chinesa imaginada por Borges. O historicismo também estava se perdendo num inventário de coisas dispersas e de momentos anedóticos. Será que o pós-moderno, seu sucessor, se alimenta de uma imagem de nossas cabeças entulhadas? Sem dar respostas, a maneira como Velázquez organizara *As meninas* introduzira um toque de visibilidade que nenhum saber, mesmo se valendo da ordem ou da álgebra, conseguira reduzir. Essa maneira propunha outros parâmetros, mais convincentes. No fim dos anos 1960, Foucault interrogava a pintura de Manet. Dando continuidade ao interesse despertado por Velázquez, *O balcão*, onde três personagens lançam um olhar divergente sobre uma rua que o espectador tem que antecipar, invertendo o *Panóptico* de Bentham. Ele o virava de cabeça para baixo. Esse quadro, sem cânone nem enredo, substituía ao prazer estético a versão urbana de um confronto com a realidade contemporânea. O olhar se prende na trama do visível, ficando mais perturbado do que pela *Olympia*.

Que poder era esse que a pintura tinha, com uma abertura na época sobre a proximidade urbanística e arquitetônica, sobre a rua e seus transeuntes? Não um palco, porém algo que pedia um olhar ainda mais escrutador. Ele renovou suas fórmulas no século XIX, depois de ter perdido seu catálogo de imagens gloriosas. Abria-se uma saída para uma discursividade submetida às restrições mínimas de uma informação comunicativa e a suas retóricas. Então, a pintura representativa, sob a forma que tomou nas nossas sociedades ocidentais, deixou transparecer as opções latentes que ela afastara sem apagá-las totalmente. Aqui convergem o último ensaio de Merleau-Ponty e os diagramas ameríndios notados por Lévi-Strauss[8]. Ela cruzava procedimentos científicos que, pelo menos desde Poincaré, entregavam as dimensões inéditas requeridas pela física a geometrias que conservavam muito pouco de suas denominações gregas. O espaço urbano e o espaço cosmológico estavam se dissociando sem volta, confirmando todas as mutações já notadas como indícios do moderno e o abandono dos contornos codificados de uma experiência. No seu último texto publicado, uma homenagem comemorativa ao ensaio de Kant *O que são as Luzes*, o filósofo de Königsberg deixa o lugar ao *pintor da vida moderna*, o anônimo Sr. G., o ministro multifacetado de uma modernidade que ninguém assumirá sozinho. Filósofo e poeta, dizia Beaudelaire, ele escrevia, usava a aquarela e a fotografia, a caricatura e a reprodução mecânica. Para esta vida moderna, uma associação entre uma realidade fisiológica e o que parecia o mais rebelde contra isso forçara uma inteligência amordaçada pelas suas próprias retóricas.

V

A vida *moderna* não se define, ela se diversifica onde vivemos e viveremos. A expansão europeia inventara a *cidade nova*, exportando o que ela não

---

8 Cf. *O caminho das máscaras* (1975), em que culmina um trabalho que se constituiu nas *Mitológicas*.

conseguira realizar numa nova Atenas ou nova Alexandria. Por necessidade, na maior parte das vezes; seguindo uma concepção própria, outras vezes: o século XX variou os projetos nesse sentido, esperando fazer coincidir *cidade nova* e o projeto social de uma *cidade moderna*. Quando Lévi-Strauss veio ao Brasil como sociólogo, a São Paulo dos anos 1930 tinha características de ambas. Algumas entrevistas, conduzidas lá no fundo dos bairros de periferia, iam fornecer à sociologia dados etnográficos e unir o *Novo Mundo*, a *cidade moderna* e a *vida moderna*. Duas expedições ao Mato Grosso alteraram o rumo por completo. A descontinuidade social não se resolvia graças a uma mestiçagem medida numa escala da miséria e distribuída ao longo dos postos coloniais sucessivamente abandonados. As culturas ameríndias – idiomas, gramáticas, instituições, parentescos, trocas e grafismos – acentuavam sua singularidade à medida que se impunha sua diversidade. Um olhar sociológico sobre o desenvolvimento das cidades, que seria dirigido mais tarde sobre algumas megalópoles do sul da Ásia, carregava a mesma decepção e se perdia numa proliferação incontrolável. Na melhor das hipóteses, ele confirmava a imagem em espelho da Europa. Dez anos mais tarde apenas, o pós-guerra europeu mostrava um fracasso político com a multiplicação das utopias. Pensar a atualidade levava para os caminhos da etnografia.

Os últimos capítulos de *Tristes trópicos* elaboram a necessidade desse desvio mental. "Desprender-se de si" não era uma injunção pessoal, nem a confissão de um etnógrafo ou de um viajante decepcionado. Significava, em termos pascalianos, a audácia de experimentar outras figuras da inteligência, libertadas das amarras da descrição, este *double-bind* que consta do caderninho de um etnógrafo. Significava também tomar distância de uma construção mental na qual a Europa investira seu capital de inteligência social e política. Lévi-Strauss se envolveu nessa empreitada como numa experiência de pensamento em que, se você peitar os protocolos costumeiros, há uma chance de alcançar as produções simbólicas indígenas e ao mesmo tempo dar um futuro às produções da inteligibilidade moderna.

Alfred Métraux declarara brincando ser partidário do espírito neolítico. Lévi-Strauss retomou discretamente este lema em forma de homenagem, transformando-o em princípio epistemológico. Um *pensamento selvagem* era mais um desses oximoros, antecedido porém por Merleau-Ponty: era preciso afastar o protocolo proposicional para conceber uma operação mais genérica, provavelmente universal: classificatória, categorial ou esquemática.

Com ela, Lévi-Strauss captava uma conivência com as ramificações botânicas e animais, arborescências e fototropismos em que o saber humano tomara seus paradigmas e os confiara aos herbários e bestiários. Outra *experiência fundamental do pensamento* se debruçava sobre a fabricação do inteligível, aderindo a suas articulações, aos seus esquemas, objetivos que o apresentam para nós, aderindo aos seus fundamentos simbólicos que fazem com que ele participe do universo social e legitimam uma figura do real. Aqui, o *devir sujeito* se diversifica e não se acaba. Este desvio dizia mais sobre o que exige o processo de modernidade que qualquer sucessão histórica. O projeto de uma *cidade nova*, espalhamento utópico, hesitando entre a monumentalidade do antigo e o colonialismo da vida civil, cedera ao projeto de uma *cidade moderna*, nosso futuro, apesar de pouco dizível.

Era preciso suspender um *habitus* filosófico para adquirir vários outros, como um exercício espiritual da modernidade, para se familiarizar com espaços de representação e sintaxes inéditas, inscritos na materialidade de uma língua, de um desenho ou de uma paleta de cores e, ainda, nos planos imaginários de Gauss, nas escrituras sofisticadas da matemática ou nos programas informáticos. É aí, no esforço de uma plasticidade mental ainda mal expressada e mal conhecida, que ocorrerão as consequências cognitivas dessas transformações. O espaço simbólico estava perdendo seu mistério, transitava, indo e voltando, do cérebro – este novo protagonista do século XIX – àquelas estruturas simbólicas, grafismos e esquemas, patentes em todos os saberes. A vida urbana nas grandes sociedades não parará de multiplicá-las, de diversificá-las, sejam elas humildes, comuns ou esotéricas. *Desprendimento de si*: Foucault retomou as palavras de Lévi-Strauss que desviavam a atenção do cartesianismo para o jansenismo. A injunção acompanha sua leitura das *Cartas* de Sêneca, seu interesse por exercícios de escritura e agendas, continuados do cinismo ao platonismo e a Marco Aurélio, como uma resposta paciente e argumentada às palavras opacas do existencialismo. Técnicas de si e desenvolvimentos simbólicos articulam seus últimos escritos, identificando o que parara as Luzes francesas e levara Kant a se parabenizar por ter criado um sistema completo. A *preocupação consigo* teria, portanto, seu lugar, porém nada que se subordinasse a uma economia mental na qual o helenismo – que fora moderno na sua época – ilustrara sua escolha e ensinara sua maneira de configurar o urbanismo mental. Libertadas de Rousseau como do cartesianismo, com a precisão sugerida por

Lévi-Strauss, a ambição política e a curiosidade moderna se juntavam num exercício do qual ninguém é dispensado. *Nulla dies sine linea*, a fórmula estoica que seduzia Foucault, pode ser utilizada de mil maneiras.

VI – HIPÓTESES

Ou seja, menos que uma tese. O *moderno* advém lentamente, bebendo nas virtualidades antropológicas das quais não existe inventário. Evoquei sucintamente três ocorrências de um passado recente. Elas ainda valem para hoje, que não as contradiz. De maneira imprevista, a pintura do século XIX encenara *dimensões de cores* que os pintores do século XX confirmaram, nomeando-as explicitamente (como Giacometti falando de Cézanne) e tratando-as às vezes como mediador privilegiado para novas intenções (como Klee, ocasionalmente; Mondrian e Rothko, com mais frequência). Depois, no século XX, a pintura ia se reinventar de outra maneira. Independentemente disso, Wittgenstein introduzia uma lógica das cores, que ele opunha a Russell, não como uma variante do logicismo ou como uma objeção ao seu paradigma analítico, mas como um prolongamento da produção simbólica. Os jogos de linguagem das *Investigações filosóficas*, mas também outros ensaios que permaneceram inéditos durante muito tempo, exploraram possíveis ou impossíveis construções gramaticais; ou ainda as escolhas coloristas de Rembrandt e as de um designer de interiores – o que Wittgenstein também foi na ocasião de sua volta a Viena. As escrituras matemáticas não escapam às exigências antropológicas de uma operação de dupla face, mediadora do inteligível para nós e de um percurso no espaço matemático das provas: consequentemente, não se trata de formalismo. *Heterotopia* não é a pior palavra para enquadrar tanto essas produções de pintura quanto o plano onde Gauss habilitava as operações realizadas sobre os números imaginários, isto é: a extensão de uma sintaxe aritmética. A honestidade do processo simbólico reside na exposição de seus arranjos e sintaxes na margem do uso, na sua produção na superfície como uma democracia da inteligência. A arte de trocar de pele está nisso, no sentido positivo da *decrepitude* que descrevia Beaudelaire, como o olho das *velhinhas* e a pintura de Manet, "o primeiro na decrepitude" de sua arte.

Palavras insólitas eram necessárias e as tomei emprestadas sem escrúpulo, para descrever o mecanismo de um moderno que empreende em detalhes a representação da *vida moderna* e aposta no que as Luzes não tinham levado em consideração. Se ainda se trata de filosofia, cabe a cada um decidir, e não tem nenhuma importância aqui. Mais uma vez, o racionalismo não antecede a produção de novos artigos de inteligibilidade. Se, porventura, se aproximam do ponto de equivalência com um processo cerebral ou um algoritmo, significaria que entendemos melhor estes últimos e que eles não provocam nenhum reducionismo. Eles fornecem a regra do jogo da inventividade, bem como da poética. Cézanne dizia que a cor está onde o mundo e o cérebro se encontram. Ele lançava assim o futuro moderno de uma pintura definitivamente libertada do regime helenístico da percepção.

Qualificativo aderente, *moderno* não se isola como um evento, nem se objetiva como um procedimento. No melhor dos casos, ele pode ser interceptado, quando a apropriação do real ocorre, aqui ou acolá, de outra forma. As matemáticas retomaram ocasionalmente sua história antiga para envolvê-la em novas construções, reinvestidas em outras sintaxes imprevisivelmente sofisticadas. O aritmético do século XX, Dedekind ou Frege, associava a correspondência biunívoca a algumas práticas cardinais, que dá para contar nos dedos. O triângulo aritmético, conhecido na Baixa Idade Média, ofereceu a Pascal um diagrama para os arranjos em probabilidade e o raciocínio por recorrência. As topologias explicam os enrolamentos e desenvolvimentos opacos do corpo intestino, aquele que nos é mais íntimo. As diferenciações em espiral excluem o reducionismo, o dos fundamentos e o dos analíticos. O processo que quisemos circundar é transversal em relação a algumas estabilidades elevadas ao estatuto de transcendental. Obviamente, ele não é responsável pelos sobressaltos e pelas catástrofes civis nem poderá preveni-los sozinho: não é sua intenção. Pode, no entanto, se revelar útil derrubar alguns ídolos, algumas retóricas, entre as quais a apologia da concretude e do imediatismo, além de preferir *sobriedade* a *desencantamento*. Merleau-Ponty previa que a filosofia se escreveria de agora em diante em *talha doce*, alusão a essas gravuras capazes de evocar cidades, colinas e rios graças a algumas manchas de tinta que espantaram Descartes. Tanto quanto a régua deslizante da *Geometria* e sua contribuição para a ordem dos pensamentos; tanto quanto a *Dióptrica*, tão útil para os polidores de lentes, elas difundiram a partir da Holanda de Rembrandt uma geografia do inteligível cotidiano, educaram o senso espontâneo da paisagem, tal como ela é vista do caminho ou da cidade, da janela ou do cais. O cuidado com tais invenções locais – surgimentos, dizem também – faz parte da própria ética do moderno, nossa vida e sobrevivência.

O termo tecnociência diz coisas demais ao mesmo tempo. Por um lado, não lhe dão o crédito suficiente: os matemáticos têm programas, algoritmos, computadores. Pascal inventou o *teorema dos partidos*, como uma máquina mental. Suas fórmulas de probabilidade são os primórdios de uma arte de pensar que se espalhou por toda a Europa, e elas preparam os cálculos aos quais os Bernouilli confiaram sua *arte de conjecturar*. Por outro lado, concedem tudo e em demasia a uma técnica dependente de algoritmos e de outros esquemas que ela não inventa. Será que estão convencidos de que se pode reduzir qualquer preferência a uma tabela, qualquer uso a um consumo, qualquer economia a contas e finanças? Um real que sempre ameaça escapar chama novos intermediários, solicitando palavras, sintaxes, diagramas e efígies. Redescobrimos a iconicidade. A ingenuidade hoje seria de entregar tudo nas mãos dos métodos regressivos e analíticos e às técnicas de tomada de decisão, que com certeza não faltam. Elas têm seu uso. Mas deixamos de acreditar nas balanças que determinariam o que é justo, como a hábil montagem de Arquimedes que desvendou a artimanha do ourives de Siracusa e transcreveu em peso e número sua trapaça. No entanto, o cálculo proposicional foi seu último álibi. Não que a tentativa tenha sido pecaminosa em si. Nem que seja porque conduziu Wittgenstein a entender porque as proposições não podem ser reduzidas às exigências de um cálculo e têm muito mais para dizer. Pois todo cálculo para distinguir o verdadeiro do falso sempre é parente afastado ou próximo de uma álgebra de Boole e a decisão remete à tese de Church/Turing. É sempre possível ponderar de maneira binária informações recolhidas na substância rica e opaca da enunciação. É possível, e de mais de uma maneira, fazer com que as duas sintaxes coincidam, e de maneira vantajosa. Mas aqui funciona a tese de Quine, segundo a qual a tradução radical é *indeterminada*. Seria melhor dizer que não se trata de uma tradução e que este tratamento recente – de exatamente um século – é apenas uma transação entre outras. Como acontece no caso do óleo e da água, a emulsão é instável.

Quanto ao moderno, em vez de substituir uma certeza perdida pela impaciência da decisão, devemos entender prioritariamente que não se trata mais disso.

Pensar o mal hoje
Ensaio sobre o apocalipse nuclear[1*]
Jean-Pierre Dupuy

INTRODUÇÃO: UM NOVO REGIME DO MAL

Toda a história da filosofia e do pensamento ocidentais pode ser interpretada como um enfrentamento permanente ao problema do mal. A existência do mal na Terra é um verdadeiro escândalo. É um escândalo para todo o pensamento religioso porque, se Deus existe, sendo ele benevolente e onipotente, como explicar que sua criação seja aparentemente tão imperfeita, pelo menos do nosso ponto de vista, pobres humanos perdidos no nosso vale de lágrimas? Mas o mal também não é menos escandaloso para aqueles pensamentos humanistas que colocam o homem no lugar de Deus. Porque, como justificar que os progressos extraordinários da força de nossa ação sobre o mundo, por meio da ciência e da técnica, não sejam acompanhados de uma redução da miséria, das injustiças, da violência e das guerras? Como é possível que a humanidade, tendo adquirido o poder de destruir-se a si mesma, ao contrário de se afastar dessa possibilidade monstruosa, avance cada dia mais por um caminho suicida?

O mal foi frequentemente interpretado em termos de essência. Haveria uma essência do mal. E dele se fabricou, então, um sujeito: Satã, que quer dizer, em hebreu, *o Acusador*; ou o Diabo, que significa, em grego, aquele

---

1 Comunicação feita no ciclo de conferências Artepensamento *Mutações. A experiência do pensamento*, realizado no Rio de Janeiro, Belo Horizonte e São Paulo, de 14 a 16 de setembro de 2009.

* Tradução de Ana Maria Szapiro.

que desune (*diábolos*). Seu nome também é Mefistófeles, que Goethe, no século XVIII, definiu desta forma: "uma parte desta força que quer sempre o mal e faz sempre o bem"; ou Belzebu, que quer dizer, em hebreu, *o senhor das moscas* – as moscas que, como uma multidão de linchadores, pululam e se fartam do cadáver de sua vítima.

Nikolai Ge, pintor russo do fim do século XIX, pintou um quadro de uma força extraordinária, *Gólgota*, que representa um braço acusador que aparece do lado esquerdo da tela e que aponta na direção do Cristo, que está em andrajos. A violência da acusação se reflete na humilhação extrema sentida por Cristo. Um dos ladrões prefere desviar seu olhar, enquanto o outro fixa a cena, horrorizado. A genialidade desse quadro reside no fato de que o Acusador não tem um rosto. Ele poderia ser qualquer pessoa, ou ninguém. Pode-se admirar esse quadro na Galeria Tretiakov, em Moscou.

Sob a influência judaico-cristã, durante muito tempo nós atribuimos o mal às intenções daqueles que o cometiam. Todos os sistemas jurídicos modernos repousam sobre o pressuposto segundo o qual para se cometer um crime é preciso ter a intenção de fazer o mal. Quando esta intenção está ausente, por qualquer que seja a razão, nós pensamos que não houve um crime.

Os horrores do século XX nos ensinaram que tudo isso era uma ilusão. O escândalo que não cessou de subverter as categorias vigentes para julgar o mundo consiste em *um mal imenso que pode ser causado pela ausência completa de malignidade*; que uma responsabilidade monstruosa pode estar acompanhada de uma ausência total de más intenções. Nós fizemos a *experiência* trágica, mas nos resta ainda *pensar* sobre ela.

Sabemos que a filósofa judeo-alemã Hannah Arendt, aluna de Heidegger, imputou a Adolf Eichmann, no seu livro *Eichmann em Jerusalém,* publicado em 1963, o que denominou de "visão limitada" (*thoughtlessness*); quer dizer, a incapacidade dele de se colocar no lugar dos outros e de antecipar as consequências de sua ação. A comunidade judaica internacional manifestou sua incompreensão e seu completo desacordo com a filósofa. Amigos próximos de Hannah Arendt, como Hans Jonas e Gershom Scholem, romperam com ela. Entenderam que Arendt, dessa maneira, desculpava Eichmann de todo crime. No entanto, ela repetiu incessantemente que Eichmann era mil vezes responsável pelos horrores que ele havia provocado e que ele merecia mil vezes a morte; que não havia nenhuma contradição entre sublinhar, ao mesmo tempo, a mediocridade das intenções de Eichmann e o caráter monstruoso dos seus crimes. O que particularmente não foi compreendido é a expressão que Arendt utilizou a propósito de Eichmann: a "banalidade do mal". Entendeu-se que Arendt fazia a *Shoah* perder toda a sua especificidade de horror. Arendt precisou o sentido que ela dava a essa expressão numa carta magnífica que escreveu a Gershom Scholem, em julho de 1963:

> O mal não é nunca "radical", ele é simplesmente extremo. Ele não possui nenhuma dimensão demoníaca. Ele pode invadir e devastar a terra inteira precisamente porque ele se espalha como um cogumelo na superfície. Ele escapa ao pensamento porque o pensamento sempre busca a profundidade, se esforça por atingir a raiz, mas no momento em que o pensamento tenta entender o mal ele não chega a nada porque não há nada a entender. Tal é a "banalidade" do mal.

Em outros termos, o mal não é nem uma essência, nem um sujeito. Ele não tem nenhuma profundidade, na verdade o mal não é nada.

* * *

Nas conferências que dei neste mesmo ciclo em 2006 e 2007, mostrei, de um modo similar, que a catástrofe ecológica maior, que demarca nosso horizonte e coloca em perigo a própria sobrevida da humanidade, será menos o resultado da malignidade dos homens – ou mesmo de sua tolice – do que de sua visão curta (*thoughtlessness*). Se ela se apresenta como um destino inelutável, não é porque seja uma fatalidade: é porque uma multitude de decisões de todas as ordens, caracterizadas mais pela miopia do que pela malícia ou egoísmo, compõem um todo que ultrapassa os homens – como se o mal tivesse saído de uma transcendência, embora não passe de uma emergência, um efeito de composição.

Eu gostaria de tentar o mesmo gênero de análise sobre o que permanece como a ameaça mais terrível que pesa sobre o futuro da humanidade: a ameaça nuclear. Vou mostrar que Hiroshima abriu a possibilidade de uma destruição total da aventura humana, sem que se reconheça a partir desse momento nada que seja semelhante à maneira pela qual se concebia o mal há apenas alguns decênios.

O mundo se aproximou mais dois minutos do apocalipse

Em 17 de janeiro de 2008, dois dos maiores cientistas de nosso tempo, ambos ingleses, o físico Stephen Hawking, descobridor dos buracos negros, e o astrônomo real *Sir* Martin Rees, que ocupa a cadeira de Isaac Newton em Cambridge, adiantaram o ponteiro dos minutos do relógio do apocalipse em dois minutos. Nós estamos apenas a cinco minutos de meia-noite – meia-noite significando, convencionalmente, o momento em que a humanidade será aniquilada por ela mesma.

O relógio do Apocalipse (*Doomsday clock*) foi colocado em funcionamento, em 1947, por um grupo de físicos atômicos chocados com o lançamento das bombas sobre Hiroshima e Nagasaki; eles editaram, em 1945, uma revista de reflexão sobre a arma de destruição em massa por excelência, o *Bulletin of Atomic Scientists*, que ainda existe hoje. Em 1947, esse grupo de físicos posicionou o ponteiro dos minutos a sete minutos antes de meia-noite. Era o início da era nuclear. Desde então, o ponteiro foi adiantado e atrasado 17 vezes. Foi em 1953 – quando a América e a União Soviética testaram a bomba de hidrogênio com nove meses de intervalo uma da outra – que o ponteiro mais se aproximou da meia-noite, ficando somente a dois minutos dessa hora.

Depois da queda do muro de Berlim, do desmoronamento da União Soviética e do fim da guerra fria, o ponteiro distanciou-se 17 minutos, para voltar a sete minutos em 2002, depois dos atentados terroristas de 11 de setembro de 2001. O gráfico mostra o vaivém do ponteiro dos minutos em função das tensões internacionais.

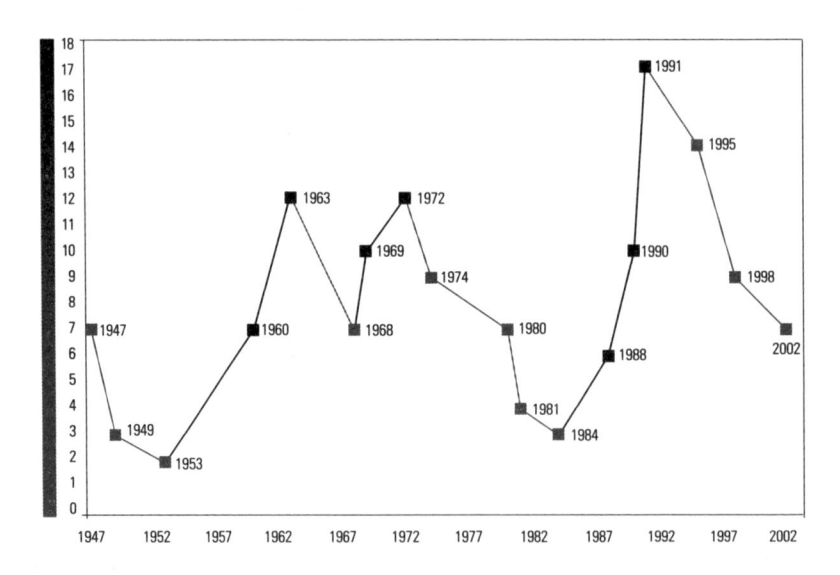

Fonte: *Bulletin of Atomic Scientists*, National Scientific Foundation, Washington D.C., 2002.

Pode-se ver que, em 1984, nós nos aproximamos perigosamente da meia-noite, ficando a três minutos somente. Naquele ano, um avião de linha sul-coreano foi abatido por um caça soviético e o presidente Reagan declarou que a União Soviética era o "Império do Mal". Quando a América decidiu lançar o que se chamou a "Guerra nas Estrelas" [*Star Wars*], uma corrida armamentista completamente louca resultou no início do desmoronamento da União Soviética.

Pode-se notar uma grande lacuna no gráfico *Doomsday clock*. Em 1962, nós nos aproximávamos sem dúvida a menos de um minuto da meia-noite. Foi a crise dos mísseis de Cuba. Jamais, durante toda a guerra fria, a humanidade ficou tão próxima de um holocausto nuclear. Mas tal crise durou apenas 14 dias. O relógio do Apocalipse não é sensível o bastante para reagir a crises agudas que se resolvem em pouco tempo.

Hoje nós estamos, então, dois minutos mais perto da meia-noite do que estávamos em 1947. Os argumentos avançados pelos cientistas para justificar seu prognóstico sinistro merecem reflexão. Primeiramente, entramos em uma segunda idade nuclear, marcada pela proliferação de artefatos nucleares e pelo terrorismo. E o tabu que se estabeleceu depois de Hiroshima e Nagasaki sobre o uso da bomba está perdendo sua força; o tempo e o esquecimento estão fazendo o seu trabalho. Mas, pela primeira vez na história do relógio do Apocalipse, um argumento que nada tem a ver com a ameaça nuclear foi colocado à nossa frente: os riscos ligados às mudanças climáticas.

Os maiores cientistas do momento reconhecem, então, que a humanidade pode recorrer a dois tipos de método para eliminar a si mesma: a violência pura, a guerra civil em escala mundial e também a destruição do meio ambiente necessário à sua sobrevivência. Estes dois métodos não são, evidentemente, independentes. As primeiras manifestações trágicas do reaquecimento climático não serão a elevação do nível dos oceanos, as grandes ondas de calor, a frequência de acontecimentos meteorológicos extremos, o ressecamento de regiões inteiras, mas sim os conflitos e as guerras provocadas pelas migrações maciças que a antecipação desses acontecimentos provocará.

A destruição da natureza engendra a violência e, reciprocamente, a violência destrói a natureza. Os homens não destroem a natureza porque eles a odeiam. Eles a destroem porque, odiando-se uns aos outros, não tomam cuidado com os terceiros inocentes que os seus golpes atingem de passagem.

E a natureza aparece em primeiro lugar nesses terceiros excluídos. Frequentemente, a indiferença e a cegueira matam muito mais do que o ódio.

Deve-se notar que os cientistas mencionam uma outra ameaça que pesa sobre a sobrevivência da humanidade: a corrida sem controle e solta às tecnologias avançadas e às suas convergências, em particular à convergência entre as nanotecnologias e as biotecnologias. Um desses cientistas concluiu: "Os cientistas não deveriam se furtar ao dever de se colocarem como portadores de más notícias. Ao se comportarem de outro modo, eles dão prova de uma negligência condenável".

BIN LADEN E HIROSHIMA

Um dos teóricos contemporâneos mais notáveis das Ciências Humanas se chama Osama Bin Laden. É preciso ler seus escritos, que acabam de ser publicados em coletânea.

Todo mundo sabe que o lugar onde estavam as torres gêmeas do World Trade Center se chama agora "Ground Zero". Desde a noite de 11 de setembro de 2001 essa denominação entrou na linguagem comum, espontaneamente adotada por jornalistas da imprensa e da televisão, pelos nova-iorquinos comuns e, além disso, por todos os norte-americanos, antes que o mundo inteiro, por sua vez, também dela se apropriasse. Mas qual é a origem dessa denominação?

"Ground Zero" evoca, inevitavelmente, no espírito de todo norte-americano culto, o ponto preciso do lugar (chamado Trinity) onde explodiu a primeira bomba atômica da história da humanidade, no dia 16 de julho de 1945, em Alamogordo, no Novo México. Foi o próprio Oppenheimer que escolheu essa denominação, na agitação febril da preparação das bombas que iriam pulverizar Hiroshima e Nagasaki. Imediatamente, então, os norte-americanos compararam o ataque terrível do 11 de setembro aos ataques nucleares pelos quais eles fizeram o Japão imperial ceder. Ora, era exatamente isso que queria Osama Bin Laden.

Em maio de 1998, Bin Laden foi interrogado por um jornalista do canal ABC sobre a *fatwa* que conclamava todos os muçulmanos da Terra a exterminar os norte-americanos toda vez e em todos os lugares onde fosse possível. O jornalista pergunta se o alvo estava limitado aos militares ou se estaria estendido a todo norte-americano. Bin Laden declarou: "Foram os norte-

-americanos que começaram. A réplica e o castigo devem se aplicar seguindo escrupulosamente *o princípio de reciprocidade*, sobretudo quando se trata das mulheres e das crianças. Aqueles que lançaram as bombas atômicas e recorreram às armas de destruição em massa contra Nagasaki e Hiroshima foram os norte-americanos. Essas bombas podiam fazer a diferença entre os militares e as mulheres e crianças ?".

Sabe-se hoje que, nos meses que precederam o 11 de setembro, os norte-americanos receberam numerosos sinais que anunciavam a catástrofe. Um desses sinais, uma mensagem proveniente da Al Qaeda, captado pela CIA, era particularmente assustador. A mensagem vangloriava-se de que a organização de Osama Bin Laden estava planejando "uma Hiroshima contra a América". A utilização generalizada da expressão "Ground Zero" é mesmo o sinal de que os norte-americanos, sem nenhuma dúvida, receberam a mensagem que Bin Laden lhes destinou.

Notemos que Bin Laden se refere ao "princípio de reciprocidade" como se ele citasse o célebre capítulo que o antropólogo francês Claude Lévi-Strauss consagrou a esse suposto princípio na sua obra maior *Les Structures élémentaires de la parenté*[2]. Por mais absurda que tal comparação possa parecer à primeira vista, sua pertinência obtém uma confirmação inesperada quando tomamos conhecimento dos seguintes propósitos do artesão do 11 de setembro, recolhidos da única intervenção televisionada que ele fez, em 5 de fevereiro de 2002, após aqueles acontecimentos. Interrogado sobre seu papel nos atentados, Bin Laden responde: "A América lançou numerosas acusações contra nós e contra os muçulmanos do mundo todo. É absolutamente injustificado pretender que nós nos dedicamos a cometer atos de terrorismo". E esclarece: "Se o fato de matar aqueles mesmos que matam nossas crianças é terrorismo, então, sim, que a história testemunhe que nós somos terroristas". E mais tarde: "Se nós matamos os reis dos infiéis, os chefes das cruzadas e os civis infiéis, é em troca das nossas crianças que eles levaram à morte. *Isto é permitido pela lei corânica e pela lógica*".

O jornalista quis estar certo de ter compreendido bem: "O que o senhor diz é que se trata de uma forma de *reciprocidade*. Eles matam nossos inocentes, então nós matamos seus inocentes, é isto?". Bin Laden, por sua vez, res-

---

2 Em português: *As estruturas elementares do parentesco*, Rio de Janeiro: Vozes, 1976. (N. T.)

pondeu: "Então nós matamos seus inocentes, e eu repito que nós estamos autorizados a isto *tanto pela lei do Islã como pela lógica*".

Tal propósito é caracteristicamente espantoso. Assim, então, no debate "à francesa" constitutivo das Ciências do Homem, que foi aberto em 1924 pelo livro de Marcel Mauss, *Essai sur le don*[3], do qual participaram alguns dos maiores intelectuais franceses – Lévi-Strauss, Pierre Bourdieu, Jacques Derrida, Michel Serres e muitos outros –, Bin Laden, decidida e explicitamente, toma partido de Lévi-Strauss. A lei humana que impõe a reciprocidade da troca seria a manifestação de uma necessidade de ordem *lógica* e, por isso mesmo, mecânica. É preciso render homenagem à contribuição decisiva do responsável da Al Qaeda nesse debate. Bin Laden revela o que Pierre Bourdieu e outros foram incapazes de ver, a saber, que essa "lógica" é a lógica do mal, da violência e do ressentimento. Eis por que as sociedades tradicionais, dentre elas as sociedades islâmicas, contrariamente ao que diz Bin Laden, fazem tudo para dissimular a reciprocidade inerente a toda troca de bens, protelando-a de modo a afastar e preservar a boa reciprocidade de tudo aquilo que poderia evocar a reciprocidade violenta, essa de golpes trocados, que conduz apenas ao que Clausewitz, no seu livro *Da guerra*, denominou de "subida aos extremos", e que nós denominamos hoje a "escalada".

Por mais que pareça paradoxal ou escandaloso, o terrorismo islâmico aparece como o reflexo monstruoso do Ocidente cristão que ele repudia. Isso se manifesta na sua *retórica vitimizadora*. A universalização do cuidado com as vítimas revela de modo mais evidente que a civilização tornou-se única, e válida em todo o planeta.

Em toda parte, é em nome das vítimas que outros real ou pretensamente fizeram com que se perseguisse, se matasse, se massacrasse, se mutilasse. Em boa "lógica", é em nome das vítimas de Hiroshima que os *kamikazes* islâmicos atacaram a América. O fato de que nós só tenhamos no nosso léxico essa palavra japonesa para designar os que cometem atentados suicidas ilustra bem, diga-se de passagem, que essa prática terrorista não se enraíza em quase nada na religião muçulmana. Foi o Ocidente e o Japão que forneceram o modelo, mesmo que sejam os grupos islâmicos que parecem, atualmente, reservar-se esse monopólio, no Oriente Médio e em outros lugares. Em todo o mundo,

---

3   Em português: *Ensaio sobre a dádiva*, Lisboa, Edições 70, 2008. (N. T.)

hoje, "luta-se para se tornar vítima". Eis aí uma perversão abominável desse cuidado com as vítimas que, segundo Nietzsche, o mais anticristão dos filósofos, foi a marca do cristianismo e da moral de escravos que essa religião fez nascer. O que se pode contestar por meio das palavras do grande escritor católico inglês G. K. Chesterton, para quem, com efeito, "o mundo moderno está cheio de ideias cristãs... que se tornaram loucas".

Seja como for, Osama Bin Laden nos faz lembrar alguma coisa que nós, ocidentais, temos tendência a esconder sob o tapete. A eliminação dos princípios da guerra justa, que faziam da guerra, em teoria, um ritual ao mesmo tempo violento e contido, um ritual que *controlava* a violência pela violência, essa eliminação foi primeiramente um feito do Ocidente. O *princípio de discriminação* – que impõe atacar somente os combatentes do adversário e não os povos tidos como inocentes, particularmente as mulheres, as crianças e os velhos – e *o princípio de proporcionalidade* – que obriga a ajustar os meios violentos da guerra aos objetivos políticos e estratégicos que se quer alcançar –, esses princípios morreram de uma bela morte em Hiroshima e seus cadáveres foram volatilizados na vaga de calor radioativo que pulverizou Nagasaki – o que não quer dizer que eles já não tivessem sido derrubados antes, por exemplo, por ocasião dos bombardeios a Dresden e Tóquio.

GÜNTHER ANDERS, O TEÓRICO DA ERA ATÔMICA

No dia 6 de agosto de 1945, uma bomba atômica reduziu a cidade japonesa de Hiroshima a cinzas radioativas. Três dias mais tarde, Nagasaki, por sua vez, foi também destruída. No intervalo entre esses dias, em 8 de agosto, o Tribunal de Nuremberg, por meio da Carta de Londres, declarou-se capaz de julgar três tipos de crimes: os crimes contra a paz, os crimes de guerra e os crimes contra a humanidade. No espaço de três dias, os vencedores da Segunda Guerra Mundial abriram uma era na qual o poderio técnico das armas de destruição massiva tornou inevitável que as guerras se transformassem em guerras criminosas – inclusive no que se refere às normas que eles próprios estabeleceram para o Tribunal de Nuremberg. Essa "ironia monstruosa" marcou para sempre o pensamento do filósofo alemão mais desconhecido do século XX, Günther Anders.

Com seu verdadeiro nome, Günther Stern, Anders nasceu em uma família judeo-alemã no dia 12 de julho de 1902, em Breslau (hoje a cidade polonesa de Wroclaw). Seu pai era o célebre psicólogo infantil Wilhelm Stern, a quem devemos a noção de Q.I. (Quociente Intelectual). Na década de 1930, Bertold Brecht, editor do jovem Günther, aconselhou-o a assinar seu nome de maneira diferente daquela do seu patronímico de nascimento. Ele passou a assinar, então, "Anders". Mas não foi somente por sua assinatura que ele se apresentou ao mundo de maneira diferente. Foi também e sobretudo por sua maneira de fazer filosofia – a filosofia que ele tinha estudado em Freiburg com os mestres que se chamavam Edmund Husserl e Martin Heidegger. Anders escreveu, em algum lugar, que fazer filosofia da moral em um estilo e em um jargão que só sejam acessíveis a outros filósofos é tão absurdo e desdenhoso como é, para um padeiro, fazer pão apenas para outros padeiros. Anders quis ser um filósofo de intervenções, um "filósofo de circunstâncias", como ele mesmo se definiu. Mas que circunstâncias! A conjunção de Auschwitz e Hiroshima, quer dizer, a entrada no domínio do possível da destruição tecnológica e industrial da humanidade por ela mesma, eis a que – interrompendo todas as outras questões, pensando contra todos e combatendo mesmo sem esperança – o filósofo colocou-se a obrigação de dedicar todos os seus esforços e cada um dos minutos de sua vida ativa. E certamente não o fez no espaço fechado do mundo universitário: não se faz filosofia acadêmica sobre o apocalipse que se anuncia.

Anders não parece ter sido muito amado. Ele o foi muito pouco, sem dúvida, por sua primeira mulher, Hannah Arendt, que lhe tinha apresentado seu condiscípulo de Freiburg, Hans Jonas – estes dois outros "filhos de Heidegger", igualmente judeus, que se tornariam filósofos célebres e influentes de maneira diversa daquela que Anders foi.

Se acredito indispensável evocar a figura de Günther Anders aqui, é porque ele é um dos raros pensadores que tiveram a coragem e a lucidez de aproximar Hiroshima e Auschwitz, sem nada retirar do triste privilégio do segundo, de encarnar o horror moral incomensurável. Ele só pôde fazer isso porque compreendeu, como Hannah Arendt, e sem dúvida antes dela, que, passados certos limites, o mal moral se torna grande demais para os homens que, no entanto, dele são responsáveis; e que nenhuma ética, nenhuma racionalidade, nenhuma norma que os homens possam se dar é apropriada para avaliar o que aconteceu.

É preciso, então, coragem e lucidez para fazer a associação, porque Hiroshima representa ainda no espírito de muitas pessoas, e ao que parece da maioria dos norte-americanos, o exemplo mesmo do *mal necessário*[4]. A morte recente de Paul Tibbets, o piloto do Enola Gay, o B-29 que lançou Little Boy sobre Hiroshima, despertou na América velhas feridas, e esse argumento foi retomado, não sem constrangimento. A América se concedia o poder de determinar, se não o melhor dos mundos possíveis, pelo menos o "menos ruim", e colocava, num prato da balança, o lançamento das bombas sobre os civis japoneses e o aniquilamento de centenas de milhares deles, e no outro, uma invasão do arquipélago que teria custado, segundo se diz, a vida de meio milhão de soldados norte-americanos. Ela – a América – não podia deixar de escolher (necessidade moral) pôr fim à guerra de modo brutal, mesmo ao preço de colocar em pedaços, definitivamente, tudo aquilo que até ali tinha constituído as regras mais elementares da guerra justa. Esse argumento ético é chamado de *consequencialista*: quando o que está em jogo é imenso, as normas morais que se chamam *deontológicas* – no sentido de que elas exprimem o dever que se tem de respeitar os imperativos absolutos, custe o que custar, quaisquer que sejam as consequências – devem se apagar diante do cálculo das consequências. Mas que cálculo ético e racional poderia então justificar que se tenha enviado, dos quatro cantos da Europa, milhões de crianças judias para serem mortas pelo gás? É evidentemente essa a diferença, o precipício, o abismo moral que separa Auschwitz de Hiroshima.

Ora, no entanto, ao longo destes decênios, os vigilantes exigentes não deixaram de clamar contra a imoralidade intrínseca da arma atômica e a ignomínia que foi o lançamento das bombas sobre Hiroshima e Nagasaki.

Leo Szilard, o físico de origem húngara que redigiu com Einstein a carta ao presidente Roosevelt, que deveria decidir sobre o lançamento do Projeto Manhattan, declarou em 1960, pouco tempo antes da sua morte: "Suponhamos que a Alemanha nazista tivesse feito a bomba atômica antes de nós, que ela tivesse bombardeado duas cidades norte-americanas e que, tendo esgotado seu estoque de bombas, ela tivesse, não obstante, perdido a guerra. Não é evidente que nós teríamos classificado o bombardeio nuclear das cida-

---

4   Ironia ou cinismo, o bombardeiro B-29, que, em 6 de agosto de 1945, transportou a equipe de cientistas encarregados de estudar as condições e os efeitos da explosão da bomba se chamava *Necessary evil* (Mal necessário).

des entre os crimes de guerra e que teríamos, em Nuremberg, condenado à forca os responsáveis por esses crimes?"[5].

A grande filósofa católica de Oxford, Elizabeth Anscombe, em 1956, recorreu a uma comparação ainda mais esclarecedora. Suponhamos, diz ela, que os Aliados, no início de 1945, tenham pensado que, para quebrar a obstinação dos alemães e obrigá-los a capitular rapidamente sem condições, economizando assim a vida de numerosos soldados aliados, seria preciso que se tomasse a decisão de massacrar as centenas de milhares de civis, inclusive mulheres e crianças, que habitavam duas cidades do Ruhr. Duas questões: 1) em que, moralmente, isto teria sido diferente do que os nazistas fizeram na Tchecoslováquia ou na Polônia?; 2) em que, moralmente, isto teria sido diferente do bombardeio atômico a Hiroshima e Nagasaki?[6].

Diante do horror, a filosofia moral fica reduzida a proceder a analogias desse tipo, porque a ela resta, então, apenas a coerência lógica sobre a qual se fundar. Essa exigência mínima de consistência, no entanto, deveria ter sido suficiente para afastar a opção nuclear. Esse não foi o caso. Por quê?

Uma primeira resposta é que os norte-americanos ganharam a guerra contra o Japão e que foi a vitória deles que, retrospectivamente, os justificou. Não se deve tomar esse argumento como cinismo. Ele traz um nome em filosofia moral: a sorte moral (*moral luck*). O julgamento moral que se faz de uma decisão passada, tomada diante de um futuro radicalmente incerto, pode depender retroativamente daquilo que se produziu *depois* do que se agiu e que, na época, era completamente imprevisível, mesmo como probabilidade.

Eu gostaria de introduzir aqui a figura de um ser excepcional, que foi muito odiado, Robert McNamara. Ele morreu há algumas semanas, com a idade de 93 anos, e a imprensa americana cobriu-o de críticas ásperas, para não dizer de injúrias. McNamara foi secretário de Defesa do presidente Ken-

---

[5] Entrevista de Leo Szilard publicada no *U.S. News & World Report*, em 15 de agosto de 1960, pp. 68-71, sob o título: "President Truman did not understand".

[6] G. E. M. Anscombe, "Mr. Truman's Degree", in *Collected Philosophical Papers*, vol. 3, *Ethics, Religion and Politics*, Minneapolis: University of Minnesota Press, 1981, pp. 62-71. Texto escrito depois que o presidente Truman recebeu um diploma honorífico da Universidade de Oxford, onde a srta. Anscombe ensinava.

nedy e, posteriormente, depois do assassinato deste, do presidente Johnson; e, como tal, foi o artesão, o *mastermind*, da Guerra do Vietnã. A ele é atribuída a responsabilidade pela morte de 58 mil soldados americanos, sem contar os três a quatro milhões de vítimas vietnamitas. Em 1995, em seguida à morte de sua mulher, McNamara redigiu suas memórias e qualificou a Guerra do Vietnã, essa guerra que ele tanto reivindicou como sua, de "errônea, terrivelmente errônea". O The New York Times, longe de louvá-lo por esse arrependimento, publicou um editorial que dizia isto: "O senhor McNamara não deve escapar da condenação moral de seus concidadãos. É preciso que a cada momento de repouso ou de felicidade que ele experimente, escute os murmúrios incessantes de cada um desses pobres soldados rasos, os GI, agonizando nos campos do Vietnã, e isso para nada, para absolutamente nada. Essas vidas que ele sacrificou, não é o caso de que ele as resgate por meio de desculpas de propaganda e lágrimas de crocodilo, trinta anos mais tarde".

Em 2003, o maior documentarista norte-americano, Errol Morris, fez uma entrevista extraordinária com McNamara, que ele intitulou, numa referência a Clausewitz, *The fog of war* (*A neblina da guerra*). Nesse filme, McNamara aprofundou seu exame de consciência de uma maneira incrivelmente lúcida e emocionante. Eu não saberia dizer se, desse modo, ele resgatou também as decisões, de pesadas consequências, que deve ter tomado na sua vida.

Não é a Guerra do Vietnã que é o nosso tema, mas a Guerra do Pacífico. O jovem McNamara era, então, o conselheiro científico do general Curtis LeMay. LeMay foi o fundador e primeiro comandante do Strategic Air Command, o conjunto de forças aéreas americanas do Pacífico. Foi, portanto, o responsável pelo lançamento de milhares de bombas incendiárias sobre cerca de setenta cidades do Japão imperial, terminando com o lançamento das duas bombas atômicas, sobre Hiroshima e Nagasaki. Em uma única noite, de 9 para 10 de março de 1945, cem mil civis morreram carbonizados em Tóquio.

Volto ao tema da "sorte moral". McNamara exprime essa ideia com uma rara força dramática, relatando – e aprovando – esta afirmação espantosamente lúcida de LeMay: "Se tivéssemos perdido a guerra, teríamos sido julgados como criminosos de guerra".

À questão que eu colocava acima – por que o horror do recurso à arma nuclear não foi percebido? –, uma outra resposta possível, ainda mais cínica, é de que a moral consequencialista só serviu como álibi. A escola histórica americana, dita "revisionista", tendo à frente Gar Alperovitz, defendeu essa tese com muita convicção, demonstrando que, em julho de 1945, o Japão estava prestes a capitular[7]. Teria sido suficiente colocar apenas duas condições para que a rendição fosse obtida sem demora: que o presidente Truman aceitasse que a União Soviética imediatamente declarasse guerra ao Japão; que a capitulação do Japão fosse acompanhada da promessa americana de deixar o imperador vivo e desempenhando sua função. Sabendo perfeitamente disso, Truman recusou uma e outra condição. Foi no dia 17 de julho de 1945, na Conferência de Potsdam, um subúrbio de Berlim. Na véspera, o presidente tinha recebido a "boa notícia": a bomba estava pronta, o teste de Alamogordo, no Novo México, coroado com êxito, demonstrava isso muito bem. Na sua volta, no dia 7 de agosto de 1945 – véspera, portanto, da Carta de Londres –, Truman deu esta declaração triunfal: "Fizemos a aposta científica mais ousada de toda a história humana, uma aposta de dois bilhões de dólares, e nós ganhamos"[8].

Gar Alperovitz concluiu que Truman queria pegar de surpresa os soviéticos, lançando a bomba antes que eles entrassem em ação. Os norte-americanos usaram as armas nucleares não para obrigar o Japão a se render mais facilmente, mas para impressionar os russos. Uma iniciação à guerra fria e uma abominação ética. Os japoneses foram rebaixados ao lugar de cobaias. A bomba não era necessária para se obter a rendição. Outros historiadores consideram, além disso, que ela não era suficiente.

Esse aspecto é colocado por Barton J. Bernstein na sua "nova síntese"[9]. A argumentação desse historiador se fundamenta nessa mística da destruição mútua absoluta praticada pelos militaristas japoneses, na qual a honra está do lado do assassino. No dia seguinte a Nagasaki, o chefe da marinha nipônica propõe ao seu imperador o lançamento de "ataques especiais", ao custo anunciado de vinte milhões de mortos. Para essa conta, nos diz Bernstein, uma ou duas bombas não seriam suficientes. Os norte-americanos estavam tão convencidos disso, diz ele, que não só estavam prontos a lançar

---

7   Ver Gar Alperovitz, *The Decision to Use the Atomic Bomb and the Architecture of an American Myth*, Knopf, 1995. Ver também Barton J. Bernstein, "A Post-War Myth: 500,000 U.S. Lives Saved", *Bulletin of the Atomic Scientists* 42, n° 6, jun.-jul. 1986, pp. 38-40.
8   *New York Times*, 7 de agosto de 1945.
9   Ver, por exemplo, *Understanding the Atomic Bomb and the Japanese Surrender: Missed Opportunities, Little-Known Near Disasters, and Modern Memory*, Diplomatic History, vol. 19, n° 2, 1995, pp. 227-273.

uma terceira bomba, como foram eles os primeiros a se supreender com a rendição de 14 de agosto! Rendição que, segundo Bernstein, resultou do acaso e de mudanças das alianças no mais alto nível do poder japonês, mudanças estas ainda mal conhecidas pelos historiadores. Mas Bernstein vai mais longe na sua análise. Das seis opções de guerra à disposição dos americanos para obter a rendição japonesa sem invasão do arquipélago, cinco foram devidamente pesadas, combinadas, analisadas e, depois, rejeitadas por Truman e seus conselheiros: continuar os bombardeios e o bloqueio; negociações oficiosas com o inimigo; modificação dos termos da rendição; entrada dos russos na guerra; lançamento nuclear de "demonstração". A sexta opção, esta não foi discutida um só instante. Foi a opção da bomba. Sua utilização nas cidades de Hiroshima e Nagasaki estava inscrita na sua própria existência. De um ponto de vista ético, as conclusões de Bernstein são ainda mais terríveis do que as de Alperovitz: lançar a bomba atômica, talvez a decisão mais grave da história moderna, não foi nem mesmo uma decisão.

Essas interpretações "revisionistas" não exaurem uma dupla interrogação:

1) Como, entretanto, dar sentido ao bombardeio a Hiroshima e, mais perturbador ainda, a Nagasaki, essa obstinação absurda na infâmia?
2) De que forma a veste moral consequencialista pôde funcionar como álibi, ela que, ao contrário, deveria ter sido considerada a mais execrável das justificativas?

A obra de Günther Anders responde não somente a essas questões, como também o faz deslocando-as para outro terreno. Ele, o judeo-alemão, que emigrou para Paris e depois para a América, que voltou à Europa em 1950 e se tornou cidadão austríaco, exilado em todo os lugares, judeu errante, reconheceu que, no dia 6 de agosto de 1945, a história humana havia entrado em uma nova fase, a última. Ou melhor, que o 6 de agosto foi apenas o *ensaio*, no sentido teatral do termo, do 9 – o que ele denominou "síndrome de Nagasaki": a catástrofe, uma vez produzida, tendo feito entrar o impossível na realidade, chama necessariamente *réplicas*, como um terremoto[10].

---

10 Discurso de Frankfurt, 1983, por ocasião da entrega do Prêmio Adorno: *Gegen ein neues und endgultiges Nagasaki* ("Contra um novo e definitivo Nagasaki").

A história, nesse dia, tornou-se "obsoleta"[11]. A humanidade tornou-se capaz de destruir-se a si mesma, e nada jamais fará com que ela perca essa "onipotência negativa", seja um desarmamento geral, seja uma desnuclearização total do mundo. O apocalipse está inscrito como um destino em nosso amanhã, e o que nós podemos fazer de melhor é retardar indefinidamente o seu vencimento. Nós vivemos em *sursis*. A partir de agosto de 1945, entramos na era do *tempo determinado* [*die Frist*] e da "segunda morte" de tudo o que existiu: pois o sentido do passado depende dos atos que ainda virão; a obsolescência do amanhã, seu fim programado, significam não que o passado não tenha mais sentido, mas, sim, que ele jamais terá tido[12].

Interrogar-se sobre a racionalidade e sobre a moralidade da destruição de Hiroshima e Nagasaki é, ainda, tratar a arma nuclear como um meio a serviço de um fim. Mas um meio se perde no seu próprio fim, tal como um rio é completamente absorvido no oceano. A bomba excede todos os fins que se possa dar ou encontrar para ela. A questão de saber se o fim justifica os meios tornou-se obsoleta, como tudo o mais. Por que a bomba foi utilizada? Porque ela existia, simplesmente. Sua simples existência é uma ameaça, ou melhor, uma promessa de utilização. Por que o horror moral de sua utilização não foi percebido? Por que essa "cegueira face ao apocalipse?"[13]. Porque, ultrapassados certos limites, nosso poder de ação excede infinitamente nossa capacidade de sentir e de imaginar. E essa distância irredutível, Anders a chama de "decalagem prometeica". Arendt diagnosticou a enfermidade psicológica de Eichmann como "falta de imaginação". Anders mostrou que essa não é uma enfermidade de um homem em particular, mas sim de todos os homens, quando a capacidade de fazer, de destruir, torna-se desproporcional à condição humana. Quando Claude Eatherly, um dos pilotos da frota de bombardeiros que destruiu Hiroshima[14], achando insuportável ser tratado como herói por seu país, quando ele próprio estava atormentado

---

11 Günther Anders, *Die Antiquiertheit des Menschen*, Beck, Munich, 1956.
12 Günther Anders, *Die Atomare Drohung*, Beck, Munich, 1981. Aos que possam pensar que é evidente a inspiração sartriana desta proposição, convém indicar que a influência aconteceu em sentido inverso, como Sartre, honestamente, reconheceu.
13 Ver *Die Antiquiertheit des Menschen*, op. cit.
14 Ele pilotava o primeiro B-29 da frota de Hiroshima e estava encarregado de verificar se as condições meteorológicas permitiam o lançamento da bomba.

pela culpa, passou a cometer pequenos furtos para reivindicar seu "direito a ser castigado", as autoridades americanas o fizeram passar por um louco irresponsável. Anders iniciou uma correspondência com esse anti-Eichmann, tentando provar a ele que, reagindo segundo as normas da moral ordinária a uma situação que excedia todos os recursos morais, ele se mostrou alguém de espírito são e responsável por seus atos. A analogia de estrutura com a análise que Arendt faz de Auschwitz é evidente. Um grande crime é um atentado mortal à ordem das coisas. A análise do que conduziu a isso revela, no entanto, um encadeamento de atos dos quais cada participante pode, quando muito, ser acusado de "visão curta, negligência" (*thoughtlessness*).

Anders escreveu: "Entre nossa capacidade de fabricar e nossa capacidade de representar abriu-se um fosso, fosso que aumentará dia após dia".[15] "O 'muito grande' nos deixa frios",[16] ele sublinha, ilustrando essa afirmativa assim: "Não existe ser humano capaz de representar a si mesmo uma coisa de tão grande atrocidade: a eliminação de milhões de pessoas"[17]. A sequência do filme *The fog of war*, conseguiu representar, de modo emocionante e terrível, essa impossibilidade de se representar o irrepresentável. Trata-se do bombardeio a Tóquio por meio de bombas incendiárias. Vocês verão ali duas coisas importantes, entre várias outras: por um lado, o embaraço com que McNamara, à maneira de Eichmann, responde a uma interpelação de Errol Morris: eu era uma simples engrenagem em uma megamáquina; por outro, o espantoso retorno da doutrina consequencialista praticada pelo general Curtis LeMay.

A FRAQUEZA DA DISSUASÃO

Da janela do seu compartimento, um homem tinha por hábito jogar um pó caça-elefantes na ferrovia. Quando perguntavam a ele por que fazia aquilo, já que não havia elefantes sobre a via, ele respondia: "Vejam vocês como meu pó é eficaz!". A lenda segundo a qual a dissuasão nuclear teria,

---

15 Estas duas citações encontram-se em *Wir Eichmannsöhne*, Munich, Beck, 1964, 1988; traduzido para o francês por Sabine Cornille e Philippe Ivernel, *Nous, fils d'Eichmann*, Payot & Rivages, 1999, p. 50.
16 Ibid., p. 54.
17 Ibid., p. 65.

durante meio século, evitado que a humanidade desaparecesse sob um fogo de artifício atômico procede da mesma lógica absurda, como vou tentar mostrar, inspirando-me tanto na filosofia pós-heideggeriana de Günther Anders como no pensamento estratégico o mais analítico.

Um pacifista diria: o melhor meio para a humanidade evitar uma guerra nuclear não seria não dispor de nenhuma arma nuclear? Esse argumento que beira a tautologia era incontestável antes de os cientistas do Projeto Manhattan construírem a bomba atômica. Lamentavelmente, ele não é mais aceitável hoje. As armas existem e, mesmo supondo que elas cessassem de existir graças a um desarmamento geral, não mudaria em nada o fato de que nós saberíamos reproduzi-las em alguns meses.

No seu documentário *The fog of war*, Errol Morris pergunta a McNamara o que, segundo ele, explicaria que a humanidade não tenha chegado ao holocausto nuclear durante quase meio século de guerra fria, quando as duas grandes potências nucleares ameaçavam-se permanentemente de destruição mútua. A dissuasão? Que brincadeira! A resposta de McNamara ilustra a extraordinária inventividade na concisão que a língua inglesa manifesta: *"We lucked out!"*. *Nós nos saímos bem por sorte*. Vinte e cinco, trinta vezes durante esse período, nós passamos a um fio de cabelo do apocalipse, a um minuto da meia-noite.

Nas minhas próprias pesquisas, tentei dar continuidade às análises de Günther Anders quanto à questão da dissuasão nuclear. Durante mais de quatro décadas de guerra fria, a situação dita de "vulnerabilidade mútua" ou "destruição mútua assegurada" deu à noção de *intenção dissuasiva* um papel maior, tanto no plano da estratégia como no plano da ética. A essência da *intenção dissuasiva* está inteiramente contida na seguinte reflexão, feita da maneira mais natural do mundo por um estrategista francês: "Nossos submarinos são capazes de matar cinquenta milhões de pessoas em meia hora. Nós pensamos que isto seja suficiente para dissuadir qualquer que seja o adversário"[18]. Ora, o recurso à categoria da intenção revelou constituir-se como o principal obstáculo à compreensão da dissuasão nuclear.

Em 6 de junho de 2000, em Moscou, Bill Clinton, então presidente dos Estados Unidos, fez a Vladimir Putin mais ou menos este discurso, que,

---

18 Dominique David, então diretor do Institut de Stratégie Militaire, citado no *Christian Science Monitor*, de 4 de junho de 1986.

no início de 2007, a secretária de Estado dos Estados Unidos, Condoleezza Rice, repetiu: "O escudo antibalístico que nós vamos construir na Europa do Leste destina-se apenas a nos defender contra os ataques de Estados párias (*rogue states*) e de grupos terroristas. *Fiquem tranquilos*: mesmo que nós tomássemos a iniciativa de atingi-los com um primeiro ataque nuclear, vocês poderiam facilmente atravessar o escudo em questão e exterminar nosso país, os Estados Unidos da América".

Essa extravagância revela que as condições nascidas da queda da potência soviética não subtraíram em nada o caráter insensato da lógica da dissuasão. Esta implica que cada nação ofereça sua própria população em holocausto às possíveis represálias da outra nação. Nisto, a segurança é filha do terror. Se uma das duas nações se protege, a outra poderia acreditar que a primeira se acredita invulnerável e, para prevenir um primeiro ataque, deveria atacar primeiro. Essa lógica recebeu um nome apropriado: MAD ("louco", em inglês), para *Mutual Assured Destruction*. As sociedades nucleares apresentam-se, ao mesmo tempo, como vulneráveis e invulneráveis. Vulneráveis porque elas podem morrer devido à agressão de um outro; invulneráveis porque elas não morrerão antes de matar seu agressor, um feito do qual elas sempre serão capazes, qualquer que seja a força do ataque que as faça sucumbir.

A doutrina que consiste em utilizar a arma nuclear de modo cirúrgico contra o potencial nuclear do adversário, protegendo-se por meio de um escudo antimíssil, recebeu o nome não menos apropriado de NUTS ("amalucado", em inglês), para *Nuclear Utilization Target Selection*. É claro que MAD e NUTS são perfeitamente contraditórias. Aquilo que dá valor a um tipo de armamento ou de vetor em um caso é o que o desvaloriza em outro. Assim, os submarinos permitem tão somente tiros sem precisão e são dificilmente localizáveis. Eles são de pouco interesse para NUTS, mas perfeitamente adaptados à MAD, pois têm boas chances de resistir a um primeiro ataque e sua imprecisão faz deles instrumentos de terror.

O problema é que os norte-americanos dizem querer continuar a jogar MAD com os russos e talvez com os chineses, mas praticando NUTS com os norte-coreanos, com os iranianos ou, como já ocorreu, com os iraquianos. Eles precisam mostrar que o escudo que ambicionam construir seria permeável a um ataque russo, mas deteria os mísseis de um estado fanático ou pária.

Que essa loucura, MAD, acoplada ou não a essa extravagância que é NUTS, tenha podido passar como o cúmulo da sabedoria, e que se possa creditar a ela o fato de ter assegurado a paz do mundo durante todo esse período, do qual alguns hoje chegam mesmo a sentir falta, isso ultrapassa o entendimento. Raros, entretanto, são os que se comoveram com isso[19]. É preciso que uma vez mais nos coloquemos a questão: por quê?

Uma resposta frequentemente admitida tem sido a de que se trata aqui, precisamente, apenas de uma intenção, e não de uma passagem ao ato; e, ainda, de uma intenção de um gênero tão particular, que é pelo fato de essa intenção ser explicitada que as condições que levariam a pô-la em execução não estão reunidas. Sendo o adversário, por hipótese, dissuadido, não é o primeiro a atacar – e também aquele que promove a dissuasão não ataca nunca em primeiro lugar, o que faz com que ninguém se mexa. Forma-se uma intenção dissuasiva *com o fim de* não colocá-la em execução. Os especialistas falam de intenção autoinvalidante (*self-stultifying intention*)[20], o que apenas dá um nome ao enigma, sem resolvê-lo.

Aqueles que se puseram a examinar o estatuto da dissuasão, tanto do ponto de vista estratégico como moral, encontraram nele uma figura extremamente paradoxal. O que pode fazer a dissuasão escapar da condenação ética é exatamente a mesma coisa que a faz nula em relação ao plano estratégico, pois sua eficácia está diretamente ligada à... intenção que se tem de verdadeiramente colocá-la em execução. Quanto ao ponto de vista moral, como as divindades primitivas, a intenção dissuasiva parece reunir a bondade absoluta, pois graças a ela a guerra nuclear não aconteceu, e também o mal absoluto, pois o ato do qual ela é a intenção constitui uma abominação sem nome.

Ao longo de todo o período da guerra fria, dois tipos de argumentos foram debatidos, argumentos que pareciam mostrar que a dissuasão nuclear sob a forma MAD não podia ser eficaz. A primeira razão correspondia ao caráter não crível da ameaça dissuasiva: desde que o sujeito que ameaça seu adversário de desencadear uma escalada mortal e suicida – se seus "interesses vitais" forem colocados em perigo – seja dotado de uma racionalidade

---

19 Citemos os padres americanos e... o presidente Reagan.
20 Gregory Kavka, *Moral Paradoxes of Nuclear Deterrence*, Cambridge University Press, 1987.

mínima, uma vez que ele seja colocado contra a parede – digamos, depois de um primeiro ataque que destruiu uma parte do seu território –, ele não executará sua ameaça. O princípio mesmo de MAD é a confiança em uma destruição mútua, caso se afaste do equilíbrio do terror. Que chefe de Estado, vítima de um primeiro ataque, não tendo nada mais do que uma nação devastada a defender, assumiria, por meio de um segundo ataque vingativo, o risco de colocar fim à aventura humana? Em um mundo de Estados soberanos dotados dessa racionalidade mínima, a ameaça nuclear não é absolutamente crível.

Entretanto, outro argumento, de natureza muito diferente, foi apresentado. Esse argumento concluía igualmente pela fraqueza da dissuasão nuclear. Para ser eficaz, a dissuasão nuclear deve ser absolutamente eficaz. Com efeito, nenhum fracasso deveria ser admitido, pois a primeira bomba lançada seria a bomba que ultrapassa todos os limites. Mas se a dissuasão nuclear é absolutamente eficaz, então ela não é eficaz. Em geral, uma dissuasão só funciona se ela não funcionar cem por cento. (Pensemos no sistema penal: as transgressões são necessárias para que todos fiquem convencidos de que o crime não compensa. Mas, aqui, a primeira transgressão é a transgressão excessiva.) Portanto, a dissuasão nuclear não é eficaz por uma segunda razão: uma dissuasão que fosse absolutamente eficaz se autoaniquilaria.

O sinal mais flagrante de que a dissuasão nuclear não funcionou é que ela não impediu em nada uma fuga suicida na direção do futuro, com o superarmamento das potências. Ora, na condição de funcionar, a dissuasão nuclear deveria ser o grande nivelador. Como no estado de natureza segundo Hobbes, o mais fraco em número de ogivas nucleares está exatamente no mesmo ponto que o mais forte, pois o primeiro sempre pode causar perdas "inaceitáveis" ao segundo, por exemplo visando deliberadamente suas cidades. A França, sozinha neste caso, fez disso uma doutrina pública, a da "dissuasão do fraco ao forte". A dissuasão é, dessa maneira, um jogo que se pode jogar – ou que deveria poder ser jogado – com poucas munições de cada lado.

Tardiamente, alguns compreenderam que não é preciso intenção dissuasiva para tornar a dissuasão nuclear eficaz[21]. A simples existência de arsenais

---

21 Bernard Brodie, *War and Politics*, New York: Macmillan, 1973.

se enfrentando, sem que a menor ameaça de os utilizar seja declarada ou mesmo sugerida, seria suficiente para que os gêmeos da violência se mantenham imóveis. O apocalipse nuclear não desapareceria, por isso, da paisagem. Sob o nome de dissuasão "existencial", a dissuasão apareceu, a partir desse momento, como um jogo extremamente perigoso, consistindo em fazer do extermínio mútuo um *destino*. Dizer que ela funcionava significava simplesmente o seguinte: desde que não se desafiasse levianamente o destino, haveria uma chance de que este nos esquecesse – por um tempo, talvez longo, possivelmente muito longo, mas não infinito. Como Günther Anders já havia compreendido e anunciado – situando-se, entretanto, num quadro filosófico antípoda do pensamento estratégico –, a partir desse momento nós entrávamos na era do *sursis*.

Em resumo, acreditando-se na teoria da dissuasão existencial, se a dissuasão nuclear manteve o mundo em paz por um tempo, foi projetando o mal para fora da esfera dos homens, fazendo do mal uma exterioridade maléfica, mas *sem má intenção*, sempre pronto a liquidar a humanidade, porém, sem mais maldade que um terremoto ou um tsunami, no entanto com tamanha força destruidora que poderia chegar ao ponto de fazer a natureza empalidecer de inveja. Essa ameaça suspensa sobre suas cabeças teria dado aos príncipes do mundo a prudência necessária para evitar a abominação da desolação que teria sido uma guerra termonuclear, destruindo-os uns aos outros e o mundo com todos eles.

Para concluir, gostaria de reler essa teoria, expondo o paradoxo que a constitui e que faz da arma atômica uma espécie de substituto do sagrado.

Retomemos os dois motivos invocados para justificar a fraqueza da intenção dissuasiva. Primeiro, a ameaça não é crível: se a dissuasão fracassasse, não se executaria a ameaça. Em seguida, uma dissuasão perfeitamente eficaz se anularia no paradoxo de autorrefutação: nunca o dissuadido teria a prova de que o dissuasor leva a sério a sua ameaça, no sentido de que ele a colocaria de verdade em execução, se a dissuasão viesse a falhar.

Nenhuma das potências nucleares tem, então, o poder de dissuadir as outras. E, no entanto, todas elas têm interesse em ser dissuadidas. A solução consiste em que, juntas, elas criam uma entidade fictícia, terrível entretanto, um tigre simbólico, disposto a dilacerá-las a qualquer momento, sem nenhuma justificativa ou motivo particular. Esse tigre é, evidentemente, a violência delas mesmas, exteriorizada, coisificada. Podemos chamá-lo Satã, se quisermos, mas este Satã nada mais é do que a projeção, no exterior do mundo humano, de um mal que é propriamente humano.

Para escapar do paradoxo da autorrefutação, é preciso que a realidade do apocalipse nuclear seja como um acontecimento inscrito no amanhã, tal como uma *fatalidade* ou como um *destino*. É assim que raciocinam os teóricos da dissuasão existencial, usando essas palavras surpreendentes, tratando-se como pensadores ou estrategistas "racionais". Ora, imaginemos: se esse programa fosse realizado, quer dizer, se o aniquilamento nuclear fosse verdadeiramente o nosso destino, ele também se destruiria na autorrefutação. A condição que torna a dissuasão eficaz contradiz o objetivo que se persegue, que é o de que o apocalipse nuclear não aconteça!

Para sair do paradoxo, é preciso levar a sério, mais do que ele mesmo o fez, aquilo que nos diz Robert McNamara nas suas *Memórias* ou no documentário *The fog of war*: muitas dezenas de vezes durante a guerra fria, foi por muito pouco que a humanidade não desapareceu em vapores radioativos. Fracasso da dissuasão? É justamente o contrário: são precisamente essas incursões nas proximidades do buraco negro que deram à ameaça de aniquilamento mútuo seu poder dissuasivo. *"We lucked out"*, mas foi esse flerte repetido com o apocalipse que, num certo sentido, nos salvou. É preciso acidentes para precipitar o destino apocalíptico. Contudo, contrariamente ao destino, um acidente *pode* não se produzir.

No coração da dissuasão existencial encontra-se a dialética do destino e do acidente. Trata-se de tomar o apocalipse nuclear como um acontecimento *ao mesmo tempo necessário e improvável*. Esta figura é assim tão nova? Podemos reconhecer nela facilmente a figura do trágico. Quando Édipo mata seu pai na encruzilhada fatal, quando Meursault, o "estrangeiro" de Camus, mata o árabe sob o sol de Argel, esses acontecimentos surgem na consciência e na filosofia mediterrâneas ao mesmo tempo como acidentes e como fatalidades: *o acaso e o destino acabam por se confundir*.

O acidente, que aponta para o acaso, é o contrário do destino, que aponta para a necessidade; mas, sem este contrário, o destino não viria a se cumprir. Um discípulo de Derrida diria que o acidente é o *suplemento* do destino, no sentido em que ele é ao mesmo tempo seu contrário e sua condição de possibilidade.

O que complica o esquema é que, aqui, se trata de um destino que nós não queremos em nenhuma hipótese e que é necessário afastarmos de nós.

O acidente, instrumento do destino ao mesmo tempo que sua negação, nos oferece os meios de o fazermos.

Se nós negamos o Reino, quer dizer, a renúncia completa de todos à violência, resta-nos este jogo arriscado que consiste em jogar constantemente com o fogo: nem muito perto, por medo de morrermos carbonizados; mas também não muito longe, por medo de nos esquecermos do perigo. É necessário, ao mesmo tempo, nem acreditar demais no destino nem recusar excessivamente de nele acreditar: é preciso acreditar no destino exatamente como acreditamos em uma ficção.

A dialética do destino e do acaso nos permite, em princípio, nos mantermos a distância justa – nem perto demais, nem longe demais – do buraco negro do apocalipse. Não podemos perder de vista que esse é o nosso destino, pois é isso que nos dá a motivação e a energia para *vigiar* – uma vez que não sabemos quando o fim acontecerá, "se à tarde, à meia-noite, ao cantar do galo ou ao amanhecer" (Evangelho de Marcos, 13,35). A necessidade do acidente para que o destino se cumpra é o que nos mantém suficientemente afastados dele.

Ora, essa estrutura é exatamente a estrutura do sagrado primitivo, tal como destacou René Girard[22]: não se deve aproximar demasiado do sagrado porque ele desencadeia a violência. Mas não devemos também nos afastar muito dele, pois o sagrado nos protege da violência. O sagrado *contém* a violência, nos dois sentidos da palavra.

Entretanto, todo esse edifício repousava sobre premissas que não são mais satisfeitas atualmente, em particular a hipótese hobbesiana de que, nesse estado de natureza que é a pretensa "comunidade internacional", cada um possui essa racionalidade mínima que constitui o cuidado de manter-se vivo (*self-preservation*). Na perspectiva de um mundo multipolar, onde dezenas de agentes disporão de armas de destruição massiva e onde alguns dentre eles não hesitarão em "sacrificar-se" para maximizar o mal em torno de si próprios, todo o edifício intelectual, simbólico e institucional que permitiu à humanidade, até o momento, não se autoeliminar na violência essencial deve ser repensado em novas bases.

Em 1958, Günther Anders foi a Hiroshima e a Nagasaki para participar do 4º Congresso Internacional Contra as Bombas Atômicas e as Bombas de

---

22 René Girard, *La Violence et le sacré*, Paris: Grasset, 1972.

Hidrogênio. Durante sua estadia ele manteve um diário[23]. Depois de numerosos contatos com os sobreviventes da catástrofe, ele escreveu: "A constância com que eles não falam sobre os culpados e se calam quanto ao fato de que este acontecimento foi causado pelos homens, não nutrindo o menor ressentimento, mesmo tendo sido as vítimas do maior dos crimes – é demasiado para mim, ultrapassa a minha compreensão".

E ele acrescenta: "Eles falam constantemente da catástrofe como de um terremoto ou de um maremoto. E utilizam para expressar isso a palavra japonesa *tsunami*".

O mal que habita a "paz nuclear" não é produto de nenhuma intenção maligna. No seu livro *Hiroshima está em toda parte*[24], Anders usa fórmulas terríveis, que nos dão calafrios: "O caráter inacreditável da situação é simplesmente de tirar o fôlego. No mesmo momento em que o mundo se torna apocalíptico, e isto por nossa causa, ele oferece a imagem... de um paraíso habitado por assassinos sem maldade e por vítimas sem ódio. Em nenhum lugar há traços de maldade, só há escombros". E Anders anuncia: "A guerra que virá, por teleassassinatos, será a guerra mais desprovida de ódio que jamais existiu na história. [...] Esta ausência de ódio será a ausência de ódio mais desumana que jamais existiu; ausência de ódio e ausência de escrúpulo serão apenas uma".

A violência sem ódio é tão desumana que se torna uma transcendência – talvez a única que nos reste.

---

23 *Hiroshima ist uberall* (Hiroshima está em toda parte), Munich, 1982.
24 Ibid.

Há situações em que é imoral pensar?
O duplo fundamento insuficiente do ato moral
Vladimir Safatle

> *Faz parte da moral não estar em casa na própria casa.*
> Adorno, *Minima moralia*
> §18

Considere o instante no qual um refugiado pede por abrigo. Se neste instante colocamos em movimento todo o aparato de considerações ao invés de simplesmente agir (*ganz einfach so zu handeln*) e dizer: "Aqui está um refugiado que deverá ser morto ou cair nas mãos de um estado policial em algum país e que, por isso, precisa ser escondido e protegido; tudo o mais deve se subordinar a isto"; se a razão faz aqui uma falsa entrada, então a razão advém irracional (*widervernunftig*)[1].

Esta consideração de Theodor Adorno aparece em um curso ministrado em 1963 com o título de *Problemas de filosofia moral*. Seu interesse está em nos colocar diante de um problema fundamental, a saber, haveria situações em que, de uma certa forma, é imoral pensar? Haveria situações que nos mostrariam como a ação moral exige algo que não é "pensar" – no sentido de avaliação de escolhas possíveis tendo em vista a deliberação racional a partir de regras consensuais de julgamento –, mas que é (e não sabemos ainda o que tal noção pode significar) "simples ação" que se entrega em um instante? Simples ação que Adorno não teme definir como "irracional", como carregando um resíduo de "absurdo", provavelmente por ela pressupor alguma

---

1 Theodor Adorno, *Probleme der Moralphilosophie*, Frankfurt: Suhrkamp, 1996, p. 45.

forma de decisão sem fundamentação segura? Este é o assunto a respeito do qual gostaria de discutir aqui.

A partir desta e de outras colocações, Adorno trata de apresentar certas limitações de alguns modelos hegemônicos de compreensão da natureza da ação moral, assim como de abrir o caminho para um modelo alternativo que será apresentado na segunda metade do texto.

A fim de começar, notemos como há vários pressupostos escondidos no apólogo acima apresentado. Primeiro, fica claro como, para Adorno, há situações em que devemos "simplesmente agir" e dizer: a partir deste ponto, devo (com todo o peso moral que a palavra "dever" tem neste contexto) esconder pessoas, mentir; em suma, agir contra o ordenamento jurídico. Em certas situações, ações que normalmente vemos como imorais se transformam em ações morais. Da mesma forma, ações que normalmente vemos como morais podem facilmente se transformar em ações imorais.

No entanto, por mais que tais considerações soem peculiares, apólogos como este descrito por Adorno não deveriam significar grandes dificuldades para uma reflexão sobre a ação moral. Pois todos nós podemos admitir, sem muita dificuldade, situações de dissociação entre exigências de justiça e regulações normativas do direito atualmente existente. Nem sempre justiça e direito caminham juntos, embora não seja imediatamente evidente o que devemos entender por "justiça" neste contexto.

Tais momentos de dissociação podem ser unidos sob o conceito de "situações de exceção". Eles indicam, por exemplo, situações nas quais o direito cria aparatos jurídicos que visam legitimar estados policiais, golpes de estado e ditaduras militares e, com isso, destrói a possibilidade de realização da liberdade. Nesses casos extremos, admitimos que sujeitos violem preceitos legais em nome de exigências substanciais de justiça[2]. No entanto, há

---

2   Esta é, na verdade, a consequência da ideia de que toda ação contra uma estrutura normativa ilegal é uma ação legal. No que diz respeito ao Ocidente, é bem provável que tal ideia nasça da Reforma Protestante, com a noção de que os valores maiores presentes na vida social podem ser objeto de problematização e crítica. Ela está presente, por sua vez, no artigo 27 da *Declaração dos Direitos do Homem e do Cidadão*, de 1793, documento fundador da modernidade política; artigo que afirma: "que todo indivíduo que usurpe a soberania seja assassinado imediatamente pelos homens livres". Ainda hoje, ela aparece no Artigo 20, Parágrafo IV da Constituição alemã como "direito à resistência"

um elemento complicador na posição de Adorno. Para identificá-lo, basta levarmos a sério o peso de afirmações como:

> A razão pela qual o problema da filosofia moral tornou-se algo tão problemático atualmente é inicialmente que a substancialidade dos costumes, assim como a possibilidade de uma vida correta (*richtigen Lebens*) nas formas nas quais a comunidade existe, que seria pretendida e presente, tornou-se radicalmente obsoleta (*hinfällig*), isto não é dado e atualmente as pessoas não podem, de maneira alguma, contar com ela³.

Notemos quão importante é tal afirmação para nosso problema. À sua maneira, ela parece radicalizar uma temática hegeliana clássica referente à erosão daquilo que o filósofo alemão chamava de eticidade (*Sittlichkeit*). Tal erosão nos leva, necessariamente, à impossibilidade de realizarmos o que Hegel chamava de "vida ética" (*sittliches Leben*)⁴. Por eticidade podemos entender, neste contexto, o conjunto de costumes, hábitos e estruturas sociais (com suas leis e instituições) que permitem a constituição de uma forma racional de vida, ou seja, um modelo social de vida capaz de realizar exigências objetivas de liberdade (embora tenhamos que discutir com mais calma a natureza profundamente indeterminada e problemática do termo "liberdade"). Isso fica bastante claro nos *Fundamentos da filosofia do direito*, em que Hegel define a eticidade como: "o conceito de liberdade transformado em mundo presente e natureza da consciência-de-si"⁵. Ou seja, ela é a ideia de liberdade efetivada enquanto mundo social no qual interajo e enquanto natureza das minhas ações, desejos e vontades.

Por sua vez, é a possibilidade de os sujeitos agirem de maneira livre que caracteriza o caráter moral de suas ações. Ações feitas por obrigação ou por compulsão não podem ser vistas como ações morais, mesmo que elas tenham

---

(*Recht zum Widerstand*). Encontramos um direito similar enunciado em várias Constituições de estados norte-americanos (New Hampshire, Kentucky, Tennesse, Carolina do Norte, entre outros).

3 Artigo 27 da Declaração dos *Direitos do Homem e do Cidadão*, de 1793.
4 Para o conceito de vida ética em Hegel, ver Jean-François Kervégan, "Haveria uma vida ética?", *Revista Dois Pontos*, vol. 3, n. 1, 2006, pp. 83-107, e Robert Pippin, "Hegel´s ethical rationalism", in *Idealism as modernism*, Cambridge University Press, 1997.
5 Hegel, *Grundlilien der Philosophie des Rechts*, Frankfurt: Suhrkamp, 1986, § 142.

a aparência de ações morais. No entanto, Hegel insiste que a liberdade não pode ser entendida simplesmente como "livre-arbítrio", ou seja, como a capacidade que indivíduos isolados teriam de escolher, a partir de uma norma racional internalizada, o que fazer ou não, tomar distância ou não de papéis e padrões sociais de conduta. Reduzir a discussão sobre a liberdade à dimensão do livre-arbítrio implica, entre outras coisas, ignorar um problema central para correntes maiores do pensamento contemporâneo, a saber, o que deve acontecer aos sujeitos para que eles sejam vistos como capazes de escolher? Como eles devem se formar, como eles devem reportar-se a seus desejos e inclinações para que suas escolhas sejam reconhecidas por outros sujeitos como escolhas racionais? Pois há uma *formação em direção à moralidade* e tal formação implica internalizar sistemas de costumes e hábitos, leis e instituições que têm realidade social. O que demonstra como a problemática da ação moral não visa apenas responder à questão: "O que devo fazer?", mas "que tipo de pessoa procuro ser?", "que forma de vida procuro fazer minha?". Isto significa: não há inteligibilidade da ação moral sem compreendê-la inicialmente como ação social, como ação capaz de levar em conta uma reflexividade para além do solipsismo da consciência individual[6].

Mas notemos o ponto fundamental aqui. Se tais sistemas, leis e instituições, com seus valores e normas, não forem vistos como racionais, mas apenas como dotados de força de coerção, então os sujeitos que a eles se submetem, que neles se formam, não poderão agir livremente e, por consequência, não poderão agir moralmente.

Notemos como "razão" e "racional" descrevem, nesse contexto, uma ideia bastante precisa. A razão não seria apenas modo de se orientar no julgamento a partir de critérios capazes de instaurar exigências de validade que se fundamentam no interior de procedimentos comunicacionais não coercitivos. Ela seria, acima de tudo, movimento instaurador de *formas de vida*.

---

6 Neste sentido, devemos aceitar uma consideração de Robert Pippin, segundo a qual liberdade consistiria "em estar em uma certa relação reflexiva e deliberativa consigo mesmo (que Hegel descreve como capacidade em dar uma 'forma racional' a minhas inclinações e interesses) que só é possível se já estamos em uma certa relação (em última instância, institucional, governada por normas) com outros, se já somos participantes de certas práticas" (Robert Pippin. *Hegel's practical philosophy: rational agency as ethical life*, Cambridge University Press, 2008, p. 4).

Diremos então que uma forma racional de vida seria aquela organizada a partir de processos potencialmente institucionalizáveis, capazes de permitir aos sujeitos reconhecerem a correção, aceitarem como legítimas práticas sociais que aspiram à universalidade.

Assim, ao falar que a substancialidade dos costumes institucionalizados nas formas sociais existentes não é capaz de possibilitar uma vida correta, Adorno acaba por dizer algo pleno de consequências, a saber: que os valores que aspiram à universalidade e que nos guiam, assim como as instituições (como a família, o Estado, a escola) e o ordenamento jurídico que organizam nossa forma atual de vida – esta que se realiza de maneira hegemônica em nossas sociedades democráticas liberais – e que produzem a noção social de individualidade, não podem fundamentar a moralidade de nossas ações, não podem realizar exigências de liberdade. Como se os sujeitos não reconhecessem a correção de tais valores, processos e instituições (embora ainda não saibamos *onde* eles devem se colocar para criticar processos que os produziriam como sujeitos). "Não há vida correta na falsa"[7], dirá Adorno, isto a fim de afirmar que a vida reproduzida através da internalização dos valores e normas que nos permitem ser sujeitos capazes de agir e julgar moralmente, a vida que nossas estruturas normativas querem conservar seria, em larga medida, uma vida falsa.

Alguém poderia criticar tal visão de Adorno como demasiadamente simplista. Afinal, nenhum sistema social, nenhuma instituição se impõe apenas a partir de sua força de coerção. Sua imposição se dá a partir de sua *força de lei*, ou seja, de sua autoridade. Tal autoridade, por sua vez, não é simplesmente coercitiva, mas fundada nas expectativas que desenvolvo a respeito da capacidade que teria de satisfazer certas exigências que considero vitais para minha autorrealização (como segurança, reconhecimento, autoconservação etc.). No entanto, poderíamos dizer que, dentre as exigências vitais de autorrealização há, na modernidade, uma de importância fundamental, a saber, *a exigência de que as instituições sejam conflituais*, que elas sejam capazes

---

7 T. Adorno, *Minima moralia*, § 18. Ou ainda, em um tom claramente marxista de denúncia da submissão da vida à racionalidade operativa na esfera econômica: "Aquilo que outrora o filósofo entendia por vida, reduzido à esfera privada e depois só à do consumo, vê-se arrastado, sem autonomia e sem substância própria, como apêndice do processo de produção material" (*Id., Negative Dialektik*, Frankfurt: Suhrkamp, 1973, p. 145).

de dar forma a conflitos sociais maiores a respeito do sentido de valores. Nesse sentido, elas perderiam sua legitimidade quando não fossem mais capazes de garantir quadros institucionais para conflitos e antagonismos a respeito de valores que visam racionalizar a vida social (como liberdade, autonomia, singularidade etc.). Nesse sentido, não é o conteúdo positivo da normatividade social que importa, mas a possibilidade que instituições teriam de transformar antagonismos e conflitos em dinâmicas abertas no interior de nossas formas de vida, de reconhecer antagonismos e conflitos como processos determinantes para a relação com o outro e si mesmo. É bem provável que é algo referente ao esvaziamento institucional dessa experiência de negatividade que anime o diagnóstico adorniano.

DIREITO E JUSTIÇA

Antes de entendermos por que Adorno faz uma afirmação totalizante quanto esta e, principalmente, para onde ele quer nos levar, vale a pena lembrarmos da extensão que tais considerações podem tomar. Elas nos levam, por exemplo, a um antijuridismo profundo, expresso em afirmações como:

> O meio no qual o mal, em virtude de sua objetividade, alcança um ganho de causa e conquista para si a aparência do bem é, em larga medida, esse da legalidade, que certamente protege positivamente a reprodução da vida, mas em suas formas existentes; graças ao princípio destruidor da violência, ele traz à tona seu princípio destrutivo. [...] Que o singular receba tanta injustiça quando o antagonismo de interesses o impele à esfera jurídica, não é, como Hegel gostaria de dizer, sua culpa, como se ele fosse cego para reconhecer seus próprios interesses na norma jurídica objetiva e suas garantias, mas ela é, muito mais, culpa da própria esfera jurídica[8].

---

8 Theodor Adorno. *Negative Dialektik*, op. cit. pp. 303-304. Notemos como esta afirmação parece desdobrar uma colocação que encontramos em *O mal-estar na civilização*, de Freud: "Grande parte das lutas da humanidade centralizam-se em torno da tarefa única de encontrar uma acomodação conveniente, ou seja, um compromisso (*Ausgleich*) que traga felicidade entre reivindicações individuais e culturais; e um problema que incide sobre o destino da humanidade é o de saber se tal compromisso pode ser alcançado através de uma formação determinada da civilização ou se o conflito é irreconciliável". (Sigmund Freud, Das *Unbehagen in der Kultur*, In: *Gesammelte Werke* vol. XIV, Frankfurt: Fischer, 1999.)

Reconheço que alguns gostariam de simplesmente chamar tal posição, que insiste na indissociabilidade entre direito e violência, de *niilismo moral*. Afinal, eliminada a referência a uma norma que visa realizar uma legalidade universalmente válida, afirmado seu caráter essencialmente violento, onde encontraríamos esteio para falar em "injustiça"? Além do que, a crítica de Adorno parece não ser simplesmente dirigida a este direito atualmente vigente, mas à hipóstase da noção de norma *tal como podemos derivá-la* da dinâmica procedurial própria do jurídico[9]. Como se aquilo que sustenta nossas noções de justiça e injustiça não fosse exatamente uma norma, ou seja, uma sentença que *prescreve*, que determina previamente o que deve ser feito e que, como uma regra (ou ainda, como um esquadro – isto se quisermos retomar a acepção latina de *norma*), supõe uma regularidade generalizável enquanto valor a ser realizado[10]. Notemos como, assim, Adorno parece querer criticar um *modelo de procedimento e normativo de filosofia moral* cujo horizonte regulador fundamental seria a transformação da esfera jurídica em campo de realização de aspirações de moralidade.

Mas não deixa de causar estranhamento dizer que o que sustenta nossas noções de justiça e injustiça não é uma norma. Pois quando afirmamos, por exemplo, que tal situação é injusta, aparentemente queremos dizer que ela impede o reconhecimento de nossa condição de portadores de certos direitos *potencialmente normativos* e generalizáveis, que ela nos exclui de uma forma de vida racional cujo sentido seria, em larga medida, partilhado de maneira não problemática. Se a injustiça não está necessariamente ligada à exclusão em relação a uma norma racional que gostaríamos de generalizar, se a essência do conflito social não é o embate pela generalização de normas racionais, então a que ela está vinculada?

A fim de tentar responder a este ponto, notemos como Adorno parece pressupor uma distinção importante e estrutural entre direito e justiça que

---

9 O que nos explica afirmações peremptórias como: "O direito é o fenômeno originário da racionalidade irracional (*Recht ist das Urphänomen irrationaler Rationalität*). Nele, o princípio formal de equivalência transforma-se em norma, tudo é medido com a mesma régua" (T. Adorno, id., p. 304).

10 Sobre a possibilidade de um outro modelo de reflexão sobre a norma, modelo este que não siga a dinâmica procedurial do jurídico, ver Georges Canguilhem, *O normal e o patológico*, sobretudo o segundo capítulo da segunda parte.

não deixa de nos remeter a um outro filósofo, que também não foi poupado de acusações de niilismo e irracionalismo, a saber, Jacques Derrida.

Eu lembraria aqui dessa passagem fundamental do texto *Força de lei*, de Derrida, no qual o filósofo afirma: "Quero logo reservar a possibilidade de uma justiça, ou de uma lei, que não apenas exceda ou contradiga o direito, mas que talvez não tenha relação com o direito, ou mantenha com ele uma relação tão estranha que pode tanto exigir o direito quanto excluí-lo"[11].

Notemos bem o que está por trás desse "estranhamento" essencial entre direito e justiça. É verdade que podemos claramente aceitar que, longe ser de um aparato monolítico, o direito em sociedades democráticas é uma construção heteróclita, onde leis de vários matizes convivem formando um conjunto profundamente instável e inseguro. Por exemplo, nossa Constituição de 1988 não teve força para mudar vários dispositivos legais criados pela constituição totalitária de 1967. Ainda somos julgados por tais dispositivos.

Nesse sentido, podemos colocar perguntas como: não seriam certas "violações" do estado de direito condições para que exigências mais amplas de justiça se façam sentir? Foi pensando em situações dessa natureza que Derrida aceitava ser o direito objeto possível de uma desconstrução que visa expor as superestruturas que "ocultam e refletem, ao mesmo tempo, os interesses econômicos e políticos das forças dominantes da sociedade". Quem pode dizer em sã consciência que tais forças não agiram e agem para criar, reformar e suspender o direito? Quem pode dizer em sã consciência que o embate social de forças na determinação do direito termina necessariamente da maneira mais justa?

No entanto, tanto Adorno quanto Derrida parecem dizer algo a mais do que esse problema "contextual". Pois o reconhecimento do caráter heteróclito do direito poderia nos levar, simplesmente, a dizer que há leis justas e leis injustas, o que eliminaria toda a necessidade de uma crítica totalizante. No entanto, leis que atualmente garantem a realização da justiça podem, em outros contextos, legitimar situações injustas. Jurisprudências estabelecidas não garantem necessariamente justiça. Elas garantem apenas que formas de julgamento aceitas no passado continuarão em vigência. Podemos

---

11 Jacques Derrida. *Força de lei: o fundamento místico da autoridade*, São Paulo: Martins Fontes, 2007, p. 8.

aceitar que as decisões passadas não são simplesmente arbitrárias, mas daí não se segue que elas sejam necessariamente e sempre justas.

Nesse sentido, quando Derrida fala, por exemplo, que o direito é sempre desconstrutível, isto enquanto a justiça não é desconstrutível, trata-se de uma maneira de afirmar que *a justiça é exatamente o que nos lembra o caráter desconstrutível de toda norma positiva*. Isso fica claro quando ele afirma: "O direito não é a justiça. O direito é o elemento do cálculo, é justo que haja um direito, mas a justiça é incalculável, ela exige que se calcule o incalculável"[12]. Mas sendo assim, como posso saber se ajo ou não de maneira justa? Mais uma vez podemos colocar a questão: de onde vem o sentimento de injustiça, senão de uma norma positiva que, mesmo não tendo ainda realidade jurídico-institucional, pode potencialmente chegar a tê-la? *Poderíamos dizer que nem tudo o que me leva a agir moralmente é uma norma?*

É aqui que podemos encontrar um dos maiores pontos do encaminhamento de Derrida. Digamos que é por pensar dessa forma que ele poderá colocar a pergunta fundamental: "Mas quem pretenderá ser justo poupando-se da angústia?". Pois se aceitamos que há algo na ação moral que não é pensável sob a forma da norma, abre-se necessariamente um espaço que poderíamos chamar de "insegurança ontológica". O que nos permite colocar uma outra questão, a saber: quem disse que há segurança no interior da ação moral? Não seria característica fundamental da ação moral a necessidade de realizá-la, mesmo sem termos previamente clareza completa de suas causas e consequências? A ação moral não seria exatamente essa que nos coloca, ao mesmo tempo, diante da urgência da "simples ação" e da insegurança angustiante de não sabermos o que acontecerá depois? Nesse sentido, *nunca posso ter completa certeza do caráter moral de minha ação e esta incerteza é talvez o traço essencial, distintivo* da ação moral. Notemos como Adorno, pensando em uma chave semelhante, chega a claramente afirmar: "Todo ato moral é falível (*Fehlbarkeit*)". Pois "Segurança moral não existe; pressupô-la seria já imoral, um falso aliviar o indivíduo em relação ao que deveria ser chamado de eticidade. Quanto mais impiedosa a sociedade, até o cerne de cada situação, em seus antagonismos objetivos, tanto menos é assegurado que uma determinada decisão moral particular seja a correta"[13].

---

12 Id., p. 30
13 Theodor Adorno. *Negative Dialektik*, op. cit., p. 241.

No curso sobre *Problemas de filosofia moral*, Adorno volta a essa posição, a fim de dizer que a primeira virtude ética é a consciência de nossa falibilidade. A análise demorada das causas, a conformidade a princípios e valores consensuais, nada disso pode garantir a natureza moral de nossas ações. Mas o que, afinal, uma proposição como esta poderia significar? Pois, agora sim, parecemos estar diante de alguma forma de niilismo moral que se apoia em diagnósticos globais relativos à "erosão da substancialidade ética da vida social". A não ser que sejamos capazes de mostrar como tal falibilidade estrutural é condição para o desenvolvimento de um modelo renovado de julgamento moral.

Se quisermos seguir a segunda opção, devemos estar atentos para uma certa oscilação presente na posição adorniana: movimento pendular que, longe de ser signo de uma impotência a julgar, é sinal de uma estratégia de julgamento a respeito da qual ainda precisamos muito pensar. Estratégia claramente enunciada através da afirmação: "O desesperador no bloqueio da prática fornece, paradoxalmente, um tempo (*Antepause*) para o pensamento. Não utilizar este tempo seria um crime. Ironia maior: o pensamento aproveita-se atualmente do fato de não termos o direito de absolutizar seu conceito"[14].

Digamos que esse tempo que devemos saber utilizar é o tempo de um *cálculo do incalculável porque cálculo entre dois fundamentos insuficientes*.

PODE A PROCURA DA AUTONOMIA PRODUZIR UMA VIDA DANIFICADA?

A fim de explicar este ponto, retomemos aqui o diagnóstico adorniano de que estamos distantes de uma vida ética porque os modos de reprodução social de nossas formas de vida tendem a produzir aquilo que ele chamou um dia de vidas danificadas (*beschädigten Leben*). Mesmo que em vários momentos Adorno sirva-se do argumento marxista de que parte da danificação de nossas formas de vida vem do fato de elas terem sido invadidas pela intervenção da racionalidade econômica, pela colonização do mundo da vida pela forma-mercadoria, como se o *homo oeconomicus* fornecesse a lógica de relação a si e ao outro, há uma dimensão mais interessante do diagnóstico que tende a ser normalmente negligenciada.

---

14 Id., p. 243.

Levando em conta tal dimensão, poderíamos dizer que nossas vidas são danificadas porque mesmo os valores que guiam nossas expectativas racionais e nossas tentativas de realizar o conceito regulador de liberdade acabaram por produzir o inverso do que deveriam. Ou seja, a questão aqui não diz respeito à impossibilidade de nossas formas de vida racionalizarem a vida social a partir de valores e princípios consensuais (como, por exemplo, autodeterminação, autenticidade, tolerância, autonomia etc.) devido a problemas de redistribuição, de colonização do mundo da vida pela esfera econômica etc. A questão refere-se a problemas nos próprios valores e princípios que constituem nossos modos de julgar e agir.

Um exemplo privilegiado aqui é o valor de autonomia, valor fundamental para a constituição da noção moderna tanto de ação moral quanto de liberdade. Lembremos como, para nós, a perda da autonomia (tanto para a clínica das doenças mentais quanto para a política e a filosofia moral) é vista imediatamente como bloqueio da liberdade, ou seja, como alienação. No entanto, vale a pena lembrar também como nossa discussão sobre a autonomia é, ainda hoje, claramente marcada pelos encaminhamentos abertos pela filosofia moral kantiana. Por isso, a autonomia nos aparece, normalmente, como a capacidade de os sujeitos porém para si mesmos a sua própria lei moral, transformando-se assim em agentes morais capazes de se autogovernar. Vinda de Rousseau, para quem "a obediência à lei que uma pessoa prescreveu para si mesma é liberdade", esta noção de autonomia ganha, com Kant, contornos novos e decisivos.

Não se trata de expor aqui detalhadamente a doutrina kantiana da autonomia. Gostaria apenas de lembrar um de seus traços fundamentais. Trata-se da ideia de que, ao serem legisladores de si próprios, os sujeitos poderiam se *autodeterminar*. Esta noção de autodeterminação é central, pois traz para dentro do humano um movimento próprio àquilo que conhecemos por "substância primeira", a saber, o movimento de ser causa de si mesmo, *causa sui*. O sujeito autônomo pode se autodeterminar porque, de uma forma bastante peculiar, a causa da sua ação lhe é imanente, ela não lhe é externa, já que é fruto de sua própria liberdade. Kant falará, neste caso, de uma *causalidade pela liberdade*, estritamente distinta da causalidade mecânica própria aos fenômenos naturais, causalidade esta que me submete como quem se submete a leis heterônomas e pretensamente mecânicas próprias dos fatos da natureza.

Insistamos mais nesse ponto. Primeiro, sabemos que esta lei que os sujeitos prescrevem para si mesmos a fim de se afirmarem como sujeitos autônomos não é uma lei particular, ligada aos interesses egoístas da pessoa privada. Antes, ela é incondicionada, categórica e universal. Lei capaz de abrir as portas para o reconhecimento de um campo intersubjetivo de validação da conduta racional e que levaria o sujeito a guiar suas ações em direção à realização de uma ligação sistemática dos diversos seres racionais por leis comuns. Para que ela tenha realidade, faz-se necessário então que os sujeitos tenham algo mais do que desejos particulares e "patológicos". Eles precisam ter uma *vontade pura* que age *por amor* à universalidade da Lei, e não apenas *conforme* à Lei; ou, se quisermos utilizar os termos de Kant, um ato *pflichtmässig* ou *aus Pflicht*[15]. Distinção importante, pois um ato simplesmente conforme à Lei não pode ser, em última instância, compreendido como um ato moral[16].

Neste ponto, encontramos outro elemento importante da argumentação kantiana. Pois Kant insistirá que nunca posso saber, com todas as garantias, se um ato foi feito *por amor* à Lei ou simplesmente por *conformação* à Lei. Meus desejos particulares sempre podem interferir nas inclinações em direção à ação. Isso significa dizer que, por exemplo, não saberei jamais se digo a verdade por medo das consequências da descoberta da mentira ou por amor desinteressado à Lei. Mas isso não coloca maiores problemas para a definição da ação moral porque *sempre saberei qual a forma do ato feito por amor à Lei*. Eu sempre sei que, em qualquer circunstância, contar mentiras é contra a lei moral. Daí uma afirmação decisiva como: "Julgar o que deve ser feito a partir desta lei [a lei moral], não deve ser algo de uma dificuldade tal que o entendimento mais ordinário e menos exercido não saiba resolver facilmente, *mesmo sem nenhuma experiência do mundo*"[17].

---

15 Cf. Kant, *Kritik der praktischen Vernunft*, Frankfurt; Suhrkamp, 1974, p. 203.

16 Notemos como é bem provável que o problema da distinção entre "conforme à" e "por amor à" é um problema de sinceridade. Se sempre ajo conforme à Lei (mesmo sem amor pela Lei), posso perguntar se realmente sei o que sinto, se conheço as artimanhas do meu amor.

17 Immanuel Kant; *Kritik der praktischen Vernunft*, Berlin: Walter de Gruyter, 1969, p. 65. Ou ainda, a respeito da identidade entre forma geral da ação e intencionalidade moral: "Qual forma na máxima convém e qual forma não convém à legislação universal, isso o entendimento ordinário (*gemeinste Verstand*) pode distinguir sem instrução (*Unterweisung*)" (id., pp. 49-50). O que levava Adorno a associar a ética kantiana a uma ética da convicção.

Este é um ponto central porque tudo se passa como se não houvesse indecidibilidade no interior da práxis moral. Para Kant, razão prática sempre será razão prática *pura*, ou seja, a capacidade *a priori* de distinguir certo e errado, bem e mal. Por isso, Adorno insiste que a estratégia kantiana era dependente de uma certa articulação entre significação do ato e transcendentalidade que se mostra através da pressuposição de uma imanência entre a *forma* geral do ato e a intencionalidade moral. Como se não houvesse maiores problemas na "passagem da consciência correta (*richtigen Bewusstsein*) para a ação correta"[18]. Isso levou, por exemplo, Hegel a insistir que Kant não era capaz de distinguir procedimentos de fundamentação de um princípio e reflexão sobre suas condições de aplicação. Pois tudo se passa como se Kant trabalhasse com um modelo que poderíamos chamar de *racionalidade procedurial*, que precisa partir do pressuposto que a dimensão procedurial da Lei condiz com uma visão unívoca de sua dimensão semântica.

Mas notemos um ponto fundamental para Adorno. Para que a decisão sobre o que deve ser feito apareça *a priori,* de maneira completamente segura para sujeitos autônomos, faz-se necessário que eles estabeleçam uma distinção estrita entre vontade livre e desejos patológicos; ou seja, esses desejos que se impõem a mim sem que eu possa determinar, de maneira autônoma, seus objetos[19].

Assim, o preço da liberdade será o afastamento (Adorno fala em repressão – *Unterdruckung*) daquilo que, em mim, se guia a partir da contingência dos sentimentos, da inconstância das inclinações, do acaso dos encontros com objetos que não são deduzidos de uma lei que dou para mim mesmo. O que significa não apenas estabelecer uma distinção estrita entre liberdade e natureza que nos remete às distinções clássicas entre *humanistas* e *animalitas* (o que explica por que Adorno afirmará que o imperativo categórico não era outra coisa que a elevação do princípio de dominação da natureza à condição de absoluto[20]).

---

18 Adorno, id., p. 166.
19 Isso demonstra como uma das referências fundamentais dessa noção de autonomia é o conceito grego de *autarkeia* com sua tentativa de fundar a dominação de si na negação direta dos vínculos privilegiados a objetos sensíveis, recorrendo assim a um conceito negativo de liberdade. Essa liberdade, antes de ser "liberdade de fazer determinadas ações", é "libertação em relação a certos objetos e paixões".
20 Ver Adorno, id., p. 155.

Acima de tudo, isso significa que nada do que é da ordem dos sentimentos e dos impulsos pode nos auxiliar na determinação da ação moral. Do ponto de vista da determinação do julgamento moral, teremos assim uma certa *indiferença em relação à particularidade do vínculo a objetos sensíveis* e, no limite, falta de sensibilidade a contextos particulares de ação. Daí porque, lembrará Adorno, Kant recusa tão fortemente dar dignidade moral a um sentimento como a compaixão. Por outro lado, devido a essa clivagem entre moralidade e impulsos, Adorno espera mostrar como essa autonomia aparece aqui necessariamente como "controle de si" solidário de uma certa rigidez psicológica, inibição de afetos e divisão entre exigências racionais e abertura afetiva.

É verdade que Kant reconhecerá a dignidade moral de um sentimento como o respeito, o que, a princípio, poderia colocar em questão o argumento adorniano. No entanto, o "puro respeito" (*reine Achtung*) pode aparecer como explicação para o conceito de dever por este se tratar de respeito à lei moral, ou seja, resultado de uma atividade da razão, e não dos sentidos. Kant dirá que aquilo que reconheço imediatamente para mim como uma lei, reconheço com respeito. Tal respeito significa a subordinação da minha vontade a uma lei, sem a mediação de qualquer outra influência do meu sentir.

No entanto, a ideia kantiana de que o respeito não tem origem empírica (daí seu caráter purificado) talvez seja dificilmente sustentável. Estamos tão acostumados, ao menos em filosofia, a tomar como não problemática a distinção entre psicológico e transcendental, que perdemos a capacidade de nos perguntar em que o sentimento empírico de respeito que desenvolvemos em nossa relação a autoridades como os pais, as instituições, a igreja etc., determina o modo de configuração do respeito que temos pela lei moral. É possível que a autoridade da lei moral seja sempre apoiada na autoridade que devo reconhecer no interior de processos de socialização e de formação da individualidade.

Digamos que essa é uma questão extremamente explorada por alguém como Sigmund Freud. Para Freud (uma referência importante para Adorno), a autoridade que garante a força da lei (e aqui poderíamos fornecer uma espécie de base psicanalítica para a temática do respeito como sentimento moral), ou antes, *a consciência da autoridade da lei não é autônoma em relação à produção social de representações imaginárias da força presente em instituições sociais, em especial, na família*. Esta fundação fantasmática faz, entre outras coisas, com que a vida social não seja estruturada por meio de *regras* potencialmente enunciadas pelo ordenamento jurídico, mas por *fantasias* que determinam a significação e os modos de aplicação de injunções que têm força de lei. Este seria o resultado de admitir que aquilo que procura ter validade categórica e incondicional para nós é indissociável de sua gênese empírica ou, se quisermos, de sua gênese psicológica[21]. Tal admissão nos obrigaria, por exemplo, a rever a ideia de que impulsos e inclinações empíricas, "patológicas", não podem nos auxiliar na determinação da ação moral.

UMA MORALIDADE DOS SENTIMENTOS?

Voltemos, neste ponto, ao nosso apólogo do refugiado que pede abrigo. Quando Adorno fala de ação moral como aquilo que se abre para o instante da simples ação, ele estaria pensando em recuperar isso que não é exatamente *logos*, mas *pathos*, isso que não é exatamente *pensar*, mas *sentir*, e que nós chamamos normalmente de "compaixão"? Nesse sentido, o outro modelo de ação moral que poderíamos derivar de Adorno seria, no fundo, uma modalidade de recuperação da moralidade dos sentimentos? Quando dizemos que há algo na ação moral que não é norma, estaríamos nos referindo a impulsos e sentimentos empíricos.

Todos conhecemos os problemas que aparecem quando se defende uma moralidade dos sentimentos. Pois os sentimentos são inconstantes, particulares e exclusivistas. Mas, antes de recuperar mais uma vez tais argumentos, sigamos os passos de Adorno. Em um dado momento de seu curso sobre filosofia moral ele traz esse problema, tão atual para nós, da legalidade ou não de, em "situações excepcionais" se recorrer à tortura. Ele lembra que não posso impedir, a partir da injunção em seguir um princípio formal de universalização (do tipo "Aja de forma tal que sua ação possa servir de máxima universal"), a tortura em casos, por exemplo, onde a vida de muitos está em jogo. Todos conhecemos o velho jogo moral que consiste em perguntar: é legítimo torturar um terrorista quando sua confissão poderá impedir que uma bomba exploda, matando, digamos, cinquenta pessoas inocentes? Afinal, cinquenta é maior do que um. Da mesma forma que cinquenta é

---

21 Para uma análise mais sistemática deste ponto, tomo a liberdade de remeter a Vladimir Safatle, "Freud como teórico da modernidade bloqueada", Revista *A peste*, n. 2, São Paulo, 2010.

maior que dois, que dez, que quarenta e nove. Mas e se eu precisar torturar cinquenta e umas pessoas para salvar cinquenta, isso ainda será racional?

Se eu admitir que não se trata afinal de um problema de proporção numérica, mas de ação forte visando aniquilar de vez a imoralidade do terrorismo, então posso lembrar que, sendo a ordem "aniquilar", de nada adianta torturar um ou outro. Logo os grupos terroristas se recomporão. Melhor seria eliminar fisicamente seus membros, já que eles não se deixam prender facilmente. Mas também de nada adianta eliminar apenas os membros. Tenho todo o direito de acreditar que os filhos e irmãos dos membros alimentarão o ódio contra o inimigo e pegarão em armas na primeira oportunidade. Devemos ter a responsabilidade preventiva de eliminar também os filhos e irmãos. Que tal, por exemplo, entregando os filhos dos torturados para os carrascos, como foi feito na Argentina? Esta seria uma sequência racional. Ou seja, como dizia Hegel, as piores catástrofes são normalmente feitas com as melhores razões.

Dito isto, poderíamos nos perguntar de onde vem então nossa aversão à tortura *em quaisquer circunstâncias*. Do medo da realização dessa sequência catastrófica? Adorno dirá que essa transposição da exigência moral em uma "lógica das consequências" (*Konzequenzlogik*) é um equívoco, até porque eu sempre posso utilizar o argumento do custo social. A partir de certo momento, o custo social das ações adviria irracional. Torturar uma pessoa teria um custo social baixo, pois posso alegar situação excepcional, posso esconder mais facilmente a ação diante da opinião pública etc. Já torturar cinquenta pessoas exige a constituição de uma espécie de aparato jurídico, preciso flexibilizar algumas leis de proteção da integridade física, preciso criar leis sobre "práticas duras" em interrogatórios. Ou seja, o custo social adviria alto e talvez dificilmente negociável.

Na verdade, para Adorno, nossa aversão à tortura em quaisquer circunstâncias não vem da força impositiva de um princípio formal, mas de *um impulso corporal,* de uma certa angústia física que talvez seja a base do que se chamou um dia de compaixão. É isso que ele tem em vista ao falar do "impulso imanente ao comportamento moral, a pura angústia (*Angst*) física e o sentimento de solidariedade com os, nas palavras de Brecht, corpos torturáveis"[22]. Ou seja, para Adorno, o problema da tortura não pode

---

22 Theodor Adorno, *Negative Dialektik*, op. cit., p. 281.

ser resolvido com a ideia moral que me obriga a tratar o outro como fim em si mesmo. Até porque, o que podem ser os fins do outro, a não ser uma projeção das estruturas dos meus fins? O que deve ser o outro para que eu o reconheça como tendo fins em si mesmo?

Por outro lado, o imperativo de não tratar o outro como meio para a realização dos meus interesses é contraditório, pois simplesmente inviabilizaria toda e qualquer relação humana. Em alguma dimensão, o outro é sempre meio para a obtenção de algum interesse (nem que esse interesse seja segurança, necessidade de afeto, reconhecimento). Vale a pena lembrar que nem sempre é degradante ser o instrumento do outro.

No entanto, não devemos entender *imediatamente* tal impulso corporal como compaixão pelo outro[23]. Adorno reconhece existir, ao menos, um elemento de verdade na crítica nietzschiana à compaixão. Trata-se da recusa em colocar o outro sob a condição negativa da impotência e da vitimização. Adorno chega a falar que se trata de "injustiça" contra alguém tratá-lo preferencialmente sob a figura da impotência (Bernstein, 2001, p. 258). Poderíamos completar dizendo que se trata, sobretudo, de não psicologizar o sofrimento do outro, pois esse processo transforma seu sofrimento em exigências de reparação subjetiva da individualidade lesada em seus sistemas de interesses, em demandas individuais de cuidado. Trata-se de uma lógica que, ao mesmo tempo em que reconhece a correção das demandas sociais, desloca-as para um campo fora do político com sua dinâmica de modificações estruturais, ou seja, para um campo de demandas "terapêuticas" de reparação direcionadas a um poder que deve ser reconhecido como tal para poder satisfazê-las.

Mas se não se trata exatamente de compaixão, o que significaria esse impulso corporal que, ao menos segundo Adorno, nos leva a não suportar o corpo torturável? Freud falava da "indignação" (*Empörung*) resultante de um processo de desenvolvimento cultural não muito distinto da domesticação de animais selvagens[24]. Processo baseado na dominação da vida pulsional pelo in-

---

[23] Pois a compaixão não deixa também de ser tocada pelo processo de autorreificação: "even in the sactuary of private life, the presumptive home of the voice of care, we cannot perceive how life is to be lived" (Jay Bernstein, *Adorno, disenchantment and ethics*, Cambridge University Press, 2001, p. 48).

[24] Ver Freud, *Warum Krieg?* in *Gesammelte Werke*, vol. XVI, op. cit., p. 26.

telecto e na interiorização do impulso agressivo, com todas as consequências vantajosas e perigosas que isso pode ter. Freud chega mesmo a dizer tal indignação tinha, assim, fundamentação orgânica. Tudo se passa como se Adorno, ao falar de angústia física diante do corpo torturável, do corpo no seu limite de reconhecimento como humano, quisesse transformar tal fundamentação orgânica em um importante fundamento para a ação moral. No entanto, que o impulso moral apareça como angústia em relação à desintegração do corpo do outro, que essa angústia do corpo do outro reduzido a carne seja, afinal, um sentimento moral que impõe a urgência como temporalidade, eis algo que deve ser explicado. Pois isso pode nos mostrar como é racional não toda a ação feita em nome do sistema de interesses da pessoa individual, mas aquela em nome da identificação corporal e mimética, da capacidade de se colocar no que ainda não é humano ou do que não porta mais a imagem do homem.

Essa ideia é importante porque Adorno conhece bem a natureza culturalista da noção de "humanidade". Como ele próprio dirá: "A humanidade civilizadora é, como sempre, inumana contra estes que ela marcou com o selo de não civilizados"[25]. Lembremos ainda como o discurso da "humanidade" confunde a figura atual do homem com todo e qualquer sujeito possível, esquecendo que, "do ponto de vista da liberdade, os sujeitos não são idênticos a si mesmos, porque o sujeito ainda não é sujeito, e isso devido a sua instauração como sujeito: o si é o inumano"[26]. Podemos compreender tal afirmação da seguinte forma: sendo os processos de socialização e formação incapazes de formar sujeitos como sujeitos livres, ainda não há humanidade que possa realizar seu próprio conceito. Nesse sentido, reconhecer o si mesmo no que aparece como inumano, isto no sentido de desprovido da imagem do homem, pode ter forte potencial emancipatório. Daí porque a compaixão enquanto impulso corporal só pode ter sua função quando eu for capaz de me ver no que ainda não é humano ou naquele que não porta mais a imagem do homem[27].

---

25 Adorno, *Negative Dialektik*, op. cit., p. 281.
26 Id., p. 294.
27 Procurei explorar esse ponto de maneira mais sistemática em Vladimir Safatle, "Sobre a potência política do inumano", in Adauto Novaes. *A condição humana*, Rio de Janeiro: Agir; São Paulo: Edições SESC SP, 2009.

OS PARADOXOS DA RESPONSABILIDADE INFINITA

No entanto, esse fundamento também é marcado pela insuficiência. Não só devido ao argumento clássico referente ao caráter parcial, instável, movediço daquilo que durante muito tempo alojou-se no interior de discussões sobre a compaixão e a simpatia. Há também o risco de que façamos a crítica de um princípio de identidade ligado à forma geral da ação para cairmos em outro princípio de identidade imediata, mas agora ligado à imediaticidade dos impulsos e pulsões. A fim de conservar o que essa experiência nos fornece de fundamental (ou seja, não exatamente um outro princípio positivo de conduta, *mas o modelo estrutural de uma relação entre não idênticos*), devemos determinar a ação a partir de dois fundamentos irredutíveis, ambos insuficientes quando tomados isolados e hipostasiados. Como se devêssemos afirmar: *toda ação moral é um cálculo entre impulsos e princípios que podem nos fornecer leis*. Um cálculo entre *pathos* e *logos*, entre fundamentos não idênticos, que podem muitas vezes entrar em contradição. Nesse sentido, podemos dizer que encontramos aqui um modelo de liberdade que não é imediatamente derivada da capacidade de dar para si mesmo uma lei em condições de autonomia, mas da capacidade de saber reconhecer a racionalidade do que não se apresenta como lei, mas como *pathos*.

Aqui, encontramos uma ideia importante que podemos derivar da filosofia moral de Adorno. Ela consiste na necessidade de aceitarmos a existência de impulsos corporais como motivos para a ação. No entanto, tal existência implica aceitação de uma espécie de "salto" no interior de cadeias explicativas causais. Ou seja, impulsos corporais são elementos importantes na determinação da ação moral. Mas como eles produzem saltos no interior de cadeias explicativas causais, eles não nos fornecem exatamente regras.

Talvez por isso, devemos insistir que esse cálculo entre impulsos e princípios é feito às escuras, sem garantia de sucesso, já que não há um sistema de regras que me permita determinar, de maneira segura, o procedimento de articulação entre os dois fundamentos. *Calcular sem regras* é a verdadeira situação daquele que se vê diante da iminência de produzir um ato. Por isso, a falibilidade do ato é traço essencial: o ato moral é aquele que *deve ser assumido* enquanto falível, como se racional fosse saber agir sem garantias de orientação na conduta.

Mas esse reconhecimento da opacidade de todo ato que se queira moral não implica aporia nem niilismo. Trata-se, na verdade, de redimensionar a noção de *responsabilidade moral*. Não se trata de oferecer um fundamento mais seguro. Trata-se de compreender que a insegurança do fundamento joga minhas ações para a dimensão da análise dos efeitos, para uma moralidade das consequências de cunho complexo. Retirada a garantia ontológica de alguma forma de identidade imediata no interior da ação moral ou, se quisermos, retirada a garantia de que a ação moral não se inverterá em catástrofe, em amoralidade, minha responsabilidade em relação ao ato é uma *responsabilidade infinita*, como dirá Derrida. Mesmo que todas as consequências da ação não dependam do meu controle, o engajamento em relação à ação exige que o cálculo seja infinitamente refeito a partir do desdobrar de suas consequências, a partir da maneira com que o Outro interpretará e reagirá à minha ação. Dessa forma, nos confrontamos com uma ação que, por saber-se falível e patológica, deve-se reorientar continuamente a partir do seu desdobramento em contextos que nunca serão completamente legíveis. Lembremos de um ponto fundamental. Através da experiência, posso adquirir não apenas a consciência do que fazer em certas situações. Posso adquirir também a consciência da fragilidade de meus modelos de ação, da fragilidade de sua eficácia. Uma forma de vida racional talvez seja, no fundo, aquela capaz de se organizar levando em conta tal fragilidade. Por isso, ela trata a instabilidade e o movimento para dentro da normatividade social.

Compreendamos isso, insistindo em um problema suplementar na estratégia de apelar à responsabilidade infinita. Pois não é claro quais são os limites de um contexto. À verdadeira ação não cabe apenas interpretar infinitamente os contextos aos quais ela se refere. Ela precisa determinar e limitar seus contextos. Tarefa particularmente complicada, pois poderíamos lembrar desta afirmação de Merleau-Ponty em um texto maior sobre Maquiavel: "Na ação histórica, a bondade é por vezes catastrófica e a crueldade menos cruel do que o temperamento bonachão"[28]. No entanto, se a crueldade atual pode revelar-se amanhã como bondade, se não é possível dissociar moral e história, de qual perspectiva posso avaliar as reais consequências da crueldade e da bondade em ações que se desenrolam na histó-

---

28 Maurice Merleau-Ponty, *Notas sobre Maquiavel*, in *Signos*, São Paulo: Martins Fontes, 2000, p. 242.

ria, *a não ser a partir da perspectiva totalizante de um observador onisciente da história*? E o que acontece quando concluímos, como era o caso de Adorno, que essa perspectiva não nos é dada? Como Adorno parte de um diagnóstico histórico de desagregação da substância normativa da eticidade e de ausência de sujeitos históricos capazes de garantir o sentido de processos sociais (como era o caso de proletariado para Marx), ele deve admitir uma situação de "insegurança ontológica" para a ação moral.

Gostaria de comentar esse aspecto lembrando de um trecho maior de "A decisão", de Bertolt Brecht. Nele, se lê:

O indivíduo tem dois olhos
O Partido tem milhares de olhos
O Partido vê sete países
O indivíduo vê uma cidade
O indivíduo tem a sua hora
Mas o Partido tem muitas horas
O indivíduo pode ser aniquilado
Mas o Partido não pode ser aniquilado.

Esse trecho causava especial aversão a Adorno por esquecer que há situações nas quais os dois olhos do indivíduo veem mais do que os mil olhos do partido. Na verdade, no nosso momento histórico, poderíamos mesmo dizer que o século XX cansou de nos mostrar isso. Pois, se Brecht tivesse realmente seguido a dialética, ele teria compreendido que *o indivíduo nunca é apenas o indivíduo*. Ele é o ponto a partir do qual os mil olhos do partido podem se voltar contra si mesmos. Nesses casos, o sofrimento do individual pode desvelar o ponto cego no interior da fascinação pela força de justificação integral de processos que se colocam na perspectiva onisciente da realização da história. O indivíduo sabe que *a violência da justificação é a maneira mais segura de tais processos não se realizarem*[29]. Por isso, ele é a função que nos

---

29 Essa é minha crítica à leitura de Slavoj Žižek a respeito da peça de Brecht, tal como ela aparece em Slavoj Žižek. *The ticklish subject: the absent centre of political ontology*, London: Verso, 1999, pp. 378-380. Um dos fundamentos de sua leitura consiste em afirmar que o ato ético revolucionário: "não é a simples devoção e fidelidade à Revolução, mas, antes, a aceitação consciente do papel de 'mediador evanescente',

lembra que não *devemos* (no sentido radicalmente moral) recorrer à perspectiva de um observador onisciente da história.

Por isso, devemos terminar lembrando que a *compaixão tem, por sua vez, um elemento de verdade (e não se deve em hipótese alguma esquecer essa inversão dialética)*, por mostrar como é no sofrimento do singular que encontramos a formulação de demandas universais e universalizáveis de reconhecimento. O sofrimento do singular, quando tomado em seu real valor, sempre é mais do que o sofrimento de um. Por isso, a compaixão deve ser criticada sem ser completamente descartada. Como sempre se volta a velhas palavras, devemos dizer que a compaixão deve ser *superada* mediante uma negação que conserva.

Talvez seja o caso de insistir que há uma modificação qualitativa na dimensão moral quando os sujeitos admitem a opacidade constitutiva do ato moral (opacidade ao menos para uma moralidade fundada sobre formas de racionalidade procedurial)[30]. O sujeito que reconhece tal opacidade é capaz de pensar contra si mesmo e reconhecer que o engajamento significa não exatamente ser fiel a um princípio, por mais claro que tal princípio possa lhe parecer, mas ser fiel ao esforço infinito de pensar e rever as consequências que se seguem àquilo que, em um dado momento, é claro para nós. Isso pode parecer pouco. Mas talvez seja muito mais do que imaginamos.

---

do executor excessivo que deve ser executado (como traidor) para que a Revolução realize seu último objetivo" (p. 379). Como se, para quebrar os interesses individuais dos particulares, a revolução devesse se servir de uma violência excessiva que depois deveria ser, por sua vez, anulada de forma violenta pela própria revolução. Žižek tem clara consciência da impossibilidade de ocuparmos o lugar de observador onisciente da história (de grande Outro, para usar um termo lacaniano). No entanto, talvez seja o caso de duvidar da necessidade de uma negação simples dos interesses individuais. Pois tais interesses nunca deixarão de se voltar contra a revolução, o que obrigará uma institucionalização perene da violência. O papel de executor excessivo nunca estará totalmente completo. Por outro lado, nem tudo no interior dos interesses individuais é expressão particularista que deve ser negada.

30 Nesse sentido, estas colocações servem, também, para redimensionarmos o problema do reconhecimento enquanto base para toda filosofia moral. Pois a perspectiva de Adorno talvez nos sirva para mostrar como "devemos considerar uma certa leitura pós-hegeliana da cena do reconhecimento na qual minha própria opacidade para mim mesmo produz minha capacidade para conferir um certo tipo de reconhecimento dos outros. Talvez isso pudesse ser uma ética baseada na partilha de nossa cegueira parcial e invariável a respeito de nós mesmos. O reconhecimento de que alguém é, em toda situação, não totalmente idêntico à maneira com que se apresenta no discurso disponível, pode implicar uma certa paciência com os outros, o que poderia suspender a demanda de que eles sejam autoidênticos (*self sames*) a todo momento" (Judith Butler, *Giving an Account of Yourself*, New York: Fordham University Press, 2005, pp. 41-42.)

Tal opacidade nos permite compreender por que, talvez, a frase mais importante de Adorno a respeito da filosofia moral seja, no final das contas: "toda ação moral é falível". Talvez, ao final só nos resta admitir que a ação moral é sempre feita em situação de angústia. "Fazer coisas que não se sabe o que, a respeito da qual não se sabe o nome". Era esta uma descrição de Adorno a respeito da posição atual do artista. É bem possível que tal posição tenha se generalizado.

Dificilmente, as verdadeiras decisões morais, mesmo aquelas ligadas à esfera da vida individual e "doméstica", não serão mais marcadas pela angústia de quem se vê obrigado a inventar algo antes que tudo quebre. Como as revoluções nos ensinaram, todo verdadeiro ato é uma estrada construída perto demais de um abismo. Vai da astúcia de cada um saber não olhar para baixo.

Referências bibliográficas

ADORNO, Theodor, *Negative Dialektik*, Frankfurt: Suhrkamp, 1973.
_____. *Minima moralia: Reflexionen aus dem beschädigten Leben*, Frankfurt: Suhrkamp, 2003.
_____. *Probleme der Moralphilosophie*, Frankfurt: Suhrkamp, 1996.
BERNSTEIN, Jay, *Adorno, Disenchantment and Ethics*, Cambridge University Press, 2001.
BUTLER, Judith, *Giving an Account of Yourself*, New York: Fordham University Press, 2005.
DERRIDA, Jacques, *Força de lei: o fundamento místico da autoridade*, São Paulo: Martins Fontes, 2007.
FREUD, Sigmund, *Das Unbehagen in der Kultur*, In: *Gesammelte Werke*, vol. XIV, Frankfurt: Suhrkamp, 1999.
FREUD, Sigmund, *Warum Krieg?* In: *Gesammelte Werke* vol. XVI, Frankfurt: Suhrkamp, 1999.
HEGEL, G.W. F., *Grundlilien der Philosophie des Rechts*, Frankfurt: Suhrkamp, 1986.
KANT, Immanuel, *Kritik der praktischen Vernunft*, Berlin: Walter de Gruyter, 1969.
KERVÉGAN, Jean-François, "Haveria uma vida ética?", in: *Revista Dois Pontos*, vol. 3, n. 1, 2006, pp. 83-107.
MERLEAU-PONTY, Maurice, *Notas sobre Maquiavel*, In: *Signos*, São Paulo: Martins Fontes, 2000.
NOVAES, Adauto (org.), *A condição humana*, Rio de Janeiro: Agir; São Paulo: Edições SESC SP, 2009.
PIPPIN, Robert, *Hegel's practical philosophy: rational agency as ethical life*, Cambridge University Press, 2008.
_____. *Idealism as modernism*, Cambridge University Press, 1997.
ŽIŽEK, Slavoj, *The ticklish subject: the absent centre of political ontology*, Londres: Verso, 1999.

Modernidade: o deslimite da razão e o esgotamento ético
Olgária Matos

Já se caracterizou a modernidade como o "desaparecimento dos vestígios do pecado original". Com esta expressão Baudelaire concebe um mundo sem nenhuma referência a valores transcendentes, incapaz de criá-los ou de reconhecê-los, com o esgotamento de sua capacidade ética na dizimação de populações inteiras pela miséria e da natureza por razões econômicas: "o mundo vai se acabar, não por uma guerra, mas pelo aviltamento dos corações".

A modernidade é da razão instrumental, formal e despersonalizadora, para a qual importam apenas a eficiência e o sucesso, segundo a crença em um novo controle humano do universo, no qual o indivíduo é capaz de fazer sempre mais e de gerir inteiramente a vida, o corpo e, assim, dominar riscos. Ela é também a do desencantamento psíquico que reduz todos os problemas da existência à questão econômica: "o rápido progresso da cultura material de nossa época se viu acompanhado de uma regressão generalizada da cultura não material [...]. Quando as normas se tornam inseguras e a moral problemática, ressurge o medo e a vida coletiva retrocede a formas primitivas"[1].

Analítica, a razão produz a catástrofe das significações, pois "substitui a Lei pela regra e a regra pela fórmula, para o funcionamento automático do pensamento"; criando um princípio de realidade que reduz todos os aspectos da vida à autoconservação, impondo o reino da necessidade como medida e conteúdo da "vida do espírito". Liquida-se, assim, a experiência da liberdade, inaugurada no Ocidente pelos gregos com a ideia de contem-

---

1   Carlo Mongardini. *Miedo y sociedad,* trad. Pepa Linares. Madrid: Alianza Editorial, 2007, pp.18 e 41.

plação, tempos depois pela meditação religiosa medieval, a que se seguiu a especulação filosófica da Renascença.

Esta tradição encontrava na reflexão as coisas que merecem que se dedique o tempo, aquelas que não se limitam às condições materiais, mas se abrem para o saber desinteressado e livre da necessidade. Assim, a filosofia significava um saber a serviço da vida liberada do medo, que se reapropriava da potência de existir e de pensar, confiscada pela submissão à angústia diante da fragilidade do corpo biológico e de suas carências materiais, bem como de sua destruição pela morte violenta na vida civil. Razão pela qual o aperfeiçoamento das formas de espaço público nas democracias garantia o máximo de segurança, sobrevivência, bem-estar e paz, e a ciência propiciava o conhecimento dos fenômenos naturais a fim de restringir o poder da contingência sobre a vida de cada um. Por isso Epicuro escreveu: "É uma infelicidade viver na necessidade, mas não é necessário viver na necessidade".

A modernidade é a imersão cada vez mais profunda na matéria, é atrofia do espírito e perda coletiva da "rainha das faculdades", a Imaginação. Neste sentido, Adorno observa no capitalismo contemporâneo o desaparecimento do "esquematismo da imaginação"; essa faculdade que permitia passar dos dados imediatos da sensação à constituição de um objeto no espaço, a seu sentido, é suplantada pela indústria da cultura, que já oferece seus objetos "esquematizados" para o consumo. Assim, a sociedade que administra o pensamento é uma "prisão a céu aberto", em que "a garantia de não morrer de fome é obtida em troca do risco de morrer de tédio" (Vanheigen).

"Sociedade do conhecimento" e suas "técnicas da informação" constituem uma atmosfera carregada de "comunicação"; nela, no entanto, as decisões políticas escapam da sociedade, como os usos do tempo e do sentido da vida de cada um, baseados na circulação ininterrupta das revoluções tecnológicas e do capital no mercado financeiro. Diferentemente da noção de crise econômica, os impasses sociais se anunciam como questionamento da cultura capitalista, adaptada esta às contingências do mercado, da produção pela produção, do consumo alienado, do automóvel à indústria bélica e o consequente comprometimento do planeta, nosso "corpo inorgânico". As indústrias do conhecimento promovem saberes a serviço exclusivo da economia, abrangendo todos os aspectos da existência, do mundo do trabalho aos laços afetivos, do âmbito da intimidade até a educação. Seu poder de controle se expressa em uma sociedade desmotivada e sem projeto, dominada pela "queda tendencial do valor espírito", mundo empobrecido pelo extraordinário achatamento da experiência do tempo, plasmado na imediatez e na pressa.

Da Grécia clássica ao espaço público iluminista predominou a "cultura teórica" e a grande importância conferida ao tempo autônomo, a *scholé*, "as coisas a que dedicamos nosso tempo, ou aquilo que merece o emprego do tempo". "De onde, por meio de uma notável evolução, o sentido de 'estudo', encontrado em Platão"[2]. Transmitida ao *scholion*, o comentário (*scholion*) significa "lazer", "tempo livre", "tranquilidade" e também "preguiça". Quanto ao advérbio *scholei*, é "lentamente", é "com vagar e ócio", "à vontade".

Nas palavras de Joaquim Fontes, os *"comentários* ou *escólia* são uma espécie de luxo, um capricho (de aluno atencioso), uma brincadeira (de professor aplicado), um jogo nas margens dos discursos: um convite para que o leitor se transforme também em *flâneur*"[3]. Oscilando entre o rumor da praça pública e a *scholé*, a sociedade encontrava nesta o espaço para a liberdade do pensamento, à distância do atarefamento da *vita activa* e do tempo da produção e do consumo, controlado por cronômetros. Este é o mundo da universalização da técnica e da ideologia da racionalidade tecnológica, em que todas as escolhas políticas passam por decisões técnicas, no "esquecimento da política" substituída pelo "discurso competente" do especialista. Nesse sentido, autores ideologicamente tão diversos como Junger e Weber, C. Schmitt e Adorno refletem acerca do *continuum* da "razão ocidental", e sobre a "crescente racionalização dos meios" na ciência, abrindo caminho para um formalismo vazio e sem fundamento, para a ordem puramente convencional das coisas e de todas as relações entre os indivíduos, tanto na técnica quanto na política, voltadas, ocasionalmente, a qualquer conteúdo e finalidade.

Hannah Arendt, por sua vez, observava as consequências de a autoconservação se transformar em conteúdo da política e de toda a ciência, sendo que a liberdade se exerce para além do reino da necessidade. Neste, toda a vida é pautada pela carência, de que participam a ciência e a técnica; porque a ciência vence a natureza para fins de autoconservação, e a política faz

---

2 "Nas *Leis*, 820c, o termo *scholé* é aplicado às discussões científicas, por oposição aos jogos e brincadeiras" (Cf. Joaquim Brasil Fontes, *Eros tecelão de mitos,* São Paulo: Iluminuras, 2003, p. 29).
3 Cf. J. B. Fontes, op. cit., p. 30.

da luta contra a miséria seu conteúdo – e não o que deve ser superado na dimensão da liberdade e da alegria de viver – Adorno considera que nosso tempo é o que menos liberdade possui. Nesse sentido, Castoriadis estabelece uma distinção entre *oikos* – espaço dos negócios privados e da reprodução do vivo –, *eklesia* – *locus* onde se delibera e se decide sobre os negócios comuns e públicos – e Ágora, onde os homens se encontram fora da esfera política. Razão pela qual a Ágora é o lugar dedicado à *scholé*.

Dos humanistas florentinos à modernidade iluminista à qual pertencem os frankfurtianos, predominou a "cultura teórica" como laço agregativo, diversamente da sociedade contemporânea, que responde pela "informação" e pela "comunicação", configuradas na ideia de uma "sociedade do saber". Esta veio a significar a mobilização de todos os conhecimentos a serviço da inovação. Horkheimer e Adorno analisam a ideologia da racionalidade tecnológica, hegemônica na modernidade, produtora da confiança na ciência e na técnica como aptas a solucionar a totalidade das questões sociais e humanas.

Nesse sentido, os comportamentos individuais e coletivos, o equilíbrio do corpo e da mente, o direito, a economia, a educação e a arte adaptam-se às constantes evoluções das performances dos sistemas técnicos, sua coerência dependendo da redução da complexidade desses fenômenos. Esta "tecnologia da inteligência" consiste, como foi analisado por Hegel e Weber, antes de Horkheimer, Benjamin e Adorno, na compartimentação crescente dos saberes e sua consagração como "especialidade". Compartimentação do conhecimento, entendimento de "tabelião", razão "protocolar" é como se compreendem as "competências".

Esse universo de "desencantamento da cultura" atesta a perda de seu papel filosófico e existencial na mundo inteiramente tecnologizado. Razão, pela qual "as instituições escolares (compreendida a universidade) se encontram numa missão de acolhimento de populações incertas na qual a relação com o saber se tornou uma preocupação muito acessória e esporádica"[4]. Tudo se passa, na especialização do conhecimento como construída no presente, na perspectiva do rompimento com a tradição cultural não mais

---

4 Cf. Dany-Robert Dufour, *A arte de reduzir as cabeças: sobre a nova servidão na sociedade ultraliberal*, Rio de Janeiro: Cia. de Freud, 2003, p. 148.

considerada prioritária para o conhecimento especializado e que, já predominante nas ciências da natureza, abrange também as ciências humanas e a filosofia[5]. O sentido próprio à universidade é o de articular herança e inovação, continuidade do mundo e sua renovação. O elogio do "moderno" e da adaptação a razões imediatas resulta na adesão ao "concreto", o que culmina em diversas formas de anti-intelectualismo que confiscam o que procede do mundo da cultura, das ideias e do pensamento autônomo, aquele que procurava a "verdade" em si mesma e, assim, um saber não instrumental. De onde a tendência a pesquisas tecnicistas que prescindem de qualquer referência a um mundo cultural e histórico. Assim, "nada mais suscita nos estudantes a admiração ou a perplexidade [...]. Trata-se de uma educação que produz uma 'cultura da incuriosidade', que nada surpreende e imune ao maravilhamento"[6].

A atitude antigenealógica do presente tem o sentido de impor uma lógica ao saber, como se este não tivesse nenhuma dívida simbólica com o passado, como se a geração presente devesse tudo a si mesma: "uma revolta antigenealógica é uma rebelião contra a lei das origens"[7]. Em consequência, tende a desaparecer a ideia de sucessões científicas e diferenciações de valores, bem como as hierarquias a esses valores associadas. No contemporâneo, essa indiferenciação se dá entre infraestrutura e superestrutura, a aceleração das revoluções tecnológicas impregnando a superestrutura que a elas se ajustam. Nesse sentido, Benjamin escreve: "Na época em que Marx em-

---

5   Já nos anos 1960, Jaspers se dedicava à discussão da ideia de universidade na época em que seu sentido começava a perder-se em meio à redução de sua finalidade a problemas técnicos. Acrescente-se, hoje, a inscrição do debate no âmbito das condições materiais da sociedade e do aumento da produção como um fim em si mesmo, e a pesquisa como mercadoria na lógica da amortização rápida de investimentos.

6   Cf. P. Zawadizki, "Scientisme et dévoiements de la pensée critique", in Eugène Enriquez, Claudine Haroche, Jan Spurk, *Désir de penser, peur de penser* (orgs). Lyon: Parangon, 2006, p. 93.

7   Esta expressão foi cunhada por Thomas Macho, no quadro de suas análises sobre o empreendimento revolucionário do pensamento gnóstico no cristianismo primitivo. Cf. "Umsturz nach innen. Figuren der gnostischen Revolte", in T. Macho e P. Sloterdijk, eds., *Welrevolution der Seele,* Artmeis-Winkler, Munich-Zurich,1993, p. 498. Face ao progresso das ciências positivas, as disciplinas formadoras – aquelas que exigiriam conhecer o mundo cultural e suas significações – caíram em "desuso", de tal forma que o passado não é propriamente esquecido, mas ignorado. Tudo o que constitui o ideário humanista é considerado tão admirável quanto inútil e, por isso, não merecedor de ser tomado em consideração.

preendeu sua análise, o modo de produção capitalista ainda estava em seus primórdios [...]. Como as superestruturas evoluem bem mais lentamente do que as infraestruturas, foi preciso mais de meio século para que a mudança advinda nas condições de produção fizesse sentir seus efeitos em todas as áreas culturais [...]. A dialética dessas condições está também mais nítida na superestrutura do que na economia"[8]. A ideologia dominante é, assim, a dos dominados, o que se reconhece em particular no estilo de vida das periferias metropolitanas, com seu modo de vestir, tatuagens, *rap*, *funk* e vocabulário que se expandem por toda a sociedade.

As produções culturais encontram-se sob o impacto da obsolescência constante. No *Eclipse da razão*, Horkheimer considera que até o início do século XX foi possível acreditar na coexistência das "ciências da natureza" e da filosofia, as primeiras voltadas para a "objetividade científica", a filosofia para questões teóricas, metafísicas e especulativas. Não se configuravam plenamente nem a proscrição da filosofia, nem sua sobrevida apenas residual, impossibilitada de ocupar uma posição crítica, uma das consequências do *linguistic turn*. No *Eclipse da razão*, Horkheimer reflete acerca do pensamento lógico-analítico e sua crescente formalização, no plano da cientificização de todos os campos do conhecimento e da vida. Em suas considerações sobre o pragmatismo como ideologia da sociedade industrial e a cultura dos esportes, Horkheimer observa que "os esforços teóricos tendem a uma inteligência atlética, muscular". A crítica à linguagem se faz por ter ela cedido em sua autonomia, transformando-se em instrumento, só valorizada por sua operacionalidade: "Quanto mais as ideias se tornam automáticas, instrumentalizadas, menos vê-se nelas pensamentos com significado próprio. São consideradas como coisas, como máquinas. A linguagem tornou-se apenas um instrumento no gigantesco aparelho de produção da sociedade moderna [...]. O significado é suplantado pela função ou efeito no mundo das coisas e dos eventos"[9]. Dessa escrita e desse discurso não se pode dizer que sejam nem verdadeiros nem falsos, dada a neutralização e a formalização em que operam, de tal modo que a linguagem pode tanto ter afinidade com a moralidade quanto com seu contrário:

---

8   W. Benjamin, *A obra de arte*, trad. José Lino Grünnewald, São Paulo: Abril Cultural, 1975.
9   Cf. Horkheimer, "Meios e fins", in *Eclipse da razão*, trad. Sebastião Uchoa Leite, RJ: Editorial Labor do Brasil, 1976, pp. 30-31.

A verdade e as ideias foram radicalmente funcionalizadas e a linguagem é considerada um simples instrumento [...]. A diferença entre pensamento e ação é anulada, todo o pensamento é considerado como um ato; toda reflexão é uma tese, e toda tese uma divisa ou um lema [...]. Assim que um pensamento ou palavra se tornam um instrumento, podemo-nos dispensar de realmente refletir, isto é, de examinar detidamente os atos lógicos envolvidos na formulação verbal desse pensamento ou palavra [...]. Como se tem observado, a vantagem desse pensamento próprio à matemática – o modelo de todo pensamento neopositivista – reside nessa "economia intelectual". Complicadas operações lógicas são levadas a efeito sem real desempenho de todos os atos intelectuais em que estão baseados os símbolos matemáticos e lógicos. Tal mecanização é na verdade essencial à expansão da indústria[10].

A linguagem tornou-se apenas mais um instrumento no gigantesco aparelho de produção da sociedade moderna: "Para os semanticistas contemporâneos, a sentença puramente sem sentido faz sentido"[11]. Analogamente ao mundo abstrato da mercadoria e da lógica do consumo, é o princípio da indiferença (*Gleichgultichkeit*) e da abstração que rege a cultura, indiferença entre coisas e homens e homens e coisas.

Se, em suas origens, o capitalismo moderno possuía uma ética, e seu "espírito" era a ocupação, a *Beruf*, simultaneamente profissão de fé protestante e "vocação para ganhar dinheiro", ainda era possível ao trabalhador ser senhor de seu tempo. Weber lembra que quando se aumentaram os salários nos primórdios da industrialização, o operário trabalhou menos, pois escolhia dispor de seu tempo: "O homem não anseia por natureza ganhar cada vez mais dinheiro, mas deseja simplesmente viver segundo seus costumes e ganhar tanto dinheiro quanto necessite para isso"[12]. Assim, se o trabalhador não se reporta diretamente a um tempo livre e social que anteriormente se denominava *otium*, ao menos sente-se inclinado a tomar o tempo como "seu" tempo, de modo que, mesmo sendo um produtor preso

---

10 Cf. Horkheimer, *Eclipse da razão*, op. cit.
11 Horkheimer, idem, pp. 29-30.
12 Cf. Max Weber, *A ética protestante*, edição de Antônio Flávio Pierucci, São Paulo: Companhia das Letras, 2004, p. 74.

à subsistência, ele é, antes de tudo, um homem que "existe". Esse tempo para existir é um "dom do tempo". O *otium* como "cuidado", *Sorge* ou *cura*, consiste em práticas liberadas da preocupação com a sobrevivência material, livre do *negotium*. E o proletário protestante, embora alienado e obcecado pela carência, ainda não fora totalmente proletarizado e pauperizado; por isso, ao compartilhar dos rituais de culto de que se encarregam os clérigos, participava da esfera do *otium*. O trabalho, ao contrário, como *ethos* do capitalismo, virá a se tornar vocação aos negócios e *Beruf*, instituindo-se o atarefamento como estilo de vida. Weber indica também a passagem da crença nos preceitos religiosos à confiança nos empréstimos de dinheiro e na solvência das dívidas, sendo isto requerido pelo espírito de inovação que é ruptura com a tradição. Agora, nesta uma nova figura da sociabilidade – para a qual a confiança é cálculo e interesse – a amizade torna-se crédito e amortização da existência.

Conhecido como progresso, o capitalismo perdeu seu espírito, sua ética do trabalho e do ascetismo, convertendo-se em um fim em si mesmo. No progresso ligado à produção, ao consumo e à alienação do tempo que é "negócio", a alienação corresponde à proletarização da vida. Se, no trabalho, a proletarização é perda do sentido do trabalho e do saber-fazer, o consumo alienado é perda do saber-viver, é perda do tempo.

Para analisar a "gramática da reificação", Adorno e Horkheimer, mas também Benjamin, tratam da mutação do papel da cultura e da linguagem no capitalismo contemporâneo, cuja expressão mais aguda foi a afasia dos campos de batalha, a intrusão violenta do real na vida psíquica, que determinou dessubjetivação e despersonalizações. A formalização e racionalização constituem um sintoma político, pois a lógica e suas leis resultam em não poder-se "colocar A sem B e C e assim por diante, até o fim do alfabeto do assassinato"[13].

Os frankfurtianos não dissociam a universalização do pensamento analítico, formalizador e abstrato, da crescente dessensibilização da sociedade. Com efeito, a "frieza burguesa" se encontra, para Adorno, na indiferença com que se aceitou os campos de extermínio na Alemanha nazista; ela é o contrário da compaixão, prolongando-se "da *virtus* romana e dos Medici até a *efficency* da

---

13   Cf. H. Arendt, *The Origins of Totalitarism,* New York: Harcourt, 1978, p.170.

família Ford"[14]. Ao tratarem dos carrascos da Segunda Guerra Mundial, Adorno e Hannah Arendt consideram, respectivamente, a "volatilização da culpa" e a "banalidade do mal", na indiferença diante da dor do Outro: Eichmann em Jerusalém se dizia "culpado diante de Deus, mas não responsável diante dos homens". A desresponsabilização dos atos provém da organização burocrática e do "sistema de especialistas": "O universo formal, matriz da competência, esconde um outro em que a verdadeira realidade se concentra, em que os poderes se reforçam tanto mais quanto menos se tem os meios de dominá-los.

Nessa relação, [a responsabilidade] se dissocia das pessoas, constitui-se a partir de sistemas instrumentais, e se exprime por intermédio da linguagem de especialistas"[15]. Essa linguagem desafetivada e neutra é estranha à compaixão. Esta não é considerada "uma fraqueza nascida do temor e do infortúnio [...]. A doutrina da pecaminosidade da compaixão é uma velha herança burguesa [...]. A compaixão não resiste à filosofia, e o próprio Kant não foi uma exceção. Para Kant, ela é 'uma certa sentimentalidade' e não teria em si a dignidade da virtude"[16]. Dissociada a moral com respeito a sentimentos e paixões, consolida-se o conceito de homem que, por sua vez, coincide, para Horkheimer e Adorno, com o advento do homem como conceito, pura abstração e "alvo em uma 'área de tiro'". Do pensamento formalizado, do qual se dissociam as palavras e as coisas, procede o pensamento por *tickets* e estereótipos, próprio da indústria da cultura.

Em outras palavras, a indústria cultural é misóloga e se pauta pela semiformação, semiformação que é o verdadeiro antagonista da cultura como experiência de autoconhecimento, agregadora e civilizatória. Se Adorno diz serem a semiformação e o semiculto os inimigos da cultura, é pelo ressentimento anti-intelectual que se instalou na falência dos ideais humanistas na educação e na cultura, e pela democratização de um ensino sofrível para a massa. Neste aspecto, a indústria cultural e a cultura média midiática encontram-se nos fundamentos da violência contemporânea, nos fundamentalismos religiosos, nos preconceitos raciais e ódios étnicos, isto é, no "niilismo ocidental". Como escreve Abdelwahab Meddeb:

---

14 Horkheimer e Adorno, *Dialética do esclarecimento,* trad. Guido de Almeida, Rio de Janeiro: Zahar, 1985, p. 98.
15 G. Balandier, *Le Grand dérangement,* Paris: PUF, 2005, p. 67.
16 Ibid.

Este movimento começou com os anarquistas no século XIX. Foi ilustrado por Dostoiévski em *Os possuídos*. Ele agenciava seus adeptos nos meios onde havia grande frustração [...]. O revolucionário típico nasce nas esferas semi-intelectuais – frequentemente de professores obscuros, isto é, pretendentes a intelectuais que não dispõem de meios de reconhecimento; e é, também, entre os semiletrados que se recrutam os terroristas muçulmanos [...]. Com o aumento demográfico e a difusão de um ensino medíocre, estes semiletrados constituem uma imensa massa corroída pelo ressentimento[17].

O pensamento por clichês é o duplo do discurso competente das academias, intransigente das certezas que professa, mascarando a conduta agressiva interna aos sistemas filosóficos e científicos. Pois "todo ser vivo que se pretende devorar tem que ser mau. A sublimação deste esquema antropológico é perceptível até mesmo na gnoseologia. No idealismo – e especialmente em Fichte – domina inconscientemente a ideologia que o não Eu – *l'autrui* – e no fundo tudo o que lembra a natureza – é inferior, a fim de que o pensamento da autoconservação possa devorá-lo sem escrúpulos. Isso justifica seu princípio e aumenta sua avidez"[18]. Transformadas em força econômica, a Ciência e a Técnica constituem também a base moral da sociedade. Associam-se, assim, pensamento analítico e fim da ideia de experiência na vida e no pensamento. O mundo da técnica se pretende autoengendrado, e sua natureza é a de ser

> tanto menos experimentada quanto mais ela é analítica, o que significa que induz a *contraexpertises*; em um sentido específico, sua *expertise* é sem experiência, pois esta não é o que procede de uma especialidade que lentamente chegou à maturidade. "É claro que todo saber é analítico, que toda síntese passa por seu momento de análise, que toda técnica é o que articula estes momentos [...]. Mas o *expertise* é o que justamente reduz o saber a esta dimensão analítica e que assim perde toda experiência[19].

---

17 Cf. A. Meddeb, "O Islã entre civilização e barbárie", trad. Dorothée du Bruchard, in *Civilização e barbárie*, org. Adauto Novaes, São Paulo: Companhia das Letras, 2004.
18 Cf. M. Horkheimer, *Théorie Critique,* Paris: Payot, 1978, p. 134.
19 B. Stiegler, *La Télécratie contre la démocratie,* Paris: Flammarion, 2006, p. 260.

O capitalismo contemporâneo manifesta seu *ethos* anticomunicativo, pois dissolve as condições da comunicação de valores e experiências, reduzida a simples instrumento de informação. Sem perguntar-se pelos "fins últimos" ou pelo "Sumo Bem", a ciência moderna não procura mais o sentido, mas a intervenção eficaz.

Sua infraestrutura intelectual foram as revoluções científicas que privaram a Terra de centro fixo e das esferas perfeitas do cosmos antigo, substituído pelo mundo descentrado da física moderna e pelo espaço infinito. A cosmologia grega entendia a natureza segundo a harmonia das esferas, que dependia da não-intervenção dos homens na natureza, segundo um ordenamento divino ou natural pré-dado. Com efeito, a interrogação ética não se separava da questão metafísica, uma vez que esta estabelecia o campo do necessário e do contingente, do possível e do impossível. Se o necessário é, como escrevia Aristóteles, aquilo que acontece sempre, o impossível é o que não poderia nunca acontecer. Assim, é necessário que a água molhe, que o fogo queime, que a pedra caia, mas impossível que o fogo molhe.

Quando os estoicos preconizavam "viver em conformidade com a natureza", compreendiam que era preciso aceitar os acontecimentos e querê-los: "O universo é como que mutilado quando se recusa tanto a conexão e o encadeamento das causas, quanto de suas partes. Ora, tu rompes este encadeamento, no que ele depende de ti, quando estás descontente dos acontecimentos e, em certa medida, tu os destrói".[20]

Assim, quando um acontecimento natural contraria sua causalidade necessária, diz-se que foi produzido por uma ação ou causa contrária à sua natureza e tal contranatureza chama-se violência. Essa causa violenta é a técnica, a ação humana que intervém no curso natural das coisas. Quanto ao universo antropocêntrico da Idade Média cristã, a *natura loquax* é obra de Deus, quando se preparava o homem não para a cidade, mas para a santidade, para o mais alto, o mais elevado, o sublime. Assim, Dante pôde descrever a viagem da alma pelo céu das estrelas fixas até o paraíso, de onde podia contemplar a pequena silhueta da Terra e seu "vil semblante", viagem em tudo oposta à ascensão vertical moderna, que nada tem de metafísica,

---

20 Cf. Marco Aurélio, *Meditações*, trad. Lúcia Miguel Pereira, Rio de Janeiro, José Olympio, 1957.

apenas facultando reconhecer que a Terra é azul. Esse olhar exterior não é o coroamento do movimento transcendente de almas noéticas ao supralunar, mas sobrevoo da imaginação técnica.

A arte de erguer os olhos na direção dos astros tornou-se uma disciplina científica, no âmbito da triunfante ciência da natureza. Dessa transformação e dessa perda, Jean-Pierre Vernant observa, quando relata sua primeira viagem à Grécia, nos primeiros anos de sua formação de helenista:

> Viajava de noite de ilha em ilha; estendido no convés, olhava o céu por cima de mim, onde a Lua brilhava, luminoso rosto noturno que projetava seu claro reflexo, imóvel ou oscilando sobre a obscuridade do mar [...]. O que eu estou vendo é Selene, dizia para comigo, noturna, misteriosa e brilhante. Muitos anos depois, ao ver na tela de meu televisor as imagens do primeiro astronauta lunar saltitando pesadamente, com seu escafandro de astronauta, no espaço triste de uma desolada periferia, à impressão de sacrilégio que senti juntou-se o sentimento doloroso de uma ferida que não poderia ser curada: meu neto, que como toda gente viu essas imagens, já não será capaz de ver a Lua como eu a vi: com os olhos de um grego. A palavra Selene tornou-se uma referência meramente erudita: a Lua, tal como hoje surge no céu, já não responde mais por esse nome[21].

Na revolução científica moderna o céu não é mais a morada do divino, e o que ilumina a noite é a luz artificial. Por isso Benjamin, ao tratar da Paris do século XIX, refere-se ao capitalismo como religião. E, na senda de Baudelaire, considera que a cultura capitalista necessita não de fé, mas de crenças – de onde a presença atuante de um mercado religioso. Benjamin anotou que, com a eletrificação, a Via Láctea foi secularizada e a mercadoria entronizada: "As estrelas representam, em Baudelaire, a imagem ambivalente [*Vexierbild*] da mercadoria. Elas são o retorno em massa do sempre igual"[22]. Nada mais escapa às leis do mercado e da monotonia da repetição.

Ao mesmo tempo em que o Céu desceu à Terra, esta separou-se do Sol, ficando a vagar no espaço cuja abóbada não é mais um céu protetor, de que

---

21 Cf. "Introdução" a *O homem grego,* sob direção de Jan-Pierre Vernant, trad. Maria Jorge Vilar Figueiredo, Lisboa: Presença, 1991, p. 8.
22 Cf. Benjamin, arquivo JU 62,5, in *Passagens,* trad. Irene Arão e Cleonice Mourão, Ed. UFMG, 2006, p. 385.

Pascal, no século XVII, evocava os perigos, quando escrevia que "o silêncio dos espaços infinitos" o mergulhava no pavor. A ciência agora sem Deus deixa o homem perdido em um astro à deriva: "Vendo a cegueira e a miséria do homem, observando o universo mudo e o homem sem luz, abandonado a si mesmo e como que perdido neste recanto do universo, sem saber quem o pôs aqui, o que veio fazer, o que se tornará ao morrer e incapaz de qualquer conhecimento, eu principio a ter medo como um homem que tivesse sido levado dormindo para uma ilha deserta e medonha e fosse despertado sem saber onde se acha e sem meios de escapar"[23]. Com o fim do céu transcendente surgem as esferas eidéticas transcendentais, designando não mais um cosmos ordenado e perfeito, e sim raios geométricos que se propagam no espaço infinito.

Se as colunas de Hércules definiam um espaço finito, a física da luz e a fisiologia do olho provam que a "abóbada elevada" não passa de aparência e ilusão, "o azul do céu nem é azul, nem é céu", nele não há mais matéria de admiração e de orientação, como o manifesta a etimologia de desejo:

> A palavra desejo deriva do verbo *desidero* que, por sua vez, provém do substantivo *sidus* (mais usado no plural, *sidera*), significando a figura formada por um conjunto de estrelas, isto é, de constelações. Porque se diz dos astros, *sidera* é empregado como palavra de louvor – o alto – e, na teologia astral ou astrologia, é usado para indicar a influência dos astros sobre o destino humano, donde *sideratus*, siderado: ser atingido ou fulminado por um astro [...]. Os intermediários siderais, eternos e etéreos, exalam diáfanos envoltórios com que protegem nossa alma, dando-lhe um corpo astral que a preserva da destruição quando ingressa na brutalidade da matéria, no momento da geração e do nascimento. Pelo corpo astral, nosso destino está escrito e inscrito nas estrelas e *considerare* é consultar o alto para nele encontrar o sentido e guia seguro de nossas vidas. *Desiderare*, ao contrário, é estar despojado dessa referência, abandonar o alto ou ser por ele abandonado. Cessando de olhar para os astros [...], *desiderium* significa uma perda, privação de saber sobre o destino, queda na roda da fortuna incerta [...], é desastrar-se[24].

---

23   Pascal, *Pensamentos,* trad. Sérgio Milliet, frg. 693, São Paulo: Abril Cultural, 1973, p. 217.
24   Cf. M. Chaui; Adauto Novaes (org.), *Laços do desejo,* in *O Olhar,* São Paulo: Companhia das Letras, 1993, p. 22.

Rompendo com o apreço medieval pela estabilidade e seu desprezo da mudança, alertando para a *vanitas vanitatis* do mundo – "Vaidade das vaidades, tudo é vaidade" – os tempos modernos iriam reaver a Fortuna, a divindade romana da sorte, apta para a nova religião mercantil e marítima da globalização dos séculos XV e XVI:

> Nas quatro posições fundamentais da roda da fortuna, subir, parar no alto, descer, ficar na terra, os tempos modernos não reconhecem apenas os riscos da *vita activa*, mas também os estágios típicos das chances dos empreendedores [...]. Enunciando o conceito de correr riscos calculados no horizonte da incerteza em um campo de ação global designou-se o fundamento da cultura da agressão e do empreendimento para além das fronteiras conhecidas nos tempos modernos[25].

A divisa do mundo científico é, agora, o *plus ultra*, que não significa apenas ir mais longe, mas é o princípio do "cada vez mais longe".

Horkheimer e Adorno analisam o sentido e as consequências do desenvolvimento da nova ciência, contemporânea ao empreendimento da conquista, e a mutação dos rumos da civilização europeia globalizadora, o novo conhecimento ligado às capacidades humanas de dominação da natureza – desde a ótica e a dióptrica até a extração das riquezas minerais:

> O saber que é poder não conhece nenhuma barreira, nem na escravização da criatura, nem por complacência em face dos senhores do mundo. Do mesmo modo que está a serviço de todos os fins na economia burguesa na fábrica e no campo de batalha, assim também está à disposição dos empresários não importa de que origem [...]. A técnica é a essência desse saber que não visa conceitos e imagens, nem o prazer do discernimento, mas o método, a utilização do trabalho de outros, o capital[26].

Nesse sentido, o frontispício da primeira edição do *Novum Organum* de Bacon, de 1620, ilustra, simultaneamente, o progresso no conhecimento e seu valor industrial. A nau com as velas enfumadas pelo vento avança no

---

25 Cf. P. Sloterdjik, *Ações de risco*, in *Weltinnenraum des Kaptials*, ed Suhrkamp, 2005, p. 78.
26 Cf. *Dialética do esclarecimento*, trad. Guido de Almeida, Rio de Janeiro: Jorge Zahar, 1983, p. 20.

oceano, ultrapassando o antigo limite simbólico das colunas de Hércules e do mundo conhecido onde está gravada a inscrição: "Muitos passarão, a ciência avançará". E tudo o que a ciência tiver a possibilidade de fazer ela fará. Horkheimer e Adorno reconhecem no deslimite da razão moderna um elemento paranoico, vinculado ao medo e à angústia a que só restam a razão calculadora e o desejo de converter o desconhecido em algo previsível e controlável.

Semelhante ao terror na política, a ciência nasce do desejo de segurança, da angústia e do medo. Ao tratar da Revolução Francesa, Engels escreve: "O reino do terror, nós o compreendemos como o reino das pessoas que inspiram terror às outras. Ora, é bem o contrário: é o reino de pessoas que estão, elas próprias, aterrorizadas"[27]. As práticas terroristas na política são o duplo do terror que a natureza hostil produz no homem.

Assim, os procedimentos da ciência e da técnica modernas procuram submeter a natureza a homens tomados pelo pânico. A ciência converte a natureza em objeto disponível e manipulável, o mundo é apenas "ocasião para seu delírio", o que se expressa nas *Memórias de um doente dos nervos* – obra que Freud iria analisar no quadro dos delírios de onipotência – em que Schreber anota que, entre as almas dos mortos que o perseguem e assombram, algumas indicam o "firmamento" como endereço e morada.

À semelhança da onipotência presente no mito e na magia, que à distância dos objetos procura dominá-los, a ciência moderna, como o Prometeu do mito grego, quer dominar a natureza aplacando suas ameaças e forças desconhecidas, exercendo sobre ela violência e poder, tomando-se como "um império dentro de um império". E a ciência e a técnica, que pretendiam restringir o poder da contingência sobre a vida e transformar a terra em um lugar seguro, resultaram em que "qualquer parte do espaço tornou-se, virtualmente, um território de risco [...]. O acidental não corresponde mais ao jogo de dados, ele provém de sua própria previsão [...]. Na época da grande ameaça nuclear, as cosmogonias só têm lugar em um imaginário separado da realidade tangível da destruição. Esta dramaturgia do risco e do alerta esconde mal [o não dito] de que toda catástrofe faz parte do devir da biosfera,

---

27 Carta de Engels a Marx, setembro de 1870.

consagrando-se a impotência diante dela"[28]. Com isso, a contemporaneidade habituou-se à ideia de que todos os espaços da Terra virtualmente estão convertidos em territórios de risco. Que se pense no "buraco de ozônio" e a sensação de catástrofe iminente, sendo que a percepção da catástrofe se converteu em um modo de relação com o mundo. Contra isso, seria necessário desvendar o que há de incerto nas próprias escolhas técnicas, produtoras de segurança e de riscos. E isso porque, ao vencer a exterioridade da natureza e a alteridade do mundo ameaçador, a razão científica "identifica o animado ao inanimado, assim como o mito identifica o inanimado ao animado. O esclarecimento é a angústia mítica radicalizada"[29].

Racionalização do mito e mitificação da razão significam que a ciência não vence o medo, mas o transforma em conteúdo do pensamento racional que, para dominar o desconhecido, mobiliza força e poder sobre todas as coisas. Assim como o mito exigia sacrifícios de sangue para aplacar as forças naturais, a ciência moderna considera as catástrofes produzidas pela ciência e pela técnica acidentes de percurso do progresso, e a violência constitutiva de todas as relações: "Não existe continuidade da barbárie à civilização, mas há uma linha reta do estilingue à bomba de megatons"[30]. As proposições da ciência são autoidealizações onipotentes voltadas à autoconservação, presas à natureza imediata governada pela lei do mais forte: "a paranoia", escrevem Adorno e Horkheimer, "é a sombra do conhecimento"[31]. Também a política, voltando-se para a autoconservação, torna-se vontade de domínio, como na fusão de teologia e política, baseadas, ambas, na ideia de "proteção": "os protetores, os *condottieri*, os senhores feudais, as ligas, sempre protegeram e simultaneamente exigiram resgate daqueles que dependiam deles. Cuidavam, dentro de seus domínios, da reprodução da vida"[32].

Em *Minima Moralia* e em *As estrelas descem à Terra*, Adorno recusa a sabedoria "burguesa e mefistofélica" de ratificação do Mal existente, a que

---

28 Cf. Jeudy J.P, *Le Désir de catastrophe*, Paris, Aubier 1990, p. 24.
29 M. Horkheimer e T. Adorno, *Dialética do esclarecimento*, trad. Guido de Almeida, Rio de Janeiro: Zahar, 1985.
30 T. Adorno, *Negative Dialektik*, Frankfurt: Shurkamp, 1980.
31 M. Horkheimer e T. Adorno, op. cit.
32 Idem, op. cit.

opera no adágio de que a injustiça é o meio da justiça, e que tudo que existe merece desaparecer. Seria "desolador pensar que no universo infinito não se faça outra coisa senão comer ou ser comido"[33]. Eis o que é, para Adorno, a história da naturalização da violência no interior da cultura, e o que inviabiliza perceber que a vida em sua imediatez é inseparável de tudo "que é opressivo e destruidor". A autoconservação é impulso cego de autopreservação, que não transcende a ordem adversa da natureza e a da servidão política, prolongando assim seu domínio no interior da cultura que deveria dominá-las. Trata-se aqui do automatismo cego do desenvolvimento da ciência e das leis do mercado. A partir da Conquista, não é mais a Terra que gira ao redor do Sol, mas o capital que circula por toda a Terra.

Desse modo, a ciência – como cartomantes e quiromantes, ocultistas e astrólogos – explica e domina o mundo ao preço da força e do embotamento da razão, utilizada como "bola de cristal": "a exclusividade das leis lógicas se origina nessa univocidade de função, em última análise no caráter coercitivo da autoconservação. Esta culmina sempre na escolha entre sobrevivência ou morte, escolha essa na qual se pode ainda perceber um reflexo no princípio de que, entre duas proposições contraditórias, uma só pode ser verdadeira e só uma falsa". O mundo criado à sua imagem e semelhança é o da evidência e seu mito da falsa clareza. A crença na ideia de um progresso contínuo se assemelha à consulta ao horóscopo, cuja poder de atração é o mesmo do mito e da ideologia, é sua "racionalidade irracional". Adorno encontra aqui as condições provedoras de atitudes irracionalistas e a proliferação de personalidades autoritárias, ressentidas e manipuladoras: "a superstição, a crença em determinações místicas ou fantásticas do destino do indivíduo, tal como a estereotipia, [...] podem ser compreendidas como expressões da fraqueza do Ego"[34].

Sob o domínio do medo e da perda do domínio sobre a própria vida, a ciência se conduz por autorregulação e procede à fabricação do humano a partir da matéria inerte. A biologia sintética, a igual título do mercado que não reconhece limites, deve autorregular-se, de tal forma que o moderno é o mundo da desinibição e do desrecalque generalizado: "A ciência agora

---

33 Adorno, *Minina moralia,* trad. Luiz Eduardo Bicca, São Paulo: Ática, 1992.
34 Cf. T. Adorno, *As estrelas descem à Terra,* trad. Pedro Rocha de Oliveira, São Paulo: Unesp, 2008.

não aumenta seu poder mas sim aumenta o coeficiente de risco, incerteza e contingência de suas decisões"[35]. Porque nada escapa ao mercado, Yves Roussel reconstitui o campo em que a guerra se transformou em produção e negócio econômico. A partir da Primeira Guerra Mundial, a produção de canhões e obuses ligou-se a inovações para um "equilíbrio do terror", associando cientistas e produtores: "Os cientistas tornaram-se organizadores e administradores. O ato de invenção tornou-se pesquisa"[36]. Até então o cientista era o intelectual, pois o sistema acadêmico operava como a instância legitimadora do verdadeiro, a comunidade científica se constituía como condição necessária de suas enunciações e da produção de sentido e reflexão. Em seu ensaio "Verdade e poder", Foucault interroga o estatuto político da ciência: "Não se trata de saber qual o poder que pesa do exterior sobre a ciência, mas que efeitos de poder circulam entre os enunciados científicos"[37]. Trata-se de interrogar a maneira pela qual o poder forma um saber, bem como a questão do papel do intelectual hoje. Na hegemonia da razão instrumental, o intelectual não produz mais sentido, não toma mais a palavra em público como *"maître de vérité"*.

O "intelectual universal" analisado por Foucault era portador de um saber reconhecido e respeitado, desempenhando o papel de consciência de todos, elaborada com suas reflexões e conhecimentos. Ele foi substituído pelo "intelectual específico", cujo emblema foi Max Oppenheimer, um dos cientistas que participaram, durante a Segunda Guerra Mundial, do projeto Manhathan, empreendimento científico e industrial que culminou na fabricação da bomba atômica. Como cientista, sua argumentação em defesa da nova arma fez-se por formulações tipicamente técnicas. Pois se o intelectual universal garantia sua autoridade intelectual e moral por seu discurso, o intelectual específico tem seu poder justificado pela eficácia dos conhecimentos de que é o autor, produzindo uma legitimação diferente daquela que presidia a medicina de Pasteur, fundamentada esta em uma perspectiva inteiramente humanista[38].

---

35 G. Marramao, *Passage a Occidente,* trad. Heber Cardoso, Bahia: Conocimiento, p. 37.
36 Cf. Jena-Christophe Goddard; Bernard Mabille (org.), "L'Intellectuel et le pouvoir", in *Le Pouvoir,* Paris: Vrin, 1994.
37 Cf. "Poder e verdade", in *L'Arc,* n. 70, 1977, p. 18.
38 M. Castillo, *La Bioéthique à l'épreuve des pouvoirs,* in *Le Pouvoir, op. cit.,* p. 316.

Com o advento da sociedade da administração da vida, a ciência encontrou-se a meio caminho entre "fantasias paranoicas e realidades funcionais", produzindo novas formas de ameaça e de medo. Hoje o homem tem muito mais a temer do que as catástrofes naturais, pois assiste à emergência de um modo desconhecido até agora de evolução:

> A questão que concerne o estatuto do progresso é principalmente o fato que o progresso mudou de medida. O ideal progressista da época das Luzes era um progresso antropocêntrico e antropocentrado. Sabe-se que de agora em diante a medida do progresso se encontra nos instrumentos de investigação da natureza que escapam à escala humana. Com a biologia não é apenas o controle da natureza que triunfa, mas o controle da evolução, como o diz François Jacob, já que "o homem tornou-se o primeiro produto da evolução capaz de dominar a evolução"[39].

Trata-se, aqui, de um novo ateísmo que não desaloja mais deus mas o próprio homem, que recusa toda sacralidade à vida, dissociando a vida humana do valor humano. O progresso só tem por fim o próprio progresso e o poder como princípio de todas as relações.

Da ideia de finito, de seu acabamento e perfeição, ao infinito como abertura e ilimitação, o mundo volta a fechar-se. Escreveu Valéry:

> Em nossos dias toda a terra habitável já foi reconhecida, inventariada, repartida entre as nações. A época dos terrenos baldios, dos territórios livres, dos lugares que não pertencem a ninguém, ou seja, a era da livre expansão, terminou. Já não resta mais nenhum penhasco que não ostente uma bandeira; não há mais vazios nos mapas; não há mais regiões sem alfândegas e sem leis [...]. Começa o tempo do mundo finito[40].

A este mundo que tende à entropia, Adorno contrapõe suas *Minima Moralia*, revivendo o ideário humanista da "doçura dos costumes" e da paixão desinteressada das coisas do espírito que o bem viver supõe, caracterís-

---

39 M. Castillo, op. cit., p 318.
40 Cf. *Regards sur le monde actuel*, Paris: Gallimard.

ticas do cosmopolitismo e do enciclopedismo europeu: "Goethe, que tinha a clara consciência da iminente impossibilidade de quaisquer relações humanas na sociedade industrial emergente, buscou, nas novelas dos anos de peregrinação de Wilhelm Meister, representar a civilidade como referência salvadora entre homens alienados. [...] Para ele o humano consistia numa autolimitação, que súplice assimilava a inexorável marcha da história, a desumanidade do progresso, a atrofia do sujeito".

Na busca "da delicadeza perdida", Adorno reserva para uma teoria renovada a tarefa da crítica e da emancipação, em que a relação com a natureza seja a da reciprocidade e da reconciliação, não do poder e da dominação. Se os homens produzem pacificamente os meios de destruição de si mesmos e do planeta, trata-se de realizar a crítica do presente, a possibilidade da desindustrialização do mundo e a redefinição do ter e do ser, em um outro princípio de realidade a que Marcuse dá a imagem de Orfeu e de Narciso, personagens que evocam a dimensão contemplativa do homem, subsumida pela cultura que valoriza o excesso e o ativismo incessante.

Se "crise da cultura" é, para Adorno, "crise na capacidade de amar", uma teoria crítica renovada deve promover um outro princípio de realidade, antiprodutivista e criador de tempo livre, já que o amor é "a ocupação dos ociosos" e dos preguiçosos: "são os preguiçosos que movem o mundo. Os outros não têm tempo algum"[41].

---

41   F. Ponge, *Le Parti pris des choses*, Paris: Gallimard, 1970.

Da morte do sujeito à invenção de si (experiências de pensamento e exercícios espirituais estoicos a partir de Michel Foucault)
Frédéric Gros

Eu gostaria de compartilhar com vocês uma série de "experiências de pensamento" que foram descritas, codificadas, inventadas pela filosofia, particularmente pela filosofia estoica.

Porém, antes de começar, preciso responder a três interrogações legítimas. Primeiro, o que significa uma experiência de pensamento? Segundo, por que a filosofia teria uma relação privilegiada com as experiências de pensamento? Terceiro, por que ter escolhido como guia a figura de Michel Foucault para apresentar essas experiências de pensamento?

Uma "experiência de pensamento" não é uma doutrina ou um sistema intelectual. Não se trata de um conjunto de conhecimentos. A diferença entre uma "experiência de pensamento" e uma "teoria" reside no que poderíamos chamar de "efeito de volta para o sujeito". Quero dizer com isso que há "experiência de pensamento" quando o fato de pensar isso ou aquilo, de efetuar dentro de nós mesmos determinada operação mental, de nos dar determinada representação, transforma o modo de ser do sujeito pensante, levando-o a proceder na sua vida a mudanças de comportamentos ou de hábitos. Não se trata de pensar para conhecer melhor, mas para produzir efeitos na sua própria vida e no seu comportamento. Fala-se em "experiência de pensamento" quando aquele que pensa é modificado, transformado no seu ser pelo que ele está pensando.

A segunda questão é a da relação com a filosofia. Acredito que a filosofia pode ser concebida de duas maneiras muito diferentes. Ela pode ser definida como uma construção especulativa, como uma tentativa racional de conhecimento do mundo, como um sistema de verdades fundamentais, como um conjunto de respostas a perguntas fundamentais. Mas ela também pode ser considerada como uma sabedoria, ou seja, como a definição de uma arte de viver, como a determinação de uma maneira peculiar de existir, como um empreendimento de transformação de seus hábitos, de sua maneira de existir. Nesta segunda vertente, a filosofia pressupõe todo um programa de exercícios que almejam dar uma certa forma, um certo estilo à nossa vida. As experiências de pensamento que pretendo evocar são justamente exercícios espirituais, isto é: operações mentais codificadas, meditações que se desenrolam de acordo com determinadas regras e têm como função dar uma certa forma à existência. Esta filosofia enquanto sabedoria concreta está presente sobretudo nos grandes pensamentos dos períodos helenístico e romano, que se desenvolveram entre o século III a.C. e o século III d.C, a saber: a sabedoria epicurista, a sabedoria cética, a sabedoria cínica e a sabedoria estoica. A rigor, portanto, poderíamos dizer que a filosofia é animada por dois ideais: um ideal epistemológico, que consistiria em descobrir e definir uma gramática da verdade do mundo; e um ideal ético, que consistiria em propor ao sujeito exercícios para transformar sua maneira de ser, definir uma arte de viver, um estilo para sua existência.

A última pergunta antes de começar diz respeito à relação entre a experiência de pensamento e a obra de Michel Foucault, filósofo francês contemporâneo. Por que escolhê-lo como guia nesta reflexão? Não pretendo nem um pouco apresentar o conjunto de sua obra – provavelmente uma das mais importantes do século XX –, limitando-me a considerar uma reviravolta que me parece muito significativa no seu percurso.

Intitulei esta conferência "da morte do sujeito à invenção de si". Nos anos 1970, de fato, Michel Foucault anunciara o que ele chamava "a morte do homem". Durante muito tempo, com efeito, acreditamos que para entender o mundo era preciso primeiro entender o homem, já que ele estava na origem de qualquer conhecimento. Toda uma tradição filosófica (que podemos designar pelo termo técnico de idealismo transcendental) fizera do sujeito o fundamento último de qualquer construção cultural, a verdadeira raiz de qualquer ser. Segundo esta filosofia, nada podia fazer sentido ou ser real sem partir de um projeto humano, de uma fundação subjetiva.

Ocorre que Foucault tentou naquela época mostrar a importância dos sistemas nos quais estamos inseridos: os sistemas linguísticos, produtivos; os sistemas de troca, de poder, de comunicação, de crenças. E o sujeito humano, a interioridade subjetiva, seria simplesmente o produto, o efeito, a projeção desses sistemas. A tal ponto que não é o sujeito que dá sentido e realidade a um sistema, mas é o sistema que define o lugar, a função, a natureza dos sujeitos. Falar da morte do sujeito e da morte do homem para Foucault significava então reencontrar e descrever os sistemas anônimos (sistemas de sinais ou de poder), essas numerosas matrizes da realidade.

Acontece que no início dos anos 1980 Michel Foucault redescobre a filosofia antiga. O que lhe interessa nessa filosofia, no entanto, não são as doutrinas, não é a teoria, não são os elementos de conhecimento, mas o que ele chama de "técnicas de subjetivação". Isto é: ele encontra na sabedoria antiga procedimentos pelos quais o sujeito é convidado a se construir a si próprio, como se a própria vida devesse ser para cada um de nós um material que fosse preciso trabalhar e moldar. A filosofia se entende neste caso como o empreendimento pelo qual cada um é convidado a dar uma forma à sua liberdade e, consequentemente, a se inventar. Passamos então do tema da produção do sujeito pelas máquinas cegas ao da autoprodução do sujeito por ele mesmo.

Como eu estava dizendo, é por meio de exercícios que o sujeito se constrói e se inventa. Estes exercícios são justamente "experiências de pensamento", e eu gostaria de lhes apresentar algumas destas experiências de pensamento antes de questionar o propósito de voltar hoje em dia a tais técnicas de subjetivação antigas.

As experiências de pensamento que vou apresentar foram descritas pela escola estoica de filosofia. Evocarei somente no fim do nosso percurso experiências de pensamento pertencentes a outras sabedorias, como o epicurismo ou o ceticismo.

Vocês provavelmente sabem que a ética estoica é uma ética do controle perfeito de si. O sábio estoico é descrito como um indivíduo que, ao ser confrontado com os infortúnios e as grandes fatalidades da existência, permanece imperturbável. Ele aguenta tudo sem dar um pio, permanece sereno no meio das tempestades. O ideal ético da sabedoria estoica pode ser resumido pelo termo grego *ataraxia*, que significa ausência de distúrbios, tranquilidade interior. O equivalente em latim da ataraxia será a *securitas*. É interessante notar aqui que na cultura ocidental o sentido original da palavra "segurança" não é político, mas sim espiritual. O termo "segurança", nos seus primeiros usos, não define um ideal político, mas um ideal filosófico. Ele não significa a ausência de perigos nem a implementação de sistemas contra ameaças eventuais, nem a presença de forças policiais para garantir a ordem pública. A segurança, na cultura ocidental, significou primeiramente o estado mental do sábio que, no meio dos perigos e das ameaças, mantém a calma e a tranquilidade. Um bom meio de obter essa segurança seria evidentemente manter-se afastado do mundo, permanecer à margem da sociedade, não aceitando nenhuma responsabilidade, conservar-se escondido, longe da agitação e da multidão. De certa forma, podemos dizer que, para chegar a essa serenidade interior, os epicuristas e os céticos praticavam um certo distanciamento e se mantinham à margem do mundo (podemos aqui nos lembrar do adágio epicurista: Para viver feliz, é preciso viver escondido!).

A grande especificidade dos estoicos consistirá no seu envolvimento no mundo. Eram homens de ação: senadores, conselheiros do Príncipe, magistrados. Eles ocupavam funções políticas. Isso significa que essa segurança interior terá que ser conquistada no contato com o mundo, no meio das rivalidades e das ambições, das intrigas e dos jogos perigosos do poder. O aço da segurança interior se forja no fogo da ação política. O estoicismo será, por conseguinte, uma ética da serenidade na ação, o que vai requerer coragem e perseverança. No meio da insegurança generalizada do mundo exterior, será preciso manter uma segurança interior absoluta.

A tranquilidade absoluta da alma não é inata para ninguém. Ela é alcançada seguindo um programa de exercícios espirituais que terão de ser praticados com aplicação, constância e regularidade. Os estoicos vão distinguir quatro grandes áreas que designarão as fontes possíveis de perturbações, preocupações ou angústias.

Existem, em primeiro lugar, os eventos externos. Numa só palavra: são todos os dramas e as catástrofes que podem ocorrer. Temos que encontrar uma experiência de pensamento que possa nos ajudar a lutar contra o distúrbio surgido da representação do infortúnio. Porém, não são apenas os eventos externos que nos desestabilizam, há também movimentos internos: os desejos, os temores, as esperanças e as vontades. Será preciso encontrar uma experiência de pensamento para controlar estes movimentos da alma que me levam a desejar isso, a desesperadamente querer evitar aquilo, a buscar com paixão uma terceira coisa.

Os estoicos definem uma última área: a ação. Enquanto cidadão, enquanto trabalhador, enquanto intelectual, eu ajo, empreendo, construo. O que então ameaça minha estabilidade interior é o fracasso dos meus empreendimentos, o colapso dos meus projetos. Será necessária uma experiência de pensamento que me permita não ficar perturbado pelas derrotas.

Finalmente, a última fonte de angústia será constituída pela perspectiva da morte, este nada que me aguarda inexoravelmente. Pois mesmo que eu consiga não me deixar mais impressionar pelas minhas representações, não ser mais frustrado nos meus desejos ou não ficar desanimado nos meus empreendimentos, a morte parece ser o derradeiro obstáculo.

Portanto, a ética estoica vai consistir na construção de quatro grandes seguranças: segurança da representação, segurança do desejo, segurança da ação e, enfim, segurança diante da morte. A construção destas seguranças internas, a edificação do que os estoicos chamam de "fortaleza interior", vai exigir exercícios espirituais que correspondam a essas tantas experiências de pensamento.

Os estoicos vão elaborar uma primeira série de experiências de pensamento para neutralizar a violência das representações exteriores. Quando uma representação dramática nos é trazida de fora (os exemplos tomados são sempre os mesmos: o luto, a catástrofe, a ruína), os estoicos dizem que precisamos controlar o discurso interior que se forma na ocasião desta representação. O que é chamado aqui de "discurso interior" é o conjunto dos julgamentos com os quais eu qualifico o que me acontece. Ocorre que, para os estoicos, meu estado afetivo depende na verdade destes julgamentos. Se estou infeliz, é porque julgo: "o que me acontece é uma desgraça"; se estou angustiado, é porque penso: "o que acabei de saber é terrível"; se estou com medo, é porque acredito: "o que me ameaça é perigoso". É por isso que é preciso controlar tais julgamentos implícitos que estão dentro de mim por meio de uma experiência de pensamento, pois são eles o verdadeiro gatilho, a verdadeira causa dos meus ânimos. É preciso conseguir substituir ao julgamento "é um infortúnio" outro julgamento, como por exemplo: "isso não depende de mim, então não é uma coisa ruim". A distinção entre "o que depende de mim" e "o que não depende de mim" é muito importante em Epíteto. Ela não deve ser entendida no sentido fraco, mas no sentido forte. Temos de nos perguntar: o que depende completamente de mim e o que independe? Precisamos reconhecer que tudo o que acontece no mundo depende de um concurso de circunstâncias que me escapa. Minha saúde está à mercê de um vírus ruim, meu corpo nunca está fora de alcance de um acidente. Minha reputação está nas mãos dos outros, que hoje me bajulam, mas podem me trair amanhã. Minha sorte depende de inúmeros imponderáveis. Finalmente, meus parentes próximos também são vulneráveis e mortais. Qualquer coisa, afinal de contas, na medida em que é levada pelo grande turbilhão do mundo, é frágil e perecível. Dinheiro, saúde, honrarias, relações sociais: nada disso tudo depende nem um pouco de mim.

Mas o que depende completamente de mim é o sentido que vou dar ao que me acontece. Acordo com uma febre ruim; fico sabendo que estão espalhando sobre mim rumores insultantes, o tempo está ruim hoje, roubaram-me objetos que me eram caros. Nada disso tudo depende de mim, mas o que depende totalmente de mim é a exclamação: "que infortúnio!" Se não controlamos o que acontece conosco, somos os mestres absolutos do sentido que damos ao que acontece conosco.

Qual é justamente o sentido que se pode dar às catástrofes que ocorrem, aos infortúnios que nos afligem? É um ponto importantíssimo, pois provoca uma ruptura radical na interpretação do estoicismo. Se a experiência de pensamento se restringe a substituir o julgamento: "é um infortúnio" o julgamento; "isso não depende de mim, então é indiferente", ela é um pouco decepcionante. Se nada depende de mim, por que continuar agindo, lutando pelos outros, combatendo a injustiça? Será que essa experiência de pensamento leva à resignação, como pensam muitos críticos do estoicismo? No entanto, como já falamos, os estoicos eram homens de ação. Mas para que se envolver e lutar se acho que tudo o que ocorre comigo é indiferente?

Existe na verdade um recurso secreto nessa experiência de pensamento. O que depende totalmente de mim, como dissemos, é o sentido que dou aos eventos. Recuso-me a dar ao que acontece comigo o sentido de um infortúnio, de uma catástrofe. Tampouco vai significar um desprendimento, um desinteresse. Não se trata de dizer: não se pode dar nenhuma importância aos eventos exteriores, porque de qualquer jeito eles não dependem de mim. É preciso conseguir inverter o sentido dos eventos e dizer a si próprio: o que acontece comigo não é um infortúnio, mas um exercício; não é uma catástrofe, mas um desafio. Para explicar este ponto capital da experiência de pensamento estoica, podemos evocar aqui uma imagem frequentemente usada: a do professor de ginástica.

Um professor de ginástica logo distingue entre seus alunos os que são incapazes e os que têm talento. Dos primeiros, ele quase nada exige e os deixa de bom grado devanear à beira do estádio. Os segundos, no entanto, ele os treina todo dia, é deles que ele vai exigir os exercícios mais difíceis. Então, temos que pensar que Deus é para os homens como um professor de ginástica. Isto é: àqueles que podem realizar com perfeição a perfeição ética da humanidade, ele vai enviar infortúnios para exercitá-los e testar sua resistência. Quando um incidente ocorrer, portanto, em vez de exclamar: "que infortúnio!", tenho que dizer: "é um bom teste que me é proposto, vamos ver agora se estou à altura".

Epíteto tomava o exemplo da famosa varinha de Hermes, que transformava tudo o que tocava em ouro. Igualmente, o sábio transforma as misérias da existência em ocasiões para treinar e endurecer. Ele então pode exclamar: "Tragam-me o luto, inflijam-me doenças, façam com que eu tenha reveses, com que eu sofra injustiças. Aguardo, firme e forte, prontinho para levantar a cabeça de novo, e assim tornar-me-ei mais forte, mais justo, mais humano, mais sólido".

Considerei até então antes as representações negativas, mas posso me deixar impressionar também com imagens radiantes que me remetem à minha própria mediocridade. A beleza de certos rostos pode fazer com que eu fique desesperado com minha própria imperfeição; a ascensão social dos meus vizinhos pode me passar uma imagem triste da minha condição. Como se sabe, a glória de uns sempre faz o desespero de outros.

Contra todos esses ressentimentos da existência, para se defender das paixões derivadas do ciúme e da inveja que podem turvar a tranquilidade interior, os estoicos, e mais especificamente Marco Aurélio, elaboram uma experiência de pensamento que podemos chamar de "decomposição das representações". Nesta experiência, trata-se na verdade de analisar as coisas que me fascinam, me perturbam, os seus componentes materiais mais elementares, e de antecipar os processos de corrupção que os roem secretamente. Forneço alguns exemplos para tornar as coisas mais claras.

Por exemplo, diz Marco Aurélio, se você cruzar com um notável que carrega na toga uma fitinha vermelha simbolizando uma distinção honorífica (como a *laticlave*, que é o equivalente romano da condecoração francesa Légion d'Honneur), não se deixe invadir pelo ciúme ou pela inveja. Pense que o que você está vendo não é o símbolo de sua inferioridade social. O que está vendo é um pedacinho de tecido vermelho. O quê, exatamente? Pelos de carneiro tingidos com o sangue de uma concha. Pense também que a lã vai desfiar, que a cor vai desbotar. Então, será que é realmente razoável ficar com ciúme de alguns pelos de carneiro? E se você passar em frente a mesas cheias de pratos deliciosos aos quais você não tem direito, mas que excitam seu apetite, em vez de se deixar levar por uma vontade ruim, pense apenas: o que está aí nessa mesa são corpos de pássaros mortos, cadáveres de mamíferos, carcaças de peixe em plena decomposição. Se você avistar um corpo magnífico que de repente lhe devolve uma imagem de um ser feio e imperfeito, pense que o que você está vendo não é nada além de um saco de lama e de sangue; lembre bem que o corpo é um processo orgânico que se recompõe o tempo inteiro e acaba se esgotando; procure representar o esqueleto e o crânio, assim como a feiura repugnante dos órgãos que o mantêm vivo.

Nestas experiências de pensamento descritas por Marco Aurélio, trata-se, consequentemente, de ir além do brilho colorido da representação para proceder à análise de seu conteúdo, um conteúdo decomposto na sua definição material e que detalha os componentes elementares das coisas. Trata-se também de antecipar um processo de decomposição que está em curso em qualquer coisa, e de se representar antecipadamente o apodrecimento, a decomposição, a corrupção.

Consegue-se assim despir finalmente a representação das paixões objetivas que lhe davam seu brilho. Só resta diante de nós, em vez de símbolos deprimentes, uma valsa triste das moléculas elementares. Festins, belos rostos, corpos magníficos, cenários de sonho: tudo nessa experiência de pensamento de fato se dissolve, tudo se deixa decompor em partículas, em elementos dispersos.

O que é particularmente interessante nessa experiência de pensamento é o papel ali desempenhado pela ciência natural. Para desmistificar a representação, o sábio vai procurar a ajuda de todo um saber dos processos naturais, das composições químicas e do ciclo dos elementos. Quero dizer assim que estamos muito longe da psicologia contemporânea. O que a psicologia propõe a cada um como ajuda para superar ressentimentos, decepções, preocupações, é o questionamento com base nas histórias pessoais, recolocando o sujeito na perspectiva de suas alegrias ou de seus pesares infantis, reproblematizando a partir de uma ciência da interioridade e do desejo íntimo.

Nos estoicos, para superar a perturbação que nasce das representações, o conteúdo destas não é interiorizado, pelo contrário, exteriorizado. Não se analisa o conteúdo das representações tentando retomá-lo a partir de sua própria história interior, mas reinscrevendo-o no seu destino material e num ciclo cósmico dos elementos. Com isso terminamos a primeira área.

A segunda grande série de exercícios agora diz respeito ao desejo. Trata-se desta vez de trabalhar não mais sobre representações que me vêm de fora, mas sim sobre afetos internos que me conduzem, estes movimentos me levando a desejar determinadas coisas ou a temer outras, nestas paixões que me envolvem. Estas procuras, estas buscas podem ser frustradas, pois sua satisfação nunca é garantida.

Neste ponto, podemos distinguir duas experiências de pensamento diferentes. A primeira consistirá em se livrar de todos os desejos medíocres que invadem a existência e cuja satisfação é vã. Para tanto, os estoicos praticam o exercício do último dia. Trata-se simplesmente de nos darmos conta da pobreza de muitos dos nossos desejos, obrigando-nos a pensar todo dia como o último de nossa vida. Esta perspectiva da nossa morte iminente que nos forçamos a adotar pode nos parecer deprimente e angustiante. Mas os estoicos asseguram que, pelo contrário, ela permite intensificar a vida e desejar apenas coisas essenciais. Uma das maneiras de pôr ordem na sua existência e de se concentrar no essencial seria me perguntar, no momento em que me deixo levar por este ou aquele desejo: "Você aceita morrer desejando isso, você está pronto para aceitar que isso seja seu último desejo?".

Precisamos entender que não se trata absolutamente de um exercício mórbido. Praticar o exercício do último desejo é aceitar fazer a triagem entre os desejos acessórios, fúteis, vãos e os desejos essenciais; significa discernir em si o que constitui seu projeto fundamental de existência e querer se fundir nele. Ao desejar determinada coisa, preciso falar para mim cada vez: "Vão dizer de mim: ele morreu desejando isso". Se meu desejo passa no teste com sucesso, é porque ele exprime uma verdade mais autêntica.

Uma segunda experiência de pensamento consiste em acoplar cada um dos meus desejos a uma verdade fundamental. Retomarei aqui a fórmula de Epíteto: "Cada vez que você deseja determinada coisa, que você teme determinada outra, diga: desejo determinada coisa, mas quero, sobretudo, que as coisas aconteçam como elas acontecem". Aí, de novo, é preciso tomar cuidado para não interpretar este preceito rápido demais. Não se trata de aceitar de antemão se submeter com resignação à fatalidade.

Os exemplos tomados por Epíteto nos permitem entender melhor esta nova experiência de pensamento. Epíteto diz: se você tem uma paixão pelas cerâmicas, diga mesmo ao olhar para elas: "eu gosto de cerâmicas, ou seja, de objetos frágeis que se quebram com facilidade"; se você é particularmente apegado ao seu filho, diga mesmo: "aquele que amo é um ser humano, ou seja, um ser mortal e vulnerável". Temos, portanto, em Epíteto, o exercício seguinte, bastante incrível e que pessoalmente considero cruel: "Cada vez que você beija um ser amado, diga para você mesmo: amanhã, você vai morrer". No entanto, não se trata com esta experiência de se desprender de seus desejos e de seus objetos, como se eles fossem ruins. Afinal de contas, a paixão pelos belos objetos ou o amor pelos seus filhos não são em si perigosos ou condenáveis. Trata-se exatamente de trazer seus desejos à razão. Não são nossos desejos que são ruins; porém, o objeto de nossos desejos é, por natureza, simplesmente perecível e frágil. Então posso muito bem desejar que os seres que eu prezo gozem de boa saúde, que os objetos aos quais sou apegado durem o maior tempo possível. Contudo, desejar que os seres que amo sejam completamente protegidos contra todas as doenças ou que os objetos que me são caros sejam absolutamente garantidos contra qualquer alteração é desejar o impossível – e não é justo, porque a fragilidade e a vulnerabilidade fazem parte de sua definição.

Para permanecer sereno, é preciso então desejar que determinado objeto esteja em determinada relação comigo, mas esse desejo tem de ser baseado numa vontade mais fundamental: desejo que determinado ser esteja nesta ou naquela disposição, mas, racionalmente, quero que lhe aconteça tudo o que está em conformidade com sua natureza.

A terceira grande área de experiência de pensamento tange ao domínio da ação. Qual experiência de pensamento vai permitir que eu permaneça calmo e tranquilo no meio das responsabilidades que caem sobre mim quando preciso tomar decisões importantes e graves que comprometem o futuro ou quando estou numa situação de concorrência para conseguir um cargo? Os estoicos se ativeram particularmente a definir exercícios de pensamento relativos a esta área, porque, mais uma vez, eles não viviam retirados da sociedade, mas participavam das grandes lutas políticas de sua época.

Um dos primeiros exercícios propostos é chamado de "exercício matinal". Todo dia de manhã, ou quando um longo dia de trabalho se apresenta, através deste exercício se representa muito claramente o que a gente pretende realizar, mas sobretudo garante-se que esta exposição seja acompanhada de todos os aborrecimentos imagináveis que podem surgir, de todos os empecilhos que podem aparecer.

Registro aqui uma série de exemplos encontrados em Epíteto ou Marco Aurélio: se você for às termas, pense que vai respingar água em você; se você for para a rua, você aceita que esbarrem em você; se você deve participar de uma reunião importante, prepare-se para enfrentar a perfídia de seus adversários; se você tomar uma decisão, aceite a ideia de que pessoas ficarão descontentes. Trata-se de antecipar sistematicamente as dificuldades encontradas na ação. Os estoicos falam em "presunção dos males" (*praemeditatio malorum* em latim). É preciso entender que essa antecipação comporta dois aspectos: trata-se de dizer a si mesmo, a cada ação empreendida, que as dificuldades são ao mesmo tempo possíveis e inevitáveis.

Representar-se uma dificuldade como uma possibilidade e preparar-se para ela funcionará como uma prevenção antecipada contra o efeito surpresa. Todavia, é preciso se representar as dificuldades como inevitáveis, porque a sociedade é composta de gente ignorante, sem educação, covarde, ambiciosa, egoísta ou perversa, e não se pode exigir de um egoísta que ele prefira o bem comum ou de um covarde que se mostre corajoso: cada um realiza sua natureza. Além disso, a sociedade é um conjunto complexo e sou obrigado a fazer escolhas arbitrárias ou a tomar decisões cujos efeitos me escapam. Está, portanto, na ordem das coisas que qualquer ação seja emperrada, impedida, desviada, deformada. Graças a esse preparo mental, ao deparar com uma dificuldade, tratar-se-á então de dizer a si próprio ao mesmo tempo: "Eu previra isso", mas também: "Está na ordem das coisas".

Encontramos em Sêneca uma versão interessantíssima desta experiência de "presunção dos males" que revela um recurso secreto. Um de seus discípulos, Lucilius, escreve-lhe explicando que está aguardando o resultado de um processo cujo desfecho é incerto e que esta espera o faz mergulhar na ansiedade. O mestre estoico responde propondo-lhe uma experiência de pensamento: "Você precisa dizer a si mesmo que você já perdeu o processo e permanecer muito tempo nesta representação". Vocês podem ver que nessa experiência um fracasso é representado não somente como possível, mas como desde já seguro e certo. Nesta nova versão do exercício, é preciso agir como se o pior já tivesse acontecido.

O propósito deste exercício é duplo. Primeiro, ao me representar o pior, dou-me conta de que a medida do meu fracasso é uma medida finita e que a imaginação do fracasso é mais terrível que o fracasso real. Represento-me friamente meu processo perdido e todas as suas consequências. Será que por causa disso o céu perdeu sua cor ou meu coração parou de bater? Nunca é o fim do mundo. Segundo – e é o que eu chamava de recurso secreto desta experiência de pensamento –, uma vez bem preparado a perder tudo, ou melhor, uma vez convencido de que eu já perdi, aí posso batalhar, com maior lucidez. De fato, meu espírito não estará mais perturbado pelo temor e pela esperança, meus julgamentos não estarão mais alterados pela angústia da perda, e não me precipitarei então nas armadilhas preparadas para minha preocupação. Convencido de antemão de ter perdido, disporei de uma energia pura. A verdadeira força, para os estoicos, sempre está do lado de quem está disposto a perder tudo. Os olhos secos do desespero são os mais clarividentes. Estando preparado a perder tudo, tenho as melhores chances de ganhar.

Uma segunda experiência de pensamento muito importante na área da ação é aquela do "papel". Os estoicos propõem a seguinte experiência: quando você estiver no Congresso, não diga que você é senador, mas que você desempenha este papel; quando você estiver com seus filhos, não diga que você é o pai deles, mas que você desempenha o papel de pai; quando você estiver com o imperador, não diga que você é conselheiro, mas que você desempenha o papel de conselheiro. Essa experiência de pensamento na qual você sempre precisa dizer a você mesmo no meio da ação que está desempenhando um papel, que você é um personagem, porém, em nenhum momento se identifica com sua função, tem como objetivo produzir três efeitos diferentes.

Primeiro, ela permite separar totalmente o dever ligado à função do interesse pessoal. Encontramos assim nas *Entrevistas* de Epíteto a evocação de vários diálogos encenando um senador estoico durante o reinado de um imperador tirânico e sanguinário. Seu colega lhe diz: "Não vá para o Congresso hoje, a convocação é uma armadilha, o imperador quer exigir de nós que demos falsas declarações". O estoico responde: "Eu vou, porque faz parte do meu papel e direi a verdade". Seu colega replica: "Mas o imperador vai prender você, ou pior, mandar executá-lo". Ao que o senador retruca: "Se ele considera que faz parte do papel dele prender ou mandar executar magistrados honestos, é problema dele; no que me diz respeito, cumprirei os deveres ligados à minha função". Numa outra ocasião, um colega lhe pergunta: "Você vai à festa de hoje à noite oferecida pelo imperador?". O estoico responde: "Impossível, visto que o imperador nos força a fazer palhaçadas que insultam a dignidade de nossa função. O papel que tenho no Estado me impede de participar de tais cerimônias grotescas". "Mas", contesta o outro, "o imperador vai ficar magoado e se vingará de você". E o estoico: "O que ele me fará sofrer é outra história; se meu papel fosse o de uma dançarina ou de um cômico, eu iria a essa festa; no entanto, a dignidade do papel que desempenho me impede de ser ridículo".

O que é notável nesses diálogos relatados por Epíteto é que o problema nunca é: quais serão para mim as consequências, benéficas ou nefastas, da ação, mas: "Será que esta ação faz parte do papel que me foi atribuído no jogo social?".

O segundo efeito dessa experiência de pensamento é justamente um deslocamento da atenção: não nos concentramos mais no resultado da ação, mas na sua forma. Este exercício, de fato, nos leva a nos considerar como o ator de nossa própria existência, e não como seu autor. Se digo para mim mesmo que estou desempenhando um papel, empenho-me sobretudo em interpretá-lo da melhor maneira possível. Quaisquer que sejam os resultados de minha ação, devo me preocupar unicamente em saber se estou desempenhando corretamente o meu papel. Os estoicos estão dizendo: "No fundo, você não é responsável pelo texto, somente pela interpretação". A maneira como as coisas evoluem, como os eventos vão se transformando, as consequências diretas e indiretas de nossos atos, tudo aquilo depende demais de circunstâncias externas. Minha única responsabilidade é de estar à altura do papel que aceitei e de cumprir os deveres ligados a cada função: mostrar solicitude quando estou no papel de pai de família, franqueza quando estou no papel de conselheiro, rigor quando estou no papel de magistrado.

O último efeito desta experiência de pensamento é que ela torna as mudanças de estatuto mais fáceis para mim. A partir do momento em que não me identifico mais totalmente com minha função, considero que, se a vida me obrigar a mudar de profissão, não devo me considerar como esvaziado de minha identidade. Em vez de se dizer: "Eu era tudo e não sou mais nada", é preciso se dizer: "Estou mudando de papel, vamos ver se estarei à altura do próximo e se eu saberei interpretá-lo corretamente".

Parece que estamos preparados para qualquer coisa agora e que mais nada pode perturbar nossa serenidade. Todos estes exercícios espirituais, todas estas experiências de pensamento vão, com efeito, no mesmo sentido: para entendermos que, diante da grande insegurança do mundo, a única segurança possível é interior e que as únicas verdadeiras muralhas possíveis contra as ameaças são fortalezas espirituais.

Continua a existir, todavia, uma última causa de perturbações que pode parecer irremovível: a morte. Que experiência de pensamento poderia fazer com que a domínássemos? Uma primeira maneira, muito clássica, consiste obviamente em neutralizar essa representação horrível, rejeitando a morte para o lado de uma fatalidade superior que nos escapa inteiramente. Nossa angústia se revela então irrisória e vã, a morte sendo a lei universal da vida contra a qual seria idiota se insurgir. O corpo é corruptível e, ao se apagar e se dispersar, ele realiza sua essência. A morte é uma necessidade natural.

Ocorre que esses argumentos são conhecidos e podem ser encontrados em várias sabedorias. A especificidade estoica consiste em transformar a morte numa cúmplice da nossa segurança interior em vez de numa ameaça. Encontramos de fato uma experiência de pensamento na qual a morte vai ser retratada como um refúgio, um socorro. A ideia do "papel", lembremos, exigia que cada um se comportasse antes como um ator que como um autor de sua vida. Mas o que vai propiciar à alma uma segurança superior é a possibilidade a todo instante de poder sair de cena, de deixar o teatro do mundo, o que significa: se matar. Se eu achar realmente meu papel difícil ou humilhante demais, sempre é possível fazer a reverência e sair matando-me. Nos estoicos, portanto, o suicídio será pensado como esta possibilidade constante e tranquilizadora de poder acabar com a comédia de máscaras quando quiser. A morte então não é mais aquele grande buraco negro terrível cujo horror precisamos controlar graças a um trabalho de representações, mas se torna uma segurança contra o horror da própria vida. Sêneca, em muitas cartas, evoca esta segurança da morte: uma neutralidade imóvel, uma eternidade tranquila que nos é sempre oferecida.

Porém, existe ainda nos estoicos uma última experiência de pensamento, realmente impressionante, na qual se trata desta vez de adotar, dentro da vida, a própria perspectiva da morte, de poder lançar sobre nós mesmos e sobre o mundo um determinado olhar: o olhar vertical, absolutamente sereno e nítido, da morte eterna, de olhar para nós mesmos, portanto, com os olhos da morte e de adquirir com este espetáculo uma serenidade definitiva. Essa experiência de pensamento pode parecer um pouco enigmática e eu gostaria de desenvolvê-la um pouco aqui. Que olhar vertical é esse afinal?

O que chamo aqui de "olhar da morte" se adquire pela aprendizagem das ciências da imensidão e do infinito. Os exercícios que evoquei há pouco (decomposição material) convocavam um saber dos processos moleculares ínfimos (era o exemplo da condecoração que era apenas pelos de carneiro tingidos com o sangue de uma concha). Conseguíamos então desmistificar as representações decompondo-as nos seus constituintes primordiais por meio de uma análise microfísica. Desta vez, serão as ciências cósmicas, os saberes dos espaços infinitos e das eternidades estelares que vão ser convocados. Por exemplo, diz Sêneca nas suas *Questões naturais*, é preciso praticar de maneira assídua os saberes do infinitamente grande, aprender a formação da Terra, dos oceanos e das montanhas, apreender a gênese dos universos, a fim de entrar num tempo que não é mais na medida do homem: o tempo imenso das revoluções estelares ou das formações geológicas. Vivenciar este tempo é sentir então que nossa existência é um grão de areia, que este mundo que nos cerca é um movimento de pálpebra. Elevemo-nos acima de nós mesmos e do mundo e tudo nos parece microscópico e pueril. Mas este olho desde o qual olhamos para nós mesmos, partícula ínfima, e para este mundo, agitação minúscula, participa de uma eternidade branca: este olhar vertical é o olho da eternidade e da morte. Sêneca faz desta experiência espiritual muito peculiar uma descrição completa nas suas *Questões naturais*, e ele descreve longamente este olhar que sobe vertiginosamente acima de si e do mundo: olhar sereno, desprendido do mundo e de si mesmo, desprendido da vida, e encontrando na eternidade imóvel um elemento de segurança definitiva.

Escolhi expor aqui as experiências de pensamento estoicas, porque são as mais elaboradas. Tomei muitos desses exemplos emprestados da aula que Michel Foucault ministrou em 1982 (na obra *A hermenêutica do sujeito*, em excelente tradução para o português de Salma Tannus Muchail e Marcio Alves da Fonseca) e do conjunto de escritos de Pierre Hadot sobre a filosofia antiga. Outros exemplos foram construídos diretamente dos textos de Sêneca, de Epíteto ou de Marco Aurélio.

Como indiquei no início desta conferência, as outras escolas de filosofia propunham experiências de pensamento com um estilo muito diferente. Os céticos, por exemplo, praticavam o que eles chamavam de suspensão do julgamento (*epokhê* em grego) e que consistia em nunca se pronunciar sobre a verdade ou a falsidade do que podiam pensar, ver ou sentir. Para ser feliz, achavam, é preciso nunca ter certeza de nada. A infelicidade começa com a afirmação de uma verdade.

Os epicuristas, por seu lado, vão elaborar experiências de pensamento diferentes. A grande ideia de Epicuro é a da simplicidade da felicidade. A verdadeira felicidade é infinitamente simples, diz Epicuro, visto que se encontra no puro sentimento de existir. Porém, é esta simplicidade que a torna frágil, já que a pura plenitude do sentimento de existir é logo encoberta por falsos prazeres que nos condenam a uma corrida infernal, porque a satisfação destes gera uma nova frustração. As experiências de pensamento dos epicuristas vão assim tentar assegurar esse puro prazer de existir, tornando-o indefinidamente acessível. Podemos nos interrogar sobre o propósito de voltar hoje em dia a essas técnicas antigas, que podem parecer totalmente defasadas no nosso mundo contemporâneo.

As revoluções nas técnicas de comunicação e de troca de informações e de imagens, as grandes revoluções da informática e da telefonia celular, a multiplicação dos jogos de vídeo transformaram as relações humanas. Seu uso intensivo produziu no mundo ocidental desenvolvido uma nova cultura e novos valores, que favoreceram o surgimento de novas subjetividades. Quero dizer com isso que estamos assistindo hoje a uma mutação muito profunda na maneira como os indivíduos contemporâneos se relacionam consigo e com os outros, constituem sua identidade, se representam sua própria história e a dos outros.

O sujeito da ultramodernidade é um sujeito essencialmente permeado por fluxos: fluxos de informação, fluxos de imagens, em permanente renovação. Estes fluxos são plurais, múltiplos. Eles se organizam, se diferenciam, se encontram em redes. A identidade do indivíduo ultracontemporâneo se define pela sua participação em uma certa rede de fluxos. Um banqueiro, um professor, um artista, um arquiteto, uma enfermeira: todos são conectados e todos participam de redes, mas de redes diferentes. A fórmula da ultramodernidade é: diga-me quais são as tuas conexões e te direi quem és. Os grandes sistemas de distribuição de mercadorias e de imagens procuram fazer com que nós participemos desses movimentos e procuram acelerar em cada um de nós a circulação desses fluxos.

O risco desta ultramodernidade é que daqui a pouco o indivíduo se torne apenas um ponto de passagem, um simples nó da teia e que ele então se liquefaça totalmente. Em outras palavras, ele pode vir a ser apenas um ponto de passagem e de redistribuição desses diferentes fluxos, e sua própria identidade pode se tornar fluida.

Se resolvi evocar essas experiências de pensamento peculiares que são os "exercícios espirituais" acertados pelas sabedorias antigas, é porque me parece que elas constituem justamente uma possibilidade de resistência contra as possíveis derivas das sociedades ultramodernas. Pois essas experiências de pensamento têm como função essencial dar ao sujeito uma certa consistência, uma certa espessura. Um exercício espiritual é primeiro e antes de tudo uma maneira de estar presente para si: que forma e que sentido você quer dar para sua existência, quais são os hábitos que você quer adotar e os de que quer se livrar? Esses exercícios continuam sendo maneiras de parar, de reter, de barrar.

O exercício espiritual serve de barragem ao fluxo das representações, ao fluxo das emoções: para questioná-las, analisá-las, triá-las. Diante do fluxo incessante do mundo, trata-se de manifestar uma capacidade de retiro dentro de si mesmo. Entendemos bem também a que ponto essas experiências de pensamento privilegiam a lentidão, a paciência, a regularidade, a repetição, a memória, todos estes elementos sendo contravalores para o mundo contemporâneo. Os exercícios espirituais de transformação de si pressupõem de fato um esforço contínuo, uma progressão lenta, uma disciplina impecável. O sujeito que se constrói assim é um sujeito sólido no que Zigmunt Bauman chama as "sociedades líquidas". No mundo contemporâneo, todo é movediço, tudo se transforma sem parar, nada dura. É uma corrida ininterrupta e sem fim.

Neste mundo da circulação globalizada, neste turbilhão generalizado de imagens, informações, mercadorias e sinais, os exercícios espirituais constroem um ponto de estabilidade, uma consistência ética. O sujeito é aquele que resiste ao mundo.

Referências bibliográficas

Aurélio, Marco. *A soi-même pensées*. Paris: P. Maréchaux, Rivages Poche, 2003.
Epíteto. *Entretiens*. Paris: E. Bréhier, Gallimard, 1993.
_____. *Manuel*. Paris: P. Hadot, Livre de Poche, 2000.
Foucault, M. *L'herméneutique du sujet*. Paris: F. Gros, Gallimard, 2001.
Hadot, P. *Exercices spirituels et philosophie antique*. Paris: Albin Michel, 2002.
Sêneca, L. A. *Entretiens, Lettres à Lucilius*. Paris: P. Veyne, Robert Laffont, 1993.

O bem comum e a vontade geral
Newton Bignotto

Nas últimas décadas assistimos a uma transformação tão radical de nossas condições de vida, que já não mais reconhecemos os traços principais do mundo de nossos antepassados como parte de nosso cotidiano. Quando Hannah Arendt alertou, ainda na metade do século passado, que o início da corrida espacial indicava uma mudança em nossa existência, que não mais podia ser compreendida com o aparato conceitual herdado da tradição, ela fez mais do que perceber a força que a tecnociência passara a ocupar no mundo. De forma lúcida e premonitória, ela nos ensinou que a própria experiência do pensamento seria afetada pelo mundo que surgia.

Levando em conta essa premissa, somos conduzidos a interrogar não apenas o significado dos acontecimentos que mudaram nossas vidas, mas também a maneira como pensamos essas transformações e seus impactos na filosofia e nas ciências sociais. Se não podemos pensar sem a tradição, é preciso reconhecer que não podemos pensar apenas com ela se quisermos incorporar à experiência do pensamento o impacto das mutações que alteraram nossas vidas e nosso tempo.

A questão que gostaríamos de abordar é a seguinte: numa era dominada pelo discurso das ciências e moldada pelo individualismo, ainda é possível falar de bem comum? Num século que carrega a herança dos regimes totalitários e da dissolução dos espaços públicos, faz sentido tentar encontrar um conceito que tenha por referência uma comunidade a qual reconhece valores e ideias que transcendem a simples soma dos desejos individuais?

O problema do bem comum é quase tão antigo quanto a própria filosofia, mas ele não pode ser corretamente abordado se não levarmos em conta as condições históricas nas quais formulamos a pergunta. Se não faltaram pensadores que desde Platão buscaram um significado universal para o termo, muitas também foram as situações nas quais a própria ideia de que podemos buscar algo em comum, além de nosso pertencimento à mesma espécie, soou como uma ilusão.

Não temos a pretensão de oferecer uma resposta acabada à questão da natureza do bem comum. Nosso esforço será bem mais modesto e se limita à interrogação sobre a maneira como podemos formular corretamente o problema que anunciamos nas condições que acreditamos presidir nossa existência nas sociedades capitalistas atuais.

Nosso problema pode ser mais bem compreendido levando em conta o fato de que vivemos uma era de desenvolvimento extremo do individualismo, na qual apenas aquilo que cada um sabe e deseja para si parece ter realidade. Falamos sobre o bem comum como algo abstrato e distante de nosso cotidiano, ao mesmo tempo que lutamos desesperadamente para garantir as condições de realizações de nossos sonhos pessoais. Essa afirmação não visa desqualificar nossa forma de vida em proveito de um modelo de vida do passado, no qual as referências principais que orientavam os membros de uma comunidade eram antes coletivas e gerais do que particulares e centradas em indivíduos autorreferenciados. Fazer a crítica do individualismo contemporâneo não nos conduzirá de volta a uma época na qual o bem comum se mostrava a todos em total transparência. Na verdade, essa época de pura claridade jamais existiu. Desde sempre houve conflito entre a esfera dos interesses particulares e aqueles comuns a todos os membros da comunidade à qual pertenciam.

Mas, mesmo partindo de um pressuposto mais realista com relação ao tema que nos interessa, não há como desprezar o fato de que estamos hoje muito distantes da cena política dos antigos, na qual a felicidade da cidade servia de horizonte para a ação no mundo público. Como nos lembra Arendt, até mesmo a gloriosa cena pública derivada da Revolução Francesa se esgotou, com o evento dos regimes totalitários. O que nos resta é um mundo complexo e em mutação constante. É dele que devemos partir para abordar o problema que nos interessa.

Em nossos dias, a linguagem dominante para se estudar o bem comum é aquela do cálculo dos benefícios e da busca pela maximização dos interesses. Em uma palavra, nossa linguagem política é dominada pela referência à utilidade e às maneiras de distribuí-la entre os cidadãos. Essa visão, dominante entre os cientistas sociais, reflete não apenas a maneira como setores importantes da academia lidam com a questão do bem comum, mas também a organização das sociedades que alcançaram certo grau de desenvolvimento e daquelas que aspiram a desenvolver-se. Importa compreender as consequências de tal postura para nossas vidas.

I

Uma pesquisa recente, elaborada pelo Centro de Referência do Interesse Público[1], mostrou que 58% dos brasileiros acreditam que o interesse da maioria significa a mesma coisa que o interesse público e que apenas 9% dizem que as duas coisas não podem ser confundidas. Do total dos pesquisados, 27% acham que as duas coisas nem sempre são idênticas, e apenas 6% declararam não ter opinião a respeito do tema. Quando observamos as tabelas mais detalhadas, aparecem algumas diferenças interessantes, que não chegam, no entanto, a mudar o resultado obtido pela média nacional. Assim, na região Sul, 71% dos entrevistados responderam "sim" à pergunta sobre a identidade entre interesse da maioria e interesse público, enquanto no Centro-Oeste essa média cai para 44%. Também podemos constatar diferenças importantes, quando analisamos os dados tomando como referência a escolaridade dos entrevistados. Nesse quesito, 65% dos que cursaram até a quarta série do fundamental responderam "sim" à pergunta de base, enquanto 50% dos mais escolarizados responderam afirmativamente quando perguntados.

Os dados apresentados apontam de forma consistente para a crença de boa parte da população brasileira de que a soma das vontades particulares é o eixo em torno do qual devem girar as decisões coletivas. Poderíamos até falar em consolidação dos traços individualistas de nossa sociedade, observando que no meio rural 64% dos entrevistados concordam com a ideia de que a maioria define o que é público, contrariando a imagem de um habitante do campo ainda marcado por valores que negam a individualidade como um assento privilegiado da cidadania. Um pensador político pouco preo-

---

[1] Trata-se da pesquisa elaborada pelo CRIP-UFMG (Centro de Referência do Interesse Público) em colaboração com a *Vox Populi*, aplicada em todo o território nacional, no primeiro semestre de 2009, nomeada "Interesse público e corrupção".

cupado com as mutações de nosso tempo poderia até comemorar o fato de que o Brasil entrou de forma definitiva no campo das nações contemporâneas ao reconhecer no indivíduo o elemento de base de sua constituição.

É claro que muitos problemas observados na aplicação dos direitos individuais e sociais no Brasil freiam o entusiasmo dos que creem que não há como escapar do avanço do individualismo nas sociedades industrializadas, mas isso não impede a constatação de que o quadro de referências de valores de parte significativa da população brasileira passou a acompanhar o padrão dominante no mundo capitalista contemporâneo.

Os dados apresentados acima poderiam servir de apoio para a interpretação que acabamos de sugerir, se não viessem misturados com outros resultados, que nos ajudam a nuançar as conclusões apresentadas e a compreender que no Brasil a questão do interesse público é bem mais complexa do que parece à primeira vista, e também nos auxiliam a alargar a compreensão do desafio teórico representado pela definição do que seja o bem comum. Na mesma pesquisa do CRIP, os entrevistados foram perguntados sobre a quem cabia resolver os problemas levantados pela busca do interesse público no Brasil. Contrariamente ao que poderíamos esperar em uma sociedade marcada pela crença no poder da maioria para decidir sobre questões que afetam a todos, 68% dos brasileiros declararam que cabe ao Estado responsabilizar-se pela implementação do interesse público. Esse dado permanece estável, mesmo quando observamos variáveis como escolaridade, renda e lugar de residência. Se cabe à maioria decidir o que é o interesse público, é papel do Estado torná-lo realidade.

Se estivéssemos lidando com um país marcado pela herança liberal, poderíamos concluir que o Estado é visto como mero executor das políticas decididas pela maioria, o que é algo esperado pelos defensores da tese do Estado mínimo. Nesse caso, no entanto, deveríamos enfrentar as críticas de John Rawls ao utilitarismo, que apontam para o fato de que considerar como bens primários apenas aqueles ligados à busca da riqueza tem profundas consequências na concepção de justiça subjacente às sociedades liberais contemporâneas. Para o pensador, desejamos sim a posse de bens materiais, mas para almejarmos viver em uma sociedade, que ele chama de bem ordenada, e que se quer justa, é preciso também afirmar a prioridade da liberdade sobre outros bens[2].

---

2   John Rawls, *A Theory of Justice*, Oxford: Oxford University Press, 1973, pp. 395-587.

O caso brasileiro nos permite explorar esse caminho, em busca de novas referências para uma teoria sobre o bem comum, em harmonia com as mutações que dominam nossa época. O Estado brasileiro não foi construído segundo o modelo liberal e, por isso, não pode ser pensado como um organismo ideal de regulação de conflitos. Ele encarnou um processo histórico próprio ao consolidar suas instituições antes da criação dos mecanismos de compensação do poder próprios da esfera da chamada sociedade civil. Além disso, ele tem se mostrado pouco eficiente para atender às demandas da maioria da população pelo simples fato de que se orienta com frequência muito mais por critérios de poder dos grandes grupos políticos do que por referência à busca pela realização do interesse comum.

A combinação dos dois resultados apresentados acaba por sugerir um impasse na questão do interesse comum, que ultrapassa em muito o caso brasileiro. De um lado está a tendência a enxergar na sociedade apenas aquilo que resulta da vontade dos indivíduos; de outro, o fato de que essa maneira de conceber a política conduz a formas variadas de apatia na cena política. Se nos países de tradição liberal ela se manifesta pelo esvaziamento da esfera pública e de suas instituições, no caso do Brasil, país no qual essa esfera nunca foi totalmente desenvolvida, a apatia se revela na transferência cega da responsabilidade de implementação do interesse público para o Estado, que historicamente se mostrou incapaz de agir nesse sentido. Na própria pesquisa, aliás, a população se mostra consciente desse risco, pois 73% dos brasileiros consideram a corrupção um fenômeno muito grave no país e outros 24% a consideram grave.

Do que acabamos de apresentar devemos ressaltar dois pontos. Em primeiro lugar, devemos observar que a confusão em torno do que devemos chamar de interesse público e como podemos enunciá-lo corretamente implica uma compreensão da cena pública que está longe de ser ingênua. Se o bem comum é o efeito de uma maioria que fala sempre a linguagem da soma de suas vontades, isso implica dizer que não há espaço para a constituição de uma arena pública na qual a opinião minoritária prevaleça, ou para que critérios oriundos de outras esferas do pensamento possam prevalecer. Pensar o que é comum parece ser a tarefa de uma maioria que conhece somente seus próprios desejos e os expressa por meio de números.

O segundo ponto a ser destacado é a crença, cada vez mais partilhada, de que o que sabemos sobre o bem comum é apenas aquilo que aprendemos quando interrogamos os indivíduos que formam em seu conjunto nossa comunidade política. O mundo surgido das estatísticas parece, nessa lógica, o único real. Conceitos que dependem de uma apreciação diferente do processo de formação dos consensos parecem ferramentas destinadas a perecer num mundo cada dia mais ansioso por precisão estatística.

Resumidamente, podemos dizer que nossa experiência de pensar o que é comum se transformou na busca por dados, que estejam em conformidade com as ideias vigentes em uma sociedade que anseia pelo consumo e se vê como o produto da soma final de vontades cegas e indiferentes uma às outras. Ora, nesse universo de números opacos, temos de enfrentar duas questões, se quisermos experimentar pensar nosso tempo partindo de uma linguagem que não se reduz à sua tradução numérica. Em primeiro lugar, devemos refletir sobre o papel que as pesquisas de opinião ocuparam em nossas sociedades. Em segundo lugar, cabe pensar sobre os riscos de deixar o problema do bem comum entregue à mecânica de produção da vontade de uma maioria abstrata que aparece como a única dotada de realidade para os membros do corpo político. Depois desses dois movimentos, vamos voltar ao conceito de vontade geral, para ver se ele pode nos ajudar a compreender os impasses de nossa época por meio da evocação de uma concepção da política, que não se reduz à operação do produto da soma de vontades individuais, elas mesmas incapazes de se comunicar por meio de outra linguagem do que aquela dos desejos individuais.

II

No final do século XVIII, quando a França estava prestes a iniciar um período de intensa transformação de suas estruturas sociais, Condorcet, então uma figura central do Iluminismo europeu, lançou-se no estudo dos mecanismos eleitorais, que acreditava serem um dos pilares das sociedades livres, que se anunciavam como o fruto mais visível do progresso. Sua preocupação principal era com a compreensão dos mecanismos de formação dos consensos e com as ferramentas capazes de desvendar os segredos das manifestações coletivas, que não mais contavam com a transparência da *ágora* grega para se efetivar. Com grande lucidez, ele soube ver que o voto, ou o ato de votar, estava destinado a ser a manifestação por excelência do habitante das nações que caminhavam em direção à democracia.

Como resumiu Granger, para o pensador: "O animal político é, antes de tudo, um *homo suffragans*"³.

Ao destacar a importância do voto, Condorcet, segundo Granger: "[...] parte simultaneamente de um dado positivo empírico – que é o fenômeno psicossocial do voto –, e de um dado normativo, que é sua concepção ideal do sufrágio como modo de determinação de uma verdade"⁴. O problema do filósofo iluminista tinha duas faces. De um lado ele queria saber quais eram as ferramentas racionais que permitiriam analisar corretamente o resultado das votações que ocorriam em sociedades e colocavam o povo no centro de sua vida política. Antes da Revolução de 1789, Condorcet tinha por referência principal os Estados Unidos e a história recente de sua constituição como nação. Com o correr dos anos, o processo revolucionário francês, do qual ele participou ativamente, transformou-se em seu objeto privilegiado. Mas havia em sua busca de uma teoria sobre o voto, algo mais do que o desejo de um matemático de estudar um processo estatístico interessante. A outra face de sua busca estava no fato de que ele queria, sobretudo, "determinar as leis probabilísticas da confiança que podemos acordar às decisões tomadas por sufrágio"⁵.

Condorcet foi duplamente visionário. No plano das ciências humanas, ele soube antecipar a importância do uso de ferramentas matemáticas para o estudo de fenômenos sociais. Como um dos grandes matemáticos de sua época, chegou a resultados interessantes ao buscar uma teoria capaz de definir as condições ideais para uma decisão correta, partindo da manifestação individual das crenças dos diversos participantes de um processo de votação. Pouco importa, para nós, o fato de que os instrumentos matemáticos usados pelo filósofo eram insuficientes para tratar do problema do voto em sociedades conflituosas. Ele sabia dos limites de seu estudo e acreditava que seus resultados diziam respeito a situações ideais, que não eram facilmente encontráveis.

As limitações de suas descobertas não estavam, no entanto, ligadas apenas às dificuldades matemáticas para descrever os complexos fenômenos

---

3 Gilles-Gaston Granger, *La Mathématique sociale du marquis de Condorcet*, Paris: Odile Jacob, 1989, p. 95.
4 Id., p. 98.
5 Id., p. 100.

sociais que apareceriam com a modernidade. Ao condicionar a qualidade do voto à qualidade dos votantes, Condorcet antecipou uma das grandes dificuldades das sociedades de massa, que mesmo concedendo grande espaço para a manifestação de seus membros por meio do voto, não são capazes de se pronunciar sobre a qualidade das decisões que daí derivam. Para o iluminista, às condições formais de constituição das assembleias e de seus procedimentos, era preciso agregar o grau de educação da população, para encontrar as condições ideais nas quais as decisões seriam não apenas formalmente equilibradas, mas também corretas[6]. Segundo ele, mesmo com todas as preocupações com o equilíbrio formal do processo de votação, de um corpo de eleitores pouco instruído não há nada a esperar, pois ele não exercerá seu direito de voto nas condições necessárias para chegar a decisões corretas a respeito de temas que lhe são caros. Essa asserção não visava afirmar um preconceito aristocrático qualquer do autor, mesmo se ainda estivéssemos longe da afirmação da igualdade radical entre os cidadãos como o centro de uma concepção moderna da democracia. Condorcet queria apenas alertar para o fato de que o progresso das luzes deveria se estender a todos e que isso aumentaria naturalmente a qualidade das decisões coletivas. Na ausência de uma extensão universal da educação, o corpo político seria vítima de suas próprias limitações e seria incapaz de enunciar seus interesses comuns em conformidade com uma razão que, em pleno século XVIII, parecia conter todas as esperanças de um verdadeiro progresso da humanidade.

Desde os estudos pioneiros do filósofo iluminista nos acostumamos com o uso das matemáticas como parte dos diversos métodos de investigação das ciências sociais. Nesse sentido, podemos dizer que ele antecipou de forma brilhante um dos caminhos metodológicos que serviu para orientar muitas pesquisas importantes e que acabou se incorporando à nossa vida cotidiana por meio das muitas pesquisas de opinião que são realizadas e divulgadas pelos mais diversos meios. Também nos acostumamos com a ideia da importância da educação para o processo político, embora nem sempre estejamos dispostos a aceitar os custos decorrentes de uma generalização verdadeira da educação pública.

---

6   Catherine Kintzler, *Condorcet: L'Instruction publique et la naissance du citoyen*, Paris: Minerve, 1984, pp. 27-29.

O uso de ferramentas matemáticas nas ciências sociais tem produzido resultados muito interessantes e bastante consistentes. Não há razão alguma para abandoná-lo ou mesmo condená-lo. Com seu aprimoramento, tornamo-nos capazes, por exemplo, de antever resultados eleitorais e a direção da opinião pública em um tempo cada vez menor.

O problema não está no meio utilizado, nem mesmo na confiabilidade dos resultados alcançados em pesquisas sobre temas de interesse público. O problema aparece no conteúdo implícito em muitas das pesquisas e que, longe dos alertas de Condorcet, acabam nos levando a acreditar que os resultados alcançados espelham a verdade de uma dada sociedade e não seu retrato transitório. A escolha de uma ideia estatística de maioria como referente, no lugar de um corpo político ativo, é um dos resultados preocupantes da pesquisa que citamos. Ele indica com clareza a importância do debate acerca da natureza das concepções que informam os membros de uma sociedade que se quer democrática e que toma por referência a soma dos interesses privados para construir o bem comum.

Vale a pena insistir. Pesquisas de opinião pública são instrumentos preciosos para o conhecimento de nossas sociedades. Não há nada de errado com elas. A questão é transformar a opinião pública, ouvida por meio de enquetes, no único referencial das decisões políticas que afetam toda a coletividade. Se o público é o resultado da soma de vontades, que oscilam segundo os humores dos tempos, a política se converte na administração de resultados estatísticos, que transformam os membros do corpo político em seres voltados para as coisas e seu consumo.

III

Vamos nos ocupar agora com as consequências de se pensar o mundo político sob a ótica da maioria. Tocqueville enxergou com grande lucidez os impasses que rondavam as sociedades democráticas no momento em que, segundo ele, se tornava inexorável seu estabelecimento como regime dominante da modernidade[7]. Ao estudar a democracia norte-americana, que ele considerava modelar, não por ser um ideal a ser perseguido por todos, mas

---

7   Alexis De Tocqueville, *De la démocratie en Amérique*, vol. I, Paris: Garnier-Flammarion, 1981, p. 53.

pelo fato de que era a única forma de governo na qual suas origens podiam ser analisadas sem ter de recorrer às brumas da história, Tocqueville viu na questão da maioria um dos nós da questão democrática moderna. De forma límpida ele afirma: "É da essência dos governos democráticos que a maioria tenha um império absoluto, pois, fora da maioria, nas democracias, não há nada que resista"[8].

Para o pensador francês esse fato, que classifica como "império moral da maioria", se funda na ideia de que há mais sabedoria na reunião de muitos homens do que em apenas alguns[9]. Nessa ótica, os norte-americanos preferiram confiar no resultado da agregação de talentos – que, tomados individualmente, seriam apenas medianos – a apelar para a figura de um legislador excepcional, capaz de criar as estruturas do corpo político a partir da compreensão superior de suas demandas.

Tocqueville mostra que a democracia moderna abdica da tópica do legislador – presente sob várias formas no pensamento político até o século XIX –, e adota uma forma de mediania ponderada como referência para a criação das instituições centrais do corpo político. Essa mudança de perspectiva foi possível, segundo ele, porque a democracia norte-americana transformou o desejo por igualdade em seu motor central e a igualdade se acomoda melhor em uma sociedade na qual prevalecem os desejos do homem mediano do que naquelas em que brilham talentos especiais. Essa constatação era para o pensador francês fruto da observação da marcha do tempo, que condenava ao esquecimento toda forma de aristocracia e fazia nascer uma sociedade em total sintonia com as transformações que alteravam para sempre não apenas a cena política do antigo regime, mas também a imaginação do século XVIII, que ainda sonhava com os antigos heróis gregos e romanos e sua virtude fora do comum.

A consequência direta, para nosso tema, é que: "O império moral da maioria se funda também sobre o princípio segundo o qual os interesses do grande número devem prevalecer sobre aqueles do pequeno número"[10]. Nessa ótica, a pesquisa citada – que demonstra que parte importante da

---

8   Id., Deuxième partie, cap. VII. p. 343.
9   Id., Deuxième partie, cap. VII. p. 344.
10   Id., Deuxième partie, cap. VII. p. 345.

população brasileira identifica interesse público com interesse da maioria – nada mais faz do que expressar a expansão dos valores democráticos que, no século XIX, se consolidavam nos Estados Unidos. A regra da maioria passa a valer em todos os domínios e se transforma no operador central da vida política, sem que para isso os governantes tenham de lançar mão de instrumentos excepcionais, ou mesmo de um uso exagerado da força, para fazer valer a vontade da maioria.

Um exemplo disso aparece no domínio do pensamento. De forma aparentemente surpreendente, o pensador francês afirma: "Eu não conheço um país no qual exista, em geral, menos independência de espírito de verdadeira liberdade de discussão do que na América"[11]. Essa afirmação pode desconcertar o leitor, que até então seguira as análises sobre a democracia da América como se elas revelassem um ideal que deveria ser imitado por todos os países do mundo civilizado. Ora, Tocqueville via na democracia o regime por excelência dos tempos modernos, mas não a realização de uma utopia que poria fim às mazelas humanas. Se ele admirava muitas de suas realizações, também observava seus vícios e seus riscos.

A predominância absoluta da vontade da maioria fazia algo com que nem mesmo as monarquias absolutas sonhavam: impedia a proliferação da diferença no seio de uma sociedade que se via como o produto mais acabado da difusão da liberdade. A maioria "vive em uma perpétua adoração de si mesma"[12], dizia ele, e, com isso, "traça um círculo formidável em torno do pensamento"[13]. Contrariar a maioria corresponde a se colocar fora da grande corrente de opinião que fornece a direção da sociedade como um todo. Não se trata de impedir a manifestação da divergência, mas de torná-la estéril e perigosa, para os que se arriscam a sair do círculo da igualdade democrática.

A criação da indústria cultural, o avanço da massificação dos costumes nas sociedades capitalistas e a crescente solidão do homem de massa mostram que Tocqueville soube como poucos compreender os vícios da modernidade democrática e como o desaparecimento da liberdade de pensamen-

---

11 Id., Deuxième partie, cap. VII. p. 353.
12 Id., Deuxième partie, cap. VII. p. 355.
13 Id., Deuxième partie, cap. VII. p. 353.

to, mesmo quando feita de forma suave e pouco violenta, pode ameaçar a liberdade de todos.

É verdade que ao longo do século XX, as sociedades democráticas ocidentais se mostraram muito mais preocupadas com os direitos das minorias (e com a expressão de suas diferenças) do que no tempo da viagem do grande pensador aos Estados Unidos; mas isso não significou o desaparecimento do império da maioria e de seus perigos. A tentação do pensamento único continua a rondar os governantes, que se apoiam na corrente irresistível da maioria, para negar-lhe o oxigênio necessário para toda reflexão verdadeiramente autônoma. Esses perigos são parte integrante das democracias contemporâneas. Em alguma medida, eles a constituem tanto quanto o amor pela igualdade. Tal constatação não deve, no entanto, nos afastar da compreensão de que a existência dos riscos apontados implica a possibilidade de que as sociedades democráticas encontrem em seu interior mesmo os elementos que a conduzem a dissolução.

É sabido que o segundo livro da *Democracia na América* tem um tom mais reflexivo do que o primeiro, e não foram poucos os intérpretes que o associaram ao pensamento de Rousseau, enquanto o primeiro livro seria marcado pelas leituras de Montesquieu[14].

Essa mudança de tom trará algo de fundamental *à démarche* do autor, pois, com o passar do tempo, suas preocupações se voltaram para aspectos gerais da sociedade americana, deixando de lado a vontade de oferecer uma descrição minuciosa do funcionamento das instituições políticas norte-americanas, que domina muitos capítulos da primeira parte. Chama a atenção, no entanto, que pouco antes de terminar seu estudo monumental, Tocqueville tenha achado necessário discorrer sobre o tipo de despotismo que deve ser temido pelas sociedades democráticas. No primeiro volume já tínhamos aprendido os riscos que o império da maioria representa para as sociedades livres, agora, trata-se de compreender seu ponto de ruptura com os valores que as sustentam[15].

---

14 Para um estudo da recepção de Tocqueville na França, ver Françoise Mélonio, *Tocqueville et les français*, Paris: Aubier, 1993.

15 Para uma aproximação do pensamento de Tocqueville e Rousseau ver: Agnes Antoine, *L'impensé de la démocratie: Tocqueville, la citoyenneté et la religion*, Paris: Fayard, 2003, pp. 217-234.

Para ele, o que as sociedades democráticas devem temer é uma forma de despotismo que, sem usar da violência normalmente associada aos tiranos, possa se estender a quase todas as partes do corpo político. A partir dessa constatação inicial, ele traça um perfil do que seria esse despotismo, que assusta pela imensa proximidade com o que vivemos nas sociedades atuais. Assim, o desenvolvimento do despotismo democrático – essa expressão eivada de paradoxos que ele cunha – tem de um lado cidadãos acostumados com a liberdade, "que se retornam o tempo todo sobre eles mesmos para buscar os prazeres pequenos e vulgares, com os quais contentam suas almas"[16]. Todos procuram o conforto de uma vida calma e isolada, indiferente aos outros, salvo àqueles que estão próximos.

Para governar essa multidão ávida por conforto e indiferente ao que é comum existe "um poder imenso". "Ele é absoluto, detalhado, regular, precavido e doce"[17]. Nessa contraposição entre a crescente apatia dos cidadãos e a eficiência de um poder, que não se incomoda de "trabalhar para sua felicidade, mas quer ser o único agente e o único árbitro"[18], forjam-se as condições para o aparecimento de uma sociedade que não se parece em nada com as sociedades aristocráticas do passado e nem mesmo com aquelas que viviam sob o governo dos déspotas orientais.

Os cidadãos das democracias não perdem de imediato suas prerrogativas, mas o desenvolvimento do despotismo democrático torna "cada dia mais raro e inútil o exercício do livre arbítrio"[19]. Eles querem ao mesmo tempo ser livres e se sentir guiados por uma mão poderosa e providencial. Sem se darem conta da impossibilidade de conciliar "despotismo administrativo" com a "soberania do povo", os cidadãos das democracias contribuem de forma decisiva para a destruição das bases do contrato que os tornou livres[20].

Retomando as preocupações de Condorcet com a natureza do corpo de eleitores que deve eleger os governantes em uma democracia, ele afirma

---

16 Alexis De Tocqueville, *De la démocratie en Amérique*, vol. II, Quatrième partie, Paris: Garnier-Flammarion, 1981, p. 385.
17 Id., Quatrième partie. p. 385.
18 Id., Quatrième partie. p. 385.
19 Id., Quatrième partie. p. 386.
20 Para uma análise excelente sobre a questão do despotismo democrático em Tocqueville, ver Marcelo Jasmin, *Alexis de Tocqueville: A historiografia como ciência da política*, Rio de Janeiro: ACCESS, 1997, pp. 53-85.

com tintas melancólicas: "[...] nada me leva a crer que um governo liberal, enérgico e sábio, possa sair dos sufrágios de um povo de servos"[21]. Voltado para a defesa de suas pequenas vantagens, o corpo dos cidadãos acaba não se dando conta de que para alcançá-las teve de renunciar a partes importantes das liberdades que são necessárias em todos os momentos da vida e não somente no que diz respeito às grandes questões.

À luz dessas considerações, podemos voltar aos impasses sugeridos pela pesquisa que citamos. De um lado se encontra a crença no papel fundamental da vontade da maioria e em sua capacidade de conter o interesse público. Como acabamos de ver, a crença irrestrita na verdade das proposições que emanam da manifestação da maioria conduz de fato a um estreitamento do campo de ação nas democracias e não à consolidação de um espaço público rico e plural. De outro lado, a delegação aos governantes dos poderes necessários para a instituição do que todos acreditam ser o interesse público, coloca em marcha um mecanismo que, longe de preservar as conquistas democráticas, ameaça-as de dentro. Não se trata de afirmar que estamos à beira de uma ruptura institucional que nos levaria a outro ciclo autoritário, mas de compreender os aspectos de uma sociedade de consumidores de massa, os quais apontam para os limites dos paradigmas teóricos que se contentam com a busca incessante por mecanismos de regulação, que, sozinhos, não podem conter a marcha em direção ao que Tocqueville chamou de despotismo democrático.

Tocqueville não viu, e não poderia ver, que, para além do despotismo democrático, a apatia e a renúncia à soberania do povo continham em germe outra forma de dominação extrema, que nenhum dos termos históricos empregados para descrever o poder arbitrário dos governantes do passado poderia conter. O aparecimento das diversas formas de totalitarismo mostrou que a democracia moderna não possui a capacidade de barrar as formas extravagantes de mando, que germinam em seus campos povoados por cidadãos silenciosos e anônimos. O cidadão apático se converte facilmente em homem da massa, e com ele surge a possibilidade de uma igualdade negati-

---

21 Alexis De Tocqueville, *De la démocratie en Amérique*, vol. II, Quatrième partie, Paris: Garnier-Flammarion, 1981, p. 388.

va, que abre as portas para todos os horrores. Não é nosso propósito investigar essa transformação final da democracia moderna em totalitarismo, mas é importante lembrar que o próprio pensador francês alertava para o fato de que a passividade, resultante de uma relação mecânica com o Estado, abre as portas para o esquecimento das raízes de todo poder legítimo. Isso o leva a concluir: "Eu sempre acreditei que essa forma de servidão regulada, doce e calma, que acabo de descrever, poderia se combinar muito melhor do que imaginamos com algumas formas exteriores da liberdade e que não lhe seria impossível se estabelecer à sombra da soberania do povo"[22].

Para continuarmos a pensar a questão do bem comum, devemos voltar nossos olhos para o que foi sendo deixado de lado no curso do extraordinário avanço das forças internas das democracias, que as corrompem e dão nascimento às novas formas de despotismo. É preciso se interrogar se, para além da vontade da maioria, não é necessário falar da vontade geral – se quisermos preservar a imensa herança do movimento de democratização que envolveu a modernidade, e vai aos poucos se consolidando entre nós.

IV

Para muitos atuais estudiosos da política, o recurso aos métodos estatísticos é o único que confere objetividade às ciências sociais e reflete corretamente a organização das sociedades democráticas. Pretender que exista algo além da soma das vontades, que produz um magma comum de desejos e serve de guia para os governantes, é correr o risco de trazer de volta formas autoritárias nas quais o suposto bem coletivo é um freio para a constituição dos direitos individuais e uma ameaça para as liberdades civis. Deixando de lado o alerta de Tocqueville, e os riscos inerentes às sociedades democráticas, eles preferem apostar na constituição pela "mão invisível" de uma comunidade de interesses, que seja o produto da interação dos múltiplos desejos que atravessam o corpo político. Nessa lógica, continua existindo um lugar para o interesse comum, mas não para uma vontade geral. O que se pretende não é negar a necessidade de um lugar de regulação dos conflitos – a esfera do direito é esse lugar por excelência – mas sim de podermos

---

22 Id., Quatrième partie, p. 386.

falar em interesse comum, ou em bem comum, como ligado a algo mais do que o terreno da interação das vontades individuais.

Para esses pensadores, a pergunta sobre o que temos em comum pode ser respondida de forma positiva; ela se expressa nas leis que escolhemos, mas para eles nossa interrogação deve parar por aí, se não quiser avançar para o terreno perigoso dos excessos dos grandes tiranos. Um mundo apático e regulado é o ideal para pensadores que classificam como perigosos conceitos que impliquem em algo que vá além do que podemos experimentar em nosso cotidiano mais imediato. Para eles, a experiência do pensamento deve se autolimitar, para evitar a deriva das formas poéticas e da imaginação. A política deve ser tola para não nos obrigar a correr riscos excessivos.

Nesse sentido, devemos deixar a criação para a arte, mas bani-la da política. Buscar compreender o momento inaugural das sociedades é procurar uma metafísica impossível, que só pode conduzir a mais sofrimento. Por isso, diante de transformações profundas como as que estamos experimentando, acreditam alguns, o pensamento deve se manter na esteira da racionalidade instrumental e buscar na técnica a solução para os problemas que sua invasão de nosso cotidiano produziu.

As raízes dessa crítica a conceitos, que colocam o problema do bem comum numa ótica que transcende a pura objetividade dos interesses privados, teve início ainda no século XIX por meio dos ataques de Benjamin Constant ao pensamento de Rousseau e a alguns aspectos da Revolução Francesa. Num texto que se tornou célebre, ele afirmou: "A liberdade que foi apresentada aos homens no final do século passado foi tomada de empréstimo das repúblicas antigas". Partindo da ideia de que foi o recurso a tópicas do passado (em particular a recuperação dos antigos valores cívicos dos gregos e dos romanos, que provocou os desvios da Revolução) Constant não hesitou em atribuir a culpa pelos excessos revolucionários a todos aqueles que de uma maneira ou de outra lançaram mão dos exemplos antigos para fundar suas concepções. Comentando o recurso à ideia de uma liberdade, que exigia dos cidadãos algo mais do que sua simples manifestação no processo de representação pelo voto, ele conclui: "Essa liberdade compunha-se muito mais da participação ativa no poder coletivo do que no gozo suave da independência individual"[23].

---

23 Benjamin Constant, "De l'esprit de conquête et de l'usurpation", in *De la liberté chez les modernes*. (Ed. Marcel Gauchet), Paris: Hachette, 1980, p.182.

O verdadeiro objeto das preocupações de Constant não era, no entanto, a querela entre antigos e modernos, mas sim o fato de que ele acreditava que os excessos da Revolução Francesa haviam sido cometidos por aqueles que quiseram transportar para o presente, comportamentos que só faziam sentido na Antiguidade. Para que isso se tornasse possível, foi preciso que poderosas correias de transmissão tivessem sido postas em marcha, capitaneadas por autores como Rousseau e Mably. Sem ambiguidades, ele acusava o filósofo de Genebra de ser um dos responsáveis pela tragédia do Terror. "Veremos – diz ele – [...] que a metafísica sutil do *Contrato social* só serve em nossos dias para fornecer as armas e os pretextos para todos os tipos de tirania"[24]. Para ele: "Os homens, que foram levados pela onda dos acontecimentos a liderar nossa Revolução, estavam, em consequência da educação que haviam recebido, imbuídos das opiniões antiquadas e tornadas falsas, que os filósofos de que falei haviam posto em realce"[25].

A confusão entre os escritos de Rousseau e as ações dos jacobinos nos anos do Terror serviu para criar a identidade do pensamento liberal francês ao mesmo tempo em que fazia do modelo, que surgia na Inglaterra e, sobretudo, nos Estados Unidos, o único válido. Se de um lado pensadores como Constant contribuíram para uma melhor compreensão do fenômeno democrático moderno, numa linhagem na qual se situa o próprio Tocqueville, de outro, jogaram na lixeira conceitos como o de vontade geral e as questões que a ela se associavam. Nossa hipótese é que um retorno ao tema da vontade geral pode nos ajudar a pensar os impasses e riscos das democracias atuais em meio a transformações que estão longe de poderem ser pensadas com o instrumental herdado dos críticos de Rousseau no século XIX.

Comecemos por um esclarecimento. O conceito de vontade geral é comumente associado à obra do pensador de Genebra, mas seu impacto na vida política do século XVIII transcende em muito o campo do debate de ideias. Como observa Pierre Rosanvallon, o ano de 1789 marca uma virada importante na discussão sobre a origem da lei[26]. Até então, podemos identi-

---

24 Id., p. 187.
25 Benjamin Constant, "De la liberté des anciens comparée à celle des modernes", in *De la liberté chez les modernes,* ed. Marcel Gauchet, Paris: Hachette, 1980, p. 505.
26 Pierre Rosanvallon, *Le sacre du citoyen*, Paris: Gallimard, 1992, p. 209.

ficar dois modelos concorrentes no estabelecimento da fonte de legitimidade das leis de um povo. O primeiro, próximo de encontrar seus limites, era aquele teológico-político que asseverava que Deus era a única fonte da lei e os monarcas seus representantes. No outro polo estavam os iluministas que garantiam que a razão universal era a depositária do sentido da lei e deveria servir de guia para todo corpo de leis.

O recurso ao conceito de vontade geral contribuiu para clarear um aspecto do problema e abrir um novo campo de reflexão. Em primeiro lugar, não resta dúvida que a questão da soberania devia ser respondida de uma maneira diferente daquela dominante nos últimos séculos se quisesse marcar uma ruptura radical com o modelo monárquico. Como sublinha Rosanvallon, no ambiente da Revolução Francesa e do que ele chama de "coroamento" da vontade geral: "[...] a reconstrução da ordem política, o apagamento da figura do monarca absoluto não podia ser realizado ao preço de uma transferência direta de seu poder para a nação, a simples perspectiva, à moda inglesa, de uma limitação da soberania real parecia ultrapassada e insuficiente"[27].

Todo o problema se encontra, afirma o historiador, no fato de que "a vontade geral é inicialmente a vontade da nação"[28]. Com isso ela possui um grau de generalidade, faz apelo a uma totalidade tão abstrata, que deixa inteiramente de fora a questão do lugar do povo concreto na constituição do corpo político e na definição do interesse comum. Os autores liberais, desde Bentham, vão se servir dessa constatação, para dizer que a única correia de transmissão entre o povo e o corpo político é o voto e que tentar encontrar algo além dele é partir em busca de quimeras. Dessa maneira o conceito de vontade geral perde toda significação sociológica e também política e passa a ser apenas uma expressão metafísica em um mundo à cata de valores positivos.

Vale a pena retornar a Rousseau para ver se essa interpretação de um conceito-chave de sua obra se sustenta e se podemos de alguma maneira lançar mão de suas reflexões para esclarecer os problemas que levantamos

---

27 Id., p. 210.
28 Id., p. 211.

antes. No começo do segundo livro do *Contrato social*, ele afirma que "[...] só a vontade geral pode dirigir as forças do Estado de acordo com a finalidade de sua instituição que é o bem comum, pois, se a oposição entre os interesses particulares tornou necessário o estabelecimento das sociedades, foi o acordo desses mesmos interesses que o tornou possível"[29].

Os termos de nosso problema estão todos presentes na citação acima, mas o sentido de sua ordenação é diferente. O filósofo de Genebra não nega a presença dos interesses particulares nas sociedades humanas. Ao contrário: ele afirma que mesmo antes de sua constituição como sociedade política, os homens se dividem em razão mesmo da impossibilidade de conciliar o que é pura particularidade. Ou seja, se os interesses particulares têm existência, eles não são capazes de produzir nada além da divisão que os caracteriza. Noutra linguagem, poderíamos dizer que eles são uma força passiva, da qual não é possível passar de um estágio de desagregação a uma ordenação do convívio dos homens que seja algo mais do que um caos de eterno conflito. Rousseau reconhece a anterioridade dos interesses particulares, mas nega que eles sirvam de fundamento ao Estado.

Ao contrário, a vontade geral é a força que dá sentido ao convívio dos homens, que os reúne em uma associação, que é mais do que um agregado de membros em disputa contínua em torno de seus interesses. O bem comum é assim o vetor de superação de um estado de coisas, que por suas forças internas permaneceria inerte e desordenado para sempre. O termo vontade não implica, no entanto, que se trata de uma força, que pode ser guiada por algo exterior ao grupo humano do qual ela nasce. Como diz Rousseau, "A vontade é geral ou não é; ela é aquela do corpo do povo, ou somente de uma parte"[30]. Apenas no primeiro caso ela pode servir de princípio de criação do Estado. O que interessa sublinhar é que o conceito de vontade geral nos ajuda a compreender que o problema do bem comum se coloca em linha direta com aquele da criação do Estado. Ele implica a unidade do corpo político, porque é só na unidade das vontades particulares que encontramos o solo para a manifestação do desejo de todos.

---

29 Jean-Jacques Rousseau, "Du contrat social", in *Oeuvres complètes*, vol. III, Paris: Gallimard, 1964, p. 368.
30 Id., p. 369.

Uma vez criado o Estado, as vontades particulares continuam a existir e a agir. Em seu interior continuam a existir atos que não são gerais, mas eles não são o fundamento da vida em comum. O que aprendemos com Rousseau é que o bem comum é o que dirige a fundação das sociedades políticas. Ele lhes dá sentido e indica o que queremos partilhar e o que ficará de fora de nossa associação. Ele concerne ao que consideramos essencial para nossas sociedades, e o que deve ser evitado. Por isso, a vontade geral só é evocada nos momentos em que decidimos sobre os fundamentos de nossa vida política e não nos pequenos embates cotidianos, que caracterizam qualquer associação humana. Nessa lógica é que podemos dizer que o bem comum não nasce de um processo de agregação automática de interesses, mas de uma vontade que visa a totalidade do corpo, no momento em que escolhemos viver juntos de uma forma determinada.

Na sequência do texto, Rousseau chega a uma distinção que nos interessa diretamente. "Existe – diz ele – uma diferença entre a vontade de todos e a vontade da maioria, a primeira só diz respeito ao interesse comum, a outra concerne ao interesse privado e é somente a soma das vontades particulares"[31]. Mais uma vez fica explícito que não podemos falar de vontade geral quando o que está em jogo são parcelas que disputam o poder do Estado. Dessas lutas nasce a corrupção das sociedades políticas, mas não seus princípios básicos.

Ora, na primeira versão do *Contrato social* Rousseau havia enunciado o problema da diferença entre vontade geral e vontade da maioria em termos ainda mais próximos daqueles que adotamos em nosso texto. Ele afirma:

> Devemos conceber, dessa maneira, que o que generaliza a vontade pública não é a quantidade dos votantes, mas o interesse que os une, pois, nessa instituição cada um se submete necessariamente às condições que ele impõe aos outros; acordo admirável do interesse e da justiça, que dá às deliberações comuns um caráter de equidade, que vemos se evaporar na discussão de qualquer negócio particular, na falta de um interesse comum que una e identifique a vontade do Juiz com aquela da parte.[32]

---

31 Id., p. 371.

32 Jean-Jacques Rousseau, "Du contrat social: Première version", in *Oeuvres complètes*, vol. III, Paris: Gallimard, 1964, p. 307.

Alguns intérpretes quiseram ver nessa passagem o sinal da incompreensão de Rousseau da natureza dos processos de representação, que tornaram possível a democracia nas sociedades modernas. Outros insistiram no caráter amplo de sua linguagem e em sua dificuldade de apontar os mecanismos institucionais que deveriam corresponder às suas ideias. Ora, essas críticas parecem desconhecer o objeto mesmo das preocupações do pensador de Genebra. Assim como Tocqueville soube ver os perigos que se escondem na aceitação do governo da maioria em uma democracia estabelecida, Rousseau soube enxergar os riscos de derivar do acordo numérico das vontades as leis básicas de um corpo político.

Sem o reconhecimento prévio do interesse comum não é possível nem mesmo falar de legitimidade dos interesses individuais. A menos de acreditarmos que os direitos individuais e civis nos são dados diretamente pela natureza ou por Deus, é preciso descobrir o ponto de união entre os interesses, um estado de equidade real, que nos permita falar de justiça das leis e de valores comuns. Esse é o território da vontade geral.

A vontade geral afeta diretamente o momento da criação do corpo político, mas, como observa Rosanvallon, ela "não tem por vocação ser uma força de governo. Seu único objeto é a legislação. [...] Ela intervém na origem da sociedade e na ocasião de suas escolhas solenes, mas não participa de seu funcionamento ordinário".[33]

De alguma maneira, podemos dizer que a situação ideal imaginada por Rawls, dos homens escolhendo os princípios que devem estruturar uma sociedade justa debaixo de um véu de ignorância, traduz a cena original na qual a vontade geral se faz valer. Mas para Rousseau, e acreditamos que essa lição pode ser conservada até hoje, tal cena não é apenas um constructo racional destinado a facilitar os cálculos racionais que podem nos conduzir a escolher um modelo de sociedade e não outro, como em Rawls. A vontade geral não é o enunciado de seres racionais destituídos de particularidades, embora não possamos negar a influência do racionalismo iluminista do século XVIII sobre os homens que adotaram essa ideia em 1789 no processo de criação de uma Constituição para a França.

---

33 Pierre Rosanvallon, *Le sacre du citoyen*, Paris: Gallimard, 1992, p. 217.

Ela guia as forças instituidoras dos homens, exatamente porque eles se mostram pouco inclinados a renunciar à particularidade de suas vontades, e isso os conduz à catástrofe das disputas sem fim entre desejos privados e bens públicos. Num certo sentido, Rousseau imagina o cenário de emergência da vontade geral, como uma cena extrema, da qual depende o futuro dos membros do corpo político, e não aquele de um acordo racional, baseado em cálculos de melhor conveniência ou utilidade. Para o pensador de Genebra, o momento de recurso à vontade geral é justamente aquele de suspensão de todos os cálculos e todas as previsões. A vontade geral só tem existência no momento em que os fundamentos de nossa existência em comum estão ameaçados ou são inexistentes. Ela é pertinente em tempos de revolução ou de mutações dos grandes paradigmas da vida social.

Os riscos de se recorrer a um conceito como o de vontade geral, um guia para a formação do interesse público, não podem, entretanto, ser postos de lado, sob o preço de legitimarmos formas extremas de governo, que se põem no lugar do povo e pretendem agir em seu nome. Nos anos que se seguiram à Revolução de 1789, os franceses experimentaram as consequências da utilização da soberania do povo como um mecanismo de legitimação do poder executivo. Se no momento da Constituinte o recurso à vontade geral serviu para definir as bases sobre as quais deveria ser erguido o novo poder e seu acento constitucional, com o advento do poder dos jacobinos, a pretensão de falar diretamente a linguagem do soberano popular e de enunciar sua vontade transformou-se numa peça chave do mecanismo de violência política que instituiu o Terror como forma de governo[34]. Por isso, não podemos simplesmente evocar o conceito de vontade geral sem levar em conta as derivas que cercaram sua recepção na cena política do passado.

A atualidade do conceito de vontade geral não está, portanto, no fato de que ele se associou em primeiro lugar a uma espécie de "totalidade abstrata" – para conservar os termos usados por Rosanvallon – nem mesmo por significar a mudança de direção da soberania do monarca para a nação. Em alguma medida essas são questões que dizem respeito aos historiadores. O

---

34 Sobre esse tema ver Timothy Tackett, *Par la volonté du peuple*, Paris: Albin Michel, 1997.

apelo à ideia de vontade geral é importante por apontar para um problema que é típico das épocas de mutações profundas das sociedades e que dependem da intervenção dos homens para ser enfrentado.

Ora, olhando para nosso tempo, podemos dizer que não há razão para acreditarmos que a soma das vontades da maioria abriria espaço nas políticas atuais para tratar de temas candentes como aqueles do meio ambiente, das minorias, dos limites éticos do uso de novas tecnologias para transformar o corpo humano. Essas não são questões acessíveis a lógica simples dos interesses privados. É perfeitamente possível que não tenhamos consciência direta da questão ecológica e que, por isso, não vejamos razão suficiente para alterar nosso padrão de consumo, enquanto os efeitos da crise ambiental não nos afetarem de forma muito imediata. Da mesma maneira, a maioria, em geral, é pouco atenta aos problemas das minorias, pelo simples fato de que ela é a vontade dominante. Por que razão, por exemplo, deveríamos nos preocupar com o problema do casamento homossexual, se isso não está em nosso horizonte direto, ou com a eutanásia, se nenhum de nossos entes queridos, ou nós mesmos, nos sentirmos concernidos?

Isso não quer dizer que os homens não se preocupem com problemas desse tipo. Cada um de nós pode ser mais ou menos sensível a temas da atualidade, mas isso pode ser percebido como um problema particular e não como algo que coloque em questão os princípios do corpo político ao qual pertencemos. A maioria silenciosa das estatísticas forja o campo no qual buscamos ressonância para nossos projetos individuais, mas não fornece a imagem das fundações da sociedade na qual queremos viver diante dos imensos desafios que temos de enfrentar em nossa época.

O recurso ao conceito de vontade geral nos lembra que a condução de todo processo de transformação radical da sociedade será o fruto da intervenção direta dos homens e que, por isso, eles terão de visar algo além dos horizontes de suas vidas privadas se não quiserem ser o joguete fácil das grandes estruturas de poder, que se consolidaram ao longo do último século, sobretudo na esfera econômica. Com todas as dificuldades para se encontrarem os mecanismos que façam "falar" a vontade geral, é preciso romper com o encantamento matemático da vontade da maioria – para nos darmos conta de que estamos diante da exigência de uma nova fundação da vida em comum em consonância com os valores democráticos e republicanos, os quais colocaram a liberdade e a igualdade no centro de nossas vidas públicas.

Vivemos em uma época avassalada pela corrente de mudanças trazidas pela revolução do avanço das tecnociências. Se nos renunciarmos a pensar sobre o desenho de nossos interesses em comum, eles terão a face dos processos automáticos, que negam ao homem a humanidade de sua condição. Já ouvimos os arautos de uma mutação, que vai nos condenar aos automatismos de uma revolução sem fim dos processos produtivos e técnicos.

A afirmação de que estamos diante do inexorável é muito semelhante àquela dos monarcas que insistiam que seu poder vinha de Deus e não poderia ser contrariado. Há a marca das crenças radicais na predeterminação dos destinos do homem, numa lógica que lhes é impenetrável. Mesmo reconhecendo as dificuldades suscitadas pelo recurso ao conceito de vontade geral, ele serve para mostrar que a construção da esfera do bem comum pode ser um projeto consciente e racional, que, para ser realizado, terá de enfrentar a verdadeira batalha de instauração de uma nova soberania, a qual transforme em problemas coletivos – e não em mecanismos automáticos e fora de controle – as mutações que estamos sofrendo em vários níveis de nossa existência. Ele nos ajuda a fazer a experiência de um pensamento que enfrenta o problema dos fundamentos da vida em comum, mesmo sabendo que nesse movimento talvez tenhamos de nos contentar com uma ferramenta cujo potencial crítico nunca poderá nos livrar da contingência de nossas próprias criações.

Da Filosofia Política e da Crença
(ou das condições necessárias para
a experiência do pensamento sobre a política)
Renato Lessa

> *Realism is not a natural condition. The natural condition is ideology, dreaming. Whenever I protest against the reality principle, i. e., against what reality is doing to me, I'm being realistic. Therefore, my motive for being realistic is antirealistic.*
> Alexander Kluge[1]
>
> *Commençons donc pour écarter tous les faits, car ils ne touchent pas à la question.*
> Jean-Jacques Rousseau[2]

ABERTURA

1. Há três anos, Adauto Novaes convocou-nos para tratar de uma questão mais do que complexa, espinhosa e nada caridosa, a do esquecimento da política. A habitual provocação adautiana suscitou, entre os que atenderam a seu chamado, uma pluralidade de respostas, a demonstrar que, se dependesse dos analistas, a política não teria sido esquecida. Afinal, todos fomos obrigados a dela lembrar, mesmo que fosse para atestar a sua rarefação e virtual apagamento nos dias que correm.

---

1 Alexander Kluge, apud Hans-Bernard Moelle, "Introduction", in Alexander Kluge, *Case Histories*. New York: Holmes & Meier, 1988.
2 Jean-Jacques Rousseau, *Discours sur L'origine et les fondements de L'inégalité parmi les hommes*. Paris: Le Livre de Poche, 1991.

Minha abordagem pessoal, na altura, procurou fazer uma distinção entre *dizer que a política está esquecida* e *dizer que ela simplesmente acabou*[3]. Em certo sentido, a sentença "a política foi esquecida" pode ser lida em uma dupla chave positiva. Vejamos:

- Ela atesta a existência de um sujeito que, ao proferir "a política está esquecida", afirma-se como alguém que exprime um juízo político, ou ao menos metapolítico. Por essa via, tem-se uma prova de sabor cartesiano a respeito da existência desse sujeito, fundado na proposição: esqueço logo existo;
- Há, ainda, uma deriva ontológica: a sentença atesta a existência daquilo que supõe negar ou sepultar. A inteligibilidade da sentença "a política foi esquecida" exige a presença de uma memória – qualquer uma – a respeito do que foi – ou teria sido – a política, antes de seu mergulho abissal no esquecimento. A proposição resultante é: se algo é esquecido, algo existe.

2. Os termos da presente provocação – a experiência do pensamento – permitem, por inversão, o acréscimo da seguinte questão: a da *relação entre pensamento e experiência*. Com a inversão, chegamos ao tema da política. Com efeito, o tema da experiência evoca como condição de inteligibilidade o tema da ação humana. Um dos modos clássicos de considerar esse tema consiste em colocar sob foco o domínio da política. Pretendo fazê-lo a partir de uma questão genérica: quais as condições necessárias para um pensamento a respeito da política? Em outros termos, que experiência do pensamento deve abrigar a consideração de questões políticas?

3. Trata-se de pergunta não inocente, posto que instituída por uma intenção clara de demarcação com relação ao tratamento dito científico da política. A meu juízo, é necessário trazer a *filosofia política* para o *exercício de interpretação da vida pública*. São as implicações dessa urgência que serão tratadas a seguir.

Na estrutura geral do texto, pretendo considerar as seguintes questões:

- uma definição pragmática e operacional dos termos "teoria política" e "filosofia política";

---

3 Ver Renato Lessa, "Política: anamnese, amnésia, transfigurações", in Adauto Novaes (org.), *O esquecimento da política*. Rio de Janeiro: Agir, 2007.

- a relevância do tema da crença para uma interpretação da filosofia política, ou, em termos mais diretos, *a crença como dimensão compulsória da filosofia política*.

TEORIA POLÍTICA E FILOSOFIA POLÍTICA: DEMARCAÇÕES NÃO EXAUSTIVAS

Com a emergência de uma autodesignada "revolução behaviorista", que teria ocorrido a partir dos anos 1950, a tradição da filosofia política viu-se sob forte ataque e interpelação. O termo, um tanto triunfalista, pretendia designar uma virada empírica e positiva no campo do conhecimento da vida política, voltada para a explicação de como os fenômenos políticos ocorrem no chamado mundo real. Uma ciência da política, assim revolucionada, deveria sustentar-se em bases exclusivamente experimentais e dispensar referências de ordem deontológica e/ou teleológica.

O traço behaviorista dessa virada pretendia atingir as ciências humanas em seu conjunto. Em particular, tratava-se de desenvolver uma concepção da condição humana a partir da eliminação do tema do "interior" – ou da subjetividade – como problema teórico e existencial. Em seu ataque à tradição psicanalítica, por exemplo, a virada behaviorista refuta uma concepção do humano como marcada por dimensões pulsionais, que repõem a todo momento o tema do mal-estar e da descontinuidade entre "interior" e "exterior". Tal refutação, em direção oposta, sustenta-se na crença de que é possível entender a vida social sem a consideração de estratos pulsionais mais profundos e não acessíveis à razão e à manipulação consciente.

A aplicação do paradigma às ciências sociais associa-se, ainda, ao tema do "fim das ideologias", tal como posto em célebre livro de Daniel Bell[4]. Com tal terminalidade, abre-se a possibilidade de narrativas a respeito do mundo social descontaminadas de resíduos subjetivos e normativos. Crenças passam a ser percebidas como valores que indicam comportamentos. Em tal chave, o tema do comportamento – de seu controle e previsibilidade – ganha centralidade, em lugar de percepções da subjetividade e do "interior" como calcados na tensão entre "eu" e "mundo".

---

4   Cf. Daniel Bell, *The End of Ideology: On the Exhaustion of Political Ideas in the Fifties*. New York: Free Press, 1965 [1ª ed. 1960].

Uma das mais pesadas críticas feitas pelos adeptos dessa "revolução" – o veterano cientista político canadense David Easton, mais do que todos – foi a de que a filosofia política – ou teoria política – havia esgotado suas energias cognitivas e degenerado em um simples esforço historiográfico a respeito de si mesma[5]. Por falta de assunto, passa a tratar de sua própria história como objeto privilegiado. A interpelação diria, pois, respeito a uma falha grave: *a incapacidade de dizer coisas a respeito do mundo realmente existente*. A teoria política, para Easton, teria perdido seu caminho original como "veículo por meio do qual indivíduos inteligentes e articulados expressariam suas ideias a respeito dos negócios públicos". Por não mais cumprir tal papel, teria perdido, ainda, sua utilidade básica, qual seja, a de estabelecer um "quadro moral de referência" (*moral frame of reference*)[6]. A tarefa de esclarecimento moral a respeito do que deve ser feito teria desaparecido por força de um *decline into historicism*, por meio do qual a teoria política acabaria por não ser mais do que uma história das ideias políticas.

Há várias implicações na interpelação feita por Easton à filosofia política. De modo imediato, deve ser registrada a opção de corte positivista, acompanhada de uma suposição ingênua a respeito do modo pelo qual os objetos se constituem, além da presença de uma deriva conservadora evidente. Contudo, apesar do triunfalismo inscrito na perspectiva cientificista adotada, não é dado aos "revolucionários" eludir uma grave falha: a não percepção de que qualquer seleção de objetos relevantes, no campo da política, dependerá do desenho normativo de ordem com o qual se trabalha[7].

O que importa notar, no entanto, é a força da interpelação de Easton que sustenta a esterilidade da filosofia política, e sua deriva historicista. Com

---

5 Ver David Easton, *The Political System: An Inquiry in the State of Political Science*, Chicago: The University of Chicago Press, 1953, e David Easton, *A Framework for Political Analysis*, Englewood Cliffs: Prentice Hall, 1966. Os argumentos de Easton foram reunidos, ainda, em seu artigo clássico "The New Revolution in Political Science", *American Political Science Review*, vol. LXIII, pp. 1051-1061, dec. 1969. Para uma visão geral do programa behaviorista e de sua aplicação a diferentes campos da análise política, ver ainda David Easton, *Enfoques sobre teoria política*, Buenos Aires: Amorrortu, 1969 [1ª ed. 1967].

6 Cf. David Easton, *The Political System...*, p. 234.

7 Para uma consideração dos pressupostos normativos da ciência eastoniana ver: Tracy Strong, "David Easton: Reflections on an American Scholar", *Political Theory*, v. 26, n. 3, 1998, pp. 267-280. Os limites e as implicações da perspectiva behaviorista já foram brilhantemente tratados no artigo seminal de Sheldon Wolin, "Political Theory as a Vocation", *American Political Science Review*, v. LXIII, 1969.

efeito, sob o rótulo de teoria política, instalaram-se programas de investigação com a marca inequívoca da História das Ideias. A investigação em teoria limitar-se-ia, nessas direções, à busca de contextualizações, linhagens e significados originais dos conceitos, em um processo no qual ela acaba por se constituir como seu próprio objeto. Havia, pois, na interpelação eastoniana uma pertinente indicação de algo como um *silêncio da filosofia política*, com relação aos temas e aos dilemas da vida comum.

Um alvo típico da fúria eastoniana pode ser encontrado no clássico livro de George Holland Sabine, professor de filosofia na Cornell University, *A History of Political Ideas*[8]. O longo livro de Sabine, responsável pela introdução de várias gerações à história do pensamento político, contém, em suas mais de setecentas páginas, detalhada narrativa, iniciada entre os gregos até alcançar temas da década de 1940. Nos termos de Easton, nada havia no livro que tratasse de fenômenos políticos reais. Com efeito, ali havia apenas pensamento e sua história.

Independentemente do mérito do livro de Sabine – a meu juízo, grande –, a crítica de Easton à falência da teoria e da filosofia política era, no mínimo, tendenciosa. Não havia silêncio algum entre os praticantes da teoria e da filosofia políticas com relação ao chamado mundo real da política. Ao contrário, pode-se dizer que havia mesmo "ruído". Com efeito, o que dizer de um conjunto de autores, ativos nos anos 1950 nos Estados Unidos, e que compreendia gente como Hannah Arendt, Leo Strauss, Sheldon Wolin, Herbert Marcuse, os exilados alemães na New School of Social Research, em Washington, entre muitos? Em sua maioria, gente à esquerda daquilo que Easton gostaria de reconhecer como uma ciência sadia e descritiva dos fatos. Gente que desafiava, já na década de 1950, a crença de que as instituições políticas do liberalismo – a chamada "democracia liberal" – haviam estabelecido a base real e objetiva de toda política salutar. Bastava descrevê-la, e não por outra razão, Gabriel Almond, um dos adeptos da revolução supracitada, a definia como uma revolução nos métodos de coleta de dados.

Mas, qualquer que tenha sido o peso do esquecimento seletivo, a chamada "revolução behaviorista" acabou por formatar a ciência política contemporânea, entranhando-se em sua cultura disciplinar. Deu-lhe linguagem e um conjunto de objetos. Um dos sinais inequívocos de seu sucesso pode

---

8 Cf. George H Sabine, *A History of Political Ideas*. London: George Harrap & Co., 1956.

ser detectado no fato de que a expressão "teoria política" não dispõe, hoje, de qualquer significado autoevidente e incontroverso. Ao contrário de outras áreas nobres da Ciência Política – Partidos e Eleições; Representação Política; Políticas Públicas; Relações Internacionais, entre outras –, "teoria política" parece não indicar, de forma automática, quer o seu campo específico, quer os paradigmas que nele se movem. Naqueles outros campos, a mera enunciação de seus nomes conduz o investigador, de forma direta, aos problemas, objetos, querelas e referências bibliográficas que os constituem. Nesse sentido, e ao contrário de outras áreas da disciplina, qualquer discussão sobre o estado da arte no campo da "teoria política" exige o esclarecimento da seguinte indagação: *em que sentido se está a empregar a expressão "teoria política"?*[9].

Em um sentido trivial, todos os que lidam com os fenômenos políticos e a eles prestam alguma atenção analítica estão envolvidos com "teoria". A suposição nada tem de provocativa. Ela tão somente adapta para o campo do conhecimento político a famosa maldição perpetrada por Aristóteles no célebre fragmento do *Protréptico*: "Se se deve filosofar, deve-se filosofar e, se não se deve filosofar, deve-se filosofar; de todos os modos, portanto, se deve filosofar"[10]. Em notação contemporânea, o imperativo dessa dimensão filosófica ou teórica foi reconhecido por diversos autores, a destacar a proposição de Wittgenstein – a respeito de "desenharmos o mundo para nós mesmos" – e Nelson Goodman – em sua reflexão a respeito dos modos de fazer mundos, ambas cruciais para a inteligibilidade do que estou a dizer[11].

A não ser que tenhamos dos objetos da reflexão que lida com os fenômenos políticos uma concepção rústica fisicalista, a mediação de esforços intelectuais de interpretação é mais do que inevitável: ela é condição neces-

---

9   Indagação correspondente dirigida a um especialista em Partidos e Eleições teria um impacto deliciosamente cômico.
10 Aristóteles, *Protréptico*, fragmento 2, apud Oswaldo Porchat Pereira, "O conflito das filosofias", in Bento Prado Jr.; Oswaldo Porchat Pereira; Tércio Sampaio Ferraz, *A filosofia e a visão comum do mundo*. São Paulo: Brasiliense, 1981.
11 Cf. Ludwig Wittgenstein, *Tratactus LógicoPhilosophicus*, São Paulo: Edusp, 2001; *Investigações Filosóficas*, Coleção Os Pensadores, São Paulo: Abril Cultural, 1988, e Nelson Goodman, *Modos de fazer mundos*, Porto: Edições ASA, 1995.

sária do empreendimento. O objetivismo inercial presente na disciplina faz com que os seus objetos apareçam naturalizados e, dessa forma, portadores de seus próprios significados: bastaria uma observação arguta e a utilização de procedimentos metodológicos capazes de revolver completamente todos os "dados" para que o conhecimento sobre o mundo se configure de modo cada vez mais preciso.

Mas, se levarmos a sério a sugestão do filósofo George Edward Moore, de que atributos conferidos ao mundo não podem ser concebidos como suas propriedades naturais, somos obrigados a reconhecer que todo exercício de conhecimento social exige a mediação de *perguntas que são dirigidas a objetos*, senão a expressão de emoções[12]. Em outras palavras, o mero reconhecimento dos objetos exige a vinculação prévia do observador a uma tradição intelectual que os define como existentes e relevantes.

A sensação de que "todos lidamos com teoria" pode ser ancorada em um comentário de Alexandre Koyré a respeito da epistemologia de Galileu[13]. Segundo Koyré, Galileu teria sido responsável pela ideia de que o *experimentum*, base inegociável da ciência, decorre de perguntas que dirigimos a nossos objetos e cujas respostas são transcritas na linguagem que configura as próprias perguntas. A clareza do argumento de Koyré vale a citação: "A experimentação consiste em interrogar metodicamente a natureza; esta interrogação pressupõe uma linguagem com a qual formulemos as questões, bem como um dicionário que nos permita ler e interpretar as respostas"[14].

A prescrição pode, a meu juízo, abrigar duas interpretações. A mais dura delas, suspeito que a do próprio Galileu, supõe a homologia entre a linguagem na qual as perguntas são feitas e algo como a linguagem própria da natureza[15]. Nesse sentido, *perguntar ao experimento* significa, tão somente, possuir uma chave

---

12 Refiro-me aqui ao argumento de Moore a respeito dos valores morais como "não naturais", mas como expressões de emoções. Cf. G. E. Moore, *Principia Ethica*, Cambridge: Cambridge University Press, 1903.
13 Cf. Alexandre Koyré, *Galileu e Platão*, Lisboa: Gradiva, s.d.
14 Cf. Alexandre Koyré, op. cit., p. 16.
15 Thomas Hobbes, no século XVII, foi o pensador mais afetado por essa crença epistemológica de Galileu, na medida em que supunha a possibilidade de uma linguagem capaz de corresponder com rigor, análogo ao da filosofia da natureza, às leis que regem o mundo moral.

cognitiva capaz de revelar a intimidade do mundo natural. Essa possibilidade foi claramente admitida por Galileu quando afirmou que a superioridade cognitiva da matemática é garantida pelo fato de o mundo organizar-se, ele mesmo, matematicamente[16]. A suposição instaura uma *teoria da verdade por correspondência*: verdadeiros são os juízos que dizem a verdade de seus objetos, para usar notação intencionalmente tautológica. Em outros termos, o que garante que perguntas e respostas sejam exprimidas pela mesma linguagem é o fato de que o mundo possui *in natura* a gramática e a sintaxe dessa linguagem.

Uma interpretação menos objetivista recepciona a ideia de que o conhecimento exige a *operação de perguntas dirigidas ao mundo*. Mas, a isso acrescenta que tais perguntas são lógica e cronologicamente anteriores ao *experimentum* propriamente dito. Em outras palavras, o idioma das perguntas e das respostas não tem como suporte códigos contidos nas coisas, mas deriva sua carga semântica e denotativa de tradições intelectuais que o produziram e o seguem acolhendo. O que as perguntas introduzem, e as respostas, digamos, "revelam", não é, nessa interpretação "subjetivista", nenhum conjunto de propriedades naturais do mundo, mas sim dimensões a ele atribuídas. Nesse sentido, "teoria", mesmo em uma concepção minimalista e pragmática, seria tão somente a utilização compulsória de perguntas. Mesmo que nossa "filosofia espontânea" insista que conceitos devem manter uma relação de correspondência com o mundo, e sustente que investigar as suas

---

16 Galileu sabe que o *experimentum* é uma pergunta feita à natureza, feita numa linguagem muito especial, na linguagem geométrica e matemática. Sabe que não basta observar o que se passa, o que se apresenta normalmente e naturalmente aos nossos olhos; sabe que é preciso saber formular as perguntas e, além disso, saber decifrar e compreender a resposta, ou seja, aplicar ao *experimentum* as leis estritas da medida e da interpretação matemática. Cf. Alexandre Koyré. Contribuição científica da Renascença, in Alexandre Koyré, *Estudos da história do pensamento científico*, Rio de Janeiro/Brasília: Forense Universitária/Editora da UnB, 1982, p. 52. A respeito de Galileu utilizei, ainda, a ótima biografia feita por Stillman Drake, *Galileo*, Madrid: Alianza Editorial, 1980, e Ludovico Geymonat, *Galileo Galilei: A Biography and Inquiry into His Philosophy of Science,* New York: McGraw-Hill Book Company, 1965. Há aqui um nexo evidente com o neopitagorismo que marca parte considerável da linguagem contemporânea das ciências sociais: a possibilidade da mensuração radica na suposição de que os objetos são mensuráveis *por natureza*. Nesse sentido, a ênfase na mensuração, com frequência, extrapola o âmbito da mera prescrição metodológica e aproxima-se do que Sheldon Wolin, de modo perspicaz, designou como *shaping of the mind* (Cf. Sheldon Wolin, "Political Theory as a Vocation", *American Political Science Review*, v. LXIII, 1969).

bases normativas e cognitivas é tarefa irrelevante, torna-se necessário insistir que *a possibilidade das próprias perguntas – e, por suposto, das respostas – é instituída por tradições intelectuais.*

É importante, ainda, a isso acrescentar o tema da singularidade dos objetos postos à observação daquele que pretende conhecer o mundo político. Mais do que um domínio circunscrito por instituições, trata-se de um universo extremamente permeado pela ação e pela vontade humanas. O mundo político, dessa forma, possui sem dúvida atributos factuais, mas sua possibilidade "material" decorre da decantação de invenções, de antecipações utópicas, de experimentos mentais que constituem a própria tradição intelectual da reflexão política. Ainda que o mundo institucional resulte de algum conflito societal, marcado por forte componente "material" ou de circunstâncias histórico-conjunturais, ele terá necessariamente *forma* e *linguagem*, atributos que o tornam significativo para os humanos. Em outros termos, a realidade dos humanos exige sua descrição constante através da linguagem, da nomeação; e esta só se faz possível nos quadros de tradições simbólicas e intelectuais precisas, presentes nas muitas linguagens da reflexão política.

Tal precedência não está limitada a aspectos puramente cognitivos e linguísticos. A implicação normativa é, aqui, evidente: *as perguntas que dirigimos a nossos experimentos decorrem de supostos normativos cristalizados nas tradições que os conduzem.*

Na história da reflexão política há exemplos significativos de referências ao absurdo ontológico materializado em uma existência desprovida de supostos normativos mínimos. Nesse sentido, embora a tradição da teoria política esteja longe de configurar um domínio homogêneo e cumulativo[17], há uma espécie de repulsa a experimentos sociais não sustentados em bases normativas minimamente reconhecíveis.

O exemplo de Thomas Hobbes é, a esse respeito, eloquente: o estado de natureza é *natural* na medida em que não é configurado por qualquer princípio artificial de direito, por qualquer linguagem capaz de organizar uma gramática consistente, dotada da atribuição de designar os nexos regulares

---

17 Muito ao contrário, para dizer o mínimo. Na verdade, as imagens céticas da *diaphonía* e do *conflito das filosofias* parecem-me mais apropriadas para descrever a discrepância sempre reposta entre os pensadores da política.

e necessários da cooperação social e da prerrogativa de garantir a sintaxe da vida social. Em Hobbes manifesta-se de forma dura o horror a estados de mundo desprovidos de fundamentos normativos claros e distintos[18].

Leitor de Hobbes, o filósofo político alemão Franz Neumann sustentou no seu *Behemot* (1942), em um juízo que sabe a Montesquieu, que todo sistema político pode ser caracterizado por sua teoria política, presente tanto na sua estrutura como em sua finalidade[19]. Isso fez com que, observando o experimento alemão pós-1933, ele perguntasse: *qual a teoria política do nacional-socialismo?*[20]

Para ele, só se depreendem da retórica daquele regime definições negativas: ele é antidemocrático, antiliberal, antirracional; é impossível para Neumann atribuir uma definição positiva[21]. A razão para isso ilustra o ponto que tento desenvolver: *não havia na linguagem e na tradição da teoria política – até o momento (e suspeito que até hoje) – recursos cognitivos e linguísticos para dizer do que se tratava*. Neumann pede, então, socorro a Hobbes, ao *Behemot* original (1668), para ali encontrar, na análise do Longo Parlamento e de seu *rump*, uma situação caracterizada pela *ausência de direito*. Consultado

---

18 O ponto foi classicamente desenvolvido no *Leviathan*, mas encontra registro nobre na análise hobbesiana da crise inglesa, o *Behemot* (Belo Horizonte: Editora da Universidade Federal de Minas Gerais, 2002), na qual um dos principais fatores de desordem foi o esquecimento do que prescreve a lei natural. Desenvolvi esse ponto no texto "A gênese da desordem: a principal crise inglesa", publicada no *Jornal de Resenhas*, # 78, 8 de setembro de 2001.

19 Cf. Franz Neumann, *Behemot: pensamiento y acción en el nacional socialismo*, Ciudad de Mexico: FCE, 1943.

20 O ponto poderia ser adensado com o acréscimo da pergunta sempre implícita em Primo Levi: *qual a teoria política do Läger, como experimento social?* A hipótese de Levi é a de que se trata de um experimento extremo, que recusa qualquer fundamentação – já que qualquer fundamentação indica a possibilidade de um limite – e que busca manter-se em fatores que dispensam a linguagem e qualquer justificativa. Essas seriam, segundo ele, as bases de uma interação na qual toda a causalidade foi abolida e na qual tudo é, portanto, possível. Para o ponto, ver Primo Levi, *Se questo è un uomo*, Torino: Einaudi, 1958, e *I sommersi e i Salvati*, Torino: Einaudi, 1986. Já Victor Klemperer recusa a ideia de um regime sem linguagem e procura descrevê-la, ainda que não encontre aí qualquer sistema, qualquer forma estável de regularidade. Ver, de Klemperer, o seu monumental *Lingua Tertii Imperii*, London: The Athlone Press, 2000.

21 É importante considerar que as hipóteses levantadas por Neuman, em 1942, são anteriores à utilização generalizada da categoria *totalitarismo*, que pretende descrever regimes políticos por ela cobertos a partir de suas características próprias e não por suas ausências.

Hobbes, revela-se para Neumann o "fato" básico do nacional-socialismo: ele não se enquadra em nenhuma teoria absolutista ou contrarrevolucionária conhecida; *ele não possui qualquer teoria da sociedade.*

A referência rápida a Hobbes e a Neumann cumpre aqui a função de um contraste. Suas concepções supõem que experimentos sociais não fundados em "teorias políticas" não fazem qualquer sentido, ainda que sejam empiricamente possíveis. O corolário positivo apresenta-se no argumento de que mesmo os *objetos sólidos* do mundo real da política foram precedidos por objetos não sólidos, para seguirmos a bela notação introduzida por Virginia Woolf, em memorável pequeno conto[22]. Se isso faz sentido, estamos diante de uma das características singulares do conhecimento político: *ao mesmo tempo em que as tradições que o habitam inoculam o mundo ordinário com os seus objetos, elas definem os jogos de linguagens nos quais eles podem fazer algum sentido, para seus observadores.*

Mas, se é verdade que todos estamos envolvidos com teoria, a natureza desse envolvimento é vária. O ato de perguntar ao experimento – mesmo que acompanhado da convicção rústica de que os objetos nos comandam – exige tão somente um patamar de envolvimento mínimo, no qual o investigador é um *usuário* de conceitos e técnicas de pesquisa, tidos como ferramentas para lidar com problemas de ordem factual.

Outra forma de envolvimento – de segunda ordem – se apresenta na descrição do que faz o investigador-usuário como um operador cognitivo vinculado a uma longa tradição intelectual, na qual os próprios objetos foram inventados.

Na perspectiva do investigador-usuário, é possível definir a teoria política como uma "caixa de ferramentas" para lidar com a "realidade". Os conceitos seriam instrumentos heurísticos para lidar com o mundo. Tal enquadramento é base para as duas formas principais do objetivismo: uma *forte*, que sustenta a possibilidade de juízos nomotéticos e fundados no comportamento real do mundo; e outra *fraca*, que define aqueles instrumentos heurísticos de forma hipotética e como artifícios para estabelecer juízos idiográficos, ainda que capazes de generalização progressiva, pela via

---

22 Cf. Virginia Woolf, "Solid Objects", in Virginia Woolf, *A Hauted House and Other Short Stories*, London: Mariner Books, 1966 [1ª ed. 1947].

da comparação. Ainda nessa perspectiva, em ambas as vertentes, "teoria" mede-se por sua utilidade para lidar com objetos.

É este o momento de dizer com clareza que os campos da ciência política e da filosofia política possuem particularidades irredutíveis. Entre esses campos, os usos possíveis da expressão *teoria política* dependerão das ênfases pretendidas: (i) a de um saber empiricamente orientado ou (ii) a de uma indagação a respeito das imagens de mundo social inventadas e desenvolvidas, ao longo do tempo, por uma reflexão voltada para elucidar os significados e propósitos da vida pública.

Ao falar de *filosofia política*, mesmo sem o intuito de uma definição exaustiva, devo indicar o uso pretendido da expressão. Não se trata de buscar uma precisão nominal fundada na pretensão de esclarecimento puramente conceitual, mas de indicar uma *referência de ordem pragmática*, para que o proposto neste texto tenha sentido. Em outros termos, menos do que definir o conceito "correto", importa indicar o padrão temático – ou o conjunto de objetos – posto sob inspeção do filósofo político.

Pretendo fazê-lo através da proposição de que o conhecimento político pode encerrar modalidades múltiplas de operação, cada qual com regimes de verdade e de validação próprios. Em termos esquemáticos, é possível partir da ideia de que no campo da política – aqui tomado como coextensivo ao do conjunto de problemas e temas de interesse público – pode ser feita uma distinção entre questões de *primeira ordem* e *questões de segunda ordem*.

Questões de *primeira ordem* dizem respeito ao *que fazer* e ao *como fazer*. Elas correspondem aos aspectos práticos das decisões humanas e com frequência são tomadas como os indicadores mais inequívocos de desempenho dos decisores. Tal dimensão envolve, ainda, os contextos institucionais – isto é, conjuntos de normas, restrições e incentivos – nos quais as decisões são tomadas. Em outros termos, trata-se de um conjunto típico de objetos e fenômenos que Aristóteles não hesitaria em pôr sob a jurisdição da *Política*, por ele definida como um *saber prático* (*téchne*), e não como um *saber teórico* (*epistéme*) de natureza contemplativa[23].

Questões de *segunda ordem* falam-nos do *por quê* e do *para quê*. Envolvem, pois, questões de natureza deontológica e normativa que, por defini-

---

23 A distinção aristotélica clássica entre os saberes, segundo a qual a Ética e a Política são saberes práticos, e não teóricos, foi estabelecida na *Metafísica*, livro VI.

ção, *não podem ser formuladas a partir dos fatos*. Ao contrário, elas os antecedem e, por vezes, os configuram. São regimes de *crença* que as instituem. O modo de interação com os fatos é variável, mas qualquer alternativa parte da precedência de uma dimensão não estritamente factual.

Aos dois conjuntos de problemas correspondem modalidades distintas de conhecimento. As questões de primeira ordem, por exemplo, exigem um padrão cognitivo fundado na *precedência dos objetos*. A proposição do filósofo norte-americano Willard Quine, de que somos sempre propensos a falar de objetos, parece ter aqui seu endereço preciso[24]. Os saberes práticos aristotélicos – tal como tratados na *Política* e na *Ética* – apresentam-se como exemplos clássicos: há um mundo prévio ao nosso juízo e passível de descrição e de intervenção humanas. Os regimes de verdade praticados sustentam-se prioritariamente nos mecanismos da *argumentação*, e possuem como horizonte uma validação provisória e probabilística[25].

Enquanto os saberes teóricos podem sustentar-se na demonstração e na prova – um teorema, um silogismo, uma lei da Física[26] –, os achados da investigação prática são transmitidos por *argumentação*, já que sempre sujeitos a controvérsias. Tais controvérsias, contudo, podem ser objeto de acordo, a partir da operação de normas de validação comuns. Trata-se portanto de litígios que podem ser regulados pela prática argumentativa. A suposta superioridade de um sistema eleitoral, por exemplo, sobre os demais não pode ser objeto de demonstração – da mesma forma em que um teorema é demonstrado. A verdade sobre esse tema depende muito mais das circunstân-

---

24 Refiro-me ao seminal texto de Willard Quine, Falando de objetos, in W. Quine, *Ontological Relativity and Other Essays*, New York/London: Columbia University Press, 1969.

25 Para Aristóteles, a Política, enquanto saber sobre a vida pública, não pode ser considerada como ciência ou como exemplo de conhecimento teórico. Longe de significar um rebaixamento, trata-se de indicar o lugar preciso e a positividade daquele saber: uma investigação continuada sobre a vida pública e sobre formas de intervenção e aperfeiçoamento. O mundo da ciência trata de objetos cuja vigência independe da ação e da vontade dos humanos. Nesse sentido, conhecê-los significa contemplá-los. A vida política, por seu caráter prático e dinâmico, não se presta à contemplação.

26 É exatamente nos limites de um saber sustentado em verdades demonstráveis e em proposições que podem ser provadas que faz sentido a seguinte frase de Alexandre Koyré: *A física de Aristóteles é falsa*. Cf. Alexandre Koyré, op. cit., p. 22. Dificilmente o mesmo pode ser sustentado para a Ética aristotélica. Ela será *boa* ou *má*, *satisfatória* ou *não satisfatória*, mas nunca *falsa* ou *verdadeira*.

cias e das crenças envolvidas. Não há acordo acadêmico possível na matéria, o que não significa dizer que não possa haver acordo político. Mas, nesse caso, não são as artes teóricas da demonstração que ditam o jogo.

Em termos esquemáticos, é possível sustentar que:
- o regime de validação da ciência é o da *prova*, ou *demonstração*[27];
- o regime de validação da *Política*, enquanto saber prático, é o da *argumentação*.

Estamos diante de *atos de crença* distintos[28]. No primeiro regime de validação, o que se exige é que eu *acredite na verdade de uma proposição científica*. Para tal, a prova (ou a demonstração) é fundamental. No segundo, o que se exige é que eu *acredite em uma determinada avaliação, comparação ou proposição causal*[29]. Para tanto, é fundamental que eu seja persuadido por atos competentes e apropriados de argumentação.

Resta por definir qual seria a natureza específica do regime de validação da filosofia política. Seguindo a notação utilizada para os demais regimes, sustento que esse regime de validação é o da *evidência*. Trata-se de crer na superioridade normativa de um desenho de mundo. Nesse sentido, a afirmação da superioridade de um determinado desenho de mundo, mais do que efeito de esforços de persuasão ou de demonstração, deriva de uma convicção que se instala no sujeito, para a qual ele não tem o socorro da prova ou da demonstração. Penso, por exemplo, na natureza da evidência rousseauniana a respeito da igualdade natural, à qual o próprio Rousseau dispensou o auxílio da razão e da história. Penso, ainda, em Thomas Jefferson, e seu preâmbulo à Declaração de Independência dos Estados Unidos, no qual menciona uma série de "verdades autoevidentes": "todos os homens são

---

27 Prova e demonstração, a rigor, não significam a mesma coisa. A primeira é algo que pode ser mostrado, como efeito prático da operação de algum juízo ou saber. A expansão dos gases, por exemplo, pode ser provada. A demonstração envolve procedimentos de confirmação de processos imateriais: um teorema pode ser demonstrado, uma proposição lógica.

28 O ponto foi proposto e desenvolvido com brilho por Paulo Tunhas, em seu ensaio *Três tipos de crenças*, in Fernando Gil; João de Pina Cabral; Pierre Livet (orgs.), *O processo da crença*, Lisboa: Gradiva, 2004.

29 Há que prefira o uso da ótima expressão "crenças causais". Cf. Peter Hass, "Introduction: Epistemic Communities and International Policy Coordination", in *International Organization*, Cambridge: Cambridge University Press, v. 46, n. 1, 1992, pp. 1-35.

criados iguais, dotados pelo seu Criador de certos Direitos inalienáveis, que entre eles estão a Vida, a Liberdade e a busca da Felicidade"[30].

A inteligibilidade dos processos de argumentação, assim como o reconhecimento do que tomamos como uma evidência, exige que consideremos o tema da crença. Em outros termos, e para exemplificar, a consistência e a durabilidade de uma filosofia política rousseauniana ou jeffersoniana exigem:

- que alguns acreditem no que disse Rousseau – ou Jefferson – (efeito da argumentação);
- que Rousseau – ou Jefferson – acredite naquilo que a si parece ser evidente (efeito de evidência).

O termo crença aparece como operador fundamental em ambos as sentenças. Trata-se agora de explorar alguns de seus sentidos.

DA CRENÇA E DA FILOSOFIA POLÍTICA

As crenças podem importar para a filosofia política em três dimensões básicas:

- Em um sentido trivial, *a filosofia política reconhece a existência das crenças*.
- Em um sentido menos trivial, *a filosofia política inventa e dissemina crenças*.
- Em um sentido não trivial, *a filosofia política exige a presença de um conjunto de crenças básicas e nem sempre explícitas*: trata-se de crenças fortes que agem como condições de possibilidade de crenças secundárias.

A primeira proposição, aqui apresentada como trivial, indica que a filosofia política reconhece as crenças em operação no mundo social, e diante delas define atitudes distintas, não exaustivamente indicadas a seguir:

- como *doxai* (Platão);
- como formas de representação calcadas no absurdo (Hobbes);
- como figuras da teologia política (Spinoza[31]);

---

30 Apud Lynn Hunt, *A invenção dos direitos humanos*, São Paulo: Companhia das Letras, 2009.
31 O profeta, afinal, é aquele que "interpreta as coisas que Deus revela para aqueles que não podem ter um conhecimento exato e que, por isso, só pela fé as podem perfilhar", B. Spinoza, *Tratado teológico Político*, 7, G, III, São Paulo: Martins Fontes, 2004.

- como manifestações coextensivas ao humano: penso, aqui, em Michel de Montaigne (a postulação do *princípio da variedade das crenças e formas de vida*), em David Hume (a preocupação com a *produtividade das crenças*) e em Edmund Burke (mais do que a defesa da naturalidade das crenças, uma promoção ética e cognitiva da superstição como uma espécie de âncora social), para não mencionar o tradicional argumento cético que indica o caráter necessariamente *crente* de qualquer crítica das crenças;
- como *formas de consciência social*, adequadas e correspondentes ao movimento objetivo da sociedade (Marx).

A segunda e a terceira proposição, julgadas aqui crescentemente menos triviais do que a primeira, exigem argumentação mais pormenorizada e incidem sobre um de meus argumentos centrais: o da *produtividade da filosofia política no processo de criação de crenças*[32] e do *apego e dependência da própria filosofia política com relação a um conjunto mais profundo e tectônico de crenças básicas*.

Penso que será adequado desenvolver meu argumento a respeito da filosofia política como um modo de invenção e de disseminação de crenças, e como forma de conhecimento por elas sustentada, a partir da consideração de dois importantes episódios intelectuais, ambos ocorridos no contexto do Renascimento italiano.

A seguir à apresentação dos episódios, procurarei destacar de um modo mais analítico a natureza do problema intelectual por eles estabelecido, que repõe na abertura do pensamento político moderno o tema clássico do *encantamento retórico e poético*. Para além de seu vínculo com as crenças, tal como pretendo demonstrar, a filosofia política moderna é um campo discursivo cuja efetividade depende de sua capacidade de produzir efeitos de encantamento.

O primeiro episódio a considerar ocorre no fim do século XVI, e foi por mim recolhido em uma menção feita por Pierre-Maxime Schuhl, em seu lu-

---

32 O argumento central deste ponto foi por mim desenvolvido no ensaio Ceticismo, crenças e filosofia política, in Renato Lessa, *Agonia, aposta e ceticismo: ensaios de filosofia política*, Belo Horizonte: Editora da Universidade Federal de Minas Gerais, 2003. Publicado também em coletânea organizada por Fernando Gil; João de Pina Cabral; Pierre Livet, *O processo da crença*, Lisboa: Gradiva, 2004.

minoso *Platon et l'art de son temps*[33]. O segundo foi retirado de duas passagens de Maquiavel, em duas de suas obras políticas mais importantes: os *Discorsi* e *O príncipe*.

Episódio I:

Em 1591 um pensador italiano – na verdade o bispo de Latrão – chamado Gregorio Comanini, devotado a questões de natureza estética, propôs, em seu livro *Il Figino, overa del fine della pittura*, uma distinção funda entre duas formas de praticar a arte da cópia, ou *mimesis*[34]. Marcado pela força do argumento original platônico, desenvolvido no diálogo *Sofista*, Comanini subscreve a distinção entre a arte da boa cópia (*eicástica*) – aquela que exige a precisa e minuciosa reprodução do modelo original, por parte do artista – e um segundo tipo de imitação, de natureza *fantástica* – caracterizada como uma arte orientada pelas aparências.

Na letra platônica, o ponto de distinção resulta do abismo que se interpõe entre *coisas que existem* e *coisas que parecem existir*. Ao tomar as primeiras como referência, o artista habilita-se a um exercício *eikastikén*, ou assemelhador; ao permanecer cativo das aparências, limita-se a uma arte de tipo *phantastikén*. Se estabelecermos um paralelo entre estética e retórica, este último tipo de cópia aproxima-se da *erística* e da *antilógica*, como modos de argumentação.

A Pierre-Maxime Schuhl o sentido extraído por Comanini da oposição platônica original aparece como *pour le moins bizarre*. Com efeito, de um modo um tanto axiomático, Comanini assim repõe o contraste entre a *arte eicástica* e a *arte fantástica*: "La prima è quella che imita le cose, le quali sono: la seconda è quella, che finge cose non essistenti".

Fingere cose non essistenti: a fórmula sugere a presença de um claro *excesso de interpretação*. Se é verdade que Platão, no *Sofista*, opõe de modo inegociável

---

33 Pierre-Maxime Schuhl, *Platon et L'art de son temps*, Paris: Presses Universitaires de France, 1952. Analisei com mais detalhes este episódio nos seguintes textos: "Filosofia política e Pluralidade dos mundos", in Renato Lessa, *Agonia, aposta e ceticismo*, op. cit., e "O mundo depois do fim", in Luís Baptista; Anália Torres (eds.), *Sociedades contemporâneas: reflexividade e acção*, Porto: Edições Afrontamento, 2008.

34 Gregorio Comanini, *Il Figino, overa del fine della pittura*, Mantova, 1591, apud Pierre-Maxim Schuhl, e, op. cit., p. 5. Para uma edição recente, ver Gregório Comanini. *Il Figino, or the Purpose of Painting*. Toronto: University of Toronto Press, 2001 (traduzida e editada por Ann Doyle-Anderson e Giancarlo Maiorino).

a boa arte da cópia a uma forma de arte inferior, o que define esta última não é a ausência de suporte ontológico, mas a sua dependência e seu apego a aparências. A aparência (*phainómenon*), embora irrelevante e não confiável como base para o conhecimento verdadeiro, não pode ser rigorosamente tomada como entidade não existente. Trata-se de uma existência rebaixada, mas não de uma não existência. A interpretação de Comanini, ao que parece, revela maior afinidade com o eleatismo – e sua fórmula originária que sustenta: *o não ser não é* – do que com algo que possa ser tomado como ortodoxia platônica[35].

Nada mais a dizer a respeito das habilidades hermenêuticas de Gregorio Comanini[36]: é suficiente reconhecer que, com frequência, erros e precipitações de interpretação podem ser extremamente úteis. No caso em questão, a utilidade manifesta-se na possibilidade de formular o seguinte conjunto de questões:

Que atributos da imaginação operam na produção de uma *cópia de algo que não existe*? O que é, afinal, uma *entidade não existente*? Ou ainda, *como comparar duas, ou mais, cópias de coisas não existentes*?

Antes de considerar de forma analítica essas questões, um outro episódio intelectual, não distante do contexto de Comanini e de sua taxinomia da imitação, deve ser incorporado ao argumento.

Episódio II:

No célebre prefácio aos *Discorsi*, Maquiavel compara as atitudes cognitivas de seus contemporâneos diante do legado intelectual dos antigos. Na comparação, localiza uma intrigante diferença entre os esforços cuidadosos de apreensão e imitação de ensinamentos estéticos, filosóficos e morais do passado, e o desconhecimento a respeito do modo pelo qual a história e os fenômenos políticos foram produzidos. Tal imperícia na percepção do mundo real, de acordo com Maquiavel, devia-se à fraqueza imposta pelo cristianismo – *la presente religione* – ao mundo europeu:

---

35 Ver, a respeito, Jean Zafiropulo, *L'Ecole Éléate*, Paris: Les Belles Letres, 1950, e Jean Beaufret, *Parménide: Le Poème*, Paris: Presses Universitaires de France, 1996.
36 Cabe, talvez, o registro do que parece ser um paradoxo: o apego de Comanini a uma imitação rigorosa de coisas existentes não foi incompatível com sua amizade com Giuseppe Arcimboldi, por ele definido como "ingegnosissimo pittor fantástico". Dificilmente o pintor de telas tais como *Il Bibliotecario* e *Testa reversible con canestro di frutta* poderia ser tido como um bom exemplo de ortodoxia mimética.

This I believe comes not so much from the weakness into which the present religion has brought the world, or from the harm done to many Christian provinces and cities by an ambitious leisure as from not having a true knowledge of the histories [...] dal non avere vera cognizione delle storie [...], for in reading them we do not get that sense or taste that flavour which they have in them[37].

A afinidade principal dos cristãos associa-os, de acordo com Maquiavel, mais ao *ozio* do que à *virtù*. A visão peculiar da história que possuem, para pôr a questão de modo direto, é cega diante dos fenômenos históricos e políticos. Diante disso, Maquiavel, nos *Discorsi*, pretende corrigir o "erro" da interpretação cristã da história, através da promoção da importância dos *exemplos* como base segura para um verdadeiro conhecimento histórico. Dessa forma, uma imitação correta do passado é uma condição necessária para o conhecimento histórico e, por definição, político. A utilidade do exemplo depende da recolha cuidadosa e de sua correta descrição por parte do observador. Há, de modo inequívoco, em Maquiavel um conjunto de *regulae* para a boa observação dos objetos e para a direção sábia e sadia dos espíritos. Este parece ter sido o sentido com o qual Francis Bacon interpretou a novidade da perspectiva de Maquiavel. Algumas décadas mais tarde, ao escrever sobre seu próprio método, Bacon diz ter adotado uma forma de exposição: "[...] which Machiavelli most wisely and aptly chose for government; namely, observation or discourses upon histories and examples. For knowledge drawn freshly [...] out of particulars knows best the way back to particulars again; and it contributes much more to practice [...]"[38].

As *regulae* de Maquiavel baseiam-se na observação do passado. A defesa da boa imitação histórica pode ser encontrada em famosa prescrição de *O príncipe*:

> As for intellectual training, the prince must read history, studying the actions of eminent men to see how they conduct themselves during war and to discover the reasons for their victories or their defeats, so that he can avoid the latter and imitate the former. Above all, he must read history so that he can do what eminent

---

37 Niccolò Machiavelli, *The Prince and the Discourses*, New York: McGraw-Hill, 1950.
38 Francis Bacon, *De Argumentatis Scientiamm VIII*, prov. 34, apud John Watkins, *Hobbes's System of Ideas: a study in the political significance of philosophical theories*, London: Hutchinson University Library, 1973.

men have done before him: taken as their model some historical figure who has been praised and honored; and always kept his deeds and actions before them[39].

Ao prescrever tal modalidade de imitação, Maquiavel ataca de modo inequívoco uma forma alternativa, semelhante à criticada por Gregorio Comanini: "[...] since my intention is to say something that will prove of practical use to the inquirer, I have thought it proper to represent things as they are in real truth, rather than as they are imagined. Many have dreamed up republics and principalities which have never in truth been known to exist"[40].

A passagem citada constitui evidência do abismo existente entre dois modelos de imitação: um de corte realista, baseado em fatos, e outro, visceralmente defeituoso, fundado na imaginação. Tal diferença parece confinar o papel das crenças ao último dos dois modelos, já que não é difícil demonstrar em que medida sonhos podem ser fundados em crenças. O que não deve ser desconsiderado no argumento de Maquiavel é o fato de que sua petição realista e avessa às crenças sustenta-se sobre crenças. Na verdade, sobre um conjunto de pressupostos astrológicos e antropológicos.

O primeiro desses aspectos, o astrológico, foi ressaltado por diversos estudiosos da obra de Maquiavel, desde Ernst Cassirer a Anthony Parel[41]. Em termos mais diretos, a ontologia social de Maquiavel conecta-se a sua concepção de cosmo, firmemente baseada nos paradigmas aristotélico e ptolomaico. Os homens são criaturas de um mundo sublunar, distante e distinto da harmonia e perfeição do mundo supralunar[42].

A dimensão antropológica, por definição inserida na circunstância astrológica, não constitui aspecto menor. A instabilidade no mundo sublunar está associada a uma ideia de natureza humana segundo a qual os homens são animais que produzem desordem e imprevisibilidade. Na verdade, o carácter errático do mundo sublunar tem na própria natureza humana a

---

39 Niccolò Machialvelli, *The Prince*, London: Penguin Classics, 1961, pp. 89-90.
40 Id., pp. 90-91.
41 Ver Ernst Cassirer, *The Individual and the Cosmos in Renaissance Philosophy*, Philadelphia: University of Pennsylvania Press, 1963, e Anthony Parel, *The Machiavellian Cosmos*, New Haven: Yale University Press, 1992.
42 Para o pessimismo cósmico e antropológico maquiaveliano, assim como para os vínculos de Maquiavel com o aristotelismo paduano, ver Pierre Mesnard, *L'Essor de la philosophie politique au XVIème siècle*, Paris: Urin, 1977.

sua origem e explicação. Os homens têm permanente disposição para mudar, dado que são movidos por uma insaciabilidade básica. Um forte antropocentrismo pessimista associa-se à crença na estabilidade da natureza humana, a despeito de tempo e lugar. Mas, trata-se de uma estabilidade marcada pelo fato de que sempre estamos a gerar instabilidades.

Maquiavel move-se e inscreve-se, de forma singular, em um debate típico do *Quatrocentto*, a respeito do tema da dignidade humana (*dignitas hominis*)[43]. As posições polares em tal debate são claras: de um lado, a petição pessimista, de sabor agostiniano, indica a indignidade da espécie, já que somos seres pós-lapsários e não somos os autores de nossa própria história; de outro, a defesa da *dignitas* humana, a postular a perfectibilidade da espécie e sua autonomia existencial[44]. Tal como posto, o debate opera ao longo de duas oposições: (1) perfectibilidade vs. (2) imperfeição e (3) autonomia vs. (4) heteronomia. As soluções oferecidas acabam por constituir dois campos, marcados pelas seguintes combinações: (1) e (3) vs. (2) e (4).

A originalidade de Maquiavel, nesse particular, emerge na crença de que a combinação (2) e (3) revela a real natureza dos seres humanos. Somos *autônomos*, já que nenhum desígnio divino orienta a história e a política e somos nós a fazê-lo, mas ao mesmo tempo definitivamente *imperfeitos*. O decálogo mosaico, elevado à potência 1, somado ao catálogo dos pecados capitais, constitui, penso, para o secretário florentino um mapa preciso da alma humana.

Qual o estatuto das premissas astrológicas e antropológicas de Maquiavel? Ainda que muita tinta tenha sido empregada para apresentá-lo como o "fundador da ciência política", penso que aqui não devemos hesitar: as premissas de Maquiavel são *crenças*. Seu caso revela, tão somente, um *conflito de crenças*: as crenças que critica são por ele refutadas por meio de novas crenças. Ou se quisermos, uma interessante antecipação de um tema caro a Donald Davidson: apenas crenças podem descrever *crenças*; apenas crenças podem *refutar* crenças. Os episódios considerados permitem-nos sustentar duas proposições centrais para o argumento aqui desenvolvido:

---

43 Um precioso resumo deste debate pode ser encontrado no excelente livro de Hugo Friedrich, *Montaigne*, Paris: Gallimard, 1968, especialmente ao longo dos capítulos III (*L'Homme humilié*) e IV (*L'Acceptation de l'homme*).

44 Típica desta última posição é a defesa da *dignitas* feita por Pico della Mirandola, em sua *De hominis dignitate*. Ver Pico della Mirandola, *Oração da Dignidade*, Petrópolis: Vozes, 1994.

- a filosofia política procede através de *atos de imaginação*, ou seja, sua condição de possibilidade exige a continuada prática da *cópia de coisas não existentes*[45];
- aceder a coisas não existentes é algo que decorre necessariamente de atos de crença.

A dimensão propriamente política dessa intensa atividade ficcional é dada pelo fato de que, com frequência, os atos de imaginação constituem modos de realidade.

NOTA FINAL

Se a tradição da filosofia política, desde o pensamento grego clássico, sempre esteve envolvida com a imaginação e a crença em futuros possíveis, isso não significa dizer que tenha descurado o tratamento das chamadas *questões práticas*, que compõem o mundo dos fenômenos políticos reais. Não seria difícil associar, por exemplo, o desenho platônico de uma ordem política – utópica ou distópica – na qual o sábio governa, do diagnóstico produzido pelo próprio Platão a respeito do caráter, para dizer o mínimo, imperfeito das instituições da cidade que condenou Sócrates à morte. Ao contrário, o difícil – e intelectualmente inaceitável – seria simular uma não correlação entre as duas dimensões: a *fantástica* – para opor Platão a Platão – e a *eicástica*.

No entanto, se Platão hoje nos interessa, isso não se deve ao fato de ter sido ele um dos testemunhos históricos diretos do julgamento de Sócrates. Outros o foram, tais como Xenofonte e Aristófanes, e permaneceram no registro de cronistas de seu tempo. Ainda que os diálogos platônicos sobre o julgamento e a morte de Sócrates sejam de valia para o historiador da cidade antiga ou para o politólogo que deseja compreender suas instituições, para quem lida com filosofia política, Platão importa por seu desenho de mundo possível, por sua construção paradigmática de um mundo social constituído

---

45 Um dos corolários da proposição é o de que os problemas cognitivos básicos da filosofia política possuem forte componente estético. É lamentável o fato de que nossas aproximações com questões de natureza filosófica acabem por não incorporar a dimensão da estética. Se a filosofia legisla a respeito de regimes de verdade, a disposição estética se apresenta em seus primeiros movimentos, pela preocupação com a forma e pela necessária decisão a respeito de como considerar o tema da *mimesis*.

pela razão e por seus operadores privilegiados, aqueles que sabem, que detêm o verdadeiro *logos* e que são capazes de pensar dialeticamente.

Tomo Platão aqui ao acaso, apenas para sugerir que a *fantasia platônica* pode dar – como deu – lugar a uma *política platônica*. A mesma associação pode ser sustentada tomando como exemplo a importância das inovações filosóficas, apresentadas ao final da Idade Média, por Pedro Abelardo e Guilherme de Ockham, fundamentais para a construção da noção moderna de *agência humana*, contida na ideia de indivíduo. Em uma notação mais geral, quero com isso dizer que *a tradição da filosofia política inventou objetos*, a partir de inúmeros objetos "reais", alguns dos quais acabaram por *decantar* na história, digamos, real. Os objetos sobre os quais hoje se debruça o diligente cientista político são, em geral, invenções decantadas, tornadas triviais pela sua cristalização na vida social.

Antes que seja acusado de desvio *idealista*, é certo que tais objetos resultam de tensões da chamada história real, mas sendo esta protagonizada por agentes humanos que *falam* (Aristóteles) e *atribuem significados simbólicos às coisas* (Kenneth Burke), o modo de interação com os chamados *fatores objetivos* exige a operação de mecanismos de compreensão e interpretação. É esta tensão, aliás, que faz com que as ciências humanas sejam, a um só tempo, *descritivas* e *interpretativas*. Meu argumento sustenta que a constituição de tais mecanismos humanos de compreensão e de interpretação de fenômenos sociais e políticos não se efetua sem a presença da tradição da filosofia política.

Tal mecanismo de invenção nada mais é do que uma faina de constituição de futuros possíveis; uma atitude intelectual que, se quisermos, nos dirige a *objetos não existentes*, a *antecipações*, a *simulações de modos de realidade*. Tais *atos de fingir* – para mobilizar a expressão direta de Wolfgang Iser[46] – são cruciais para erradicar a experiência de um tempo congelado e a imagem de um futuro plenamente contido nas estruturas do tempo presente. Nesse sentido, se definimos o conhecimento político como um saber voltado exclusivamente para o que existe de fato, isso significa deixar a indispensável tarefa humana de imaginar futuros possíveis para outros sujeitos ou, o que é pior, para ninguém.

A ciência política constituiu-se como disciplina acadêmica em meados do século XX, e marcada por uma forte inclinação realista. Com efeito, se

---

46 Cf. Wolfgang Iser, "Os atos de fingir, ou o que é fictício no texto ficcional", in Luiz Costa Lima (org.), *Teoria da literatura e suas fontes* (V. II), Rio de Janeiro: Francisco Alves, 1983.

recordarmos os termos da chamada "revolução behaviorista" – que está na origem da virada institucionalista dos anos 1980 e do fascínio por explicações "econômicas" da conduta humana –, veremos que naquele contexto a filosofia política (e toda especulação política de corte abertamente normativo) foi apresentada como uma forma deletéria de pensamento, incapaz de lidar com questões de fato. David Easton não hesitou em empregar o termo "putrefato" para designar o estado da arte da filosofia política na década de 1950, reduzida – a seu juízo – a exercícios de história do pensamento político.

Sendo uma ciência empiricamente orientada, o saber da política deve voltar-se para a vida como ela é. O mundo dos fatos, portanto, é composto de objetos cujas ontologias exigiriam menos especulação e imagética e mais aplicação e acuidade metodológicas. Um dos expoentes da revolução behaviorista, o cientista político Gabriel Almond, chegou a defini-la como basicamente uma *revolução na coleta de dados*.

Todo pensamento supõe uma forma de mundo. Pois bem, a forma de mundo suposta pela virada behaviorista é a de um universo que contém dados. Dados que podem ser coletados, contados, correlacionados, comparados etc. Nesse sentido, tal orientação parece seguir a instigante prescrição de Willard Quine – em Falando de Objetos – de que somos propensos a falar de objetos.

No entanto, falar de objetos – e aqui reside a *diferença* filosófica – exige que os tomemos como *problemas*, o que nos remete às formas linguísticas e significativas de sua constituição. Os objetos de Quine, creio, podem ser aproximados da ideia wittgensteiniana de *estados de coisas*, de configurações lógicas e complexas que conectam o que de outra forma seriam entidades atômicas e desprovidas de significados. Tal enquadramento é, na verdade, um ovo de Colombo: falar de objetos significa inscrevê-los significativamente em *estados de coisas*. Se assim é, a questão incontornável que se apresenta ao filósofo político diz respeito aos *modos de constituição dos estados de coisas que contêm os objetos sobre os quais um saber empírico da política exerce sua jurisdição*.

A decisão pela filosofia política não refuta nossa propensão para falar de objetos. Ela apenas exige que o façamos de um modo tal que os objetos sejam percebidos como decantações de valores, de crenças e de apostas. O que se impõe, de modo mais forte, como indispensável é a experiência do pensamento a respeito de futuros possíveis, como condição mesma de acesso ao tempo presente. A imposição de realismo se dá, tal como na epígrafe de Alexander Kluge, pela necessidade de sermos antirrealistas. É preciso, pois, reaprender, como Rousseau, a pensar *contra* os fatos.

O paradoxo da imaginação: fonte do pensamento, enclausuramento da crença
Eugène Enriquez

Para tratar desta questão, vou convidá-los primeiro a um grande desvio e enunciar uma afirmação que provavelmente vai surpreendê-los, mas que tentarei demonstrar: o homem é louco, as sociedades são loucas.

Por que posso afirmar que o homem é louco? Muito simplesmente porque, diferentemente dos animais, ele não é programado. Ele não tem instintos que lhe permitam saber, desde o início (ou quase), o que ele tem que fazer, quais os animais dos quais ele pode ser a presa, quais ele pode caçar e comer ou, se ele não for carnívoro, quais as ervas ou plantas de que ele pode se nutrir. Desde o início, o animal se comporta como um animal solitário, se assim ele tiver sido programado, como um animal grupal com um macho dominante ou como um animal de rebanho, tal qual um carneiro. Ele não constrói seu futuro (exceto raros casos), ele obedece a um destino fixado de antemão. Por isso, salvo os animais domésticos literalmente contaminados pelo homem, ele não tem doenças psíquicas. Assim, um cachorro pode ter neurose, mas nunca foram observadas neuroses em leões, exceto quando se tornam animais enjaulados.

O homem é totalmente diferente, embora faça parte do reino animal. O homem não possui instintos, ele tem pulsões, que devem ser canalizadas, às vezes recalcadas, mas que precisam sempre ser socializadas por meio do processo de educação e formação conduzido pelos pais, o qual continuará pelo resto da vida, graças à existência de instituições sociais, como a escola, a Igreja, o exército, a empresa, a comunidade, as associações e o Estado. Ao nascer, o homem é incapaz de viver se não tiver pais ou outros educadores para cuidar dele. Ele não sabe que existe e vive numa simbiose com o mundo externo, do qual não é separado. Uma mônada psíquica se constitui progressivamente e vai expressar uma fantasia e um desejo de onipotência, ligados a uma impotência real. Depois, ele vai diferenciar elementos, como o "bom seio" e o "seio ruim", descritos pelos psicanalistas. Durante muito tempo ainda – até o "estádio do espelho" evocado por Jacques Lacan e sobre o qual voltarei a falar –, ele não terá a noção de "corpo limpo" e, de qualquer maneira, não consegue andar ou comer sozinho. É um ser totalmente dependente, de seus pais e do ambiente em que vive. Ele precisa aprender tudo e possui apenas alguns "esquemas motores" (como o sorriso) que são inatos.

É por esta razão (esta dependência total) e pela existência, desde o início, das pulsões, que ele pode ficar doente psiquicamente. É neste sentido que podemos dizer que o homem é estruturalmente louco, isto é: que ele precisa aprender a se tornar um indivíduo normal capaz de viver na sociedade. E, mesmo assim, não é garantido! Freud, por exemplo, nunca fala em indivíduos normais, mas designa o normal como um "neurótico" normal, pela existência em todo ser humano de conflitos entre as diferentes pulsões (pulsões de autoconservação dirigidas para o ego, pulsões sexuais direcionadas para outrem, ou, ainda, pulsão de vida e pulsão de morte), e depois, quando o aparelho psíquico for constituído, entre as diferentes instâncias da personalidade (o id, o ego, o superego, o ideal do ego).

Aliás, sabemos agora que é impossível estabelecer uma separação estrita (essencial) entre o normal e o patológico. Freud em muito contribuiu para o desaparecimento dessa separação. Porém, não foi o único a fazê-lo. Mesmo em biologia, um historiador das ciências como Georges Canguilhem chegou a escrever que "a ameaça da doença é parte constitutiva da saúde" e que "o anormal vem essencialmente em primeiro".

O homem precisa lutar sua vida toda contra a possível psicose, as tentações paranoicas (ser o único poderoso), perversas (usar outrem como um instrumento), histéricas (erotizar todas as relações sociais), os diferentes tipos de neuroses e as diferentes possibilidades de depressão (em crescimento constante na nossa sociedade contemporânea do individualismo, em que cada sujeito é fadado a se tornar o único responsável por tudo o que lhe acontece). E às vezes ele não o consegue, ou apenas parcialmente, ou apenas por certo tempo. Pessoalmente, vi na minha vida um número suficiente de dirigentes de empresas, de grandes tecnocratas seguros de si, de repente cair em colapso, delirar ou se suicidar, para poder afirmar esta ideia. E tenho certeza de que vocês também puderam constatar este fenômeno.

Portanto, o homem é estruturalmente louco (no sentido que acabei de dar a este termo), mas a história não termina aqui. Ele também vive num mundo igualmente acometido de loucura. De fato, está em aberto desde o início da humanidade a questão bem colocada por Aristóteles: "Como viver juntos" ou como "constituir uma sociedade". Todos os observadores da vida social, todos os politólogos, todos os dirigentes políticos, todos os filósofos tentaram responder a esta pergunta. E, apesar de suas pesquisas, de sua inteligência sutil, de suas investigações, eles fracassaram. É verdade que conseguiram definir regimes políticos e classificá-los. Distinguiram com sucesso a tirania, o despotismo, a ditadura, o totalitarismo, a realeza, os regimes aristocrático, oligárquico e democrático, mas não conseguiram chegar a um acordo sobre as razões que levam os povos a viver juntos num determinado regime, nem sobre o valor relativo desses diferentes regimes.

Temos que reconhecer que a democracia hoje em dia parece o regime preferido para muitas nações, apesar de suas numerosas imperfeições. Como dizia Churchill, "excluindo todos os outros, é o pior dos regimes". No entanto, ao olhar de perto os funcionamentos democráticos, só podemos ficar espantados com sua diversidade. A democracia nos Estados Unidos é bem diferente da democracia francesa, a democracia no Brasil não se parece em nada com a democracia inglesa. Um único ponto em comum, talvez: a corrupção. Pois como a democracia é baseada na virtude, ela gera obrigatoriamente indivíduos que, atrás da máscara da virtude, praticam seu contrário: a corrupção, a mais vergonhosa. E não são apenas as democracias emergentes que são roídas pela corrupção; as mais antigas democracias europeias, a inglesa e a francesa, também são atingidas. Infelizmente, é normal. Cada regime tem sua doença preferida. Não podemos nos esquecer de que Platão era contra a democracia prezada pelos sofistas, pois eram os que faziam os discursos corruptores mais bonitos que tinham mais chances de ser ouvidos pelo povo e não aqueles que estavam em busca da verdade! Afinal de contas, como pensava o próprio Rousseau, a verdadeira democracia nunca existiu e provavelmente nunca existirá.

A democracia também tem outro inimigo que aguarda à espreita: o totalitarismo. Com efeito, quando as democracias estão fracas, quando elas não têm mais – como dizia Bergson – "a vontade de viver", quando a corrupção se espalha, quando os conflitos (elementos estruturantes da democracia baseada no pluralismo dos partidos e das opiniões) se exacerbam, então muitas pessoas estão dispostas a recorrer a um homem providencial, a um grupo, a uma casta, para restabelecer a ordem e criar um novo Estado, desta vez, virtuoso para valer. Apesar de suas diferenças, os regimes fascistas existiram na Alemanha, na Itália, na Espanha. Os regimes totalitários da União Soviética, da China, as diversas ditaduras que os países da América do Sul conheceram (Brasil, Argentina, Chile, Uruguai etc.), quiseram todas – pelo menos no seu discurso – restabelecer a ordem e edificar um novo Estado virtuoso, no qual todo mundo estaria se conduzindo de maneira normal, ou seja, da maneira imposta pelo Estado.

Assim, não apenas o homem que é louco, mas as sociedades também o são, o que significa que elas devem combater todos os dias as doenças que as roem (a corrupção, o roubo, o assassinato, o crime organizado, o tráfico de drogas etc.)

Os seres humanos como as sociedades são submetidos à neotenia, ou seja, ao processo de "fetalização" descrito por L. Bolck, ao arrefecimento no processo de crescimento, ao prolongamento excepcional do período juvenil, que faz com que o homem continue sendo, mesmo na idade madura, uma eterna criança e que as sociedades passem o tempo repetindo os comportamentos mais catastróficos.

Felizmente, a loucura e a neotenia são estruturalmente ligadas a capacidades de adaptação e, sobretudo, de criação reforçadas. Capacidade de criação ligada a um elemento fundamental, característico da espécie humana: a imaginação.

Disseram muitas vezes que o que caracteriza a espécie humana é a linguagem ou então o trabalho produtivo (Marx). Acho que aquele que foi mais longe nessa direção foi Aristóteles, que nos diz: "A alma nunca pensa sem fantasia" (no sentido de imaginação) e ainda: "Não existe desejo sem imaginação" (da alma). Fora isso, o que caracteriza a espécie humana, ou seja, o pensamento criativo (ao passo que os animais são levados por seus instintos e não constroem nada) e o desejo baseado na falta e que é insaciável (ao passo que os animais não têm desejos, apenas necessidades) podem existir apenas graças ao que Aristóteles chama de imaginação primordial, a que o filósofo francês de origem grega, Cornelius Castoriadis, que aprofundou e renovou o pensamento aristotélico, chamou de imaginação radical no seu grande livro *A instituição imaginária da sociedade* (1975).

A imaginação humana é totalmente desenfreada, ela se libertou do jugo do funcionamento biológico e de suas finalidades. Ela cria praticamente *ex nihilo* imagens, formas, conteúdos, significados e instituições que não correspondem a nenhuma necessidade. Ela é a dimensão determinante de sua alma (para falar como Aristóteles) ou de sua psiquê (para falar como os psicanalistas).

Embora ela crie praticamente do nada, ela precisa levar em consideração quatro fantasias originais.

Essas fantasias são iguais para todos os indivíduos, sendo que cada um as processa de um modo peculiar, cada vez único, dentro e por meio de sua cultura própria. Seu caráter universal é comprovado pelo fato de que são reencontradas ao mesmo tempo nos mitos das diversas culturas e nos sonhos dos indivíduos, sob diversas formas, mas fáceis de reagrupar.

A fantasia da sedução pelo adulto se liga na diferença das gerações. Ela conjuga ternura, erotização, agressividade, numa idade em que a nuance ainda é vaga e quando se fala da mãe "primeira sedutora", na medida em que os cuidados que ela propicia à criança são "excitantes".

A fantasia da cena primitiva responde à questão da diferença dos sexos e de sua obrigatória reunião para conceber a geração seguinte. A criança imagina um coito parental do qual ela é de uma só vez o diretor, o espectador, todos os parceiros ao mesmo tempo, por identificação e condensação, como num sonho. E do qual ela também é o produto, isto é: esta fantasia remete à questão das origens, questão necessariamente dolorosa e sem resposta certa: será que meus pais fizeram amor para me conceber ou somente por prazer?

A fantasia da castração coloca ordem na cena caótica anterior. Ela monta um roteiro com pessoas distintas, sentimentos e o desenrolar de uma ação. Há um sujeito, um desejo, o objeto deste desejo, uma pessoa que encarna a proibição. Há uma ameaça externa, seguida de contato visual com o órgão excitável e culpado em todos os sentidos da palavra; órgão que estabelece a diferença entre os sexos, no lugar onde ocorre a distinção entre gerações, naquela zona que é para todos inegavelmente a zona erógena (a área do prazer) por excelência.

A quarta fantasia designa a aspiração à volta para o ventre materno. Assim é a eterna volta, a idade de ouro, o paraíso perdido, a fusão beata com o todo (o que o autor Romain Rolland chamou de "sentimento oceânico").

A imaginação radical (que Descartes chamava de "louca da casa" e que ele queria repudiar por completo) cria os axiomas, os postulados, os esquemas fundamentais; ela fornece as hipóteses, os modelos, as ideias, as imagens. Ela está na fundação de todos os mitos e, para os que não acreditam em Deus, na de todas as religiões. De fato, ela vai servir para que o indivíduo crie um mundo em que ele se sentirá menos desprovido, onde ele conseguirá exorcizar seu medo fundamental. Pois o homem tem medo. Como diz o filósofo francês Emile Chartier, mais conhecido sob o pseudônimo de Alain, "a sociedade não é essencialmente filha da fome (que implica que pessoas com competências diferentes se unam para colaborar e encontrar ou elaborar a comida necessária à sua sobrevivência), mas sim do medo. Medo do cosmo incompreensível, medo dos outros que podem rejeitá-lo ou até matá-lo".

Para lutar contra estes dois medos conexos, a imaginação vai construir mitologias (não existe sociedade sem mitos e sem ritos que permitam a proteção por totens ou divindades criadas) e religiões que vão religar (é o primeiro sentido do termo) os indivíduos uns com os outros, criando assim laços de simpatia e de aliança para afastar os temores. Ela também vai instaurar instituições sólidas, leis a serem respeitadas e obrigações morais.

Mas o homem não pode ser definido pelo medo, que o leva a tomar em consideração o princípio de realidade. Ele é também e mais fundamentalmente um ser que quer seguir a cartilha do princípio de prazer (prazer sexual, onipotência do pensamento). Como escreve Freud: "Com a instauração do princípio de realidade, uma espécie de atividade de pensamento se desprendeu e permanece livre no seu confronto com a realidade e ficou submetida apenas ao princípio do prazer. É a fantasia – já presente no começo das brincadeiras infantis e mais tarde prolongada como devaneio diurno – que se desamarra (âncora) dos objetos reais". O que Castoriadis comenta da seguinte maneira: "Se esta atividade 'permaneceu livre' em relação à realidade, isso significa que ela já o era antes. E já que este 'desprendimento' só aconteceu com a instauração do princípio de realidade, a consequência é obviamente que o funcionamento inicial da psiquê era mera fantasia satisfazendo o princípio do prazer, ou seja, a imaginação livre". É o que já fora formulado corretamente pelo poeta surrealista francês André Breton quando ele escreveu: "O homem, este sonhador definitivo".

Que o ser humano sonhe, fantasie, mostre o trabalho permanente da psiquê para construir imagens, para dar uma forma a algo que no início não tinha forma já que a psiquê é constituída por pulsões, isso tem uma consequência essencial: a primazia do prazer da representação sobre o prazer do órgão.

Vamos explicar. O desejo sexual (baseado na pulsão sexual) não deve ser confundido com a descarga sexual. O desejo sexual se expressa através de uma representação do ser amado ou simplesmente desejado; imaginamos o prazer que vamos ter com o outro, o prazer que o outro vai ter conosco; esperamos que este momento seja agradável, surpreendente, formidável ou, inversamente, temos medo de não "corresponder", de não ficarmos satisfeitos ou de não satisfazer o outro. Pensamos no momento em que a gente vai viver aquilo com deleite ou com angústia. A satisfação sexual é apenas um momento deste processo de imaginação e também de pensamento, já que todo pensamento se amarra (e se sustenta) numa figura ou numa imagem.

Se não houver o prazer da representação, só resta o prazer do órgão, a mera descarga sexual. Não há mais amor nem erotismo (pois o erotismo vive de imagens às vezes surpreendentes; basta pensar no prazer de alguns ao ver botinhas de mulher). Só resta a pornografia.

É sintomático da nossa época, da velocidade, do efêmero, do olhar da performance, que hoje seja o momento mais pornográfico desde o início da humanidade. Todas as revistas que tratam de sexo só falam em: "Como melhorar seu desempenho sexual", "Como descarregar melhor", por mais tempo, mais rapidamente, com o máximo de parceiras. E, quando você terminou de descarregar, só resta o tédio ou a obrigação de recomeçar, que desemboca também na tristeza ou, talvez, também no assassinato, como o mostram as obras de Sade.

Esquecemos que sem o prazer da representação somos apenas animais ou até piores do que eles, visto que aparentemente eles têm representações ligadas à sexualidade.

Fazer com que o prazer da representação prevaleça sobre o prazer do órgão abre para o ser humano o prazer do pensamento. Mesmo o pensamento mais abstrato vai ser filho da imaginação e não de uma razão despida de todo desejo ou, melhor ainda, de uma argumentação estritamente lógica, como o expressa magnificamente o poeta inglês William Blake: "O que é prova hoje antes disso foi pura imaginação". Alguns exemplos para sustentar o que afirmo: dois que me foram inspirados por Kekulé, o fundador da química orgânica estrutural. O primeiro é brevíssimo: uma noite, Kekulé tem um sonho em que são representadas seis serpentes em círculo, cada uma mordendo a cauda da anterior. No dia seguinte, ele encontra o que procurava em vão havia muito tempo: a fórmula estereoquímica hexagonal da molécula do benzeno. O segundo, um pouco mais longo, eu tomo emprestado do diário de Kekulé, que conta o nascimento da estrutura atômica: "Numa bela noite de verão, o último ônibus estava atravessando ruas desertas. Na plataforma onde me encontrava, eu estava num estado de devaneio, vendo átomos flutuando. Eu nunca conseguira representar a natureza deste movimento. Naquela noite, no entanto, vi que os menores eram muitas vezes acoplados aos maiores ou pegos por eles; que uns maiores arrastavam três ou quatro pequenos e que todos giravam num turbilhão, parecendo um extraordinário balé. Vi os maiores se alinhando, um deles selecionando os menores na extremidade da cadeia; acordei do meu devaneio ao ouvir o motorista gritar: 'Chapman Road', mas eu passei uma parte da noite a rascunhar modelos das imagens vistas no meu sonho. Foi assim que a teoria da estrutura atômica foi concebida".

Outro exemplo é relatado por Claude Bernard, que conta que ficara marcado – um dia em que ele olhava diferentes tanques em que tinham colocado vísceras variadas – pelo fato de moscas se aglutinarem no tanque onde havia fígados. Em vez de reclamar contra a sujeira do local, ele exclamou: "Há açúcar aí dentro!". Foi assim que ele descobriu a função glicogênica do fígado, tão importante para o tratamento do diabetes. Um comentarista escreveu a respeito: "É um processo de associação de ideias totalmente análogo ao da poesia. A impulsão motora é a mesma. A primeira fonte da ciência não é o raciocínio, mas a verificação detalhada de um casal proposto pela imaginação". Outro comentarista: "A gente se dá conta da verdade, e ela só é enxergada quando for inventada por alguém com talento".

Essas histórias mostram a importância do jogo e da divagação na descoberta e nos asseguram que a imaginação não está em contradição com o rigor científico, pelo contrário: ao favorecer a disponibilidade para a surpresa e o incongruente, ela fornece ao esforço racional novas hipóteses a testar, novas imagens a explorar, novas estruturas a estabelecer.

Não esqueçamos que Freud só conseguiu entender a função do sonho, "caminho real da psicanálise", ao preferir "a sabedoria popular", que sempre reconheceu a existência de sentido nos sonhos, e não as teorias científicas, que os limitavam a um "fenômeno orgânico revelado apenas por certos sinais psíquicos".

A imaginação criativa recorre em grande parte a um tipo de raciocínio habitualmente banido pelos cientistas acadêmicos: o raciocínio por analogia, que, no entanto, serviu a James Watson e Francis Crick na sua descoberta fundamental da estrutura em dupla hélice do DNA. Noto *en passant* que, no seu livro, Watson é carregado de ironia para com a ciência e os cientistas "bem estabelecidos".

O raciocínio por analogia é considerado pelo psicólogo W. J. J. Gordon, criador da "sinética", como essencial em qualquer atividade criativa. Para Gordon, existem quatro formas de analogia:

A analogia pessoal

"Um químico poderá assim renovar seu problema se ele se identificar com as moléculas em ação. O técnico inventivo se imagina sendo uma molécula dançante, ele rompe com a atitude desprendida do perito para se jogar pessoalmente na atividade dos elementos que ele estuda." Do meu lado, procurei tanto me identificar com tecnocratas perversos para tentar entender a perversão social que amigos me disseram depois de ter lido meus livros: "Não sabíamos que você era tão perverso", e tive de responder: "Não, como Freud diz: sou apenas um neurótico normal".

A analogia direta

Ela serve para estabelecer uma comparação, para colocar em paralelo fatos, conhecimentos e disciplinas diferentes. Por exemplo, podemos estudar a maneira como um molusco se abre e se fecha para construir um modelo de distribuidor que se fecha sozinho.

A analogia simbólica

Ela recorre a "imagens objetivas e impessoais" para descrever o problema. Trata-se de uma resposta poética pela qual se condensa numa "imagem satisfatória, mesmo que não pertinente tecnicamente, uma visão imediata dos fatores do problema". Um físico como Maxwell elaborava imagens mentais para todos os seus problemas (foi assim que ele elaborou sua famosa imagem do "demônio", capaz de separar individualmente moléculas de gás).

A analogia fantástica

A liberdade dos sonhos, até então reservada aos artistas, também existe nos cientistas. Gordon precisa: "As manifestações culturais da invenção na área das artes e sobretudo das ciências são da mesma natureza e se caracterizam pelos mesmos processos fundamentais".

Estas diferentes formas de analogia fundamentam dinamicamente as duas frases essenciais do processo inventivo:

a) Tornar o insólito familiar.

b) Tornar o familiar insólito.

Gordon chega dessa maneira a uma descrição da atividade criativa muito próxima daquela que fora evocada desde o início do século XX por Victor Segalen. Esse capitão de navio foi também poeta (um grande poetas francês, pouco conhecido, do século passado), romancista, especialista da escultura chinesa e etnólogo. Ele dizia que todo homem, se quiser ser criativo, tem que ser "exótico", isto é, alguém sensível à variedade, à diversidade, a uma visão renovada, ao questionamento de todas as coisas, a uma concepção do mundo; um indivíduo ao mesmo tempo sempre presente e sempre marginal, um estrangeiro afinal de contas, capaz de olhar o mundo como se o estivesse vendo pela primeira vez.

O que acabamos de examinar nos mostra que o pensamento, para ser o que ele é e para se desenvolver sem estorvo, precisa se familiarizar com o que Valéry chamava "as coisas vagas": na maioria das vezes, são as coisas essenciais, já que não cercadas, não formalizadas, não padronizadas e que exigem o sopro da imaginação. O pensamento precisa pegar atalhos, estar pronto para reconhecer o imprevisto; para desenvolver um gosto pelo imprevisível, pelo surpreendente; para confiar na analogia, na metáfora – pela capacidade do trabalho metafórico metamorfosear as coisas –; para recorrer a associações de palavras, de ideias (como no trabalho psicanalítico ou na poesia).

Temos que acrescentar que, como evocava o filósofo das ciências Gaston Bachelard, é preciso combinar a pesquisa mais rigorosa com a aspiração poética mais aventureira. Observemos a este respeito que, se Bachelard escreveu obras como *A formação do espírito científico* ou *O novo espírito científico*, ele também teria escrito livros como *A poética do espaço*, *A água e os sonhos*, *O ar e os sonhos*.

G. Bachelard, que foi um dos mestres de L. Althusser e de M. Foucault, sabia que era necessário combinar imaginação, sonho, devaneio, observação e experimentação para construir o que ele chamou de "conceitos transracionais" ou "transespecíficos", os quais permitem que o pesquisador não se tranque na sua disciplina e tenha uma visão transdisciplinar, pois somente esta visão favorece verdadeiramente a descoberta. G. Bachelard, que era professor concursado de universidade e doutor em filosofia e em física, foi o exemplo perfeito do indivíduo modesto (ele vinha de um meio muito pobre), que tinha uma visão extraordinária das relações que existem entre as coisas mais diversas. Ele pôde assim exercer uma influência decisiva na reflexão de alto nível na França.

Outros foram no mesmo sentido. Marcel Detienne, grande especialista da Grécia antiga, nos diz nos seus últimos trabalhos que suas pesquisas – que foram profundamente inovadoras para a compreensão da sociedade grega – só obtiveram tais resultados porque ele conseguiu colocar em relação elementos que pareciam totalmente separados: modos de pensamento, regras de direito, indicações para a navegação, textos teatrais etc.

Eu gostaria de citar em último lugar um homem como Roger Caillois, que foi sociólogo, etnólogo, poeta, diretor de uma revista de ciências humanas, especialista nas pedras mais raras. Ele construiu os primeiros elementos daquilo que chamou de "ciências diagonais". Para ele, "o progresso do conhecimento consiste por um lado em descartar as analogias superficiais e em descobrir laços de parentesco profundos, menos visíveis talvez, porém mais importantes e significativos [...] A verdadeira tarefa consiste em determinar correspondências subterrâneas, invisíveis, inimagináveis para o leigo. Essas relações inéditas unem os aspectos inesperados que sofrem os efeitos de uma mesma lei, as consequências de um mesmo princípio ou as respostas a um mesmo desafio: ordens de coisas pouco compatíveis entre si".

Depois do que acabei de dizer, vocês vão entender que o verdadeiro pensamento criativo, irrigado pela imaginação, só existe para mim se houver vontade de descobrir relações não previstas, correspondências entre as coisas e os fenômenos, conivências negligenciadas, correlações sutis.

Preciso acrescentar duas características para terminar minha investigação sobre a força da imaginação primordial ou radical no processo do pensamento. Para começar, esta imaginação vai mobilizar a categoria do adiado.

- a) Adiado como introdutor da diferença (contrário da repetição). Mudança contínua das modalidades de apresentação do desejo, deslocamento do desejo para objetos, invenção de imagens para moldar a realidade, devaneio transformador da matéria, instauração de uma dinamologia, ao passo que a repetição instaura estruturas estabilizadas.
- b) Adiado como postergado. A imaginação está do lado do projeto, da construção edificada lentamente. É ela que está na fonte das utopias, das fantasias que esteiam os programas, as teorias, as vontades de fazer e de agir. Dela surgem a ação e a prática social.

c) Adiado na medida em que continuadamente (já que não se esgota nunca) criador de uma distância sempre presente e estritamente irredutível, que chama a ação pensada para reduzi-la.

d) Adiado, finalmente, na medida em que instaura uma diferença entre o que ocorre realmente e as imagens que os homens se fazem da realidade. Daí sua função de máscara, de construção de uma clivagem entre as relações reais e as relações imaginárias.

Dá para ver logo que, se a imaginação pode ser a abertura do pensamento, ela também pode ser simultaneamente um encerramento do pensamento nas utopias, nas teorias bem estabelecidas (segundo aspecto do adiado) e na sua função de máscara (quarto aspecto do adiado). Voltarei a falar do encerramento mais adiante.

Como abertura, a imaginação é o que favorece a ruptura na linguagem, nos atos e no tempo. Ruptura na linguagem, ao permitir a relação entre termos aparentemente contraditórios, a existência de todos os oximoros como "a água seca", "o fogo frio", "a clareza obscura", "a violenta ternura", "o peso do silêncio das palavras". Ou de objetos impossíveis, como a famosa frase de Lautréamont: "O encontro fortuito numa mesa de dissecação de um guarda-chuva e de uma máquina de costurar", que provoca a irrupção do inesperado, da surpresa e também fundamentalmente do que se escondia nas profundezas da realidade chata.

Ruptura nos atos, ela se apresenta como a expressão da espontaneidade da invenção técnica e social, da representação dos desejos como se eles fossem realidade, do estabelecimento de um vínculo entre o que é normalmente disjunto: o sexo e o trabalho, o prazer e o esforço, a violência e o calor solidário.

Ruptura no tempo, ela é o que permite escapar do tempo uniforme da repetição e do cotidiano, dar-lhe um sexo, fazer com que surjam momentos diferenciados e cuja beleza reside na fugacidade.

Afinal, a imaginação fecunda o pensamento, mas este precisa encontrar uma confirmação, mais cedo ou mais tarde, na prática. É de fato a experiência e o confronto com o Real – isto é: com o que resiste, o que desnorteia – que recoloca a imaginação nos trilhos, faz surgir novas ideias e suscita ações imprevistas.

Ao mesmo tempo em que a imaginação é abertura, como já mencionamos, ela no entanto pode ser encerramento. Com efeito, ao lado da imaginação radical – motriz, como eu a chamo –, existe uma imaginação que vai se cristalizar num imaginário enganador, que vai ter uma função de tranquilização, de máscara, de mistificação.

É nesse tipo de imaginário que Jacques Lacan insistiu no seu famoso texto "O estádio do espelho como formador da função do EU". Ele mostra que o ego se constitui em certo momento da vida, a partir da imagem especular, que vai favorecer na criança uma apreensão global de seu corpo como unidade (antes, esta não diferenciava seu corpo do mundo exterior ou tinha apenas a experiência de um corpo fracionado; ela brincava com seus dedos da mão ou do pé). Mas a imagem de unidade dada pelo espelho, e que agrada à criança que vai sorrir para sua imagem, só é possível porque os pais que a carregam lhe mostram sua imagem no espelho e dizem: olhe como você é bonito. Assim, a apreensão do corpo como unidade, que provoca a "jubilação" (a criança está feliz em se ver) só é possível porque a criança é primeiro constituída como unidade pelo olhar do outro sobre ela, pelo discurso que a designa como única. É, portanto, através de uma identificação com a imagem dos outros sobre si que conseguimos ter uma imagem de nós mesmos.

Ocorre que a unidade é um engodo. Primeiro, porque um corpo unificado pode voltar a ficar fracionado (e sabemos que a fantasia do fracionamento – de um corpo batido, rejeitado, quebrado – vai se desenvolver com e contra o sentimento de unidade); depois, porque é possível se apaixonar pela própria imagem e se perder nela (como Narciso, que se afogou ao querer beijar sua imagem na água). Narcisismo em demasia leva à loucura e à morte. O que alguns ditadores ainda não entenderam. E quando o narcisismo não leva à morte de si, ele leva à morte dos outros (basta pensar em Hitler, Stálin ou Marx). Enfim, porque significa que estamos o tempo inteiro dependentes do olhar dos outros, que somos incapazes de construir nossa própria imagem de nós e que sempre precisamos que seres transcendentais exerçam sobre nós uma autoridade tutelar benevolente para termos absoluta certeza de que existimos e de que estamos no bom caminho: é o que vai desenvolver em cada um a ilusão, a crença de ser protegido por um pai (ex: o Pai dos povos) ou por um santo ou ainda por um Deus que nos quer bem.

Para não corrermos o risco de ficar fracionados, para não termos medo de nos afogar como Narciso, o único jeito, pelo visto, é edificarmos crenças não negociáveis, ilusões, certezas, ídolos (religiosos ou ideológicos) que vão nos sustentar, garantir nossa unidade e ficar de olho em nós para ver se nos comportamos de acordo com as normas que eles determinam.

Antes de prosseguirmos, precisamos definir a noção de ilusão.

O que caracteriza a ilusão é que ela é derivada dos desejos humanos. A posição racionalista (a de Descartes) é clara a este respeito: temos de um lado a ilusão (emanação de um gênio maligno) e do outro o pensamento verdadeiro, a existência (penso, logo existo), cuja fonte é Deus.

O pensamento de Freud, que compartilho neste ponto, é mais complexo. Ele sabe que o trabalho da análise é um trabalho sobre "ilusões" (sobre fantasias, sonhos, cenas de sedução imaginárias, relações transferenciais), que estas ilusões são da ordem do "verdadeiro", que elas dão testemunho da atividade psíquica e que, sem elas, não haveria para o sujeito humano nenhuma possibilidade de vivência do inconsciente, que fala dentro dele sem que ele queira ou suspeite, sem que possa medir os efeitos disso. Freud especifica esta ideia quando escreve: "uma ilusão não é a mesma coisa que um erro. Ela não é obrigatoriamente um erro". Ela é indiferente à realidade e também à efetividade. Podemos defini-la assim: "A ilusão é uma crença quando a realização do desejo é prevalente na sua motivação e quando não levamos em conta relações desta crença com a realidade; a ilusão também abre mão de uma confirmação pela realidade". A ilusão é crença ao passo que o pensamento é interrogação. Ela é obturação, situação na chegada, resposta dogmática. Ela é portadora do incrível. Para melhor precisar o estatuto da ilusão (crença), eu gostaria de citar o texto de um psicanalista francês, Jean-Bertrand Pontalis: "O que nos autoriza a falar de ilusão religiosa evidentemente não é a deformação do desejo e de seus deslocamentos nem o desconhecimento da realidade que podemos observar em todas as formações do inconsciente. Mas em todas essas formações a realização do desejo é inseparável dos trajetos que ele percorre, dos objetos parciais nos quais ele se fixa, das representações que ele se dá: há um trabalho do sonho, um agenciamento da fantasia, uma construção delirante, um processo de transferência. Estas ilusões são a realidade da análise. A famosa fórmula: "A aceitação da neurose geral dispensa o crente da tarefa de formar uma neurose pessoal" poderia então ser entendida assim: a ilusão é patente onde existe uma *Weltanschauung* (concepção do mundo), promessa de uma colocação que impede de uma vez por todas por meio de uma pretensa "solução" o acesso à encenação, à concretização ou à vivência no sonho dos conflitos do desejo. O que deprecia a ilusão religiosa (para Freud) é que ela aliena numa simbólica preestabelecida e comum o jogo livre e criativo da ilusão. Existem, portanto, duas formas de ilusão: a que permite um trabalho criativo e a que submete o indivíduo a crenças não questionáveis.

O que constatamos ao estudar a maneira como se desenvolveram no Ocidente cristão por um lado a arte (especialmente a pintura, a escultura, a música) e por outro lado o funcionamento social? Constatamos que o funcionamento social se colocou sob a égide da ilusão, e principalmente do imaginário enganador, mesmo que o pensamento imaginativo criativo tente o tempo inteiro fissurar os dogmas. Observamos em todo lugar o crescimento das religiões nos seus aspectos mais dogmáticos. Quando as religiões começam a esvaecer, elas são substituídas por ideologias formadas (tais como o marxismo dogmático ou o ultraliberalismo). Quando retomam impulso, elas dão vazão a fanatismos (como o fanatismo islamista) ou às mais variadas seitas. Este imaginário enganador se concretizou: vejam (para dar apenas alguns exemplos) a conquista dos lugares santos, as guerras de religiões, o massacre dos índios, o tráfico de negros (para civilizá-los), duas guerras mundiais, as ditaduras em nome de um Estado forte (novo Deus a ser respeitado), o totalitarismo soviético ou chinês (em nome da ciência marxista, considerada como a expressão da verdade eterna e substituta de Deus sem nenhum problema) etc.

É verdade que a tendência atual é de querer instaurar a democracia em todos os lugares, como comentamos anteriormente. Mas a que preço! E que democracia? Na realidade, ditaduras, fanatismos, genocídios e guerras continuam existindo. Freud tinha razão quando dizia que o que os homens agora temem antes de tudo é a deterioração das relações entre os homens.

Na esfera artística, contudo, podemos relevar um fenômeno interessantíssimo. A imaginação criativa (a capacidade de construir imagens, hinos, missas etc.) se colocou a serviço da imaginação enganadora, da ilusão, da fé.

Vemos o plano da arte se dissociar do da realidade: quanto mais a arte se desenvolver, mais o plano da realidade vai se encerrar. Vou fornecer nesta minha exposição demasiadamente longa um só exemplo: a liberdade da arte barroca, expressão da Contrarreforma, e vou tentar extrair seu significado.

O barroco se mostra, nos países em que mais se desenvolveu (os do crescente barroco, que vai de Nápoles a Praga, passando por Saint-Gall e Munique), como a expressão artística e humana (o barroco também é uma maneira de ser) da Contrarreforma, oriunda do Concílio de Trento (1546-1563), que procurou conter a onda luterana e a onda calvinista (esta tomando forma durante o próprio Concílio) e, sobretudo, trazer uma solução para a crise moral, cósmica, existencial: numa palavra só, para a crise da cultura que sacudiu aquela época.

A ressurgência da antiguidade e a descoberta das imensas terras do Novo Mundo; a chegada maciça do ouro e das pedras preciosas; o surgimento do Estado moderno (instância transcendente da obrigação legítima, que tende a absorver a sociedade civil) com o desenvolvimento das cidades italianas dirigidas por príncipes embriagados pela onipotência, e aos quais Maquiavel fornecerá a ideologia de que precisavam; a revolução científica (a de Copérnico, Kepler e Galileu), que faz com que os seres humanos migrem do "mundo fechado para o universo infinito"; sem falar dos ataques dos reformadores religiosos nem dos massacres que se seguiram: todos esses eventos fazem dessa época um período de instabilidade e de colapso das certezas do homem, que vê vacilar e até desaparecer seus pontos de referência e polos de identificação nesse excesso de universo, de terras desconhecidas, de religiões, de Estado e de ouro. Esse homem, destituído do seu lugar de centro do mundo, perdido e vulnerável, pego no turbilhão do seu tempo, vê por causa disso emergir nele desejos novos. Ele é possuído ou por um frenesi, por uma paixão descontrolada (e se torna o homem desse mundo tumultuoso), ou por um desejo de paz e de comunhão com a natureza e o divino (o sucesso das experiências místicas daquela época sendo um testemunho disso).

Contra o acetismo luterano e calvinista, contra a crise cultural, a Contrarreforma julga necessário restabelecer a crença e por isso se endereçar às imaginações e sensibilidades, tentando comover e não satisfazer a razão e a lógica, a fim de poder responder ao novo estado em que se encontra o indivíduo, que só poderá se satisfazer nesse período turvo com símbolos expressivos nos quais puder encontrar, ordenada e controlada, sua própria reviravolta interna. A arte (e em primeiro lugar a arte religiosa) deverá encantar (no sentido forte do termo) os fiéis: comovê-los, fasciná-los, pô-los em movimento, provocar elevação e veneração. Acabou, portanto, a arte altiva da Alta Idade Média, ou aquela clássica do plano e da linha, da unidade. A arte precisa agora ser colorida, uma forma aberta, conjuntos plurais. O público tem que ser colocado em estado de regressão, tem que ser enganado. Não é à toa que o *trompe l'œil* vai triunfar na arquitetura religiosa.

O mundo proposto ao olhar é aquele da aparência, da inconstância, do capricho, da metamorfose, do artificial, do maravilhoso, do pitoresco e do fantástico. Um mundo no qual a paixão pelas aventuras mais inverossímeis, pelos golpes do destino, pelo travestimento e pelo bizarro reinam absolutos. E para que esse mundo possa inflamar, "entusiasmar" os indivíduos, ele deve ser sustentado por uma vontade de grandeza, vontade expressa nesta frase-lema de Bernini: "Não me falem de nada que seja pequeno".

Tudo no barroco não é apenas grande, quando não colossal, querendo se espalhar com profusão e tumulto, querendo marcar pela majestade ou pelo horror. É preciso ainda que a ilusão seja confundida com a verdade, visto que as figuras, os ornamentos e os atos que são mostrados (a visualização é levada ao paroxismo) são os sinais da presença ativa do grande ordenador: Deus ou o mágico.

E já que evoquei o caráter teatral do barroco, vamos parar um instante nas duas peças barrocas por excelência: *A tempestade*, de Shakespeare, e *A ilusão*, de Corneille.

Em *A ilusão*, "estranho monstro" pelas palavras do próprio autor, teatro dentro do teatro, um pai se sente culpado pela conduta que teve anteriormente em relação ao seu filho e gostaria de saber o que ele se tornou. Esse filho, mágico de profissão, leva o pai a crer que está assistindo ao vivo ao assassinato dele, que se trata de um evento real que está se desenrolando diante de seus olhos, não de uma ficção. A peça inteira é construída a partir da sedução que o mágico exerce sobre o pai ao mostrar-lhe as aventuras no início felizes de seu filho e ao deixá-lo esperar por um fim favorável. Quando o pai se torna incapaz de pôr em dúvida os poderes do mágico e está mergulhado num estado de alucinação tão profundo que não consegue mais se segurar na realidade, então o mágico pode acabar com ele e transformar a comédia em tragédia, sem que o pai possa entender que foi enganado, que se deixou levar pelo encanto. O fim da peça revela, todavia, o mecanismo da ilusão. Tudo não passava de um simulacro, o filho se limitando a atuar numa peça trágica. Porém, com este simulacro, "o teatro está num ponto tão alto que todo mundo o idolatra". Assim, o teatro é o lugar da idolatria, o que significa que, para provocar a idolatria, tudo tem que virar teatro.

Pois quando o mágico não tem mais poderes, quando ele quebra sua varinha, quando não consegue mais governar os homens, "raptá-los" de si mesmo, "encantá-los", pegá-los na armadilha de seus próprios desejos (desejo do pai na ilusão de ser desculpado ao ver que o filho que rejeitou alcançou a fortuna), dobrá-los para submetê-los à sua vontade, então a aflição humana renasce e a tragédia da história retoma seus direitos. É o que evoca Próspero no epílogo de *A tempestade* (última peça de Shakespeare). Ele abjura sua magia brutal, quebra sua varinha e declara: "Agora, todos os meus sortilégios estão destruídos e só me resta minha própria força, tão fraca! Doravante, não tenho mais mentes para dominar, artes para encantar e *meu fim é o desespero*".

Se não há mais mestre das ilusões, ordenador das cerimônias, os homens podem realmente morrer. Próspero pode recuperar seu ducado de Milão, do qual foi banido, e consequentemente reencontrar as intrigas que podem dessa vez acabar com ele. Em *A ilusão*, na verdade, não há nenhuma história, já que se trata de cabo a rabo de uma mistificação. *A tempestade* é apenas a repetição de uma história já vivida e, quando o drama termina, os pêndulos ajustam sua hora e a história recomeça como se não tivesse acontecido nada. Nessas duas obras, o sonho domina e a realidade histórica fica de fora. A mensagem é clara: o mágico é aquele que consegue nos levar à *embriaguez*, nos tirar da realidade histórica, sempre dolorosa. É aquele que faz com que entremos vivos na *eternidade*. Por isso é preciso preservar os mágicos, pois são os únicos que nos consolam, são os únicos que nos fazem acreditar que o *mundo das aparências* é o único mundo amável em que seja possível viver.

E se voltarmos à arte, o que vemos? O triunfo da aparência enganosa. Borromini alongará a sequência de colunas do palácio Spada ao roubar nas proporções de suas colunas; os decoradores engavetam motivos pintados com motivos esculpidos ou modelados, o que impede qualquer distinção; os afrescos dos tetos (pensem em Tiepolo) parecem abrir para o céu, com falsos espectadores debruçados nos balcões, olhando para nós.

Trata-se sempre de desviar, elevar, encantar, mas também de manter a suspensão do desejo. Tudo pode acontecer; a surpresa e o inédito são permanentemente convidados. Quanto às grandes esculturas, sabemos muito bem que elas expressam a paixão, o êxtase, a volúpia até, sobretudo, talvez, se elas estiverem misturadas com sofrimento (a Santa Teresa de Bernini sendo aí o símbolo mais conhecido). Todos os gestos são complicados, os seres contorsionados, os rostos possuem uma expressividade alucinada. Todos os sujeitos estão brincando, pegos num turbilhão: estão no meio do delírio (e do prazer) desejado por Deus. Não há nada tangível, portanto, a não ser o sopro de Deus ou aquele do seu avatar leigo, o mágico. Os crentes só podem ficar subjugados por essa proliferação de cenários, de estátuas, de recantos, por essa diversidade que faz estourar a igreja em múltiplos lugares – cada um com sua perfeição –, pela variedade de poses, pela incerteza da percepção. E para que toda essa criação que continua fazendo do barroco uma festa perpétua? Para que os poderosos sejam amados, que sua glória nunca seja questionada, que os submetidos fiquem submissos, dóceis e resignados, e para que a razão não consiga se encontrar nessa efervescência. Os sentidos são solicitados: é amor que é pedido e é amor que vai voltar.

Temos de acrescentar que na mesma época nasce a ópera, a forma que vai suscitar a paixão, o entusiasmo e a identificação, mais ainda que o teatro, visto que é a única que consegue integrar letra, música, dança, às vezes até pinturas e mecanismos cenográficos, os mais surpreendentes e os mais delirantes. Nesse sentido, a ópera é a forma barroca por excelência. Todo amador bem sabe que a ópera tem este poder de galvanizar as multidões: as consequências das representações de *Nabucco* e dos *Lombardos* de Verdi ou da *Muda de Portici* de Auber ainda estão em todas as memórias. A ópera na idade barroca se contenta em estarrecer, em suscitar o amor ou em entoar um cântico à glória dos poderosos. Assim, ela vai contribuir com as outras manifestações da arte barroca para manter os povos numa obediência extasiada ao captar sua capacidade de devoção. Também é óbvio, contudo, que o barroco permitiu que a fantasia criativa mais desenfreada se manifestasse, que o grotesco tivesse o seu lugar, que acreditassem nas mais descabeladas aventuras. O eco do dinamismo desse movimento artístico ainda nos alcança.

O barroco, como acabamos de ver, funciona na base da idealização. Idealização das formas, idealização da fé. Para nós, hoje – e ainda não falei do barroco latino-americano –, ele continua tendo impacto por seu esplendor, por seu aspecto desmedido e contorsionado, mesmo que não solicite mais a nossa fé.

É importante notar que toda arte desmedida sempre quer conquistar nossa crença. Basta se lembrar da arte nazista grandiloquente e da arte monumental soviética, que estranhamente se pareciam e quiseram enganar as populações, muitas vezes com sucesso.

Se quisermos que a imaginação radical, criativa e motriz continue ocupando o lugar que merece e influencie a arte como realidade social, é essencial que o processo de sublimação substitua o processo de idealização.

Algumas palavras, para concluir, sobre a sublimação, frequentemente evocada por Freud, apesar de pouco explorada por ele. Para ficar claro e simples, podemos analisá-la sob quatro aspectos:

1) A sublimação é uma das origens essenciais do laço social. Se os indivíduos tivessem ficado no estádio do prazer do órgão, eles nunca teriam conseguido construir uma sociedade. Como diz Castoriadis: "Falar já é sublimar". Com efeito, a linguagem é uma construção "abstrata" que implica a possibilidade de nomear e de classificar as coisas. É uma construção "afetiva" que implica o reconhecimento da existência dos outros e da troca com outrem, e é uma construção "prática", já que ela favorece a colaboração e a invenção das técnicas. Sublimar é, portanto, um processo normal da vida social que faz com que prevaleça o prazer da representação em detrimento do prazer do órgão.
2) A sublimação autoriza a psiquê a se desprender dos seus próprios objetos de prazer para preferir objetos sociais valorizados pela cultura. Um exemplo vai permitir uma maior precisão neste aspecto (que é essencial para Freud): se um indivíduo for movido por uma pulsão de destruição, é melhor ele colocar seu sadismo a serviço da coletividade, tornando-se um ótimo açougueiro ou cirurgião, do que ele virar Jack, o Estripador. Este aspecto da sublimação constitui um problema social central. Se na nossa sociedade não valorizarem um número suficiente de profissões não perigosas para os outros, muitos indivíduos serão levados a não sublimar e a se lançar em ocupações ilegais e perigosas, valorizadas apenas por seus pares (como os traficantes de drogas).
3) A sublimação se apresenta também (e talvez essencialmente) como uma experiência intrapsíquica na qual a subjetividade do sujeito é totalmente envolvida. A sublimação se mostra como um desejo de pensamento (e também como um prazer doloroso, pois ela almeja preencher uma falta), como uma busca apaixonada pela verdade, como uma construção de um objeto científico, artístico ou relacional. Podemos considerar como emblemática da sublimação a obra (e também a pessoa) de Leonardo da Vinci.
4) A generalização do desejo de investigação estudado anteriormente foi compartilhada pelo maior número de pessoas possível. Esta generalização teria como objetivo o conjunto do corpo social investido posi-

tivamente como o lugar de construção de um laço (de um amor, de uma amizade) não fusional, porém lúcido, entre homens autônomos, sem deixar de lado os fracos, o conflito ou a agressividade, sempre presentes nas relações mais tenras. A generalização só é possível se os homens sublimadores respeitarem a ética do debate, tal como evocada por Habermas, isto é: a possibilidade para seres sinceros de falar o mais autenticamente possível num debate aberto e público, onde cada um, como numa ágora grega, tomaria a palavra e ouviria atentamente os argumentos dos outros, onde todo mundo disporia das mesmas informações, teria vontade de tratá-las de maneira pertinente e de encontrar as soluções mais vantajosas para cada um dos protagonistas.

Acrescento, para terminar, que os homens sublimadores deveriam respeitar o que chamei em 1997 de ética da finitude, que implica a aceitação de seus limites; a capacidade de se questionar; a aptidão de ser ao mesmo tempo um ser racional, imaginativo e passional; a vontade de que prevaleça em si a pulsão de vida sobre a pulsão de morte; a coragem de enfrentar as feridas narcísicas, de se redefinir, deixando de lado qualquer megalomania, de passar pela resolução do luto de todas as ilusões paralisantes e de ser antes um homem da interrogação que da certeza; e, enfim, a vontade de simpatizar com outrem e de considerá-lo na sua alteridade plena e inteira, mesmo que a sombra dele nos encubra um pouco.

De fato são raros os homens que praticam diariamente a ética da conversa e da finitude.

Talvez não existam e nunca existirão, como dizia Rousseau, falando da democracia. Todavia, não é porque um caminho é difícil que é proibido e ruim andar nele. Como dizia Nietzsche, é preciso ir em frente com suas convicções, apesar de tudo. O mundo só pode mudar se houver homens em pé, prontos para enfrentar o abismo. Vamos tentar ser um deles. Se fracassarmos, teremos pelo menos vivido uma bela aventura.

O lugar do anímico: experiência e ficção em Wittgenstein
João Carlos Salles[1]

> *Anímico* não é para mim um / adjetivo //
> epíteto // metafísico, mas sim um lógico.
> *Ludwig Wittgenstein, MS 173, p. 35r.*

1.

O anímico, o mental, o subjetivo, tudo isso parece dar-se antes, dispor-se mesmo como condição da experiência. Assim, um elemento etéreo e dúctil torna-se o mais objetivo e fundante, como se coisa a mais aventureira fosse, entretanto, sempre a mais certa. Esta é uma imagem pregnante. Ela se cola ao fazer filosófico, como se fosse seu lugar mais natural. Ante qualquer dificuldade, ante qualquer mistério, um mistério ainda maior é invocado, como se a experiência mesma do pensamento coincidisse com o anímico e dele dependesse.

Um traço permanente da obra de Wittgenstein parece residir em sua resistência a qualquer psicologismo, não podendo, por exemplo, ao tempo

---

[1] Professor do Departamento de Filosofia da Universidade Federal da Bahia (UFBA). Este texto recupera o espírito e mesmo, eventualmente, a letra de artigos anteriores – o que mal se justificaria, não fossem em grande parte distintos o público de periódicos especializados e o público mais amplo a que este livro se destina. Cumpre também registrar que a pesquisa sobre a filosofia na psicologia de Wittgenstein tem contado com o apoio de bolsa do CNPq.

do *Tractatus*, uma psicologia ter qualquer privilégio sobre qualquer outra ciência no que se refere à determinação do "território disputável da ciência natural" – uma de suas expressões para a circunscrição do campo do significativo, para a demarcação do espaço lógico. E, em tal demarcação, em se tratando das propriedades formais da verdade e não da mera possibilidade, concordaria ele com Frege, cabe discernir as leis do ser verdadeiro das meras leis do tomar algo por verdadeiro, estas próprias da psicologia.

Os gestos em Wittgenstein, todos sabemos, são extremados. A epistemologia não pode ter privilégio na determinação de uma lógica, e o sujeito pode então ser anulado pelo próprio gesto que o exagera. Não é outra a lição por que Wittgenstein faz coincidirem a verdade do solipsismo e a do realismo, de uma linguagem qualquer em ordem (a única que podemos entender) com um mundo qualquer que se deixa dizer, dos limites da linguagem que significam os limites do mundo, um mundo meu para um sujeito que, todavia, não pertence ao mundo. Com isso, a verdade do solipsismo, indizível, coincide com sua negação – o que só é possível se ressignificados os termos e afirmada a interposição da linguagem, do canto que se impõe à boca que o articula. A afirmação do solipsismo é, assim, a mais surpreendente negação de uma experiência do pensamento anterior a sua expressão e que, não obstante, pode ser tomada como significativa.

2.

As suspeitas sobre o sujeito, sobre a relevância lógica de seu estatuto interior, se multiplicam pela obra; à medida que também essa imagem insidiosa se oferece a todo instante como solução, quando e onde é talvez, o maior problema. E são tantas as suspeitas, que sua obra pode, por vezes, saber a uma forma de externalismo em relação ao mental ou simplesmente a um behaviorismo.

Esse é o caso com a imagem da significação como um corpo sólido, como se contido em uma caixa e a tão somente desdobrar-se pela experiência. Em sendo assim, conhecer o jogo de xadrez, saber o significado de bispos e torres, seria algo como já ter jogado todas as partidas, como se estas estivessem adormecidas no tabuleiro e virtualmente antecipadas na mente do jogador. Saber jogar é, de alguma forma, reconhecer, de sorte que mesmo o mais fraco dos jogadores teria pensado os lances que deveras jamais conseguirá fazer. Ora, essa imagem da significação, por forte que pareça e por muito que nos retorne, antes alimenta um paradoxo cético, a saber: só teríamos acesso a uma significação na circunstância de uma experiência finita, embora, por outro lado, termos compreendido a regra pareça implicar estarmos preparados para dar conta, com ela, de novas aplicações nunca pensadas, e de modo inequívoco. Uma regra qualquer (por exemplo, a regra da adição ou a simples regra por que associo uma palavra a um objeto) faria a ligação entre a experiência passada e novas aplicações. O problema é que a experiência passada pode sempre ser reinterpretada, sendo aparentemente necessária uma garantia anímica do significado unívoco da regra, uma memória do que nela é pensado, do que ela quer dizer, uma indicação segura do que é estar ou não em conformidade. O paradoxo torna-se então a paralisia desse mesmo sujeito, chamado a garantir a identidade da regra, mostrando-se ele aparentemente necessário e impotente para ser critério de si mesmo, uma vez que acreditar seguir uma regra não é, *eo ipso*, seguir uma regra.

O paradoxo parece dever-se à possibilidade mesma de se agregar uma interpretação adicional para a garantia de conformidade e, então, uma regra nunca determinaria uma ação, pois qualquer ação, mediante uma interpretação, poderia ser posta em conformidade com a regra. Se este é o paradoxo, sua raiz é a imagem mesma que vincula interpretação e intenção, sentido e sujeito. É simplesmente ilusório servir-se da referência a um inapreensível estado mental. Afinal, se a interpretação correta de uma regra depende de uma intuição secreta, ou não teremos medida alguma por que julguemos seu cumprimento ou deverá tal intuição materializar-se em alguma expressão simbólica, uma vez que, como o próprio Wittgenstein dirá nas *Investigações*, apenas em uma linguagem podemos querer dizer algo com algo. O tratamento do problema do seguir a regra – pelo qual a regra se manifesta em cada caso de seu emprego, em novas expressões simbólicas, na linguagem – mostra-se exemplar de um consistente gesto terapêutico, pelo qual se afirma um movimento sistemático de anulação do sujeito, com suas pretensas prerrogativas metafísicas – movimento que, todavia, coincide com a cuidadosa constituição da subjetividade, na justa medida em que ela pode ter relevância lógica, ou seja, em que pode importar para a demarcação dos limites do significativo.

Com todas as suas conhecidas suspeitas sobre o estatuto do sujeito (como neste caso por que retira da interpretação a condição de conferir identidade a uma regra que porventura esteja sendo seguida), Wittgenstein depara com frequência, em seus escritos posteriores às *Investigações filosóficas*, com fenômenos que parecem afirmar o subjetivo e até o psicológico como condição da significação. É o caso da alternância na percepção de aspectos; uma figura ambígua como o pato-lebre, que ora vemos como pato, ora como lebre. Nesse caso e em assemelhados, nada se transforma e, não obstante, tudo é novo. Continuamos a ver, mas nosso mero ver (um estado) é também um pensar (uma atividade), como se então vivenciássemos significações. Esse emprego extraordinário da expressão "ver como" diferenciar-se-ia do simples "ver", pois com ele, à pergunta "O que você vê ali?" não se responderia com uma cópia do visto, uma vez que a mera reprodução e multiplicação especular do campo visual nada acrescentaria a quem fosse cego para o aspecto. A semelhança não se vê pela semelhança. Assim, com independência do que vemos, parecem distintas as regras de fechamento da significação e, mais ainda, as regras da expressão do próprio fenômeno, entretanto sempre estruturado.

Meio provocativamente, Wittgenstein nos ofereceu, para esse fenômeno sutil do notar, um aspecto, uma imagem das mais densas. Ele nos diz ser o problema da mudança de aspecto "duro como granito". Com efeito, a imagem cifra bem uma ameaça. O anímico, que parece ser o lugar e a condição de tais mudanças, torna-se um adjetivo metafísico, ou seja, é empregado como resultante de uma confusão entre o conceitual e o objetivo.

Ao tempo que nos desenha a ameaça, Wittgenstein nos apresenta seu projeto de investigação: o "anímico" deve entrar em linha de conta apenas se não for um epíteto metafísico, mas, sim, lógico. Com isso, o pensamento da experiência deve tornar-se um modo por que a experiência do pensamento pode tornar-se parte das condições da significação. Em outras palavras, pensar as vivências de estados mentais (como a vontade, a percepção de aspectos, o eu etc.) em vez de suscitar a procura das causas de sua produção, a explicação de suas funções, tem doravante um interesse gramatical, pois relativo à constituição dos limites do significativo.

A dissolução do enigma parece tornar-se enfim possível quando a forma passa a ser colhida por um espírito que não se move sem corpo, que pode então notar o aspecto como uma *Äußerung*, e logo como um critério da presença do fenômeno. Dessa maneira, Wittgenstein pode mostrar uma atividade, uma descrição de uma vivência visual segundo uma interpretação, sem precisar recorrer a uma subjetividade inefável – e também sem precisar negar sua presença. Não é um objeto interno que nos garante ser autêntica a vivência, nem ele fundamenta os jogos pelos quais podemos ensinar outrem a ver como. A percepção do aspecto e, digamos, sua natureza ou mesmo presença não se revelam por introspecção, cabendo então evidenciá-las em comportamentos específicos.

É ilustrativa desse recurso ao comportamento, como modo tão somente de fechar o arco da significação, a situação imaginada por Wittgenstein. Andamos pela estrada e algo nos salta à frente. Ora, nossa exclamação de reconhecimento (Um coelho!) é, ela mesma, enquanto expressão simbólica, não apenas um sintoma, mas sim, sobretudo, um critério da vivência visual. Mais ainda, a exclamação, que se nos impinge, é critério, tem duração, mas também é descrição e, por isso mesmo, expressão de um pensamento. Com isso, dissolve-se o enigma, sendo a diferença entre notar ou não notar um aspecto transposto no modo diverso como a pretensa experiência será expressa, ou seja, como será transposta em um comportamento que, então, é também linguagem. Pensemos, por exemplo, na reação diversa quando entendemos ou não entendemos uma piada. Ela se dá quando não coincide com um estado mental. Em uma saída um tanto behaviorista, o critério da vivência não poderia remeter ao que não fosse linguagem; de sorte que, enfim, o que vemos, o que estamos autorizados a dizer que vemos, o que conseguimos dizer que vemos já são significações.

Behaviorismo: *Scheußliches Wort*. Por horrenda que pareça a palavra, é aqui irrecusável em Wittgenstein uma maneira behaviorista de compreender a significação, mas trata-se decerto de um behaviorismo estranho, pois não nega nem afirma a existência de estados mentais, não nega nem afirma relações causais entre o físico e o psíquico, não reduz a completude, a saturação do gesto a seu resultado, nem pretende ter preferência diante de uma visão pneumática da significação ou do mental. Erigidas como teorias, a visão pneumática e a visão behaviorista seriam ambas ruins, mas ainda assim parece sobreviver um certo behaviorismo na afirmação frequente de o interno ter critérios externos, de a linguagem ser medida da linguagem, de coincidirem no essencial (e não no empírico) significação e comportamento. Com isso, porém, malgrado a ênfase no comportamento, Wittgenstein não menciona nenhum corpo. Ou melhor, é de duvidar que lhe importe algum corpo efetivo ou, ainda, seja sua ciência do corpo mais que uma ficção. Não obstante isso, com tal presença na significação, um corpo aparece em gestos, em gritos, às apalpadelas, em contato com formas, consistência, peso, temperatura, em contato com outros corpos, com outros olhares. Como nunca na obra, a necessidade de articulação do sentido parece solicitar sua presença como lugar de articulação do sentido, lugar de entrelaçamento entre linguagem e mundo.

3.

As causas interessam aos cientistas. Aos filósofos deve interessar a constituição mesma e anterior da experiência, sobre a qual, aliás, se tecem possíveis narrativas da causalidade. Com toda variação possível, essa separação estrita entre ciência e filosofia é um traço permanente da obra, de sorte que, em função disso, até o dogmatismo do *Tractatus* guarda uma semelhança de família com o "perspectivismo sem relativismo" da sua filosofia posterior. Em sua obra, a experiência é agarrada em tamanha generalidade, que se torna uma contrapartida da lógica (ou da gramática) e não de uma ciência qualquer. Em sendo assim, o mundo que então se tece como pedra de toque não se confunde com nosso mundo efetivo. Também por isso, experiência e ficção podem e devem se entremesclar, evitando, entre outras coisas, uma reificação do anímico e, sobretudo, respostas naturalistas ou cientificizantes para problemas filosóficos.

Afinal, os limites do que estamos dispostos a considerar significativo não são eles mesmos da ordem do significativo, e condições da ciência não podem ser estabelecidas por ela própria. Por outro lado, em certo sentido, a filosofia só pode operar esvaziando a experiência, como se retirasse peças velhas de um baú para, enfim, rememorar sua forma e capacidade. Com isso, o gesto filosófico ilumina todas as partes e nenhuma em particular, decidindo não quais são os fatos, mas sim o que podem ser.

Wittgenstein, que não faz história natural dos conceitos e mesmo nos diz que a invenção de exemplos é essencial a seu método, enfrenta de modo singular a tarefa de reduzir o anímico ao lógico. Nós nos voltaremos a suas artes de construção da experiência do pensamento por meio de uma de suas ficções: a da tribo dos escravos sem alma. Ou seja, uma tribo a ser escravizada e que, talvez por isso, governantes e cientistas garantem que seus membros não possuem alma, podendo ser utilizados para qualquer finalidade. O exemplo, à primeira vista, sabe a um extremo posicionamento behaviorista quanto à constituição de uma linguagem significativa.

Em *Zettel*, estranhíssima coleção de parágrafos, nosso exemplo de ficção é introduzido no parágrafo 528 como uma *Hilfskonstruktion*, uma construção auxiliar, sem que fique claro o contexto de seu emprego. O exemplo da tribo parece sugerir, não tendo contexto, que a mera supressão da alma não tornaria por si inverossímil que tivéssemos linguagem ou pudéssemos ser instruídos. Um dado adestramento tornaria tal tribo capaz de cálculo ou de atos que costumamos associar à reflexão. Entretanto, dada a suposta supressão do anímico, caso nos assaltasse a imagem de que, nesse caso, deveria haver algum processo subterrâneo nesses simulacros de autômatos, reagiríamos. Ou seja, dada a suposição inicial, por mais que tentados pela imagem a nós corriqueira, se alguém expressasse a opinião de que, ao fim e ao cabo, tais seres teriam algum tipo de alma, simplesmente riríamos dele. E, de modo ainda mais sofisticado, não se tornaria mais forte aquela estranha suposição filosófica, mesmo se tais seres usassem expressões que denotam entre nós a vivência anímica de uma significação e nos relatassem, por exemplo, para explicar suas escolhas, algo como "quando ouvi a palavra banco, ela significou para mim...", ou o que seja. Dada a suposição inicial, perguntaríamos antes pela técnica de emprego da palavra "significar", e não precisaríamos deduzir para além disso.

Assim meio ao acaso, em *Zettel* o exemplo de ficção ganha em generalidade. Parece comprovar todo combate ao mentalismo, além de dar uma expressão quase caricatural de como a significação se determina pelo uso e não por remissão a alguma intenção, ou interpretação etc. Ganhando em generalidade, o exemplo perde, porém, em força ou em precisão – o que, em filosofia, costuma ser o mesmo. O exemplo, acreditamos, pode nos dizer mais, se o reencontramos em seu solo originário e não nessa espécie de livro dos seres imaginários, que é o *Zettel*. Porém, a que serve o esboço desse exemplo (uma construção fictícia, um esboço provisório), que seria um meio para tornar claro e inteligível um desafio mais complexo e próximo demais de nós? A resposta parece simples: esse recurso ilustrativo, essa ficção, ou seja, uma construção auxiliar de Wittgenstein, se tem algum interesse para além do literário, visa esclarecer aspectos conceituais.

Os três parágrafos de *Zettel* foram extraídos de um conjunto bem mais amplo do TS[2] 229. Com isso, vemos a construção ser auxiliar no sentido de

---

2 As siglas MS e TS são uma convenção usada na descrição do espólio de Wittgenstein. TS está por datiloscrito (*Typescript*), enquanto MS está por manuscrito.

fornecer um modelo, um esboço, capaz de aprofundar uma especulação já descrita anteriormente, pela qual atos anímicos, como a preferência, podem ser determinados por um processo de aprendizagem e, assim, cifrados em um comportamento, em que linguagem e ações se articulam. Isso já teríamos pelo simples recuo ao TS 229. Entretanto, caso voltemos ao MS³ 130, logo vemos mais precisamente qual o grupamento a ser levado em conta.

Aquela construção auxiliar agora faz parte de um conjunto de observações iniciadas no dia 26 de maio de 1946. Temos assim um bloco bastante bem delimitado, a solicitar uma exegese mais cuidadosa. O simples retorno ao TS 229 já seria por si muito útil, pois mostra a ligação entre o exemplo de ficção e o problema imediato a que, como uma *Betrachtung*, o exemplo vem, digamos, responder. Mais imediatamente, ao modo como uma significação pode ser aprendida. No exemplo, como podemos distinguir "banco" (móvel) de "banco" (instituição financeira)?; ou, pelo contrário, como reconheço quando se trata da mesma palavra? O exemplo, então, com todo o seu malabarismo, reduzir-se-ia à questão: como poderíamos ensinar a uma criança dessa tribo expressões psicológicas e, em específico, vivências de significações, de sorte que reconheçamos em seu comportamento que, por exemplo, uma regra está sendo seguida e, enfim, que essa tribo pode realmente servir, como suposto, a qualquer finalidade.

É preciso, porém, devolver o exemplo a um contexto mais amplo, inclusive para que não venhamos a compreendê-lo como uma manifestação a mais de simples behaviorismo. A paisagem muda, o exemplo traz alguma novidade e força caso percebamos agora um corte exatamente no parágrafo anterior a essa oposição e que funciona como seu contexto. No MS 130, a divisão é clara. Após ter usado esse caderno, sobretudo para esboços de aula e não exatamente para anotações, Wittgenstein anota enfim uma primeira data (26 de maio de 1946) e inicia um novo curso de anotações.

O parágrafo inicial elenca bem melhor o que está em jogo, o que pode ser esclarecido pelo exemplo de ficção, ou seja, está em jogo a possibilidade de se manter o conteúdo da experiência sem remissão necessária ao anímico. Com isso, temos enunciada a tarefa bem ambiciosa de enfrentar o anímico, mas tornando-o parte do processo de determinação da significação e não

---

3   Id.

sua fonte. Eis a lista de conteúdos da experiência – que, no MS 130, na página 147, ocorre como a anotação inaugural de um novo momento teórico – de mais um programa de investigação wittgensteiniano:

> O "conteúdo" da experiência, da vivência: eu sei como são as dores de dente, conheço dores de dente, sei como é ver vermelho, verde, azul, amarelo, sei como é sentir pena, esperança, temor, alegria, aflição, desejar fazer algo, recordar ter feito algo, ter a intenção de fazer algo, ver um esboço alternadamente ora como cabeça de um coelho ora como cabeça de um pato, tomar uma palavra em um significado e não em outro etc. Eu sei como é ver a vogal *a* cinza e a vogal *u* violeta-escuro. Sei também o que significa repassar-me essas vivências. Quando o faço, não me estou encenando tipos de comportamento ou situações. Sei assim, portanto, o que significa repassar-me vivências? E que significa isso? Como posso explicar isso a outrem, ou a mim mesmo?

Vemos que tal ficção, longe de ser um testemunho de behaviorismo, serve ao propósito de explicitar a invenção mesma do anímico na construção dos conteúdos da experiência, dos limites gramaticais da objetividade, servindo à transformação do anímico em um epíteto lógico, como o explicita essa lista de temas, que pode ser considerada um projeto renovado de exame dos limites não mais definitivos da significação.

4.

Exemplos e argumentos isolados, que bem podem servir a outros propósitos argumentativos, adquirem um sentido ainda mais rico no contexto da obra. E, a nosso ver, mediante esse contexto, fazem a investigação epistemológica reencontrar-se com a própria história da filosofia. Assim, alguns traços recorrentes do método de Wittgenstein, como o combate à introspecção, a análise não naturalista, a variação de exemplos, podem reforçar a ideia de continuidade teórica da obra, dando um novo sentido a expedientes como o dessa *Hilfskonstruktion*.

Em primeiro lugar, a invenção de exemplos parece ser um expediente metódico essencial. Em outubro de 1948, Wittgenstein anota que nada seria mais importante que a construção de conceitos de ficção, que nos ajudem a compreender os nossos próprios conceitos[4]. Ora, podemos bem considerar uma tal invenção sistemática um expediente fenomenológico, naquele sentido muito próprio em que Wittgenstein afirma fazer fenomenologia. Com isso, parece dizer-nos que seu alvo não são relações externas, relações causais por que se produzem os eventos. Interessar-lhe-iam antes as relações internas e, logo, o modo de articulação do sentido de um fenômeno. Essa perspectiva fenomenológica encontra-se presente em seus textos sobre a percepção e, em particular, sobre as cores, mas se volta muito diretamente a toda constituição do campo da experiência e, com isso, à possibilidade de determinação mais ampla de seu conteúdo.

Em território próprio da psicologia, pode então pretender dela afastar-se por completo. Não lhe interessa afinal a produção da cor ou mesmo a produção da impressão de uma cor, mas sim a lógica dos conceitos de cor – essa lógica que, afirma, não agarramos ou aprendemos pelos olhos. Nesse sentido, a *Hilfskonstruktion* ganha pleno sentido. Ela parece fixar na experiência o que nos interessa, da perspectiva de uma investigação de essências, um modo de investigar que, como diria Husserl, não precisa distinguir a realidade de que temos experiência da realidade fingida na livre intuição da fantasia.

A técnica de multiplicação de exemplos é aqui uma herança do pensar matemático, do pensar lógico, cujo procedimento, entretanto, deve ser aplicado ao que pareceria próprio da psicologia. Como o matemático, devemos nos abster em psicologia de qualquer juízo sobre a realidade efetiva:

> Certamente, realidades da experiência podem servir a seu proceder, mas não é a título de realidades que lhe servem, nem elas têm para ele o valor de tais. Diante dele, têm só o valor de exemplos arbitrários, que podem ser arbitrariamente modificados na livre fantasia, assim como poderiam servir igualmente realidades retiradas da fantasia, como, aliás, costuma ocorrer.[5]

A natureza que interessa à investigação de essências é, pois, uma natureza possível em geral, uma natureza que pode ser representada, mesmo que

---

4   Cf. MS 137, p. 78b.
5   Edmund Husserl, *Renovación del hombre y de la cultura*, p. 14.

os limites do possível e, logo, do representável não possam ser dados de uma vez por todas.

Outros traços fenomenológicos, ou seja, de investigação de essências, conformam o contexto teórico-metodológico das observações sobre a filosofia da psicologia, no que tange à construção do que estaríamos dispostos a considerar como relativo às condições da significação. A investigação é lógica e não metafísica, ou seja, não confunde o conceitual com o *sachlich*. Nesse sentido, o naturalismo, se aplicado à filosofia, pode ser uma expressão metafísica em sentido extremado. Ao contrário, uma investigação filosófica é uma investigação conceitual, nunca devendo reduzir o conceitual a uma história natural dos conceitos. Nesse caso, o naturalismo próprio de uma certa filosofia da mente lhe seria talvez repulsivo, pois pensar segundo conceitos de processos fisiológicos, assim como pensar em termos estritamente anímicos, é altamente perigoso para a elucidação de problemas conceituais na psicologia. Pensar em hipóteses fisiológicas induziria em nós, por vezes, falsas dificuldades e, por vezes, falsas soluções. A melhor cura para isso, diz Wittgenstein a certa altura, é o pensamento, também ficcional, de que não sei ao certo se as pessoas que conheço realmente têm um sistema nervoso[6].

Por isso mesmo, é em sentido forte que a investigação do conteúdo da experiência coincide com um programa de redução do anímico ao lógico, ou seja, um programa de análise das condições da objetividade, entre as quais, enquanto condições não extralinguísticas, podem ser elencados usos gramaticais de estados psicológicos. Se o metafísico consiste em confundir uma investigação conceitual com um *sachlich*, o lógico jamais as confunde, mesmo quando se serve de materiais empíricos, ou melhor, menos ainda quando se serve de tais materiais. E aqui, sistematicamente, na construção do conteúdo da experiência, na construção do campo em que nossas proposições sobre estados mentais e assemelhados podem ser significativas, deve ser afastada toda pretensão de fazer da causalidade o único modo de fixar o sentido de noções psicológicas. Como insiste Wittgenstein, as causas da produção de impressões, as explicações mecânicas – essas podem interessar ao psicólogo.

A nós, urdida nossa investigação em um campo lógico, voltada às condições gramaticais da experiência, só podem interessar os conceitos e sua posi-

---

6   Cf. MS 144 do espólio de Wittgenstein, p. 72.

ção no conjunto dos conceitos da experiência, importando distingui-los por outras medidas, como sua duração ou não, sua localidade ou não – com o que decidimos a margem de liberdade para seu uso e eventual combinação[7]. Dessa forma, sabemos bem que, em Wittgenstein, os estados psicológicos serão classificados de maneira variada e multidimensional, em relação a localidade, duração, vontade etc., de sorte que uma nova tábua de categorias é construída, todas elas servindo a seu reposicionamento enquanto elementos constitutivos do espaço lógico das vivências psicológicas.

O anímico é especialmente lógico porque os conceitos psicológicos são singularmente complexos. Mais que conceitos da mecânica, por exemplo, eles estão fundamente entremesclados em nossas vidas. Mais ainda, eles informam a realidade que, por sua feita, servem para descrever ou explicar. E, com muito mais força, o espaço lógico em que se situam nossos conceitos psicológicos (esse que arma o conteúdo da nossa experiência) é multidimensional, como bem o afirmam Gordon Baker e Peter Hacker[8].

As categorias são vagas e se entrecruzam, sendo um desvio essencialista fixar um conceito em uma dada categoria ou rede de categorias. Incorreríamos em dogmatismo essencialista, em má fenomenologia, se fixarmos essências ao termo do trabalho filosófico e registrarmos, *e. g.*: "Compreensão não tem duração"; "Ver é um estado"; "Percebemos sem lugar"; "Critérios e sintomas se distinguem". Sim, essas seriam boas proposições, pareceriam até sofisticadas, mas nesse campo tudo que, ao fim e ao cabo, podemos dizer tão somente pode ser certo, sem mentira e muito variável.

Enfim, marca a reflexão de Wittgenstein, que cuidadosamente evitou o naturalismo, uma recusa sistemática da introspecção. Não há risco maior que o de buscar a resposta em um interior insondável, a ser agarrado por alguma observação. Nesse caso, o anímico se agarraria como instância metafísica e não como modo de articulação da significação. Essa recusa da introspecção, sim, é um dos alimentos mais sólidos de sua atividade ficcional, sendo emblemática de como pode pretender recusar, ao mesmo tempo, o mentalismo e o behaviorismo. Com isso, em vez de a *Hilfskonstruktion* estar servindo à formulação de certas teses, parece que antes nos alerta a olhar em outra direção

---

7   Cf. MS 137, p. 120b.
8   Cf. *The Grammar of Psychology*, p. 369.

ou alude ao motivo de olharmos tão fixamente em uma só direção. A terapia, assim, não é a apresentação de uma resposta ou de uma verdade, mas antes a lembrança de que outras perguntas podem ser formuladas.

Para um filósofo cuja obra é referência para o positivismo lógico e para a filosofia analítica, não deixa de ser surpreendente seu modo terapêutico de investigação de essências, sua constante conjunção metódica de experiência e ficção. E deve frustrar em muito a quantos pretendam respostas científicas para problemas filosóficos ou julguem que filosofia e ciência distinguem-se apenas em grau e não em natureza. Os que desconhecerem ou minimizarem sua pregação contra o americanismo, contra as trevas talvez técnicas de nosso tempo, ou ainda sua afirmação no *Tractatus* de que, mesmo se todos os problemas científicos estiverem um dia resolvidos, nossos problemas de vida não terão sido por isso sequer tocados, esses devem mesmo estranhar traços essenciais de seu pensamento, como a vertigem autoterapêutica de seu trabalho. E talvez até se decepcionem como alguns dos membros do Círculo de Viena que, em romaria, acorreram à pequena aldeia austríaca em que lecionava a crianças, querendo debater com ele questões técnicas do *Tractatus*, e o encontraram bastante arredio a homens de espírito tão científico e bem mais disposto a recitar poemas de Rabindranath Tagore.

Referências bibliográficas

BAKER, G. P. & HACKER, P. M. S, *"The Grammar of Psychology: Wittgenstein's Bemerkungen uber die Philosophie der Psychologie"*, in SHANKER, Stuart, *Ludwig Wittgenstein: Critical Assessments*, London: Routledge, 2000, pp. 352-372.

HUSSERL, Edmund, *Renovación del hombre y de la cultura*, Barcelona: Anthropos, 2002.

WITTGENSTEIN, Ludwig, *Wittgenstein's Nachlass: The Bergen Electronic Edition*, Oxford: Oxford University Press, 2000.

Mistérios de um mundo sem mistérios
Jorge Coli

Arte de um lado, ciência, tecnologia, racionalidade do outro. Antigo debate que pulsa como uma exigência oculta num mundo dominado pela máquina das teorias operacionais. O debate, no entanto, falseia numa falha: os planos não são os mesmos. Perceber, sentir, essas noções caras a Merleau-Ponty, pressupõe um corpo, capaz de inserir o homem no mundo, num estrato mais profundo do que o conceito, do que a formulação pela linguagem. "Sou inapreensível na imanência" é a frase de Klee citada em *O visível e o invisível*: inapreensível sobretudo pelas categorias mentais, bem formuladas, mas imanência apesar de tudo, "sentida", percebida: "Nosso contato mudo com as coisas, quando elas não são ainda coisas ditas", indica o autor.

O pensamento privilegiado nessas relações experimentadas, vividas, perde a imaterialidade que lhe permite vazar-se em palavras e fórmulas. Manifesta-se como arte: "coisa", matéria organizada que objetiva e o instala no mundo; sujeito e subjetividade concreta, palpável, capaz de "pensar" por afetos. Mais ainda, pensamento vivo, que se modifica ao interagir com a contemplação.

Essa matéria objetivada é, por consequência, sujeito, ativo e agente. Vale voltar para os campos confrontados no início. Se nos colocarmos na óptica da racionalidade, a obra de arte é antes de tudo um objeto a ser destrinchado. O poder compreensivo e racional emana em mão única. A obra-objeto subordina-se ao sujeito que a cataloga, define, classifica, sintetiza, analisa, interpreta. A natureza da razão é ativa, ela dá existência, pelos seus meios, a objetos que sem ela estariam num limbo, fora, ou à espera do batismo cognitivo que determina.

Ocorre que os instrumentos reflexivos da racionalidade são incapazes de apreender o pseudo-objeto, já que lhes escapa sua natureza de sujeito. Ao tentar dominar e submeter a obra de arte, criam um outro objeto, ilusório, porque sem substância, *ersatz*, ectoplasma, vazio, que os contenta porque submisso. O verdadeiro encontra-se fora de seu alcance.

No exterior da razão, esse algo é indizível, pelo menos quando levado pelas palavras corretas e próprias às construções interpretativas. A inteligência exigida e secretada pela obra de arte, sua lucidez específica, são diversas. Elas estão contidas num gesto, numa inflexão da voz, num olhar, numa rima, no tom de um céu, no volume de um seio, nas proporções de uma janela, numa metáfora, no som do violino ou do trombone. Esses e infinitos outros são momentos de um todo que adquire sentido através de uma percepção sensorial, de uma intuição. Um veículo indispensável são as emoções, em todas as suas gamas – é a experiência insubstituível. Nós compreendemos graças a elas, e não pelo recado do conceito.

Apreender uma obra ou fazê-la são atos que pressupõem ou que dependem do mistério. As certezas cientificistas de nosso tempo, os racionalismos pouco sábios, não toleram a ideia de que algo lhes escape, temem as trevas e creem na luz universal, tão enganadoramente torva. Entretanto, é inútil excluir o mistério – ele está em nós e em torno de nós. As obras de arte nos ensinam – dura tarefa – a conviver com ele.

Alguém, debruçado sobre o objeto artístico, tentando compreendê-lo segundo diversas configurações históricas, poderá deparar-se com duas sensações imprecisas e frustrantes.

A primeira é a de um poço sem fundo. Por menos que se ofereça vazão às associações livres, por mais que se restrinja aos quadros de percepção de uma ou outra época, por rigorosos que sejam os parâmetros determinados para a análise, sobrará a convicção de que, mesmo dentro dos limites impostos e escolhidos, a matéria examinada é instável e não se revela por inteiro.

A segunda é de que, sejam sutis, fluidos e finos os instrumentos abstratos empregados nessa tarefa, eles se mostrarão grosseiros e desproporcionados diante do objeto fugacíssimo.

Essas constatações, banais em princípio, levam-nos a perceber a inadequação do conceito diante da obra. Embora não haja remédio, a faculdade discursiva, as formas articuladas do pensamento só se podem fazer por meio da generalidade conceitual, e a razão, esquelética, esquemática, esquadrada, conduz à compreensão da densidade espessa, proteica, própria à arte.

Mas, justamente, de que compreensão se trata? Se nos colocarmos na óptica da razão, a obra de arte é antes de tudo um objeto a ser destrinchado. O poder compreensivo e racional emana em mão única. A obra-objeto subordina-se ao sujeito que a cataloga, define, classifica, sintetiza, analisa, interpreta. A natureza da razão é ativa, ela dá existência, pelos seus meios, a objetos que sem ela estariam num limbo, fora, ou à espera do batismo cognitivo que ela determina.

Casos caricaturais, porque mais grosseiros, mas tão correntes, levam ao extremo uma tal situação. Um processo interpretativo possui sua bela lógica, sua forte coerência. Se é estático, parece ter previsto todas as categorias possíveis; se é dinâmico, avança no tempo, revela uma história necessária, demonstra todo o sentido do passado, prevê sem falhas o futuro e vive de transições.

A obra de arte encontra aí lugar certo: o de exemplo. Seu papel é manifestar concretamente a verdade do conceito geral: ela é a testemunha, a confirmação. Modestamente, seu ser se esvazia e ela se torna o veículo da interpretação ampla; deixa de existir para que a estrutura abstrata ou teórica brilhe ainda mais forte.

Para evitarmos referências indignas, tomemos um grande texto, os *Conceitos fundamentais da história da arte,* de Heinrich Wölfflin. Sua ordenação é conhecida. De um lado, as célebres cinco classificações formais de oposição que definem classicismo e barroco. De outro, análises de obras de arte, segundo as categorias enunciadas. Essa clareza, no entanto, esconde algo de paradoxal.

Wölfflin tinha o projeto de transformar a história da arte numa ciência das formas — não é mera coincidência o fato de que escreveu seu livro no momento em que surgia a abstração nas artes plásticas. Sua trajetória, entretanto, não foi a da pura especulação, ela foi indutiva. Wölfflin parte de uma grande proximidade com as obras, estabelecida pelo menos desde seu *Renascença e Barroco.* É o exame concreto da produção desses períodos que o induz às categorias opostas. Lançadas no universo das abstrações racionais, demasiado simples para serem realmente satisfatórias, mas pela própria simplicidade muito sedutoras, elas logo foram utilizadas fora da delimitação temporal que lhes dera origem, e passaram a absolutos universais: basta pensar na utilização que delas fez Eugeni d'Ors.

O paradoxo secreto surge da leitura. De um lado, na exposição dos opostos, a clareza nítida, tão geral que só pode servir, seriamente, como instrumento pedagógico a ser manipulado com precaução; a insatisfação diante de definições que se mostram adequadas apenas para alguns casos estrategicamente escolhidos. A relação mecânica ilustra-se a si mesma, as obras se enquadram, se uniformizam, desaparecem diante do jogo fascinante dos contrários. De outro lado, as análises, longamente desenvolvidas na segunda parte do livro, ricas de observações, seguem com agudeza e precisão os problemas muito específicos de um quadro, uma estátua, um edifício, descobrem associações, obrigam-nos a ver mais e melhor, forçam-nos à inteligência.

A complexidade analítica faz esquecer o esquema, e, através do texto, os objetos percebidos tornam-se mais visíveis, mais presentes, mais densos. O esquema, entretanto, por si só, não engendrará nunca tais análises. Aqui está o paradoxo: não são seus instrumentos que permitem a Wölfflin as análises finas, porque estão muito aquém delas. E conhecer tais instrumentos não levará jamais leitor algum a proceder a uma análise como o faz Wölfflin.

Os poderes da razão são fortes, por causa da sensação segura que ela provoca. Não é esse discorrer nuançado dos *Conceitos fundamentais* que penetrou, de maneira decisiva, no pensamento sobre as artes do nosso século. A posteridade consagrou sobretudo as categorias da oposição: como elas são cristalinas, como dividem tão claramente a história das artes em dois, em cinco, em dez! Elas tiveram inegável papel fecundador. Mas o paradoxo continua: a classificação não é o passaporte infalível para a compreensão do objeto; e dentre os que dela se serviram, só alguns chegaram a resultados satisfatórios. Certamente aqueles que, de fato, não precisavam delas.

Poderíamos dizer simplesmente que o emprego de conceitos teóricos, intérpretes e ordenadores, não basta: "Hay que poner talento". Mas não se trata aqui apenas de uma virtuosidade instrumental. O exemplo de Wölfflin sugere que existe uma natureza diversa da compreensão num momento e no outro de seu escrito. Num, a obra está submetida, dissimulada. No outro, ela ressurge, mais rica, depois da leitura.

A diferença encontra-se no abandono da posição determinante ocupada pela razão, de onde emanam raios luminosos que dão existência ao objeto opaco. Na segunda parte do livro de Wölfflin operou-se uma reviravolta. O objeto não é mais explicado, ele é explicante. Ou melhor, ele é o sujeito do qual uma observação minuciosa, fiel, atenta, busca extrair lições.

Sujeito, e sujeito pensante, com o qual é preciso aprender, como se aprende com o mais intrincado e profundo sistema teórico. Não, entretanto, com os mesmos meios. É forçoso aceitarmos que existe um pensamento, uma reflexão sobre o mundo, sobre o homem, sobre as coisas, que não se dá no âmbito do conceito e da razão.

Racionalistas puros e duros traçarão a linha divisória e denominarão, com pejo, o oposto, o avesso, como aquilo que não é o que sou: irracional. A razão possui alguma coisa de militar, necessariamente sempre alerta contra os inimigos que a rodeiam, inimigos informes, anormais, perigosos. A nostalgia de uma razão impossível, sucumbida diante dos delírios, possui a angústia vã da vigília, o medo certeiro do descanso: é assim que o pintor nos ensina – o sono da razão produz monstros.

A obra de arte, entretanto, fala dos monstros, da noite, do terror, e também do harmônico, do luminoso, do calmo – e mesmo do racional, mas a seu modo. Nada se passa numa inteireza franca ou numa transparência, nada se reduz à definição – quando ele existe, o raciocínio rigoroso está comandado por algo que o ultrapassa e que pode revelá-lo como falácia.

No exterior da razão, esse algo é indizível, pelo menos através das palavras corretas e próprias às construções interpretativas. As inteligências exigidas e secretadas pela obra de arte, sua lucidez específica, são diversas. Elas estão contidas num gesto, numa inflexão da voz, num olhar, numa rima, no tom de um céu, no volume de um seio, nas proporções de uma janela, numa metáfora, no som do violino ou do trombone. Esses e infinitos outros são momentos de um todo que adquire sentido através de uma percepção sensorial, de uma intuição. Um veículo indispensável são as emoções, em todas as suas gamas, é a experiência insubstituível. Nós compreendemos através delas, e não pelo recado do conceito.

Qualquer página de Henri Focillon – cuja familiaridade com as obras de arte engendrou um sistema interpretativo geral e orgânico –, uma de suas análises sobre Dürer ou Prud'hon, por exemplo, traz, a cada linha, fulgurâncias, iluminações, associações inesperadas e definitivas. Isso provém menos das generalidades desenvolvidas que da força heurística de um estilo. Porque, no texto de Focillon, as mãos pensam. Elas não transcrevem, obedientes servas, as ideias acabadas que o cérebro gerou. Elas, pondo umas atrás das outras as palavras, muito concretamente, produzem a percepção esclarecedora do objeto.

Focillon escreveu um *Elogio da mão,* essas mãos do ceramista que sabem dar forma ao barro. Sentem a consistência da argila, percebem o momento em que devem ceder ou apertar, e da massa informe – ininteligível – nasce a perfeição do vaso.

Henri Matisse uma vez deixou-se filmar pintando. Seus quadros eram executados rápida, certeiramente. Mas o cineasta fez a fita correr em câmera lenta – o gesto então, não o pintor, decompunha-se em paradas, hesitações, escolhas.

Apreender a obra ou fazê-la são atos que pressupõem ou que dependem do mistério. As certezas cientificistas de nosso tempo, os racionalismos pouco sábios, não toleram a ideia de que algo lhes escape, temem as trevas e creem na luz universal, tão enganadoramente torva. Entretanto, é inútil excluir o mistério – ele está em nós e em torno de nós. E as obras de arte nos ensinam – dura tarefa – a conviver com ele.

Da mesma forma, muitos pensamentos suficientes e autoritários decidiram terminar, de uma vez por todas, com a ideia insuportável de gênio. Não podemos explicá-lo, portanto, ele não existe. Fruto de um obscurantismo perverso ou de um idealismo reacionário, além de não existir, ele deve ser insultado. Os antigos, os renascentes, os românticos, com enfoques diversos, sabiam, porém, que a criação artística provém do inexplicável. E que os artistas, maiores ou menores, assenhorearam-se de um poder que não é concedido a todos, e que, eles próprios, artistas, dificilmente conseguiriam no-lo descrever.

Genialidade e mistério, noções incômodas em tempos de causalidades explicativas. Mas contidas nas obras de arte, que nos fazem penetrar nos negrores da não razão.

Os românticos foram direto ao cerne. Deram-nos a experiência das trevas, do sem destino, do sem sinal. Mostraram-nos que todos os sinais são falsos, não em nome de um sentido superior, mas porque não há sentidos. Lançaram-nos na angústia do mistério, onde certas vozes falam mais sabiamente que outras: as da loucura, as da criança, as da mulher, as do povo, as do demônio, todos esses seres que não foram iluminados pela razão, mas que sabem exprimir as falas das trevas.

Penetremos num teatro. As luzes se apagam, a orquestra ataca com sons que nos deixam os nervos à flor da pele. Alguém, interpretando um canto assustador, nos narra coisas terríveis. É noite, e muito escuro. Uma mulher toma seu amado por um outro, que a ama, mas que ela odeia. O heroi, objeto de paixão, não sabe quem ele próprio é; possui uma falsa mãe, cigana e louca, assombrada por fantasma sedento de vingança. Do amor maternal o arranca a amada em perigo. Ela devia entrar num convento, mas onde, neste mundo, os refúgios pacíficos? Fogem os dois. Da mulher amada, o arranca a mãe em perigo, prestes a ser queimada numa fogueira. Enfim, o heroi é executado pelo próprio irmão, que desconhecia a fraternidade aterradora. Essa trajetória desvairada faz com que se cumpra o destino absurdo, despertado por uma maldição que recai impiedosamente sobre cada um.

É inútil lembrar quanta zombaria vitimou *Il Trovatore* de Verdi e todas as situações inverossímeis das óperas românticas, como o comportamento incoerente dos personagens, movidos por paixões que não se explicam – que, exatamente, não possuem razões. Tudo é inteiro e denso, e só pode entregar-se assim. Toda tentativa de esmiuçamento, de recorte, de detalhe, está fadada ao fracasso.

Torna-se muito difícil, precedidos por práticas analíticas que exigem cadeias causais e a abolição de todo acaso, aceitarmos hoje esse amálgama disparatado de ações sem sentido.

O incompreensível é absurdo, dirão as análises racionais. Que mecanismos psicológicos, que situações sociais, históricas, econômicas, políticas dão conta de tais quimeras? A atitude romântica justamente, por sua vez, denuncia: eles não dão conta. E, ao afastamento determinado pela razão, faz emergir, torna visível, palpável, presente, a espessura do desconhecido, a experiência do terrível, por meio dos choques, das comoções, dos arrepios.

Mas haverá aqui uma oposição entre o racional e tudo o que está fora da razão? Visto do lado da ortodoxa positividade lógica, não há dúvida: o irracional é o não ser da razão, que o recusa e estigmatiza. Fora de tais parâmetros, entretanto, não descobrimos o terrível inimigo das justezas racionais, os implacáveis espíritos negando e ameaçando sem trégua o reino harmonioso dos universais que regulam o bem. Descobrimos apenas que se trata de não razão, isto é, de um outro domínio, pelo qual podemos ser levados a perceber o mundo e os seres, a uma sabedoria que não cabe nas equações. Atinamos que os caminhos emocionais, intuitivos, são modos também de conhecimento, mais profundos até, embora impronunciáveis, ou tão pouco, ou de outro modo. Poderíamos chegar ao princípio de uma razão dilatada, uma razão que desconfiasse dos seus próprios silogismos, e que aprendesse a respeitar, se não como superiores, pelo menos como iguais, essas outras sendas de saber.

Talvez pudéssemos ir mais longe, e pensar mesmo os grandes sistemas filosóficos sob a forma de obras de arte, considerando que, tanto quanto a definição dos conceitos, contam a riqueza das metáforas, o vigor do estilo, a beleza da arquitetura dos raciocínios. O conceito não seria mais nem meio instrumental nem transparência – existiria numa densidade rica, infinita, de possíveis. Um grande romance e uma grande teoria explicam o mundo – sem que haja verdadeira diferença de natureza entre eles.

Uma vez os preconceitos desfeitos, teríamos então uma densidade reflexiva e sensível. Os românticos, é bem claro, não inventaram o irracional, nem foram verdadeiramente seus adeptos. Apontaram distintamente para o irracionalismo da racionalidade que, tantas vezes, tomada de uma embriaguez triunfante, enlouquece. Muitos e muitos foram, na sua história, os momentos em que a ciência mostrou-se enlouquecida, em pecado de orgulho, em excessos trazidos pelo rigor de um raciocínio que se basta a si próprio e que incide, universal e autoritário, em consequências desastrosas, sobre o mundo. A *hybris* da razão faz aflorar o germe irracional ali escondido.

Os românticos sabiam que só a razão criou a irracionalidade, traçando uma fronteira. Eles sabiam que o irracional não se identifica simplesmente com o que não é racional. Mostraram o quanto havia de obscurantista nas certezas e nas verdades. Aprenderam, e ensinaram, a lidar com o incerto, com o duvidoso, de que o mundo é feito. Revelaram a solidão e o abandono de que os homens são feitos. Praticaram uma sensibilidade inconformada, em desacordo com as regras, rebelde diante das harmonias que se dispunham como eternas e reais, e que eles sabiam falsas. Centraram essas revoltas no indivíduo, pois toda forma de conforto solidário e coletivo instaura a força das convicções incontestes. Extremaram, certo, as convicções pessoais – mas só quando elas determinavam conflitos e contradições. Foram cavaleiros solitários, pois não acreditavam na universalidade das escolhas.

A razão oferece etapas a serem cumpridas para seu aprendizado. Com método, não há por que desesperarmos de atingir o universal. Entretanto, como descobrirmos os caminhos do mistério? Não há método para tanto. No que precedeu, constatamos sensibilidades, intuições, emoções, atitudes, comportamentos, estesias e quase uma ética. Tudo isso não constitui momentos de um aprendizado progressivo e organizado.

Os surrealistas tentaram organizar atitudes e procedimentos que nos fizessem passar do absurdo mundo lógico ao universo das revelações suprarraciocinantes. Fizeram isso a partir de buscas sistemáticas, de princípios éticos estritos, onde existia, muitas vezes, entretanto, um certo espírito contraditório que levava a instruções minuciosas para que a travessia se fizesse, quando ela exige, pelo contrário, a recusa da receita. Nessas tentativas, se o espírito de sistema se encontra deslocado, resta o desejo do projeto, motor mais forte. E a travessia se faz.

Assim, diante do fracasso das etapas ordenadas, vence uma noção tão imprecisa quanto imponderável: o desejo. São noções dessa natureza com as quais, nesse âmbito, temos que lidar. Não há regras, ou lições teóricas para tanto. São laços criados por impulsos, por afetos, por adesões. Para que possamos aderir a eles, é preciso de algum modo atraí-los. Os românticos, ainda eles, sabiam os climas propiciatórios, as noites enluaradas, os lagos silenciosos, os ermos melancólicos. Pela saciedade, puderam estes transformarem-se em atributos caricaturais. É inegável, entretanto, que eles tiveram realmente poderes.

Baudelaire, Poe e Dostoiévski perceberam que as provações do corpo – o jejum, a febre, as fraquezas – ou os seus estímulos – as bebidas, as drogas, as excitações histéricas – eram capazes de nos levar a estados privilegiados em que uma percepção superior surgisse.

Disso tudo, entretanto, o que permaneceu foram as obras de arte. Românticas ou não, elas enfeixam universos a serem explorados com essas vibrações emotivas, intuitivas. E se são as obras pensantes, como dissemos, elas nos indicarão as sendas, elas extrairão dos movimentos da alma os modos que nos levam às contemplações almejadas.

Volta aqui uma ideia, de antiquíssima origem – a frequentação, o contato constante, respeitoso e desvelado. Não esperemos chaves para portas fechadas, soluções para problemas armados. Surgirá, porém, uma progressiva modificação do espírito, que aprende por meio da própria metamorfose.

O ensino trazido pelas artes se faz por ascese, por iniciação, pelo olhar demorado, pela escuta atenta. Isso acarreta uma séria moralização à soberba dos conceitos e da teoria. Pois as obras gostam da nossa atenção. Mais e mais a elas nos consagramos, mais e mais elas nos devolvem sentidos ocultos, inimaginados. E com isso fogem constantemente ao rigor classificatório, escapam das camisas de força que lhes são impostas. Denunciam assim a estreiteza e a tirania dos sistemas. Indicam-lhes os limites.

Não é possível prescindir, nesses domínios, do trabalho da razão, da busca metódica, da exatidão comparativa ou analítica. Eles esclarecem, situam, permitem que o pensamento não enverede pela indignidade do arbitrário. Revelam-se também como modos da frequentação. Está bem claro, porém, que eles não substituem o legítimo contato. Os imperceptíveis vasos comunicantes entre cada um e a sinfonia, ou o quadro, ou a estátua, ou o poema, estabelecem-se por meio da relação privilegiada, capaz de criar ainda laços invisíveis entre os espectadores, ouvintes, leitores, de uma mesma obra. Não exatamente os mesmos sentimentos, não os comportamentos unânimes, mas ligações complexas, possivelmente até emaranhadas e contraditórias. Com essa natureza específica, chegamos aqui ao centro de uma *religio artis,* no seu sentido mais precisamente etimológico.

Os instrumentos racionais, então, se prestam como uma das maneiras, e dentre as mais elevadas, da aproximação. Desde que eles se encontrem submetidos ao principal, humílimos servos. Assim como o contemplador, que se submete e se entrega às trevas insondáveis.

Um preâmbulo: o "raio visual" ou as memórias de infância
Eugênio Bucci

Alhazen (965-1039) ficou famoso, sobretudo, por seu *Tesouro de óptica*, em que descreve, pela primeira vez, a formação da imagem sobre o olho. Sua explicação inspirou Vitello (ou Witelo), filósofo do século XIII, que escreveu o melhor tratado de óptica da Idade Média e só foi sobrepujado por Kepler, autor dos *Complementos a Vitello*.

A geometria exposta no *Tesouro de óptica* impressionou bastante alguns historiadores das ciências. Além disso, desde as primeiras páginas, Alhazen refuta a teoria do raio visual: desde os gregos, acreditava-se que a luz é um "fogo" emitido pelo olho, permitindo que se enxerguem os objetos[1].

Pela teoria do raio visual, os gregos tinham como verdade que o olhar gerava luz, mais ou menos como se do olho emergisse a iluminação que iria clarear o objeto visto. Não que o olho fosse algo como uma lanterna, não era assim. Para os gregos, essa luz que as pupilas projetavam era personalíssima, relacionava-se ao modo de ver de cada um, tanto que não se podia assegurar que duas pessoas, olhando para a mesma coisa, vissem cenas idênticas. O olho de cada uma influenciaria, pelo menos em parte, a imagem vista.

Uma afirmação de Aristóteles ajuda a entender um pouco mais os efeitos dessa teoria no imaginário grego. Certa vez, ele escreveu que o "raio visual"

---

1 Arkan Simaan; Joëlle Fontaine, *A imagem do mundo: dos babilônios a Newton*, São Paulo: Companhia das Letras, 2003, pp. 86-87.

das mulheres menstruadas deixava nos espelhos uma névoa cor de sangue[2]. Provavelmente, vem daí o fundamento da superstição que cultivamos até hoje, sobre o mau-olhado[3]. Para muitos, até nossos dias, a força do olhar não apenas molda o visível como afeta a natureza dos objetos e dos seres olhados.

Desde logo, adianto que, como qualquer cidadão medianamente informado, não acredito nisso. Talvez já tenha acreditado, na infância. Quando criança, eu achava que não era a luz emitida ou refletida pela paisagem que me batia na visão, mas o contrário: ao descerrar as pálpebras, a gente liberava a torrente do olhar, como a água que jorra das turbinas quando se abrem as comportas, e essa torrente é que ia dar nas coisas vistas, tocando-as, por assim dizer, com o nosso sentido projetado lá adiante.

Tenho desse tempo uma lembrança familiar. Estávamos na estrada para Ribeirão Preto, no fusca azul, ano 1966, que meu pai tinha comprado de segunda mão. Íamos a não mais que oitenta quilômetros por hora. Durante a viagem, minha mãe contou sobre a velocidade do som. Ela explicou que os barulhos que escutávamos demoravam um pouquinho para chegar aos nossos tímpanos (foi com a minha mãe que eu aprendi o que era tímpano). Fiquei matutando. Enquanto contemplava o grande pontilhão da linha do trem, que ladeava a Via Anhanguera, à nossa esquerda, conjecturei sobre a rapidez com que o meu ouvido ia buscar um ruído qualquer pelo mundo. E então pensei que meu olho era mais rápido. Do banco de trás do Fusca, onde eu me acomodava em companhia dos meus três irmãos, devo ter dito algo sobre a velocidade da visão, mas meu comentário não há de ter sido levado a sério e, providencialmente, eu me esqueci dessa parte da conversa.

Naquele tempo, se alguém viesse me dizer da teoria do raio visual, eu a tomaria por bastante razoável. Hoje, embora eu não me sinta mais autorizado a crer em raios invisíveis que brotam da íris dos mortais, ando convencido de que o olhar tem o dom de moldar o que vemos. Não que eu queira combater o legado que Alhazen deixou à óptica moderna. Bem sei que parece uma barbaridade dizer a coisa assim desse modo, mas há um quê

---

2   Ibid., p. 88.
3   G. Simon, *Siences et savoirs ao XVIème e XVIIème siécles*. Lille: Septentrion, 1996, p. 23, citado por Arkan Simaan; Joëlle Fontaine, *A imagem do mundo: dos babilônios a Newton*, São Paulo: Companhia das Letras, 2003, p. 87.

de verdade nisso que ora afirmo: o olhar entalha, como um escultor caprichoso, as cenas que se dão a ver. O olhar é autor do que vemos.

Olhar e trabalho: uma primeira aproximação

Olhar é trabalhar. Mais propriamente, *o olhar*, a instância que dá o tecido do "espetáculo do mundo"[4], *é trabalho*. Olhar é trabalhar, menos no sentido biológico ou fisiológico, e mais no sentido social. No sentido cultural e econômico: o olhar constrói o sentido e o valor da imagem.

Pensemos numa representação visual qualquer, que tenha sido fabricada para o mercado: uma foto publicitária de criança sorrindo, um *outdoor* ao lado do trevo de uma pequena cidade, a atriz que arqueja o corpo na tela do cinema. Postulo que essas imagens existem não a partir do instante em que foram fotografadas, pintadas, impressas, afixadas no painel ou filmadas, mas a partir do instante em que são *olhadas*. Só aí elas adquirem existência propriamente dita. Elas existem *no* olhar – ou não existem.

É preciso considerar que, desde o momento em que são confeccionadas – mesmo que num ambiente protegido, secreto, como um quarto fechado, isolado do mundo –, elas nascem segundo imperativos do olhar. Pintores, fotógrafos, operários e outros artesãos do imenso repertório visual que nos rodeia não são instâncias prévias ao olhar. São portadores das demandas do olhar a que seus produtos serão dirigidos. Artistas, nesse sentido, são agentes, funcionários pagos pelo olhar, titulares de mandatos outorgados pelo olhar, subordinados a ele. São os vetores iniciais da grande operação do olhar.

Em qualquer tempo, a exibição da imagem é parte constitutiva de seu processo de fabricação, mas isso é ainda mais verdadeiro em nosso tempo. Assim como o artista ou o fotógrafo não constituem uma instância prévia à instância do olhar, a exposição não se põe como uma etapa posterior à fabricação da representação visual em questão. A exposição não é uma fase, como se pensa, de mero consumo, ou de mera "fruição". Ela integra a fase de produção social da imagem, pois só no olhar a imagem se realiza como signo. Ver a imagem é fabricá-la. Como signo e também como mercadoria.

---

[4] Expressão de Merleau-Ponty.

O valor das imagens é gerado e realizado *apenas* no instante em que o suposto consumidor deita sobre ela o seu olhar. O consumidor que olha é, nessa perspectiva, um operário da figura que vê. Ele trabalha (opera, produz, fabrica) a inserção da figura que vê na instância do imaginário. A síntese final do significado das imagens, que pertence ao imaginário, vai se concluir *apenas* no instante em que o suposto consumidor olha para ela, autorizando o encadeamento de significantes visuais que ela se propõe a (re)combinar. Consumir imagens é consolidar seu significado. Na mesma medida, consumir imagens é também fabricar seu valor[5].

Assim é que o olhar vai moldando o mundo visível: pelo que fabrica e pelo que nomeia. Por certo, não é o olhar que fabrica os objetos supostamente dados pela natureza, como as árvores, as minhocas, o pôr do sol, a fuligem vomitada pelos vulcões – mas a tudo isso ele assimila mediante nomeações, fabricando, portanto, a representação visual desses objetos.

Voltemos às coisas fabricadas. Um rabo de baleia saindo do mar, na linha do horizonte, não é coisa fabricada, mas a foto do rabo de baleia saindo do mar, na linha do horizonte, isto sim é coisa fabricada. Como coisa fabricada e como coisa significante, essa foto participa do processo histórico e linguístico pelo qual o olhar como trabalho vai imprimindo no imaginário um lugar reconhecível para qualquer rabo de baleia saindo do mar, de tal modo que um rabo de baleia aflorando das águas, na linha do horizonte, passa a ser um fenômeno impregnado de significações, mesmo quando não há fotógrafos por perto.

Quase todas as coisas fabricadas circulam *antes* como imagens – só depois circulam como coisas propriamente ditas, uma vez que a imagem da coisa vai antes da coisa, onde quer que seja. Digo quase todas, e não todas,

---

5 Tanto é assim, que a indústria do entretenimento inventou fórmulas de remunerar o olhar. O que a publicidade compra não é apenas a atenção do potencial consumidor do produto anunciado, mas um fragmento do olhar social, fungível, que fabricará a condição de signo reconhecível para aquela marca ou mercadoria. Sem a compra dessas fatias de olhar, o signo não ganha ingresso no repertório comum ou, dizendo de outro modo, no imaginário. Desenvolvi essa ideia, estabelecendo comparações numéricas entre o preço da força de trabalho e o preço do olhar em Eugênio Bucci, "A fabricação de valor na superindústria do imaginário". Revista *Communicare*, São Paulo: Faculdade de Comunicação Social Cásper Líbero, vol 2. n. 2. Segundo Semestre de 2002, pp. 55-72.

porque há exceções, embora raríssimas. A bomba de um terrorista, que é uma exceção (e apenas às vezes ela é uma exceção), pode apenas se dar a ver depois de realizar seu valor – seu valor se realiza no momento em que ela explode. Na sua constituição, o terrorismo se caracteriza por se dar a ver depois de acontecer. É assim que ele cria seu potencial de terror (seu valor): uma vez tendo sido experimentado, passa a poder aterrorizar mesmo quando não está em parte alguma que se veja. A sua imagem, nesse caso, tem a ver com a sua invisibilidade: seria algo como uma "imagem negativa".

O terrorismo, sendo uma exceção, realimenta a regra principal. Depois de identificado, ou seja, depois de inscrever seu sentido no imaginário, o terrorismo, como as outras coisas todas, passa a circular *antes* como imagem (a imagem da ameaça constante, ou a imagem do invisível que ameaça). Também por essas raras exceções, a economia do nosso tempo produz imagens industrialmente para fazer circular as mercadorias, as ideias e demais "conteúdos" (como as bombas).

Nesta conferência, não pretendo propriamente discutir a natureza de trabalho do olhar (já publiquei, há poucos anos, um texto dedicado a esse tema específico)[6], mas o modo pelo qual a imagem acabou se convertendo num signo, que só pode ser tecido pelo "suor dos nossos olhos", suor que não é lágrima e sim esforço, labuta, entrega e desejo. (Alerta ao consumidor dotado de retinas: um pouco do seu olho fica na coisa olhada, assim como, da coisa, um resíduo vivo permanecerá em seu olho – nunca saciado.) Essa natureza de signo que a imagem alcança exigirá de nós um esforço na direção de relacioná-la com procedimentos linguísticos – e esse será o eixo estruturante da minha contribuição a este ciclo.

Nós produzimos imagens industrialmente enquanto, inocentemente, apenas olhamos. Fabricamos o valor das imagens enquanto as contemplamos. Para girar a engrenagem do imaginário, o olhar entra como trabalho. Como matéria-prima entram os significantes visuais, extraídos da natureza da cultura industrializada. Com os nossos olhos, como se fossem mãos e braços, fabricamos signos imagéticos, seu valor de uso e também seu valor de troca. Tudo isso durante aquelas horas que imaginávamos gastar com o lazer.

---

6 Num artigo da Revista *Communicare*, já citado, expus com mais detalhes esse tópico.

PARTE I (EM QUE SOU MATERIALISTA)
Mercadoria: de coisa corpórea a coisa visível, imperiosamente visível

O emprego do olhar como força de trabalho do imaginário já foi anotado por alguns autores[7], mas o fenômeno está longe de ter sido absorvido pelo senso comum, que ainda classifica a imagem como adereço ou como um expediente acessório da comunicação. Não é tão usual que se pense nela como linguagem e menos ainda como suporte central do valor da mercadoria – suporte por meio do qual ela circula e pode ser trocada no mercado.

A mercadoria é imagem muito mais que coisa corpórea, mas a nossa tradição ainda a enxerga como uma coisa corpórea que adquire depois uma representação visual. O centro da coisa-mercadoria seria o seu corpo físico. Na obra capital de Karl Marx, o conceito de mercadoria é essencialmente baseado no corpo físico, na dimensão material do bem. Mas, ali mesmo, por capricho ou prudência, Marx deixou uma abertura para algo que escapa à utilidade imediata da coisa corpórea: a "fantasia" – o que, como veremos, se relaciona à imagem da mercadoria perante o sujeito cujo desejo ela promete atender. Também ali, portanto, nas primeiras linhas de O capital, a dimensão da imagem da mercadoria já se fazia pressentir.

Vale recuperar um pouco da conceituação materialista de O capital. Já insisti nela em um dos ciclos anteriores de Adauto Novaes[8], e, por isso, não vou me demorar sobre o tema. Diz Marx: "A mercadoria é, antes de tudo, um objeto externo, uma coisa, a qual, pelas suas propriedades satisfaz necessidades humanas de qualquer espécie. A natureza dessas necessidades, se ela se origina do estômago ou da fantasia, não altera nada na coisa".[9]

---

7   Ver, por exemplo, Wolfgang Fritz Haug, *Crítica estética da mercadoria*, São Paulo: Fundação Editora Unesp, 1997. Ele observa claramente que a imagem da mercadoria segue uma fabricação industrial que não se confunde com a fabricação do *corpo* da mercadoria, e que essa imagem fabricada será responsável, em boa parte, pelo valor de troca da coisa. Ver também Günther Anders, "O mundo fantasmático da TV", in B. Rosenberg; D. M. White; *Cultura de massa*, São Paulo: Cultrix, 1973, pp. 415-425.
8   Ver Eugênio Bucci, "O espetáculo e a mercadoria como signo", in Adauto Novaes (org.), *Muito além do espetáculo*, São Paulo: SENAC, 2005, pp. 218-233.
9   Karl Marx, *O Capital, crítica da economia política*, trad. Régis Barbosa e Flávio Kothe, São Paulo: Abril Cultural, 1985, p. 45.

Temos aí uma passagem luminosa. Digo luminosa porque, sem prejuízo da materialidade da coisa fabricada pelo trabalho, Marx admitiu nesse trecho um pequeno espaço para o que chamou de "fantasia" – e localizou a "fantasia" dentro do valor de uso. Isso significa que, na mercadoria, já era possível *antever* – ainda que não fosse tão fácil *ver* – a dimensão de imagem (que é algo sutilmente distinto do corpo da mercadoria, pois uma coisa é a coisa – e outra coisa, distinta da coisa primeira, é a imagem da coisa). Mas, sendo assim, há que perguntar: o que era – ou é – a "fantasia"?

Olhemos à nossa volta. Olhemos o mundo "olhável". Quero dizer: olhemos para o olhar que olha o mundo e assim constitui o espetáculo do mundo. Alguns dos aspectos que pretendo destacar se tornaram bem mais nítidos que nos tempos de *O capital*. São facilmente *visíveis*, se não a olho nu, ao olho crítico. O que nos basta.

A fabricação da imagem não é mais uma etapa acessória no processo produtivo: ela se converteu na etapa principal[10]. A coisa corpórea (o chamado "objeto externo" da frase de Marx), ela, sim, é que se tornou periférica. O que era um detalhe na teoria do século XIX ganhou o estatuto de substância central no século XXI – lembrando que consumir é fabricar imagem com valor de troca, incessantemente.

Tomemos um objeto qualquer desses que nos assediam e nos circundam, dentro do que pode haver de mais prosaico ao nosso alcance. Uma garrafa de água mineral, por exemplo, das que ficam em mesas de palestrantes. O que é que ela é? É uma mercadoria, por certo. Mas a coisa, a água supostamente potável dentro do recipiente, não é o seu "conteúdo" principal. O núcleo do valor dessa mercadoria, a garrafa cheia de água supostamente potável, mora no rótulo, não no interior do vasilhame. O estômago recebe a água, daí o seu valor de uso mais óbvio, mas a cabeça do sujeito – onde mora sua "fantasia" – só é satisfeita quando ele "bebe" com os olhos o rótulo que atesta a marca da água. É preciso que a marca ali exposta atenda antes a exigência imaginária para que a água então possa saciar-lhe a sede – ou o paladar. O paladar (que é um atributo do imaginário, não nos esqueçamos, antes de ser uma propriedade de um órgão do corpo) há de confirmar, ou não, o que a verificação prévia

---

10 Essa tese foi um pouco mais trabalhada por mim em *O espetáculo e a mercadoria como signo*, in Adauto Novaes (org.), *Muito além do espetáculo*, São Paulo: Senac, 2005, pp. 218-233.

informou – o sujeito degusta o líquido como seus olhos "degustam" o rótulo. É assim que uma garrafa de água mineral de 2009 dialoga com o autor que falava em "fantasia" há coisa de um século e meio.

As imagens – ícones, símbolos, retratos, estampas, signos, marcas – são investidas, pelo olhar social, de um valor. E tanto é verdade que se trata de um valor, que esse valor flutua. Ele não flutua de acordo com a oferta e a procura (não flutua como preço ordinário), e sim conforme as oscilações da carga de olhar que as imagens são capazes de imantar. O que quero dizer é que o valor gerado pelo olhar admite flutuações análogas àquelas do valor atribuído à mercadoria pelo trabalho.

A carga do olhar não é constante invariável, nem teria como ser. Daí as flutuações principais do valor que ele gera. Suas variações se devem a alterações de quantidade (quantos olhos olham, por quanto tempo olham) e de qualidade (o olhar tem níveis distintos de intensidade, de concentração, e também de eficácia; há extrações de olhares que geram mais sentido e mais valor do que outras, pois o olhar de quem mais consome vale mais que o olhar de quem consome menos, ou, em outras palavras, o olhar de quem tem mais poder vale mais que o olhar de quem tem menos poder, e assim por diante). Tudo isso se refere à *carga do olhar*, que pode tecer significados mais ou menos perenes, mais ou menos específicos, mais ou menos universais. É essa carga do olhar que será incorporada à imagem da mercadoria – e ela, por sua vez, vai dirigir-se à "fantasia" do sujeito que compra, consome e usa a mercadoria – lembrando, sempre, que consumir a imagem da mercadoria é uma forma de fazer retornar para a mercadoria mais valor gerado pelo olhar.

Os calçados esportivos constituem uma ilustração providencial para o que descrevo aqui. A Nike, uma das marcas mais famosas que aí estão, mais que uma fabricante de calçados, é fabricante da imagem associada aos calçados. Ela pode terceirizar tranquilamente a fabricação dos pares de tênis, mas não a fabricação de sua própria marca e das mensagens a ela associadas. O seu negócio é fabricar o *significado* daqueles sapatos emborrachados, bem como o significado de outras peças da indumentária esportiva. Ao terceirizar a produção de qualquer objeto, uma sola, um revestimento ou um simples cadarço, ela vai impor padrões técnicos ao fornecedor (suas referências industriais, que determinam a substância da imagem). Vai impor igualmente a identidade publicitária que vai "vestir" a coisa como se fosse (e é) uma "fantasia".

Um sapato é um sapato, por certo, assim como uma rosa é uma rosa, mas, antes de ser um sapato, um sapato é uma imagem. Ele é uma imagem de sapato e também uma imagem de significados que não são apenas um sapato, mas atributos incorporados ao sapato. Exatamente isso é o que a Nike fabrica.

O mesmo com a política, a religião e a ciência

Esse fenômeno não se reduz à esfera econômica da vida social. Ele se verifica em outros domínios, como a política, a ciência ou a religião. A fabricação social da imagem – fabricação conduzida pelo olhar – e a fabricação do significado (e do valor) associado a essa imagem são processos que acontecem em todas as esferas da cultura. O significado e o valor de candidatos ou partidos (na política), de linhas de pesquisa (na ciência) e de igrejas (na religião) resultam do mesmo mecanismo: fabricação social da imagem, o que só se sintetiza no olhar.

Em política, já se tornou chavão a queixa saudosista de que os marqueteiros substituíram os ideólogos. A queixa tem razão de ser, embora não se possa assegurar que os senhores do *marketing* sejam mais nocivos do que os velhos ideólogos em matéria de deteriorar o repertório político. O que temos de indiscutível é que o acoplamento do discurso partidário aos registros e às frequências da fala publicitária, em nossos dias, pesa mais que o fundamento doutrinário das políticas apresentadas. Ou a mensagem partidária cabe em quinze segundos de inserção comercial na TV ou ela será descartada, como se padecesse de defeito congênito.

Quanto aos eleitores, parece que não rejeitam as campanhas eleitorais de tom publicitário. Ao contrário, há indícios de que gostam delas. Não deixa de ser irônico – e deveras revelador – que uma palestra como esta minha, de cadência monótona, não caia bem na TV. A tentativa de reflexão, esse engenho que vive de fracassar, que nos consome as energias em abstrações labirínticas, não tem os atrativos do entretenimento. A prosa ensaística exige do público e também de seu autor uma paciência que o telespectador não entrega nem por um segundo. O pensamento nos cobra voltas vãs, giros em falso; teima em ser avesso às certezas da publicidade. Para quem se diverte com programas de auditório, com melodramas, com gente seminua em *reality shows* – e devo confessar que, ocasionalmente, eu bem que me divirto –, o pensamento é um itinerário inóspito, que não encontra conciliação com o gozo escópico. Portanto, não cabe na TV.

No transcorrer do século XX, o divórcio entre pensamento e divertimento só fez se aprofundar. O idioma da propaganda política se afastou, em alta velocidade, do idioma da política que conhecíamos no século XIX. A imagem e sua "ontologia", assentada nas identificações imaginárias, sobrepujaram a palavra e sua retórica. A palavra *imagem* acabou por virar sinônimo de reputação, de conceito. Diz-se, não acidentalmente, que os políticos que desfrutam de alta popularidade têm uma *imagem* positiva. Até mesmo as palavras, o que se fala dos políticos, concorre para compor sua imagem. A imagem – aquela da qual dizemos que "vale mais do que mil palavras" – aprende a se apoiar também sobre palavras. Como legendas embaixo de fotografias em revistas, as palavras ajudam a cimentar a significação da imagem. As palavras servem de legendas ao vivo para as imagens fabricadas. Estão a serviço da imagem.

No campo da religião, nenhuma diferença. Proliferaram furiosamente as doutrinas que aprenderam a se comunicar pelo vídeo. Entraram em baixa o recolhimento, a transcendência pelo silêncio, os estudos teológicos. Até mesmo as experiências místicas – que antes eram invisíveis, intraduzíveis, ou não seriam místicas, e por isso eram únicas – vivem hoje sob a obsessão de se converterem em carros alegóricos bufantes, com *flashes* estroboscópicos. Nada mais obsceno que uma pregadora lacrimejante, a plenos pulmões, teatralizando a fé em uma apoteose que é um misto estético de comício, rito e carnaval. Nada, nem mesmo o sexo explícito, é mais obsceno que a experiência mística, originalmente além do alcance da linguagem, confeccionada em escancaramentos destinados a ser reproduzidos pelos consumidores.

E quanto à ciência? Falemos da Nasa. A face pública da agência espacial americana virou um parque temático na órbita de Orlando, Flórida, perto da Disney. As pessoas vão até lá em procissões inesgotáveis, como aquelas que afluem para Meca ou para Fátima. Ou ainda, é bom não esquecer, como aquelas que rumavam para a Praça Vermelha, em Moscou, onde se demoravam ao lado da múmia de Lênin. Cada um faz a peregrinação que é de seu agrado, seja ela religiosa, política ou científica. Presentemente, todas têm em comum o culto da imagem, que, com pequenas variações, preenche uma função estética, mesmo quando barateada. Assim como preside a produção e a circulação das mercadorias, a imagem conduz também a circulação das ideias, causas, doutrinas ou conhecimento – tudo mercadoria, por certo.

Na sede da Nasa, aberta à visitação dos peregrinos do entretenimento, exibem-se filmes. Eu vi um deles. O tema era um cometa hediondo que se aproximava perigosamente do planeta. Ele rugia, deitando labaredas prateadas pelo espaço sideral. Os espectadores transpiravam de medo de ser alcançados pela esfera de fogo. Se ela nos abatesse, adeus, teríamos o mesmo fim dos dinossauros. Para alívio dos presentes, porém, o filme não levou seu sadismo às consequências extremas. Com seu enredo de ficção científica edificante, abortou a tragédia graças às traquitanas que a Nasa desenvolveu (no filme) para interceptar corpos celestes indesejáveis. A audiência relaxada saiu da sala para comer cachorro-quente.

Também nas interseções da ciência com a sociedade, as leis do entretenimento – e não as leis da ciência – assumem a mediação. Disfarçado de diversão, o filme apocalíptico é propaganda para angariar popularidade (boa imagem) para a Nasa. Depois, a popularidade será convertida em apoio no Congresso e, finalmente, em dinheiro público para foguetes, que matam cometas. Também a ciência se explica e se sustenta por meio da oferta de emoções. Ela precisa se vender bem, como se fosse um sabonete, um *game*, um candidato ou um pastor televisivo.

A "aura" da mercadoria e o olhar como gêmeo do imaginário

Voltemos então à mercadoria. Eu disse há pouco que ela circula antes como imagem – e só depois como objeto útil. É preciso dizer, agora, que a imagem – qualquer imagem, sem exceção – é consumida como mercadoria. Qualquer imagem, inclusive aquela que foi apropriada pelo léxico visual da religião, da ciência ou da política. Ou pela arte: mesmo as obras de arte próprias da visualidade – as pinturas, as esculturas, os vídeos, as instalações –, boas ou más, não importa, são mercadorias.

No centro de gravidade da constelação formada por todos os tipos de imagem pulsa, invariavelmente, a imagem da mercadoria, que constitui um tipo particular de imagem – e também, logo ficará claro, um tipo particular de mercadoria. É por meio dela que as marcas atingem preços exponenciais. Definamos, então, preliminarmente, de que modo essa expressão, *imagem da mercadoria*, é empregada aqui. Por imagem da mercadoria eu entendo esse aspecto vívido que a coisa fabricada adquire na instância do olhar, a sua identidade como signo: é por força dessa marcação que ela se diferencia de todos os outros signos e de todas as outras mercadorias. A imagem da mercadoria é o fator que atrai e seduz o sujeito. Mas a imagem da mercadoria – descolada da coisa a que se refere – é também um objeto autônomo. Por isso digo que ela mesma é também mercadoria, separada da coisa a que se refere.

A forma mais perceptível dessa autonomização da *imagem da mercadoria*, com significado e valor (de troca) próprios, talvez sejam as marcas. Mas, mesmo para além das marcas, a imagem da mercadoria – que pode vir de um atributo que ela representa ou mesmo de sua aparência física ou sensorial – é sempre, e em qualquer sentido, uma mercadoria. Mesmo como coisa corpórea, a mercadoria se oferece ao consumo como imagem, ou seja, o corpo da mercadoria é o suporte que transporta sua própria imagem. A mercadoria "de corpo presente" também é imagem: a imagem de si mesma. Ela entra em cena para estimular os sentidos, apresentando-se como objeto estético que interpela o sujeito. Diante do sujeito, enfim, a imagem da mercadoria simula o efeito produzido pela obra de arte. Efetivamente, ela é uma obra de arte falsificada, com uma aura artificial que gera efeitos verdadeiros. A imagem da mercadoria deseja ser arte.

Façamos agora uma pausa para mais uma dessas descrições da vida cotidiana. Convido o leitor a um passeio memorialístico pelo Salão do Automóvel, em São Paulo. Eu o visitei um par de vezes. Nessas ocasiões, observei nos olhos dos passantes a chama de interesse que supostamente deveria luzir diante da revelação proporcionada pela arte. Eu comparava a reação dos visitantes do Salão com a postura dos turistas que trafegam pelos grandes museus. O olhar voltado aos carros me parecia mais ardente e mais ardoroso. Nas vitrines, qualquer vitrine, a gente nota a mesma excitação. Os mais ortodoxos que me perdoem, mas insisto: o aspecto físico da mercadoria emula artificialmente, e às vezes com vantagem, a aura da obra de arte. O próprio corpo físico da mercadoria, como já adverti, põe-se antes como imagem que como coisa útil. Um carro vermelho cercado de admiradores parece ter acesso à alma dos passantes, como se a razão de ser do sujeito só se completasse quando conectada àquele artefato metálico sobre quatro rodas de borracha. A identidade do sujeito busca seu sentido maior na "aura" artificial da imagem da mercadoria. Seu olhar enlanguescido parece suspirar: "Foi para encontrar-te que nasci".

É evidente que as anotações que faço aqui se distanciam consideravelmente dos marcos postos em *O Capital*. Ao mesmo tempo, as sementes da economia das imagens que hoje nos sombreia, como os arranha-céus que crescem como florestas desgovernadas, já estavam ali. Não esqueçamos que, ainda no século XIX, Marx julgou por bem deixar registrado que no âmago da mercadoria repousava um fator qualquer que tinha um quê de mágica, de feitiço.

> Os produtos do trabalho se tornam mercadorias, coisas físicas, metafísicas ou sociais. Assim, a impressão luminosa de uma coisa sobre o nervo óptico não se apresenta como uma excitação subjetiva do próprio nervo, mas como forma objetiva de uma coisa fora do olho. Mas, no ato de ver, a luz se projeta realmente a partir de uma coisa, o objeto externo, para outra, o olho. É uma relação física entre coisas físicas. Porém, a forma mercadoria e a relação de valor dos produtos de trabalho, na qual ele se representa, não têm que ver absolutamente nada com sua natureza física e com as relações materiais que daí se originam. Não é mais nada que determina a relação social entre os próprios homens que para eles aqui a assume a forma fantasmagórica de uma relação entre coisas. Por isso, para encontrar uma analogia, temos de nos deslocar à região nebulosa do mundo da religião. Aqui, os produtos do cérebro humano parecem dotados de vida própria, figuras autônomas, que mantêm relações entre si e com os homens. Assim, no mundo das mercadorias, acontece com os produtos da mão humana. Isso eu chamo o fetichismo que adere aos produtos de trabalho, tão logo são produzidos como mercadorias, e que, por isso, é inseparável da produção de mercadorias[11].

Slavoj Žižek comenta essa parte de *O Capital* trazendo o seu sentido para os nossos dias. Ele se pergunta: "Por que Marx escolhe justamente o termo *fetichismo* para designar a "fantasia teológica" do universo da mercadoria?".[12]

E então prossegue:

> O que se deve ter em mente, aqui, é que "fetichismo" é um termo religioso para designar a idolatria "falsa" (anterior), em contraste com a crença verdadeira (atual):

---

11 Karl Marx. *O Capital, crítica da economia política*, trad. Régis Barbosa e Flávio Khote. São Paulo: Abril Cultural, segunda edição, 1985. volume 1, p. 71.
12 Slavoj Žižek. *O espectro da ideologia*, in Žižek. *Um mapa da ideologia*. Rio de Janeiro: Contraponto, 1996, p. 25.

para os judeus, o fetiche é o Bezerro de Ouro; para um partidário do espiritualismo puro, fetichismo designa a superstição "primitiva", o medo de fantasmas e outras aparições espectrais etc. E a questão, em Marx, é que o universo da mercadoria proporciona o elemento fetichista necessário à espiritualidade "oficial": é bem possível que a ideologia "oficial" de nossa sociedade seja o espiritualismo cristão, mas sua base real não é outra senão a idolatria do Bezerro de Ouro, o dinheiro.

À medida que aparentemente se diverte – na Nasa, no cinema, nas casas de bingo, nos bares, nos salões de automóveis ou nos templos religiosos onde se desenvolve aquela modalidade desmesuradamente *pop* de cultos espetaculares –, o sujeito derrama olhar sobre os signos e, assim, reveste-os de significado, de valor de uso (de um valor de uso atípico, dedicado à fantasia) e principalmente de valor de troca. Um signo tem valor ao ser reconhecido – e seu potencial de reconhecimento passa pela exposição ao olhar social. Adorar a mercadoria equivale a fabricar sua imagem da mercadoria com os próprios olhos.

No início desta conferência, registrei que o olhar é o tecido do "espetáculo do mundo", pois é nesse tecido que se inscrevem os signos que compõem o imaginário. Nessa acepção, olhar e imaginário são categorias contíguas, que se aderem. Podem ser tomadas como categorias intercambiáveis. O olhar é uma instância na qual os fenômenos dados a ver têm seu lugar. Ao mesmo tempo, é possível dizer que o olhar se apresenta como força que tece os signos, uma força que antecede os objetos visíveis, mais ou menos como a força de trabalho antecede à coisa fabricada. É assim que ele, o olhar, pode ser pensado como trabalho abstrato. De outro lado, o olhar só pode orientar-se, localizar-se, quando balizado por objetos – como as estrelas guiam o navegante. Não há olhar no vazio e na escuridão. Nessa perspectiva, os objetos catalisam as cargas de olhar sobre o mundo e apontam direções para o olhar. É nesse sentido que, assim como são constituídos *no* olhar, os signos são também constituídos *pelo* olhar – e, quando constitui o mundo para o qual olhamos, o *olhar* é sinônimo de *trabalho*.[13]

---

13 Vale enfatizar, uma vez mais, que esta tese foi apresentada em Eugênio Bucci, "O espetáculo e a mercadoria como signo", in Adauto Novaes (org.), *Muito além do espetáculo*, São Paulo: Senac, 2005, pp. 218-233.

Tal formulação não fica longe da síntese adorniana, exaustivamente citada entre nós, segundo a qual "a diversão é o prolongamento do trabalho no capitalismo tardio"[14]. Ao imaginar que se diverte, o humano trabalha – pelo seu olhar e também *no* olhar, no qual entra em cena o "espetáculo do mundo". A crença de que se diverte é essencial a essa forma avançada de trabalho na indústria do imaginário. Ao mesmo tempo, a formulação que aqui apresento não foi desenvolvida por Adorno, que não identificou – nem poderia identificar, dado o período histórico que lhe coube observar – o olhar como forma plena de trabalho.

PARTE II (EM QUE SOU FORMALISTA)
Uma língua feita de figuras

A partir do que foi exposto até aqui, abre-se uma interrogação: de que maneira o olhar, ordenado como trabalho, produz significação e valor?

A resposta começa pela constatação de que o olhar arranja os signos mais ou menos como os funcionários de um clube ajeitam os enfeites no salão, antes de um baile de gala. O olhar desenha os planos urbanísticos, a fuselagem dos aviões, a disposição dos canteiros ornamentais pelos parques ou as arestas angulosas na tampa de um vidro de perfume. Nisso não há novidade. A nossa questão, no entanto, apenas começa a ser respondida por aí, mas não se resolve aí. Ela se refere à significação e ao valor que as imagens carregam, o que implica novas complexidades.

Para que possamos aprofundar a hipótese de que as imagens produzem efeitos de significação, mais ou menos como ocorre com os signos da linguagem, é preciso admitir a possibilidade de que elas se articulem como linguagem, ainda que de modo mais rudimentar. A discussão é intrincada e de modo algum poderia ser resolvida nos marcos desta conferência. Um aspecto ou outro, no entanto, podem ser considerados. Sigamos, de início, pelo que é indiscutível.

Em nossos dias, o "ronco" das imagens ultrapassa o rumor das línguas compostas apenas de palavras, escritas ou faladas. Isso, porém, não basta

---

14 Theodor W. Adorno; Max Horkheimer, "A indústria cultural: o esclarecimento como mistificação das massas", em Adorno; Horkheimer, *Dialética do esclarecimento*, Rio de Janeiro: Jorge Zahar Editor, 1985, p. 128.

para atestar que os incontáveis apelos visuais que nos cercam possam se ordenar como um discurso verbal ou escrito. Os elementos constitutivos das imagens não guardam entre si o mesmo padrão normativo que ata os significantes de um idioma qualquer. Não obstante, na profusão das imagens, há encadeamentos lógicos que não são de todo estranhos aos encadeamentos próprios da linguagem: há uma ordem incipiente no caos que elas ensejam.

Se enxergarmos ao menos a franja dessa ordem incipiente, poderemos supor, nas imagens, o estatuto de alguma linguagem. Ao menos inicialmente. Na supermodernidade, caracterizada pela superabundância factual e espacial[15], o que equivale à superabundância das imagens, notaremos que elas assumem comportamentos de signos em diversas situações. Mais ainda: como acontece com as palavras, os significantes visuais podem deslizar de uma representação a outra, compondo "vocábulos visuais" diferentes, "frases visuais" mutantes, "narrativas visuais" em permanente evolução. Nisso, principalmente nisso, as leis internas do significante visual se assemelham àquelas das palavras.

Na terceira parte desta conferência, comentarei exatamente o deslizamento dos significantes visuais. Antes disso, porém, é necessário que nos fixemos um pouco mais sobre as implicações nada desprezíveis do passo que estamos prestes a dar, qual seja, o de supor um mínimo estatuto linguístico nas imagens.

A gritaria selvagem das visualidades

Inicialmente, parece não haver problema nesse passo. Afinal, não fosse um mínimo arcabouço de regras de linguagem para que os significantes visuais se articulassem e se rearticulassem, em cadeias de significações e ressignificações, simplesmente não teríamos a comunicação ancorada em visualidades, uma comunicação bastante vasta, por sinal, que vai dos sinais de trânsito aos ícones do computador. Não teríamos, tampouco, as marcas das mercadorias transitando com a mesma significação de um continente a outro, assim como não teríamos a decupagem clássica dos filmes de

---

15 O termo "supermodernidade" é formulado por Marc Auge, in *Não lugares: introdução a uma antropologia da supermodernidade*, Campinas: Papirus, 1994, p. 33.

Hollywood, compreendida por espectadores de todos os idiomas. É indiscutível que, nem que seja num nível rudimentar, os elementos da visualidade intensa e vibrante que nos envolve se juntam e se divorciam mais ou menos como significantes de uma linguagem.

Mas, a despeito dessas evidências superficiais, o passo requer cuidado. Seria precipitado postular que uma "linguagem das imagens" fosse capaz de enunciados equivalentes àqueles formados de palavras. As duas formas de expressão não são intercambiáveis, não cumprem as mesmas funções. Talvez por isso – por não traduzirem à perfeição as mensagens encerradas em palavras – as imagens são liminarmente recusadas como linguagem por vários estudiosos. Não apenas por não configurarem sozinhas uma "gramática" própria, mas também e principalmente porque, na comunicação da era do entretenimento, elas abrem vazios na malha das palavras, como se rasgassem, às vezes com um grau de violência, o tecido do simbólico. Elas se instauram como forças primitivas, instintivas, pulsionais, que até parecem prescindir de qualquer linguagem[16].

Por exemplo: a figura de um corpo nu não precisa de palavras para mobilizar o sujeito que a contempla. Por isso, alguns relacionam a força das imagens a pulsões que podem mesmo se voltar contra a mediação das palavras, contra o entendimento e contra os próprios princípios da civilização.

Sob tal perspectiva, não é difícil verificar que a imagem desordena *brutalmente* o fluxo da palavra. Ela surge como uma manifestação direta da

---

16 É interessante, aqui, levarmos em conta as observações de Régis Debray, numa leitura que devo a Rafael Venâncio, meu aluno em um curso de pós-graduação, na ECA-USP, em 2009. "A imagem não é linguagem", diz Debray, *Manifestos midiológicos* (Petrópolis: Vozes, 1995, p. 181). Deveríamos ser autorizados a ver na pintura "um objeto significativo, e não significante, já que ela não é suscetível de se decompor em unidades discretas dependentes de um sistema de dupla articulação (paradigma e sintagma)". O fantasma da midiologia (Debray) é o da "aceitação do silêncio imagético" (Venâncio, *A linguagem dos três fantasmas – gozo na experiência da televisão*. Trabalho da disciplina CJE 5987, ministrada por mim no primeiro semestre de 2009, p. 13; texto ainda não publicado). Para Debray, uma figura está mais próxima de ser "passagem ao ato do que um discurso" (Debray, 190). A imagem teria no inconsciente um poder extrassemântico – e precisamente por isso constitui "uma fonte sem igual de alimentação do nosso desejo" (conforme Venâncio, p. 13). "Pretender estender as lógicas discursivas ao império das imagens é deixar escapar, simultaneamente, suas duas dimensões fundamentais, estratégica e libidinal; ou negligenciar seus dois desafios, político e amoroso, um em razão do outro" (*Manifestos midiológicos*, p. 192).

natureza – como um "carimbo", um decalque do gesto humano sobre a pedra, a madeira ou o couro, que guarda o rastro ainda quente do que é mais primário. A expressividade dessa figuração, portanto, se aproxima de um mundo menos racional, que nos remete a adereços mágicos ancestrais. Desse vínculo com o primevo, elas extraem sua potência extralinguística.

Não raro, essa potência se presta a propagandas das mais diversas formas de tirania. A propósito, não há tirania no século XX que não tenha invocado alegorias imagéticas – como cruzes, invertidas ou não, estrelas, vermelhas ou não – por meio de verdadeiras escolas estéticas especializadas em incendiar o ódio, a intolerância e o preconceito. As imagens, enfim, acabam sendo associadas por vários estudos às forças primitivas do passado e às forças opressivas do presente.

Quanto a isso, Daniel Boorstin, em *The Image* – livro que lança uma crítica pioneira à supremacia que a cultura americana exerce sobre o planeta, supremacia erguida pela imagem –, é enfático: "Imagens são os pseudoeventos do mundo ético. Na melhor das hipóteses, são pseudoideais. São criadas e difundidas para serem reportadas, para produzir uma 'impressão favorável'. Não porque sejam boas, mas porque são atraentes".[17]

Penso que não podemos dizer de modo conclusivo, categórico, que Boorstin esteja enganado. Na imagem persiste, sim, uma força que desorganiza a argumentação. Mas, outra vez, é preciso verificar se essa constatação, quando adotada em termos inflexíveis, não poderia nos levar ao extremo oposto – que seria igualmente problemático. Pode haver, nesse tipo de discurso, uma condenação moral de qualquer representação pictórica ou fílmica, como se todas elas fossem o túmulo do pensamento. É quase como se tivéssemos que voltar a declarar guerra santa aos cultos profanos: assim como o Bezerro de Ouro foi varrido do deserto por Moisés, cujo Deus era não representável, teríamos agora que declarar guerra à imagem eletrônica, pagã e irracionalista.

---

17 Daniel J. Boorstin, *The Image: A guide to pseudo-events in America*. New York: First Vintage Books (Random House), 1992, p. 244.

Figuras impedem o entendimento?

Outros críticos alegam que as imagens inviabilizam o diálogo. Ainda que possamos nos valer de figuras como códigos precários (como no caso dos sinais de trânsito), não podemos nos entender por meio delas. Um dos que pensam nessa linha é Giles Achache. "Uma imagem não é dialógica", ele escreve[18]. Não que Achache seja adepto de uma cruzada contra qualquer código visual – ele não é. Ao contrário, seu discurso prima pela sensatez. Poucos como ele, no entanto, alcançam tal nível de precisão ao formular as razões para a recusa sistemática da imagem como signo voltado para o diálogo e, por isso, pelos seus méritos, seu texto nos ajuda nessa discussão.

A essência do argumento de Achache reside numa virtual – e não declarada – incompatibilidade entre a imagem e aquilo que Jürgen Habermas chamou de "ação comunicativa"[19]. Por isso ele nos interessa de perto. É

---

18 Giles Achache "El marketing político", in Jean-Marc Ferry, Dominique Wolton e outros, *El nuevo espacio público*, Barcelona: Editorial Gedisa, 2ª reimpressão, 1998, pp. 112-123, p. 116.

19 A noção de "ação comunicativa", que muito inspirou vários dos defensores da "comunicação dialógica", é originalmente formulado por Jürgen Habermas em *Teoria de La Acción Comunicativa* (Madri: Taurus, 1987), que afirma:
"O ator que se orienta para o entendimento deve postular com sua manifestação três pretensões de validade, a saber, a pretensão:
- de que o enunciado é verdadeiro (quer dizer, de fato se cumprem as condições de existência do conteúdo proposicional...);
- de que o ato de fala é correto em relação ao contexto normativo vigente (ou de que o próprio contexto normativo em cumprimento do qual esse ato se executa é legítimo); e...
- de que a intenção expressada pelo falante coincide realmente com o que ele pensa".

Isso significa que o ator orientado para o entendimento é guiado por princípios de razão e do que chamamos de boa-fé – posta acima da defesa estratégica ou maliciosa dos próprios interesses –, o que supõe o emprego de um código falível, verificável e criticável, nos moldes exatos da linguagem escrita ou falada. No dizer de Giles Achache, o agente voltado para o diálogo deve governar todas as suas emoções: ser livre no modelo dialógico é ser capaz de dominar em si mesmo qualquer determinação psicológica que possa perturbar o exercício da razão, em especial tudo o que depende da particularidade pessoal, os afetos e os sentimentos" ("El marketing político", in Jean-Marc Ferry, Dominique Wolton e outros, *El nuevo espacio público*, Barcelona: Editorial Gedisa, 2ª reimpressão, 1998, pp. 112-123, p. 116).

Nessa perspectiva de análise da comunicação, o uso da imagem é sempre propagandístico e estratégico – jamais dialógico. Não há – nem poderia haver, em termos lógicos – um ator orientado para o entendimento que entregasse imagens em lugar de empregar as palavras.

como se a impregnância do entretenimento sabotasse de modo irrevogável a própria democracia.

Embora o risco efetivamente exista, posto que a lógica espetacular do entretenimento não é o ambiente mais adequado ao debate de argumentos mais ou menos racionais do jogo político, a democracia tem dado provas de que inventa novos canais para manter abertas as pontes dialógicas. Na verdade, o maior risco, aqui, não está no plano dos fatos ou da vida prática. É um risco teórico, isto sim: o risco de que uma concepção ultrarracionalista de comunicação, que não reserva nenhum lugar para o que não seja palavra, resulte numa intolerância metódica e militante em relação às visualidades contemporâneas.

Em resumo, essa atitude teórica é apenas conservadora e moralista, como se pode demonstrar por meio de três interrogações elementares. Em primeiro lugar: por acaso teria havido, antes da nossa era, um reinado da palavra pura? Em caso afirmativo, passemos à segunda pergunta. É possível ter certeza de que esses períodos anteriores foram mais "dialógicos" do que as sociedades atuais, apenas por estarem menos conspurcados por fotografias, filmes, videogames e logotipos? Por fim, caso a resposta para a pergunta anterior seja "sim", iríamos à terceira indagação: deveríamos então restaurar a ordem anterior?

É claro que não. E, mais que isso, é claro que tal restauração não seria possível. Nem necessária. O grau de democracia numa sociedade não é dado pela predominância estrita das palavras na mediação dos debates públicos, mas por uma práxis comunicativa capaz de estruturar uma rede complexa de garantias formais e materiais, dando suporte à efetividade dos direitos, à dinâmica participativa das decisões de interesse público e ao bom nível de negociação de sentidos nos mais diversos níveis. Por incrível que pareça (a alguns), tudo isso pode conviver de modo mais ou menos pacífico com a pujança da indústria do entretenimento. Há contradições, vale deixar claro, e algumas de extrema gravidade (como o fetiche das imagens na política, que pode conduzir ao esvaziamento da crítica e, portanto, do próprio ideal de emancipação do cidadão), mas o cotidiano vem mostrando que há alguma vida dialógica num mundo mediado por imagens. Portanto, não sejamos tão peremptórios. Nem trágicos[20].

---

20 Vivemos sob o império do espetáculo generalizado e generalizante, não há muita dúvida quanto a isso. Guy Debord tem razão quando afirma que "o espetáculo não é um conjunto de imagens, mas

A comunicação do nosso tempo logrou forjar tantas interpenetrações entre códigos imagéticos e códigos vocabulares que não há mais possibilidade teórica – nem mesmo prática – de que o fluxo das imagens, seja quando visto como processo autônomo, puro, seja quando visto como uma enunciação combinada com o fluxo das palavras, não mais compareça à rotina da democracia e do consumo. E não há de ser isso – ou apenas isso – que tornará a sociedade "menos dialógica".

Podemos ir ainda mais longe e admitir que existe uma comunicação rotineira que já não tem como prescindir de signos visuais. E, dentro dela, há diálogo. Tanto isso é verdade, que a comunicação social e as relações de produção tornaram possível para a indústria do entretenimento – e para seus desdobramentos em outros campos, como o da política, o da ciência e o da religião – fixar sentidos nos signos visuais e atribuir a eles um valor de troca de notável impacto econômico e cultural.

Não é a imagem, enfim, que bloqueia o diálogo, assim como não é a palavra, sozinha, que o impõe. As linguagens contemporâneas se complexificaram – e se miscigenaram: eis o desafio. O desafio não está em restaurar um passado idealizado, mas em ver como o hibridismo das linguagens do presente se insinua no futuro.

Frases híbridas, cada vez mais híbridas

Tomemos por exemplo o valor das marcas que se baseiam em visibilidade, reconhecimento e identificação. Uma marca tem valor quando incorpora e irradia os atributos associados a ela. Uma marca vale quando *infunde* valor naquilo sobre o que se inscreve. Esse valor, que é imaginário, não é diferente do valor habitual de uso traduzido em valor de troca. Ele também é um valor fabricado, e fabricado com trabalho – mas, aqui, trabalho do olhar.

Não por acaso, há formas gráficas que ganharam até mesmo função sintática em frases corriqueiras. É o caso do coração vermelho no lugar da palavra

---

uma relação social entre pessoas, mediada por imagens" (*A sociedade do espetáculo*. Rio de Janeiro: Contraponto, 1997, p. 13). A mediação pela imagem – ou o comparecimento da imagem a todas as formas de relações sociais – não foi revogada. Contudo, ela não soterrou a democracia, como o texto de Debord parecia prever na década de 1960: como sempre, as vias comunicativas surpreendem e encontram meandros para o diálogo crítico – inclusive em relação ao próprio espetáculo.

"amor", que se popularizou na frase "I Love New York", ou "I ♥ NY", no achado genial do *designer* nova-iorquino Milton Glaser. Essas figuras, como o coraçãozinho, carregam em si um conteúdo semântico equivalente a um verbo.

Eis aqui mais um sinal de que a interpenetração entre ícones e palavras, num ordenamento instintivo de léxicos, sintaxes e gramáticas que conjugam visualidades entre o simbólico e o imaginário, vai se firmando como tendência irresistível. Algumas das marcas mais famosas são verdadeiras frases que ecoam no imaginário, incessantemente. E, outra vez, é preciso ter em mente a função de linguagem dos ícones de computador e, principalmente, da infografia, que promoveu uma espécie de conciliação híbrida entre imagens e palavras[21].

Portanto, a qualificação condenatória e conservadora não nos resolve o impasse teórico. Longe disso, apenas o agrava. Quanto a isso, outra vertente de pensamento deve ser recuperada aqui. Bem sei que, entre nós, se verifica uma epidemia de citações de Walter Benjamin, mas é a ele mesmo que devemos recorrer. Benjamin reconhece que "a produção artística começa com imagens a serviço da magia"[22] e abre "uma passagem entre o visível e o invisível, o temível e o tranquilizador"[23]. Não obstante, ele vai redimi-la.

Tornada arte religiosa sob o catolicismo, à imagem coube revelar a face do Deus que não se dava a ver. A partir daí, ela se emancipou como arte independente e, quanto mais livre, mais perseguida foi. E também mais amaldiçoada, banida, recusada pela autoridade. Da nudez que Michelangelo estampou no teto da Capela Sistina aos carros alegóricos das escolas de samba no Rio de Janeiro, que o cardeal manda cobrir, ela tem sido sistematicamente (sistemicamente) vigiada (e censurada) pela autoridade. Curiosamente, tem sido também perseguida pelos teóricos bem-pensantes[24].

---

21 "A pregnância de representações clássicas, como as imagens fotográficas, cinematográficas ou televisuais, pode tornar-nos cegos à essência das imagens infográficas e das representações virtuais. Estas imagens, ao contrário das imagens fotográficas ou videográficas – que nasceram da interação da luz real com as superfícies fotossensíveis – não são inicialmente imagens e sim linguagem." (Philippe Quéau, "O tempo do virtual", in Parente, André. *Imagem-Máquina: a era das tecnologias do virtual.* Rio de Janeiro: Editora 34, 1995, p. 91.)

22 Walter Benjamin. "A obra de arte na era de sua reprodutibilidade técnica", in *Obras escolhidas, Magia e técnica, arte e política*, São Paulo: Brasiliense, 1996, p. 173.

23 Régis Debray, *Vida e morte da imagem*, Petrópolis: Vozes, 1993, p. 47.

24 Apontei essa distorção teórica em minha tese de doutorado, "A televisão objeto", defendida na Escola de Comunicações e Artes, da Universidade de São Paulo, em 2002. Ver especialmente a página 108.

Tem razão Arlindo Machado, quando afirma que "O intelectual do nosso tempo concorre diretamente com a religião na tarefa de preservar os valores canônicos contra o rolo compressor da civilização tecnológica ou da sociedade de massas"[25].

Lutar obstinadamente contra as visualidades significantes, como se isso não passasse de uma hecatombe ou de barbarismos, não é uma defesa da razão e do pensamento, mas o oposto. Fechar os olhos às transformações da linguagem que redundam em imagens não faz viver, mas faz morrer a função de pensar. Banir da reflexão o que é visual equivale comodamente a não pensar sobre o que é visual. De outro lado, pensar sobre o visual é, de saída, um modo de alterar seu estatuto: se o visual é pensável, ele é um discurso.

É nesse sentido que argumento, ciente das limitações que me sitiam. Não há como, racionalmente, postular a irracionalidade como única dimensão da imagem. Não há como postular que toda imagem é um catalisador da tirania. Menos pela generalização e mais pela recusa da complexidade de significações que há na imagem, que se estende do "primitivo" ao abstrato, identifico, na recusa, um desvio – e um desvão – da razão. A imagem está no coração do "rolo compressor" que estabelece o espaço público do mundo contemporâneo – o que é positivo e negativo, ao mesmo tempo. A imagem não é hoje apenas uma brecha para o invisível, não é apenas religião (ou *principalmente* religião), nem apenas arte (ou *principalmente* arte), mas é o logradouro virtual do espaço público. Daí os riscos que ela nos traz – e o medo que inspira.

Para o bem e para o mal, ela não é mais apenas um apelo atraente, mas um assunto, ela mesma, de interesse público. Suas leis – e os esboços de leis linguísticas que ela comporta – são leis que disciplinam, em parte, o ambiente em que nos comunicamos (ou não).

Eis então que a imagem, do fundo de seu animismo, ressurge para organizar o espaço comum. Foi por meio dela que a indústria cultural forjou, nos meados do século XX, a imensa *massa* – noção que, por décadas, substituiu a noção de *público*. Foi também a partir de negociações de sentido às quais compareceram as imagens que, ao lado da massa, eclodiram os públicos

---

25 Arlindo Machado. *Máquina e imaginário,* São Paulo: Edusp, 1993, p. 10.

múltiplos dispostos em redes, compondo o grande mosaico que, virtualmente, engloba a humanidade inteira[26].

Antes empregada nos meios de massa como recurso para ilustrar – ou esvaziar – a retórica política e as narrativas melodramáticas cheias de propósitos doutrinários, a imagem passou por um processo que poderíamos chamar de uma segunda emancipação – depois daquela, a primeira, que, séculos atrás, libertou-a da condição de expressão religiosa. A segunda emancipação veio no fim da segunda metade do século XX. Como boa parte da cultura, a imagem se emancipou dos meios da indústria cultural e se lançou naquilo que depois passaria a ser designado como "sociedade em rede" (como quer Manuel Castels[27]) ou como "redes interconectadas" (como prefere Yochai Benkler[28]). A imagem, agora, pesa no discurso que oprime, como de costume, mas reluz também na interlocução que liberta. E ela mesma se libertou.

Há conflitos que se realizam por imagens, como quando o Greenpeace (uma imagem, um logotipo) mancha de tinta um baleeiro, ou quando os protestos contra a globalização quebram o vidro de uma lanchonete do McDonald's (outro logotipo): são enfrentamentos que têm lugar no olhar, engendrados pelo olhar, destinados ao olhar. A imagem se presta ao teatro da guerra – como no terrorismo – e também ao teatro da luta de classes. São sintomas desse tempo os muros pichados. Diferentemente das paredes da Roma dos Césares, que acolhiam termos chulos como expressão do cidadão anônimo, as pichações atuais fazem dos muros do espaço público o suporte material para a disputa de sentido. Na pichação, a letra vira imagem e, como tal,

---

26 "O 'público' de que se trata não está limitado ao corpo eleitoral de uma nação: trata-se, melhor dizendo, de todos os que são capazes de perceber e compreender as mensagens difundidas no mundo. O público é, virtualmente, toda a humanidade e, de um modo correlato, o 'espaço público' é o meio com o qual a humanidade se entrega a si mesma como espetáculo. A palavra espetáculo, por certo, pode suscitar interpretações erradas, pois o espaço público não reduz seus meios à imagem e à palavra espetaculares: compõem-no também elementos do discurso, do comentário, da discussão, com as mais 'racionais' finalidades do esclarecimento. Mas o que aqui importa destacar, sobretudo, é que especialmente 'o espaço público social' não obedece em absoluto às fronteiras nacionais de cada 'sociedade civil'" (Jean-Marc Ferry), "Las transformaciones de la publicidad política", in Jean-Marc Ferry, Dominique Wolton e outros, *El nuevo espacio público*, Barcelona: Editorial Gedisa, 2ª reimpressão, 1998, p. 20).

27 Ver, por exemplo, Manuel Castells, *A galáxia da Internet*, Jorge Zahar Editor, 2003, p. 7.

28 Yochai Benkler, *The Wealth of Networks*, New Heaven: Yale University Press, 2006.

disputa o espaço público para nele inscrever um sentido alternativo ao que é oficial. Outro sintoma surge com os corpos humanos que se dão às tatuagens, em massa: no corpo, esse buraco na linguagem, arde o desejo de ser mídia. O mais incrível de tudo é que, até mesmo aí, nos muros pichados ou nos corpos tatuados, até mesmo aí existem ações comunicativas dialógicas (disputa de sentido). A palavra vira imagem (nos corpos tatuados ou nos muros pichados) e a imagem vira letra (como a frase "I ♥ NY", de Milton Glaser).

Essas operações invertem a carga de sentido de significantes visuais. O baleeiro, quando surpreendido em alto-mar por um frágil barco inflável pilotado por ecologistas, ganha o aspecto de monstro impiedoso. O muro pichado parece mudar de dono – um cachorro visual passou por ali e "urinou" com seu *spray*, demarcando seu território. O corpo humano passa a significar a mensagem que traz na pele, exercendo a função de meio de comunicação. As representações visuais têm a força de mercadorias em oferta permanente – e também de discurso político. Ambas as categorias, discurso e mercadoria, passam a ser manifestações equivalentes.

Para que o olhar possa trabalhar a esse nível o mundo que se dá a ver, é preciso que os elementos do discurso visual, os significantes, estejam disponíveis e, verdadeiramente, deslizem de um sentido a outro. E isso de fato ocorre. Como as palavras, as frases, como os fragmentos das palavras e das frases, como as letras e pedaços de letras, as unidades ou subunidades do discurso visual deslizam livremente como significantes vivos.

Observemos a paisagem para verificar esses deslizamentos.

PARTE III (EM QUE SOU DELIRANTE)
Figuras que deslizam e se transformam como se fossem palavras

O olhar "pega" a expressão de um óleo sobre tela e vai colá-la numa cena de filme, onde ela adquire sentido renovado. O pintor anglo-irlandês Francis Bacon morreu em 1992, aos 82 anos. Tinha um rosto impressionante. Vi poucas fotos em que ele aparece. Das que pude observar, guardei a sensação de um semblante atormentado, quase contorcido. A minha sensação se fortalece à luz de um autorretrato que ele pintou em 1971. Embora eu não seja crítico de arte e meu objeto não seja a pintura (meu objeto é a fabricação do valor da imagem na indústria do imaginário), penso que, a serviço de realçar os fragmentos do visível (fragmentos significantes) em seu deslocamento pelo olhar, posso comentar rapidamente os traços que definem sua obra.

Bacon, parece, via sob o véu das normalidades cotidianas uma explosão de deformidades. Assim também, com deformidades, ele se autorretratou. Sobre fundo totalmente preto, inscreveu o retrato de sua pele facial com um borrão violento: uma mancha em tons de ocre plúmbeo. Os cabelos, como as sombras que sulcam seu rosto, produzidas pela pouca luz que o alcança, desaparecem contra o fundo escuro. A pintura retalha a fisionomia do pintor, isto é, sua fisionomia está ali, como se ela fosse o escalpo não de uma cabeleira, mas de uma face, estirada sobre a tela: um pedaço de couro estendido não ao sol, mas às trevas. Há pinceladas brancas sobre o nariz, no meio da testa e no queixo: são navalhadas de luz. O rosto de Francis Bacon é uma personalidade mutilada. Ao redor do lugar onde teriam estado os olhos, o buraco que restou deles nesse "escalpo" estirado sobre a tela, alongam-se contornos que poderiam ser óculos ou molduras fúnebres. Quanto aos olhos, eles não estão mais lá. Deles, só nos resta a cavidade negra e vazia.

Há uma presença irresistível da morte nas figuras de Bacon. Seus modelos posam em feridas, quebraduras, atropelados por golpes de luz e outros de escuridão.

Não há de ser totalmente original essa maneira de traduzir a condição humana. Não foi Bacon que inventou os seres desfigurados sobre tela. Podemos encontrar traços genéticos de Hieronymus Bosch (pintor holandês do século XVI) na obra de Bacon. A imagem, sendo linguagem, está em movimento. Ela não se perde nem se cria totalmente: ela se transforma e, na transformação, vive de reinventar-se. Caminha mais por mutações que por invenções. Todo artista recombina o conhecido para vislumbrar o desconhecido – ou não operaria com signos. Pode-se mesmo dizer que todo artista é um artesão do reprocessamento de signos, seja ele pintor, bailarino ou escritor. Só por aí ele consegue algum nível de criação minimamente inscrita na linguagem e, dentro disso, Bacon engendra sua identidade no olhar. Depois, essa identidade se põe a migrar para dentro de outros discursos. O que é inevitável.

Dá-se por aí o deslizar dos significantes visuais. O deslizamento é estrutural, sempre esteve aí, mas, hoje, ele segue padrões tipicamente industriais. Assim, Bacon é mastigado pelo cinema. O filme de que falo foi dirigido por Adrian Lyne e lançado em 1990: *Jacob's Ladder*[29]. Nele, pulsa a herança desse

---

29 No Brasil, o filme recebeu o título de *Alucinações do passado*.

idioma visual das deformidades brutais e soturnas. As figuras geradas pelo pintor – aquelas caras de quem viu o que não tinha licença para ver e, por isso, teve de arder no inferno em vida – revivem no filme.

Jacob's Ladder – a escada de Jacó, na Bíblia, era aquela que conduziria as almas para o céu – retrata a agonia de um combatente do Vietnã, assaltado por almas penadas. De início, o espectador tem a impressão de que as alucinações horrorosas são lembranças da guerra. Ao fim do filme, descobre-se que as dilacerações de corpo e de espírito que atormentam o soldado não são lembranças, mas o seu presente exato. O protagonista agoniza sem saber que está morrendo e, em seu fim cheio de dor, gritos e sofrimento, é soterrado por seres malignos que parecem ter saltado das telas de Francis Bacon, banidos da morte, dos subterrâneos e dos desvãos da alma.

Para a indústria do entretenimento, o vocabulário visual do horror precisa ser arrancado da linguagem retrabalhada por Bacon. Esse repertório sígnico, à medida que desliza, ganha existência e consistência na instância do olhar, em que as telas dos museus rodopiam de mãos dadas com fotogramas em decomposição.

Da tragédia à comédia – e outra vez a tragédia

O pintor George Condo (norte-americano, nascido em 1957) não me comove, mas me interessa. Eu nem mesmo diria que o vejo como pintor, mas como ilustrador. Aliás, cada vez mais tenho a impressão de que os pintores interessantes da atualidade pintam como cartunistas e de que os cartunistas de jornal, como Angeli, os que brincam de humor diariamente, ocupam o lugar de pintores maiores dos nossos dias – são eles que deveriam expor em museus. Dito isso, fico mesmo com George Condo.

Nele também aparecem as faces desfiguradas como em Bacon, mas com toques cômicos, não trágicos nem funéreos. Já não temos o humano esquartejado pelo "cosmos sangrento", para usar aqui a expressão de Mário Faustino, mas diretamente fatiado pelo ridículo do espetáculo. Na tela *Jean Louis' Mind*, de 2005, algo como cinco olhos e três ou quatro sorrisos se distribuem por uma face meio caleidoscópica, meio mutante, que parece estar explodindo de ansiedade, com estados de alma conflitantes e simultâneos. Nesse caso, os olhos são janelas para almas diversas e inconstantes, volúveis, vendáveis. Além de olhos, a mesma face é uma colagem de múltiplos sorrisos em dentaduras abertas, com arcadas que se desencontram, que se projetam em buracos medonhos onde deveriam estar as maçãs do rosto, o pescoço, até mesmo a boca. O esquartejamento, agora, é produzido diretamente pela demanda de quem olha, pela indústria do olhar: o humano se retalha ou se deixa retalhar para se refestelar na ilusão de que oferece prazer àquele que o contempla.

Os visitantes do museu se perguntam, fazendo pose a possíveis observadores que os espreitam (estamos costumeiramente em pose para um observador invisível que supomos logo ali), por que aquelas fisionomias carregam tantas cicatrizes. Num dos quadros, *The Return of Client Nº 9*, de 2008, vemos corpos nus, um homem e uma mulher, com espadas e tesouras que os transpassam, fazendo um amor meio carnívoro sobre um sofá. Olham em dentes para o espectador. E este se pergunta de novo: Por quê? O que há de tão perturbador nessas figuras? O desejo da cirurgia plástica, quem sabe.

A tara por cirurgia plástica distingue o humano dos animais. Viver é submeter-se a uma plástica interminável. Viver, para os personagens de Condo, é estirar-se ao bisturi do olhar sem freios. O olhar do público é uma motosserra a estraçalhar tudo o que vê. Isso mesmo: em Condo, o olho trabalha como lâmina. O seu modelo é o sujeito escravizado pelas promessas da plástica. No afã de ser bonito, ele se converte numa criatura de Frankenstein remixada. O modelo de Condo é Michael Jackson pelo avesso. Sorridente em seu ar ausente. Olhar é lancetar e matar.

Na cena mais citada de *O cão andaluz*, o curta-metragem de 17 minutos que Salvador Dalí e Luis Buñuel rodaram em 1928, um bisturi rasga um olho humano. Quem move o bisturi? Quem o manipula? Não há dúvida: quem o conduz é a imagem de cinema que se lança contra a pupila do freguês, em voracidade cortante. Aquele bisturi é o olhar sangrando o próprio olhar. O olhar em retorno. Navalha vidente. Navalha cega: cega porque já não vê e cega também porque, ao não ver mais, nada mais tem que cortar, como a faca que é cega porque não tem mais fio. Em *O cão andaluz*, o olho vaza o olho.

Pode-se dizer que a imagem que se impõe é também uma força que cega, mas desconfio que isso seria uma frase fácil e estéril. Mais que isso, a cena de *O cão andaluz* mostra a força da imagem que rasga o organismo para se instalar como sistema, como ordem, como lógica que vai esculpindo, entalhando o que encontra pela frente – inclusive o próprio olho.

Por que todos se entregam a esse bisturi? Para se dar a ver e para gozar no olhar. Para morrer no olhar. Depois de ver tudo, depois da total transparência, depois da luz total que ofusca, a cegueira definitiva. Melhor cegar-se do que não mais poder fechar os olhos para descansar. Melhor cegar-se a ter de ficar de olhos abertos o tempo todo, sem dormir, num regime de superexploração do olhar.[30]

O noticiário político sob olhos calcinantes

Mas há mais nessas telas de George Condo. Intuímos sob seu efeito que o olhar tem peso quase físico e queima como fogo e como ácido. Digo isso não apenas porque os apresentadores de televisão reagem de modo diferente quando acreditam que estão ao vivo. Se estão apenas gravando um quadro que será exibido mais tarde, relaxam. Se se imaginam ao vivo – vistos naquele instante preciso –, deixam-se invadir pela tensão. "O efeito é psicológico", alguém dirá. Eu diria que não é apenas psicológico, embora não haja, ainda, como provar. As telas de George Condo querem nos demonstrar que o olhar tem peso – além do peso a ele atribuído pelo apresentador que se sabe visto ao vivo. Esse peso é mais pesado que o peso da consciência.

O olhar ininterrupto e inclemente, como o sol, calcina a superfície da matéria. Ao tocar com seu "raio visual", deixa naquilo a sua marca de morte. Ser visto custa vida. Lembremo-nos de que o panóptico lembrado por Foucault acabou virando realidade, mas não como ele previra. O panóptico se firmou sem um centro fixo. Em vez da autoridade central que vigiaria a intimidade dos governados, estes, os governados, é que se bisbilhotam alegremente. O ponto do olho que vigia é todos os pontos. O panóptico fez de suas vítimas seus autores e seus agentes. Todos os olhos se monitoram a

---

30 Registro aqui a contribuição de Oswaldo Giacoia Júnior, que me sugeriu, numa conversa em Tiradentes, um paralelo entre esse movimento suicida do olhar, representado em *O cão andaluz*, e o destino de Édipo, que vaza os olhos. Uma leitura possível é que o gesto de Édipo consuma um castigo, a realização de parte da maldição que sobre ele cairia, como pena pelo seu gesto de ter tomado a mãe por esposa e, mais ainda, por ter se deliciado com a visão da nudez dessa mulher que tanto desejou e que teve em seu leito. Depois de ver tudo, só lhe restaria a cegueira. O espetáculo que germinava na década de 1920 seria assim, também: imporia a visão desejante, total, de todas as mercadorias e, por isso, imporia também a cegueira total.

si e aos outros, gerando registros imagéticos por celulares e por toda espécie de minicâmeras (micropanópticos indiscriminados, anônimos, difusos), registros que imediatamente fluem, por teias eletrônicas, em direção a centros eles mesmos deslizantes. Também esses centros vagueiam, mudam de lugar conforme o volume do olhar. O centro nômade, às vezes se dispersa e depois se reaglutina novamente. Sim, o centro está em toda parte, como sempre se afirmou, mas ele muda de endereço conforme o olhar industrial ordena. O centro de gravidade transita.

O panóptico se realizou para além da autoridade, para além da necessidade da autoridade, virou algo assim como um totalitarismo devasso e inebriante, feérico, exatamente como o capital, que nunca adormece. O olhar molha tudo, molha o que está mais longe e também o que está próximo demais, dentro do corpo. O olhar mostra a radiografia do meu dedo, no hospital, e me expõe à mais deslumbrante foto do Hubble, de uma estrela que nasce de uma nuvem em néon. Ele pesa na forma do raio x – que só o chumbo (imagina que) barra – e pesa também no cotidiano das fotografias, das reportagens de televisão.

Ele pesa de modo mais impiedoso sobre o semblante dos homens públicos (e também das mulheres públicas, mas dizer mulheres públicas pode soar ofensivo, donde digo apenas mulheres-que-se-consagram-à-carreira-de--homens-públicos). O olhar tem peso físico na face de alguém que, durante uma entrevista coletiva, sob holofotes, objetivas e microfones, é pego no contrapé de uma mentira com implicações genitais. A mentira que esgarça o sujeito sob o peso do olhar expõe mais que a nudez – e a nudez é uma roupa que vestimos a golpes de bisturi para nos deleitarmos sob os raios do olhar.

E do olhar sobra. Do olhar escapa. Fica um pouco mais em um paradeiro um pouco além. Penso na fotografia de um homem público, Eliot Spitzer, então governador de Nova York. Encantoado, sem alternativa que não fosse a renúncia, em março de 2008, quando seu envolvimento com uma agência de prostituição de luxo virou notícia de jornal, ele entrou numa entrevista coletiva como o romano condenado aos leões. A fotografia de Spitzer, aquela que quem viu não esquece, mostra-o nessa hora dura. Seu rosto revela o peso físico do olhar que o deforma como um soco transparente. Ele contrai os lábios, como se estivesse assoprando um trompete imaginário. A rigidez nas maçãs de sua face trinca-lhe a pele. Toneladas de pressão paralisam seus músculos. A boca faz um arco extenso no sentido inverso ao de um sorriso, com as extremidades apontando para os infernos. Os seus lábios somem, mordidos por dentro. Sua boca é um risco desesperado. O queixo nos dá a impressão de estar premido por um tampo de vidro, perfeitamente invisível, embora metálico.

A associação entre a imagem de Spitzer e a obra de George Condo não é acidental. Havia uma foto do político, acompanhada de textos explicativos, na exposição de seus trabalhos em Paris, em julho de 2009, no Musée Maillol. Num dos quadros, *Dreams and Nightmares of the Queen*, em que a rainha Elizabeth, de coroa e tudo, faz boca de banguela preocupada, vemos o mesmíssimo queixo, num tom cor-de-rosa. Os olhos da rainha estão arregalados e azuis – atarantados, assustados, reforçando a expressão de seus lábios espremidos entre as arcadas. Parece que, naquele dia, a rainha posou sem dentadura.

Outra personagem do noticiário também aparecia na exposição: Hillary Clinton. Deslizante, ela também. Ao final de sua campanha, derrotada nas prévias do Partido Democrata, em 2008, suas fotos irrompem como contradições, como disjuntivas visuais, entre o sorriso treinado e os olhos em pânico, traidores. O primeiro traz os dentes como azulejos, querendo dizer que tudo está muito bem, mas os olhos, meio esbugalhados, meio esgotados, exauridos de esperança, denunciam. Hillary também se deforma sob o olhar que a espanca.

E nos secciona – pelas lipoaspirações, pelos fios microscópicos que, implantados sob as bochechas, "levantam" o sorriso, pela visibilidade solar que nos seduz e nos envergonha tanto. Ele não nos rasga apenas quando abre caminho para que peitorais de silicone sejam embutidos sob a pele de marmanjos flácidos, mas também quando esculpe a nossa identidade, em significantes autônomos que se depositam no nosso íntimo como colagens. É desconcertante descobrir que somos, em nosso aspecto sofrível, a junção mal costurada de significantes autônomos. O cabelo mais ou menos como um chapéu, o batom para realçar os lábios, o sorriso adestrado diante do espelho.

Os lábios. Os lábios são significantes que se autonomizaram. Lábios de Angelina Jolie ou de Mick Jagger se descolam de seus portadores e entram na profusão dos signos que passeiam pelo céu do entretenimento. Viram capa de disco, logotipo de motel, item das clínicas estéticas, até se depositarem sobre rostos fungíveis, não como um beijo, mas como um adereço industrializado, como um brinco, um *piercing*, uma tatuagem. O olhar nos escrutina, nos escaneia, nos diagrama.

Somos um pouco modelos de George Condo nos escancarando em sorrisos de quatrocentos dentes de porcelana. Não fechamos os olhos. Nem a boca.

PARTE IV (EM QUE SOU BREVE)
Se podemos falar sobre isso, tudo está bem

Ainda penso em lábios (fazer o quê?). Se eles não fossem um equivalente de palavras, a pintura surrealista, que subvertia o encadeamento simbólico por meio do embaralhamento dos significantes visuais, teria sido estéril. E incompreensível. Um rosto pintado por Picasso, com a boca fora de lugar, era um enunciado com uma palavra fora de lugar que, no entanto, fazia sentido. Os surrealistas pintaram isso, o deslizamento dos significantes visuais, antecipando a industrialização obsessiva desse efeito linguístico no domínio das imagens. Orientando-se *para* o olhar, elas passaram a ser trabalhadas *pelo* olhar, de tal forma que fundiram significado e valor para a mercadoria.

Hoje não há como uma imagem não ser linguagem, ainda que, às vezes, ela encarne forças libidinais e extrassemânticas. Mesmo nessa hipótese, porém, a imagem desloca significantes para abrir claros, vazios, lapsos nos encadeamentos discursivos. Mesmo quando atua como antilinguagem, a imagem acarreta efeitos significantes e, portanto, linguísticos, entregando algo como gozo ao sujeito em busca de saber de si, tanto pelo que imagina poder ver como pelo que supõe nomear.

Desde sempre, a imagem tanto compõe sentidos como pode precedê-los ou mesmo anulá-los. O que a distingue na indústria da nossa era, porém, que se vale do olhar como trabalho, é que ela passou a atuar prioritariamente como linguagem e índice de valor. E essa imagem se confecciona (como sentido e como valor) no instante em que é olhada no consumo. Em síntese, consumindo imagens – ou consumindo mercadorias, que são imagens ou não são quase nada – o sujeito fabrica, por meio do olhar, mais sentido e mais valor na fonte em que vai beber com os olhos.

Quem se diverte no YouTube apenas fabrica o valor do YouTube, exatamente como quem, ao passar o tempo jogando no cassino, produz moedas e fichas coloridas *para* o cassino, que é uma linha de montagem com meios de produção variados, como uma mesa de roleta ou um simples caça-níqueis.

Os consumidores e os jogadores são os operários na indústria da diversão. No tecido do olhar, essa lei é mais intensa e se expande sem cessar, sem ter encontrado seu ponto de esgotamento.

Fora isso, ao menos até aqui, ler e escrever é algo que nos cansa – e como –, embora seja, talvez, a única via de emancipação do espírito. A essa altura, só o que sei é que pensar, como escrever, é chato. Estou cansado. Tento cerrar os olhos, mas as imagens ainda passeiam no que deles retenho. Solto meus dedos para despregá-los do teclado. Mais que os olhos, é tempo de fechar a minha boca.

Como nossos jovens pensam?
Pascal Dibie

Como muitos pais, pergunto-me como nossos filhos pensam. Sim, como será que pensam? Será que pensam mesmo? É com este difícil dilema que vou me confrontar agora.

Para começar, tenho que reconhecer que minha questão é ingênua. É obvio que nossos filhos pensam; mas acho que eles pensam tão diferente – ou melhor, de outro jeito, tão diferente – que temo não conseguir apreender a maneira como eles pensam hoje.

Se considerarmos o jeito de pensar nesta nova era do digital, veremos que ficou muito diferente do caminho, do sistema de pensamento que seguíamos quando crianças. Um sistema que relutamos em deixar, pois pensar não significa tanto pensar *o* mundo, e sim *nosso* mundo, tal como o construímos mentalmente. Nada de surpreendente, com efeito, no fato de termos dificuldade em aceitar outro esquema de pensamento, como a nova relação com o mundo e com o tempo que nossos filhos estão estabelecendo diante de nossos olhos.

No ano passado, neste mesmo ciclo Mutações, sob o título "Ondulações paranoides de uma época"[1], eu abordava em conclusão a questão do pós--humano. Se pensarmos um pouco, não é a primeira vez que assistimos ao que os filósofos chamam de crise da consciência[2], embora os dados desta "mutação radical" não tenham nada a ver com o que aconteceu até hoje na história humana. No fim do século xv, a emergência da tradição "hermé-

---

1   Pascal Dibie, "Ondulações paranoides de uma época", *A condição humana – as aventuras do homem em tempo de mutações,* org. Adauto Novaes, São Paulo/Rio de Janeiro: Edições SESC SP/Agir, 2009.
2   *A crise da razão,* org. Adauto Novaes, São Paulo: Companhia das Letras, 1996.

tica" – que propunha (inversamente ao que vamos desenvolver aqui) uma comunhão mágico-religiosa com o cosmo, que se resumia no fato de que o homem iria entrar em comunhão com o mestre do "Tudo" – é um exemplo de uma dessas mutações antropológicas do pensamento humano. Este ser novo, regenerado, que reencontrou sua divindade, não é nem tanto um "homem", mas de fato um "mago" ou, mais exatamente, um "homem-mago", que segundo Pico della Mirandola seria "o homem dotado de poderes que lhe permitem agir sobre o cosmo graças à magia". Esta visão mágico-religiosa, que se desenvolveu na Europa de Copérnico a Giordano Bruno, impregnou a ciência do século XVI até Leonardo da Vinci e até Newton, que no início do século XVII foi inspirada tanto pela importância das matemáticas quanto pela alquimia e a astronomia[3].

Hoje, no entanto, estamos saindo do contexto europeu e de seu legado: a questão do pós-humano se faz em nível mundial, em relação direta com a cultura cibernética. Numa obra recente, Jean-Michel Besnier aborda esta questão, colocando-se ele também do lado dos futorólogos que levam em consideração a evolução imprevisível e irrefreável das tecnociências que se impõem a nós com grande velocidade (nanociências, biotecnologias etc.) e que tornam tão precárias as fronteiras entre o homem e a máquina. Desta vez, não se trata mais de um "homem-mago", mas da "interconexão planetária dos computadores reencenando a aniquilação do eu na unidade cósmica". Uma espécie de contrautopia fulgurante em que a utopia pós-humanista se configura nesta embriaguez tecnológica quase absoluta e muito impregnada de eugenismo, com pouquíssima resistência diante dela, visto o quanto este pensamento nos escapa[4].

Mais uma vez, falar do futuro é uma maneira de falar de nossos filhos presentes e vindouros. Ocorre que entender o que é o pensamento significa procurar saber como as diferentes formas de atividades mentais podem se ligar entre si e gerar o que chamamos de "pensamentos". A questão continua sendo: como produzir um pensamento, como mantê-lo e fazer com que ele

---

3   Frances A. Yates, *Science et tradition, Paris:* Éditions Allia, 2009.
4   Jean-Michel Besnier, *Demain les posthumains. Le futur a-t-il encore besoin de nous?*, Hachette Littératures, 2008.

adquira um conteúdo?[5]. Aqui, não estamos mais falando em sensações: no que diz respeito à cibernética, trata-se de conceitos organizados, no sentido de uma teoria do pensamento, explorando as analogias entre o pensamento puro e os estados de uma máquina que trata o pensamento como uma forma de cálculo. O fato de que as "máquinas para pensar", como eram chamadas no início, pudessem reproduzir certo volume de comportamentos e de tarefas "inteligentes" nos dava a esperança que se desenvolvessem por meio delas todas as propriedades do que chamamos "pensar". A ideia de que o funcionamento dos computadores poderia servir de modelo teórico para entender as propriedades do pensamento natural era intrínseco à invenção dessas máquinas, bem como a sugestão de que elas poderiam servir um dia para reproduzir artificialmente um pensamento. Allan Turing acreditava em 1950 que as máquinas podiam "pensar", os filósofos respondendo que havia pelo menos uma coisa que as máquinas não conseguiam fazer: demonstrar sua própria coerência. Acontece que é pela capacidade de reproduzir máquinas com mecanismos de pensamento inteligente que se mede o sucesso da inteligência artificial, e não na sua pretensão em reproduzir o conjunto do que chamamos inteligência ou pensamento. Contudo, para retomar Merleau-Ponty, a condição necessária para qualquer pensamento é seu envolvimento num "mundo" ou num pano de fundo de práticas; chegamos a este ponto ou, melhor dizendo, "chegaram" a este ponto: estou falando das gerações futuras.

Com efeito, desenvolver um pensamento não significa apenas ter uma representação qualquer de algo, mas também ser capaz de comunicar seu conteúdo e de interpretar o comportamento de outrem como o exercício da mesma faculdade. É possível conhecer um objeto não na sua realidade apreensível, mas num de seus aspectos específicos, considerado separadamente e suscetível de ser encontrado assim realizado em outros objetos. Esta é a natureza do conhecimento abstrato. Será que perceber não é antecipar sobre o que ainda não existe? E será que pensar não é simplesmente querer ir mais longe? Sabemos que a representação do mundo para uma criança vai sendo esculpida pelo ambiente em que ela está mergulhada e que ela vê o mundo da maneira como o mundo a constrói. A grande descoberta do adolescente – a categoria quase social, hoje, da adolescência é, aliás,

---

5   Pascal Engel, "Pensée", in: Encyclopedia Universalis, Tome 17, Paris, 1968.

uma invenção recente, um luxo a que nossas sociedades abastadas podem se dar – é que ele pode pensar por si mesmo e, como ele acha, de um modo diferente das pessoas ao seu redor. Seu "gosto do mundo", para repetir Boris Cyrulnik, foi no entanto "moldado" por esse círculo. Sua pulsão genética faz com que ele vá em direção ao outro; é a resposta do outro, porém, que tutora seu desenvolvimento[6].

Ocorre que, através da cibernética, os adolescentes como os mais jovens encontraram – fora da família, da escola e de qualquer instituição – outros tutores de desenvolvimento. A internet modificou profundamente a arte de se comunicar e de existir das gerações que vieram para nos substituir.

Hoje, "comunicar-se com" conta mais do que "fazer com". Os fóruns de discussão que alimentam a maioria das trocas dos adolescentes, embora sejam redigidos no "linguajar dos jovens", a gíria de hoje, continuam sendo um lugar de gozo verbal evidente e se inscrevem num fundo comum de referências que manifestam a adesão a uma faixa etária precisa. Eles não representariam nada de novo, a não ser uma escrita mais ditada pela informática, pela própria essência desta técnica, que acelera, aperta e fragmenta as mensagens proposicionais, lançando mão de símbolos contrativos que lembram os símbolos alquímicos da época em que boa parte da população era analfabeta. Os fóruns de discussão, ao mesmo tempo em que evitam escrever uma palavra ou uma expressão convencional na íntegra, introduzem uma maneira mais direta, mais esquemática que gramatical de se expressar. O propósito desse tipo de expressão, para não dizer sua atração, leva os adolescentes a escrever e, com esse sistema altamente reativo, também a ler. Ora, nossas próprias experiências nos ensinaram muito bem que conseguir esta última operação não é – salvo exceção, evidentemente – uma coisa fácil, como eu pude explicar na ocasião do primeiro ciclo Mutações[7].

Os jovens lidam com outras formas de autoridade. Estas são menos pessoais e medidas por máquinas cujo protocolo eles precisam respeitar,

---

6   Boris Cyrulnik, "Comment les enfants voient le monde", *Les Grands Dossiers de Sciences Humaines,* Auxerre, nº 8, set-out-nov de 2008.

7   Cf *"Mutações – ensaios sobre as novas configurações do mundo",* dir. Adauto Novaes, Rio, 2008 e Pascal Dibie, "Les enfants ont quitté notre enfance", in Les enfants, dir. Michael Wieviorka, ed Sciences Humaines, Auxerre, 2008.

seguindo estritamente suas regras para que o diálogo não seja interrompido. O computador, como nenhum outro "tutor" ousaria fazer, dita suas condições e o adolescente corre o risco, se ele não as respeitar, de ser sancionado pela própria máquina, imediatamente e sem discussão possível. Neste caso, porém, a submissão ao protocolo parece não afetá-los, a obrigação de uma autodisciplina parece ao contrário responsabilizá-los e colocá-los diante de um desafio: obedecer estrita e pessoalmente, por necessidade, a uma máquina, sabendo muito bem que ela não passa de uma máquina. Obviamente, isso requer uma submissão necessária e muito temporária que só lhes diz respeito e que conseguem aguentar graças ao ludismo que os move.

Então, poderíamos nos perguntar: será que brincar é pensar? Será que pensar é brincar? Isso remete à questão da forma de vida na qual a gente é inserida ou, no nosso caso, da qual viemos.

Quando a sociedade passa a se basear apenas no consumo e na mediação compulsória das máquinas e de seu poder de atração, que tudo reside na busca do prazer da facilidade para ter acesso a tudo: conhecimento, comunicação, sexualidade, viagem etc. – que organizamos nossas vidas consultando sem motivo aquele "Enorme Diretório do Tudo" que é a internet, tudo é possível... Pensar torna-se cada vez mais uma atividade assistida e se inscreve mais numa dependência de listas analógicas fornecidas pelos computadores através de programas cada vez mais complexos do que num esforço de concepção do mundo; concepção que nos é predisposta, preparada, pré-pensada por esta indispensável e nova prótese, que é a máquina inteligente que acompanha de agora em diante nosso cotidiano pessoal.

A contrapartida é que o individualismo latente nas nossas novas formas de existência nos leva a dispensar o social, a arte da convivência, e nos introduz necessariamente outra concepção do mundo cuja filosofia central seria baseada numa contagiosa *anosognosia*, isto é: o não reconhecimento ou a incapacidade de assumir nossas ignorâncias.

Ao mesmo tempo, os jovens sabem que adquiriram um novo poder de transmissores do manuseio das técnicas de comunicação para seus ascendentes, o tempo inteiro ultrapassados pela novidade dos aparelhos lançados no mercado, sem saber como manuseá-los. A juvenocracia também se impõe assim: tornando-se treinadora de uma "geração antiga", portadora de técnicas necessariamente obsoletas. Os sonhos de uma educação severa, à moda antiga, acariciados por certos políticos ou a crença na transmissão de um *know-how* (exceto às vezes algumas profissões artesanais artísticas, ligadas à conservação do patrimônio) não têm mais nem sentido nem aplicação, do mesmo jeito que os fatores geracionais. O diálogo predominante com a internet nos coloca todos em pé de igualdade, uma igualdade onde não há mais determinação sexuada nem classe nem idade.

A internet permite uma autonomização absoluta dos adolescentes em relação ao resto da família e – segundo eles – ao resto da sociedade, na medida em que ela não tem acesso ao seu mundo virtualmente real. Contudo, isso não impede que esses mesmos adolescentes sejam ainda paparicados dentro da família, que continua tendo a responsabilidade de criar e prestar assistência aos seus filhos. Embora aí também as coisas tenham começado a mudar (em teoria, sempre em benefício da criança). A lei de 4 de março de 2002 sobre a autoridade parental na França é ligada ao reconhecimento do direito dos indivíduos de se tornarem si próprios; é uma nova crença de nossa sociedade individualista, central até para o que os sociólogos chamam de "segunda modernidade". Esta história nos interessa diretamente, pois o estatuto completo da criança é repensado pela sociedade: a criança não é mais destinada a prolongar uma linhagem em que ela seria a compulsória garantia de sustento dos seus pais idosos. Hoje, os "benefícios secundários" que se espera dela são levados em consideração: seja pelo seu simples nascimento (de acordo com a mídia, seria aparentemente cada vez mais difícil ter um filho: barrigas de aluguel, procriação assistida etc.; fenômenos interessantes, que salientam as mutações de nossa sociedade, embora não representem muita coisa em termos de porcentagem da população), seja pelo seu bom desenvolvimento (regimentos de psicólogos; aparelhos dentários para endireitar os dentes, enriquecendo os ortodentistas; custo sempre calculado e recalculado da educação de um filho etc.); enfim, é por intermédio de todas essas medidas e expressões que a criança entende que ela terá que gratificar seus pais. É verdade que a criança sofre uma injunção para que sua performance esteja à altura, sendo cada vez mais precocemente programada para um sucesso escolar obrigatório. Uma injunção constante para a precocidade também vai transformá-la num dos valores principais de nossas sociedades abastadas contemporâneas, cujo modismo pró-jovem é um dos avatares. De qualquer jeito, a criança está mudando e mudou muito de estatuto com o crescimento da individualização no mundo ocidental e ocidentalizado (termos que seria necessário revisitar hoje...). Para entender como, mas também por que os futuros adultos pensam e pensarão nossas relações sociais e nossa sociedade, seria preciso seguir passo a passo essas transformações profundas, essas mutações do mundo da infância.

Podemos, por exemplo, nos perguntar se a criança não teria se aproveitado das mudanças ocorridas, entre elas a desestabilização da autoridade dos genitores masculinos, para se imiscuir no lugar liberado e tomá-lo... Não, a criança de hoje é rei apenas no seu mundo, um mundo onde justamente não estão e não se encontram mais seus pais. A criança mudou de identidade, não porque os pais estariam se inclinando diante dela, mas porque qualquer indivíduo, jovem ou não, de agora em diante é "rei", ou pelo menos tem direito de sê-lo, numa sociedade igualitária e individualista. Então, a criança é rei como são reis todos os indivíduos de nossa modernidade. Para voltar aos meus adolescentes, essa fase que abre o processo de autonomização, que De Singly recentemente chamou de "adonescentes"[8], envolve por extensão uma mudança radical na relação com o outro e com o mundo, ou seja, um novo modo de pensar[9].

A comodidade da abstração provocada pela presença onipotente da máquina permite ao jovem, além de trancar a porta de seu quarto, de estar lá sem realmente estar e de adquirir um novo estado de presença virtual para o mundo nos segredos do instante. Livre dos conformismos e das prevenções da vida real, extraído da tirania doméstica (a boa organização do lar), enfim, do que se chama vida social, o jovem pode experimentar sua relação com o outro por "tentativas e erros" que são julgados apenas por ele. Por exemplo, ele escreve como quer e como pode o que não ousa dizer, até expressar seus temores e suas vergonhas, participando de uma espécie de protestantismo regressivo, acrescentando, por meio de uma língua e de uma ortografia relativas, o gozo patente de uma regressão libertadora, já que sem controle aparente; isso tudo num sistema de autoavaliação constante e reversível a todo instante. O importante não é tanto a maneira de se expressar, antes a possibilidade de se apresentar como ele se sente enquanto está falando. Os fóruns de discussão são uma maneira de continuar o debate ou de lançar um novo, com um ou vários interlocutores, dependendo do momento ou

---

8   François De Singly, *Les adonaissants,* Paris: Éditions Armand Colin, 2006.
9   "Comment penser l'enfant au XXIème siècle", in: Les Grands Dossiers de Science Humaines, nº 8, Auxerre, set./out./nov. 2008.

do astral, e continuar saindo em direção ao outro mesmo sem sair de casa, participando da construção do sentimento de pertencimento ao grupo.

Nova pergunta: como nomear as não crianças, que cresceram rápido demais e com grave dependência da internet? O pesquisador Joël de Rosnay propõe o termo de "pronetários", conceito que ele tenta definir assim:

> Chamo de "pronetários" ou "pronetariado" – do grego *pro*: frente, diante, mas também favorável, e de *net*, que significa a rede, a internet – uma nova classe de usuários das redes digitais. Eles são capazes de produzir, divulgar e vender conteúdos digitais não proprietários partindo de princípios da "nova economia", ou seja, de criar fluxos importantes de acessos em sites, de permitir acessos gratuitos, de cobrar muito barato por serviços muito personalizados e de aproveitar os efeitos de ampliação, em outros termos, de inventar e implementar novos usos econômicos[10].

Ao que eu gostaria de acrescentar, para ser mais claro: de trabalhar para a indústria da comunicação. A partir da definição do "pronetário", podemos nos perguntar não se as crianças cabem nela, mas, indo um pouco mais longe, se podemos ser criança no ciberespaço ou se todo mundo não volta a ser criança no ciberespaço? Mais uma vez as gerações se confundem e, se não há dúvidas sobre a existência de "blog-adolescentes", o que há por trás dessa falsa máscara verdadeira e quem é o "blogger" são perguntas que continuam em aberto. Se ele for muito ativo, ele sem dúvida nenhuma faz parte de um desses "pronetariados". Todos nós conhecemos alguns na nossa rede de contatos, próximos ou afastados, geralmente mais jovem do que velho.

Eu gostaria de voltar às crianças ou aos adolescentes nesse percurso que significa um jogo informático ou uma busca, nesse processo de um novo tratamento dado ao tempo pelas próprias crianças, que faz com que elas passem do vago (a representação que gostam de dar de si – fala-se até em "geração desanimada") ao perfeito pleno, ou seja, do tédio ao que podemos chamar de aprendizagem/descoberta, que requer uma relação hiperativa

---

10 Pascal Dibie, "En route vers le post-humain. Un quotidien sous le pouvoir du virtuel", Culture et Numérique, nouveau champ des pouvoirs, Actes du 5ème colloque interdisciplinaire de Icône-Image, Musée de Sens: Éditions Obsidianne-Les trois P., julho de 2008.

com a máquina: explorar a fundo a lógica da simulação, prever os obstáculos num prazo longo, agir em conformidade com os protocolos. Trata-se de fato de desenvolver um esforço cognitivo extremo, de agir no imediato e de ter uma visão de longo prazo, melhor dizendo: parece mesmo que pensar ainda faz parte da área infantil (incluo nisso os adolescentes). É óbvio – e mostrei isso nas minhas duas participações anteriores no ciclo Mutações – que as crianças desenvolvem, com os fenômenos de atenção peculiar porém contínua, um comportamento de gestão da multiplidade das tarefas da nossa vida atual que requer operações cognitivas muito complexas, as quais, se não forem mais complexas, são pelo menos muito diferentes das desenvolvidas na escola; e isso só pode ter efeitos colaterais sobre a aprendizagem[11].

Trocar em fóruns de discussão, blogar ou jogar on-line com vários parceiros os conecta com um espaço de reflexões compartilhadas, funciona como um modo de aproximação, visto que o espaço não é mais um obstáculo nem à transmissão de informações nem à expressão de emoções. Ao passo que fornecem aos indivíduos uma ferramenta de identificação social, os blogs contribuem para consolidar a busca de laços sociais, preocupação fundamental dos adolescentes antes que se torne uma preocupação geral da nossa nova sociedade "solitariana" (soliterráquea)? Há de reconhecer que esse tipo de comunicação é o espaço por excelência de inteligências coletivas e que estamos assistindo hoje a uma reviravolta, ou melhor, a uma fusão dos papéis de produtores e receptores de conteúdos. Não se sabe mais muito bem o que é verdadeiro e o que não é; o que é único ou comum; o que está aqui, o que está em outro lugar (se é que este conceito ainda existe!); tamanha a pregnância da ubiquidade como característica das nossas sociedades contemporâneas.

O impacto da desmaterialização dos saberes e da cultura através da informática faz com que se estoquem volumes cada vez maiores de conhecimentos em volumes cada vez menores; que estes volumes sejam difíceis de hierarquizar, e que seja possível reproduzir e divulgar em escala planetária tudo o que se quer. Poderíamos dizer que é a digitalização da cultura. Por que não? Por enquanto, porém, a diversidade selvagem da chamada era digital ainda não é cultura. Ou, pelo menos, não temos muita certeza disso, embora pareça

---

11 Clara Ferrao-Tavares, "Les blogs en tant que lieux d'apprentissage et de rencontre interculturelles", *Études de linguistique appliquée*, ELA, Paris: Université Paris 7, 2007.

inevitável que a internet se torne a via de acesso principal a qualquer cultura (ou única, ou anti, ou não cultura)[12]. Por agora, sentimos apenas os efeitos colaterais disso tudo e é só o que conseguimos ver e entender.

Para os antropólogos que observam essas mutações, se a vida se resumisse apenas à técnica de comunicar, que o consumo básico (não passar fome, ter uma moradia decente) fosse assegurado a todos (o que é longe de ser o caso, já que o sistema existente gera uma espécie de eugenismo tecnológico e consumista que deixa vários bilhões de indivíduos de lado), eles poderiam então começar a falar em metabolização do mercado na vida coletiva e individual. Ora, o que ontem ainda parecia levantar suspeitas democráticas por ser a ferramenta de uma exacerbada vigilância do cidadão está imperceptivelmente entrando nos costumes comerciais, empurrando aos poucos os limites do que até então era considerado como intolerável. Penso no "rastreamento dos corpos e dos bens" em nome do famoso e novo princípio de precaução e da sacrossanta segurança, que serve muito a novos mercados numa onda falsamente "conservadora", propondo restabelecer a ordem onde ela não pode mais reinar.

No prisma dessa operação preventiva, como por exemplo a biometrização generalizada (nossos passaportes se tornam "biométricos"), estão ressurgindo modernizados os velhos demônios da formatação eugenista, cujas terríveis consequências já vivenciamos. A verdade é que o acompanhamento da criança está se metamorfoseando numa "pedagogia do rastro".

O chamado de uma vigilância ética diante das novas ferramentas normativas da ordem faz plenamente sentido quando nos referimos às lógicas em curso nos regimes democráticos contemporâneos. O sinal disso é o crescimento dos sistemas e dispositivos de parametrização que servem para classificar os seres humanos, como quando querem detectar a violência em crianças de três anos no ensino pré-escolar[13]. Também é a expressão de um

---

12 François de Bernard, "La dématérialisation des politiques culturelles. Problématiques et paradoxes de la culture numérique", Brochura atualizada em 2005 para l'Institut Natinal de la Santé et de Recherche Medicale, ed. de l'Inserm, Paris, 2006.

13 Testemunho disso é a introdução no ensino pré-escolar de um folheto de avaliação muito marcado pela escola de sociobiologia anglo-saxã, dedicado aos distúrbios de condutas na criança e no adolescente, pensado como meio de rastrear os traços precoces da "delinquência". Folheto elaborado em 2005 pelo Institut National de la Santé et de la Recherche Médicale (Inserm).

modelo de sociedade cuja regra de funcionamento e de coerência política e econômica reside na crescente competição dos indivíduos entre si. Eu não queria ser pessimista, mas uma sociedade incapaz de administrar as diferenças e onde o dogma da performance se converte em critérios de seleção neodarwinianos entre o forte e o fraco e suas múltiplas modalidades – em detrimento do projeto de uma sociedade na qual o interesse coletivo e os laços interindividuais garantem a inovação e a imaginação social e técnica – é uma sociedade que, se não está em crise, com certeza está em mutação...

Numa época em que no planeta Terra as liberdades individuais tendem global e aparentemente a se estender; os limites enfraquecem; os corpos se transformam; somos levados a deixar de ser produtores variados para nos tornar compulsoriamente os cooperadores de uma imensa cooperativa de consumidores onde reinam as leis do mercado; nossas práticas sociais outrora autônomas se transformam em simples espetáculos; o relativismo constitui a nova moeda de troca de uma cultura planetária contemporânea; nesta época em plena e profunda mutação, não é surpreendente que se instale por um tempo um "pensamento fraco", até encontrarmos, com fundamentos inteiramente novos, um apoio que garantirá o *continuum* da razão de ser dos humanos: o pensamento.

Metafísica e tecnociência: uma cooperação impossível?
Paul Clavier

Lamentei muito a impossibilidade de apresentar esta conferência em português. Aproveito o "Ano da França no Brasil" [2009] para pedir desculpas por esta limitação. No entanto, encontrei no grande Machado de Assis outro incentivo. Se abrirmos *Esaú e Jacó*, capítulo XLIII, podemos ler isso: "O discurso é magnífico, e não há de morrer em S. Paulo; é preciso que a Corte o leia, e as províncias também, e até não se me daria fazê-lo traduzir em francês. Em francês, pode ser que fique ainda melhor".

Fiquem tranquilos: não tenho a pretensão de fazer um discurso magnífico, mas posso lhes assegurar que a versão original está em francês. Ele, no entanto, deve muito a Machado de Assis, como vocês vão ver. É para mim a ocasião de agradecer aos tradutores e ao seu trabalho técnico a serviço de trocas metafísicas.

Interesso-me pelas relações entre metafísica e tecnociência. É comum desde Bergson deplorar o destino de uma humanidade que geme, "meio esmagada sob o peso dos progressos realizados por ela", reclamando "um complemento de alma". A restauração da metafísica (em William James, por exemplo) deve teoricamente trazer esse consolo. Daí um contraste e uma tensão conflitante entre:

- de um lado, as tecnociências, que são o derradeiro desenvolvimento das ciências dos fatos e que só conseguem promover uma "humanidade de fato", segundo a expressão de Husserl, isto é: sem valor;
- do outro lado, a metafísica, que zela pela reconstituição de uma alma da humanidade, enfrentando questões extremas, vertiginosas ("Por que haveria algo em vez de nada?"; "O que é o Ser? A Verda-

de? O Bem?"; "Será que Deus existe?"; "Qual o lugar do homem no universo?" etc.).

Metafísica e tecnociência: este título evoca uma oposição radical entre duas perspectivas. Sêneca dizia que não se pode admirar ao mesmo tempo Diógenes e Dédalo. Diógenes é o filosofo cínico, contemporâneo de Platão, um tecnófobo realizado. Denunciando todo conforto como supérfluo, ele procura um homem despojado de todos os artefatos e que seja digno deste nome. Dédalo: ferreiro, arquiteto, escultor. É aquele que inventa um meio (perigoso) para o homem sair do labirinto. Se Sêneca tem razão, então as duas vocações são antagônicas. Metafísica e tecnociência: é quase o cartaz de um jogo entre dois times que em tudo se opõem: França-Itália ou, se preferirem, Brasil-Argentina (não vou precisar se coloco o Brasil do lado da metafísica e a Argentina do lado da tecnociência ou o contrário...).

Quero que esse jogo seja um amistoso, no qual cada time ensine ao outro a dar o melhor de si. O que não significa que considero ambas as abordagens como equivalentes. Um amistoso não termina obrigatoriamente num empate. Eu gostaria de convidá-los a examinar suas semelhanças e sua interdependência. Permitam que eu as compare com Pedro e Paulo, os gêmeos antagônicos de Machado de Assis em *Esaú e Jacó*. A prodigiosa encenação desse tandem conflituoso não impede Machado de sugerir que eles também podem ser considerados "como uma só pessoa" (é o ponto de vista da personagem Flora, que não consegue escolher entre os dois e até pergunta: "Quais dois?". Também é o ponto de vista do sábio conselheiro Aires, que "consente à unificação de Pedro e Paulo"). Aqui também não vou correr o risco de dizer que metafísica é monárquica e carioca, enquanto a tecnociência seria republicana e paulista. Quero, ao contrário, sugerir que a oposição metafísica/tecnociências não remete a uma divisão sociopolítica, mas que é antes de tudo intrapessoal. Poderíamos dizer que a fronteira entre metafísica e tecnociências não passa entre os Estados nem entre as categorias socioprofissionais, mas pelo coração de cada ser humano. Minha hipótese é que a busca metafísica e o empreendimento das tecnociências são de certa maneira gêmeos, como os átrios e ventrículos do coração.

Eu gostaria em primeiro lugar de sugerir a existência de pontos de interseção e de articulação entre a abordagem metafísica e a das ciências.

Voltarei depois para o tandem ciências/técnicas, tentando aí também corrigir uma concepção exclusivamente dualista. Afirmarei para terminar que nossa paranoia crônica diante da influência crescente das tecnociências é muitas vezes apenas o resultado de nossa própria timidez metafísica.

TRÊS INTERFERÊNCIAS

Historicamente, ocorreu ao longo do século XX uma série de interferências entre a ambição tecnocientífica e a vocação metafísica. Vou identificar três tipos de interferências, que mostram uma grande proximidade entre ambas as abordagens (embora a proximidade às vezes seja a de um corpo a corpo: "Beijo meu rival, mas é para sufocá-lo", diz Nero nas palavras de Racine).

- Primeira interferência: nos anos 1920, o Círculo de Viena desenvolveu um projeto lógico-científico e a eliminação da metafísica: tratava-se de reduzir a "enunciados protocolares", por meio de uma técnica de análise lógica, o significado de qualquer proposição. Mesmo não obtendo o sucesso esperado, parece que essas tentativas provocaram uma clivagem duradoura entre cientificidade e metafísica. Durante algumas décadas, o questionamento metafísico contemporâneo abandonou a metodologia das condições de veracidade e dos fatos experimentais para se ater às categorias de "sentido", de "vivência" etc. Essa clivagem provocou, entre outros, a separação lamentável entre "filosofia analítica" e "filosofia continental" (esta última denominação sendo muito europeucêntrica). A rivalidade entre as duas correntes pode ser considerada como uma luta até a morte entre ambição metafísica e ambição tecnocientífica.
- Segunda interferência: ilustres representantes da exegese histórica da filosofia (Martial Guéroult, Jules Vuillemin) analisaram o trabalho filosófico em termos de "tecnologia dos sistemas filosóficos" (é o título dado por Martial Guéroult à sua cadeira de história da filosofia no Collège de France). Esta denominação sugere uma inesperada proximidade de tratamento, como se a metafísica fosse solúvel no axiomático, como se as grandes posturas metafísicas (sobre a necessidade e a contingência, sobre o teísmo e a causalidade) se reduzissem a manipulações de símbolos mediante definições e regras de inferência.

- Houve, finalmente (terceira interferência), as tentativas de transbordamento das ciências da natureza no campo da metafísica: elas cabem no que Althusser diagnosticava como "filosofia espontânea dos cientistas" (aula de 1969, publicada em 1974). Ainda não estamos curados desta doença, como o mostra o sintoma recorrente de controvérsias entre criacionistas e materialistas, ou ainda o uso selvagem da Física relativista ou quântica para decidir as questões do acaso e da racionalidade do Universo etc. Mas o vírus evoluiu: apesar de Althusser denunciar sob o conceito de filosofia espontânea dos cientistas a dominação do idealismo sobre o materialismo (por "filosofias da ciência", religiosas, espiritualistas ou idealista-críticas), a filosofia espontânea dos cientistas hoje acolhe tanto o reducionismo das neurociências quanto o fundamentalismo religioso. Coloco Filosofia Espontânea dos Cientistas dentro do debate tecnociência/metafísica porque se trata de uma instrumentalização de resultados científicos com pretensão de chegar a uma metafísica.

Eu gostaria de voltar à primeira das três interferências, que também é a mais conflituosa. Os filósofos do Círculo de Viena quiseram submeter o significado dos enunciados metafísicos a critérios de verificação empírica. Programaram, portanto, a eliminação da metafísica pela análise lógica da linguagem. Escreveram uma página da história do confronto entre metafísica e técnica lógico-científica. Esta página hoje parece virada. O próprio Carnap reconheceu os limites e os fracassos de um projeto desses. Para tirar lições disso, precisamos voltar a algumas questões elementares: onde param as ciências (e, para começar, que ciências? As ciências formais, lógico-dedutivas? As ciências observacionais, históricas, sociais?) e onde começa a metafísica? Será que é possível passar das primeiras para a segunda ou será que são condenadas a se desconhecer? Ouvimos dizer frequentemente, pelo menos desde Buffon, que as ciências se ocupam do encadeamento dos fenômenos de acordo com causas e leis: elas estão interessadas no "como", ao passo que a metafísica cuidaria do "porquê" das coisas. Temo que uma simplificação desse tipo seja falaciosa. A maioria das teorias científicas não se limita em modelizar relações entre variáveis (a massa, a distância, a aceleração etc.) a fim de prever fenômenos, dadas certas condições iniciais e as leis sobre a interação. Elas também propõem a explicação de fenômenos por meio de entidades e de propriedades responsáveis por esses fenômenos. A ciência newtoniana tem como ambição responder à pergunta: por que será que os planetas se movem seguindo uma elipse na qual o Sol ocupa um dos centros? Além do mais, as ciências da natureza não nos informam sempre sobre o "como": a Física contemporânea não se aventura mais a explicar como as forças gravitacionais agem nem como as partículas efetuam saltos quânticos.

A metafísica então não é a única a entrar no nível do "porquê" (por que há algo e não nada?, por que isso existe e não aquilo?). Metafísica e ciências da natureza entram com frequência em concorrência. Determinadas questões com fama de metafísicas (o que é a alma, a liberdade, o acaso, a natureza, Deus?) são estudadas, pelo menos parcialmente, pelas ciências da natureza (as neurociências, por exemplo, para a relação corpo-espírito; a Física estatística, para a noção de acaso). O que então distingue a investigação metafísica da investigação das ciências da natureza não é a área de pesquisa, mas antes o nível de inteligibilidade em que cada uma pretende se situar. Parece que a investigação metafísica busca do lado das condições ou dos elementos extremos da realidade (diziam antigamente que a metafísica era a ciência das primeiras causas e dos primeiros princípios). Ela pretende atingir um nível de realidade mais profundo ou mais fundamental, ao passo que a investigação científica se limita prudentemente a certas classes de fenômenos, a tipos de objetos observáveis (organismos vivos, células, fluidos, gases) ou a modelos teóricos precisos (partículas, campos, supercordas etc.). As entidades com as quais o metafísico trabalha não são assim tão fáceis de delimitar: são conceitos mais genéricos (a existência, os indivíduos, as propriedades etc.) ou que aparentemente escapam de qualquer verificação experimental (Deus, a alma, a liberdade etc.). Não seria necessário então proibir a metafísica por causa dessa indeterminação que subtrai a qualquer forma de teste racional suas afirmações? Era essa a intenção de Carnap e suas razões merecem ser ouvidas:

> À pergunta "Qual o princípio supremo do mundo?" (ou "das coisas", "do ser", "do sendo"), diversos metafísicos respondem, por exemplo: a Água, o Número, a Forma, o Movimento, a Vida, o Espírito, a Ideia, o Inconsciente, a Ação, o Bem etc. Todavia, se pedir a um metafísico em que condições um enunciado do tipo "x é o princípio de y" é verdadeiro ou falso, enfim, quais são as marcas distintivas ou a definição da palavra "princípio", ele responderá com palavras ambíguas e indeterminadas: "x é o princípio de y" deve significar "y procede de x" ou "o ser de y depende do ser de x". É verdade que estas palavras possuem na

maioria das vezes um significado claro: dizemos, por exemplo, de uma coisa ou de um processo y que ele "procede de x" quando observamos que as coisas ou os processos da espécie de x são muitas vezes ou sempre seguidos da espécie y (relação causal no sentido de uma sequência submetida a uma lei)[1].

Quero ponderar que a crítica de Carnap não é *a priori* sobre a existência de questões metafísicas, mas sobre a ambiguidade e a indeterminação das ferramentas conceituais mobilizadas no tratamento dessas questões. É claro que recorrer a definições precisas em metafísica é sempre desejável. Este recurso se revela delicado, porém não é impossível (penso na formalização rigorosa de Alfred Freddoso das noções de criação, de conservação, de contribuição de uma causa para uma operação etc.). A metafísica não é condenada a ser *superada* por qualquer tentativa de "clarificação lógica do pensamento". A análise lógica da linguagem permite que a metafísica *se supere*, que ela faça melhor do que fez até agora: para tanto, ela precisa desistir de se apresentar como uma ciência dedutiva *a priori*. É nítido que o projeto de metafísica descritiva de Strawson (*Individuals*, 1959) deve muito às críticas carnapianas. Na mesma ordem de ideias, pudemos assistir à reintrodução dos conceitos metafísicos de substância, de propriedades, de disposições, de um modo mais modesto. (Rom Harré e E. H. Madden os retomaram em *Causal Powers*, Blackwell, 1975.) O debate metafísico sobre a existência de Deus, por exemplo, é de novo o objeto de debates argumentados (menos na França, onde ele continua extremamente esquentado e partidário). Os protagonistas desse debate (Richard Swinburne, em primeiro lugar) não se contentam mais com pronunciamentos confessionais, mas submetem as proposições metafísicas sobre a existência de Deus ou sobre a objeção do mal aos critérios técnicos da investigação indutiva e da inferência para a melhor explicação. A cooperação entre metafísica e racionalidade técnica é, portanto, possível. Ela apenas requer mais modéstia de ambos os lados.

Proponho consequentemente corrigir o que constitui um preconceito ou até um pressuposto maciço na abordagem das mutações do pensamento: a tecnociência seria o antípoda da metafísica, enquanto a metafísica seria o

---

[1] Rudolf Carnap, "Le dépassement de la métaphysique par l'analyse logique du langage" (1933), *Manifeste du cercle de Vienne et autres écrits*, sob a dir. de A. Soulez, PUF, 1985, p. 155.

antídoto da tecnociência. A tecnociência representaria um empreendimento concreto de subjugação da natureza, usando o conhecimento científico como instrumento de dominação. A metafísica, por sua vez, seria a atitude abstrata de interpretação da natureza, usando a especulação como meio de contemplação. O que vale desta teoria? Aqui esbarramos numa primeira dificuldade: a indeterminação do termo "tecnociência", que às vezes é mostrado como um espantalho, outras vezes como uma bandeira, ou ainda como um programa ou uma ameaça. Nossa percepção da relação entre metafísica e tecnociência está possuída pelas declarações bombásticas dos metafísicos que, de Platão a Heidegger, se deleitaram em acusar "a técnica" de todos os males (poderíamos, aliás, sugerir que a própria "desconstrução" da filosofia por Heidegger funciona por meio de uma técnica lógico-poética).

Primeiro, é preciso notar a coexistência possível dos dois projetos: aqui, o exemplo de Descartes pode bastar. É difícil imaginar uma mente mais metafísica que a de Descartes. Ao mesmo tempo, não se pode deixar de relevar sua constante preocupação em usar a ciência das máquinas para melhorar a qualidade da vida ou em extrair as consequências dos princípios da Física em áreas bem técnicas como a mecânica, a medicina e até a moral (que Descartes tendia a conceber como uma medicina das paixões). Enfim, segundo a fórmula do Discurso do Método frequentemente citada, "em nos tornar como mestres e possuidores da natureza". Afinal de contas, não existe antinomia entre o empreendimento da fundação metafísica e a ambição de dominação tecnológica. A não ser que se duvide da sinceridade de Descartes no seu projeto metafísico de fundamentação primordial da ciência sobre a certeza de si do ego, deve-se reconhecer a coexistência pacífica das duas perspectivas.

Eu gostaria de sugerir que há muitas vezes mais do que uma simples coexistência entre ambas as atitudes. Interessemo-nos pelo que a metafísica deve à tecnologia na sua própria prática. Desde os seus primórdios, a investigação metafísica foi tributária de modelos científicos técnicos. Platão não parava de comparar Deus a um geômetro, o demiurgo a um arquiteto, a um escultor ou a um metalurgista. A metafísica aristotélica da ação e da potência, assim como sua teoria das causas, é baseada em analogias com o modelo médico ou artesanal. A teoria cartesiana do conhecimento (o problema da validação de nossas ideias claras e distintas como instrumentos de análise e de explicação do mundo material) é fundamentada (*Princípios* IV, 204 ss.) no modelo da descodificação: a probabilidade de uma teoria ser verdadeira é avaliada pela relação entre o número reduzido de hipóteses e o comprimento das mensagens que ela permite descodificar. Finalmente, como lembrei anteriormente, o fascínio pelos instrumentos de análise lógico-linguísticos – colocados a serviço da eliminação da metafísica num primeiro momento – serve hoje para nutrir uma corrente extremamente fecunda de "metafísica analítica" (David K. Lewis, Peter Simons, Jonathan Lowe).

Para concluir este ponto, não acredito no embate entre a metafísica e a tecnociência. O verdadeiro embate – e voltarei a ele na minha conclusão – é aquele que opõe o objetivismo e o subjetivismo ético. Podem ambas, a metafísica e a tecnociência, fechar-se num subjetivismo ou, ao contrário, escolher enfrentar as questões éticas de um ponto de vista objetivo. Para ser conciso, digamos que o objetivismo ético sustenta que existem verdades éticas objetivas (por exemplo: "a escravatura é ruim", visto que há razões objetivas para não tratar o ser humano como um objeto). Lembro *en passant* que o famoso "discurso" de *Esaú e Jacó* versava sobre a abolição da escravatura... Por enquanto, volto para o tandem ciência/técnica.

Uma oposição mal parametrizada

Henryk Skolimowski afirmava: "A ciência cuida do que é, a tecnologia do que tem que ser (*what is to be*)" ("The structure of thinking in technology", *Technology and Culture* 7, 1966, pp. 371-383). Igualmente, Herbert Simon opõe o cientista, que lida com o que é, ao engenheiro, que cuida do "que as coisas deveriam ser (*how things ought to be*)" (*The Sciences of Artificial*,1969).

Podemos e devemos contestar esta dicotomia clara, porém enganosa. A atividade científica é tributária de uma metodologia da observação que depende, ela mesma, em grande parte de técnicas. Qual é a relação entre ciência e técnica, afinal? Como o sugere Bachelard, "os instrumentos são teorias materializadas". Foi mostrado recentemente que a teoria da Relatividade Restrita se inspirou muito no problema técnico da sincronização de relógios. Ao ler o artigo original de 1905 ou a exposição fundamental de Einstein de 1916, é marcante o cuidado todo especial que o autor dedica às condições concretas de observação e à materialização das referências geométricas. Repetem habitualmente que a Relatividade Restrita nasceu do fracasso da experiência de Michelson e Morley, destinada a evidenciar por meio de um dispositivo técnico o movimento da Terra em relação ao éter, supondo que a luz se propagaria mais rápido num sentido que no outro. Peter Galison salientou a que ponto a descoberta einsteiniana, cito, "mescla dispositivo técnico e metafísica" ("Einstein's Clocks: the Place of Time", *Critical Enquiry*, 2000, p. 387). A meditação sobre a sincronização dos relógios de Berna está na origem de uma das maiores revoluções especulativas de todos os tempos.

Vamos refletir também sobre a fórmula de Paul Langevin: "O concreto é apenas um abstrato que virou familiar pelo uso". Essa fórmula parece defender uma primazia do conhecimento fundamental sobre a abordagem aplicada. Para começar, o abstrato é dado como estrutura causal das interações fundamentais (as leis de Newton) e o elemento abstrato, fundamental, entraria aos poucos na nossa manipulação concreta: aprendemos a perceber a atração dos corpos por um centro de gravidade que não vemos; aprendemos a conceber a revolução da Terra em volta do Sol (embora continuemos a ver o Sol se levantar e se pôr). Este roteiro inclui, porém, um parâmetro decisivo: o abstrato não se revela sozinho, não se torna familiar por si só. Langevin diz corretamente que é o *uso* que torna este abstrato familiar: o uso dos quadrantes solares, o uso das máquinas balísticas, o uso dos relógios elétricos sincronizados. Portanto, não há apenas um "desvio" pela técnica. A técnica é o caminho real da manipulação da abstração científica.

Inversamente, a noção de ciência desinteressada, meramente contemplativa, é um mito. Ficamos muitas vezes com o retrato que Platão fez de Tales no Teeteto (174 a), em que o distraído sábio, a cabeça perdida no céu estrelado, cai num poço (dispositivo técnico de adução dos recursos hidráulicos). Evocam também a raiva de Platão, criticando Arquitas por ele recorrer a instrumentos e maquetes para entender a astronomia (relatado por Plutarco, *Vida de Marcellus*, XIV, citado por P. M. Schuhl, p. 13). No entanto, outras tradições nos dão de Tales, pai do racionalismo, um retrato bem diferente: sua ciência astronômica teria lhe permitido não somente prever o eclipse de 585 a.C., mas também uma colheita abundante de olivas. Durante a entressafra, nos conta Aristóteles (*Política* I, 11, 1259a6), ele teria feito uma opção sobre todas as prensas de óleo de Mileto e Quios, que ele pôde realugar a preço de ouro no momento da colheita. A invenção da geometria, dizem, é ligada à necessidade de distribuir com equidade as terras aráveis nas margens do Nilo em função dos diferentes níveis de cheias. Não se escapa da fórmula de Auguste Comte: "Saber significa prever para prover".

Obviamente, toda pesquisa científica não é determinada do início ao fim por questões de prospectiva, de gestão planificada (dos estoques, dos fatores climáticos, orçamentários, políticos e sociais). Mas o desejo de saber é sempre motivado por um ganho: trate-se de um lucro intelectual (a contemplação de uma estrutura regular subjacente à diversidade dos fenômenos, a alegria de entender etc.) ou material (aumento dos recursos alimentares, energéticos etc.). Podemos afirmar que ciência desinteressada não existe. Portanto, só se pode opor ciência e técnica sob este aspecto.

As oposições que estruturavam a percepção antiga do "maquinismo" (o que chamaríamos hoje de "mentalidade tecnicista") precisam ser tomadas com reserva. P. M. Schuhl enumerava três: 1º) a oposição sociológica entre profissões "servis e mecânicas" e profissões "liberais"; 2º) a oposição ética entre vida econômica e vida contemplativa (*negotium / otium* ou *ascholia / scholè*); 3º) a oposição ontológica entre arte e natureza (contingência e necessidade, tempo e eternidade).

A primeira oposição é muito conjuntural e caricatural. A substituição do orador pelo engenheiro não é uma inovação do século XX. Várias épocas conheceram uma onda tecnófila (o fim do *Quattrocento*, é claro, mas também o século XVIII europeu, século do "Dicionário racional das artes, das ciências e das profissões", mais conhecido sob o nome de Enciclopédia), e talvez já o Alto Império Romano...

A segunda oposição deriva da segunda: ela é a qualificação moral de uma divisão do trabalho (tipicamente platônica). Ela possui apenas um valor relativo à situação produtiva descrita pela primeira oposição.

A terceira esquece que o esquema tecnicista é empregado o tempo inteiro para descrever as operações da natureza.

Sugiro, por conseguinte, que a diferença entre ciência e técnica é uma diferença de grau antes que de natureza. A diferença reside no prazo da previsão ("saber significa prever") e as perspectivas de provimento ("para prover"). Quanto mais uma pesquisa entrar no longo prazo, mais "fundamental" ela será. A rigor, quando o prazo de previsão é infinitamente longo, estamos na pesquisa das leis mais gerais, das estruturas de conjunto, das constantes fundamentais. Parece-me difícil admitir que uma pesquisa científica possa se proclamar indiferente ou impermeável à questão das aplicações e das "consequências técnicas". Uma teoria da gravitação que não permite calcular uma velocidade de satelização está incompleta. É verdade que não basta saber calcular uma velocidade de satelização para colocar satélites em órbita. Evidentemente, poderíamos imaginar uma sociedade *à la* Samuel Butler, onde a invenção das máquinas é proscrita, mas é provável que o congelamento da pesquisa aplicada acompanhe o da pesquisa fundamental. A pesquisa "aplicada" pressupõe a pesquisa fundamental. E, reciprocamente, a pesquisa fundamental pressupõe técnicas comprovadas ou possibilidades técnicas novas. O vínculo entre ciência e técnica é vital e recíproco: não há somente consequências técnicas das ciências, há também influências da técnica sobre a ciência. E é errôneo reduzir essas interações às aplicações militares da Física Nuclear. Já aconteciam na época de Arquimedes, que teria fabricado espelhos ardentes capazes de incendiar a frota inimiga. Ou Tales, que desviou e canalizou em 508 a.C. o rio Hális para permitir a passagem do exército de Cresus (Heródoto, *Investigação*, I, 75.)

Precisamos então acabar com o mito do sábio genial e desinteressado, cujos segredos seriam roubados por um tecnocrata medíocre, porém bom de negócios, para desvirtuar a ciência do seu objetivo puramente especulativo e transformá-la em instrumento de dominação e de exploração da natureza. Acho que este mito deve ser denunciado por pelo menos dois motivos:

1º) Primeiro, por causa da interdependência entre os recursos técnicos e as possibilidades científicas. Lembremos que os instrumentos de cálculo e até a ferramenta matemática ou a linguagem formal podem ser considerados como um elemento técnico da pesquisa científica. O cálculo das matrizes ou os números complexos serviram como instrumentos de descobertas científicas.

2º) Mas também, e principalmente, porque quando você distribui os papéis dessa maneira está supondo que a ciência e a técnica são atividades determinadas por intenções, que o sábio é, por essência, desinteressado, e o técnico, obcecado pelo ganho de tempo, sedento de lucro e de dominação e desprovido de escrúpulos éticos.

Eu gostaria agora de voltar ao vínculo vital e constante que une a atividade científica de pesquisa e a exploração dos meios técnicos.

Podemos ficar seduzidos pelo contraste aparente entre a ciência (que consiste numa teoria articulada em princípios, variáveis pertinentes, relações repetíveis entre estas variáveis e proposições dedutíveis umas das outras) e o *know-how* (ciência aplicada ou até aquisição de um procedimento sem dispor de sua teoria, gestos e habilidade), o que Michael Polanyi chamou em 1958 *"tacit knowledge"* em *Personal Knowledge: Towards a Post-Critical Philosophy*.

Proponho contestar essa oposição: a gente nunca iria confiar num procedimento técnico sem achar que sua eficácia é justificada. Recorrer a um procedimento porque "funciona" subentende que funciona porque o procedimento é baseado em leis físicas, princípios naturais regulares. O fato de que esses procedimentos e habilidades ainda não estejam teorizados não significa que sejam da ordem do pré-teórico ou do infrateórico.

Uma observação interessantíssima de Leibniz sugere o contrário: "A arte mecânica, por menor e mais desprezível que seja, sempre pode fornecer algumas observações ou considerações dignas de interesse. Quanto aos conhecimentos não escritos que se encontram espalhados entre os homens das várias profissões, estou convencido de que eles vão bem além de tudo o que se encontra nos livros, tanto em quantidade quanto em importância, e que a melhor parte do nosso tesouro ainda não foi registrada. No entanto, não significa que seja impossível transcrever esta prática, já que no fundo se trata apenas de uma outra teoria, mais composta e mais específica que a teoria comum". ("Discours touchant la méthode et la certitude et l'art d'inventer pour finir les disputes et faire en peu de temps de grands progrès", Gerhardt, V, pp. 181-182.) P. M. Schuhl indica outro texto de Leibniz que vai no mesmo sentido: as *Initia et Specimina Scientiae novae generalis pro Instauratione et Augmentis Scientiarum ad publicam felicitatem*, VII, 69. Eu gostaria de tirar três ensinamentos desse texto:

1º) Leibniz inverte a noção de consequência tecnológica da ciência para substituí-la pela noção de impulso, de empuxo, de lançamento tecnológico. A arte mecânica serve de ponto de partida, de estimulante, de trampolim.

2º) O oposto da unidade dedutiva das ciências formais, o saber técnico, é marcado pela "grande quantidade", mas a dispersão deste saber não tira nada do seu valor "admirável", "importante" que faz com que ele seja "a melhor parte do nosso tesouro".

3º) A antítese prática/teoria está destruída: prática e teoria só diferem pelo grau de composição e de especificidade. Em outras palavras, a oposição entre racionalismo e empirismo não é decisiva. É possível imaginar uma homogeneidade relativamente grande entre a abordagem científica e a abordagem tecnicista, tanto na concepção racionalista quanto na concepção empirista.

A PERGUNTA "QUEM?"

Ao tentar destruir, ou pelo menos atenuar, a dualidade ciência/técnica, como também a dualidade metafísica/tecnociência, eu não quis banalizar as questões levantadas pela tecnociência. Eu quis chamar a atenção sobre a necessidade de formular, de novo e sempre, a pergunta: "Quem?". Ocorre que nem a ciência nem a técnica nem a tecnociência é um "quem". São atividades ou áreas de atividades que pressupõem sempre agentes mais ou menos racionais, mais ou menos livres. Tratar essas atividades como processos autônomos equivale a ceder a uma fantasia tecnicista (a crença segundo a qual "funciona sozinho"). Esses processos são sempre desencadeados, que eu saiba, por agentes humanos. E mesmo se a máquina se descontrola, mesmo se certos efeitos parecem escapar do controle dos indivíduos ou das coletividades humanas, isso de qualquer maneira não tira a responsabilidade daquele(s) que desencadeou (desencadearam) o processo.

Por isso, tendo a dar razão a Joseph Pitt contra Jacques Ellul ("The Autonomy of Technology", em Durbin (ed.), *Technology and Responsibility*, Dordrecht & Reidel, 1987), que considera que a autonomia da tecnologia em relação às forças sociais constituídas, às organizações econômicas e às estruturas políticas é um fato, mas que a autonomia da tecnologia em relação ao agente humano é uma ficção. Por mais complexo que seja o processo decisório que conduz à "dominação tecnocientífica", este processo está ou esteve dependendo num dado momento da vontade de agentes humanos. Hoje ainda, os projetos de transumanismo não engatam como reações em cadeia inelutáveis. A lei de Gabor, que afirma que "tudo o que é tecnicamente possível será realizado um dia", esquece de precisar: por "quem". A extrema dispersão das competências técnicas e a complexidade dos circuitos decisórios servem de pretexto para invocar o descontrole automático da tecnociência. Somos fascinados pelo roteiro trágico de uma maquinação que nos ultrapassa, provavelmente porque a margem de manobra nos parece doravante reduzida, os esforços necessários nos parecem heroicos, e porque os resultados não se medem mais na escala de um pleito eleitoral nem de uma carreira nem de uma geração, mas provavelmente numa escala muito maior.

Para concluir, eu gostaria de fazer um último diagnóstico: o motivo pelo qual preferimos denunciar a perda de controle humano sobre a atividade técnica e agitar a ameaça de um reino tecnológico subjugando o homem, é que não estamos mais à altura de nossa responsabilidade metafísica. Hesitamos em formular uma concepção objetivista da existência humana (nem estamos de acordo para dizer quem é ou quem não é uma pessoa humana por inteiro). Desistimos de formular os princípios de uma ética universalista:

a norma proposta por Hans Jonas "de uma vida autenticamente humana sobre a terra" não desembocou em definições convergentes dos direitos da pessoa. E em nome de um princípio de autonomia, aceitamos que a dignidade da vida humana seja negociável. Por isso substituímos com tanta facilidade a ética (o conhecimento das obrigações para conosco, para com outrem e para com a natureza) por um conjunto de procedimentos sem valor intrínseco. *A teoria da justiça*, de John Rawls, assim como a *Foundation of Bioethics*, de Thomas Engelhardt Jr., podem ilustrar este diagnóstico. Ambas as obras pretendem atingir uma perfeita neutralidade axiológica. Elas recobrem com um "véu da ignorância" qualquer concepção metafísica do Justo, do Bem, da dignidade humana. Só resta então imaginar procedimentos de cooperação e de entendimento entre alienígenas morais (*moral aliens*) ou cossignatários de um contrato social. Igualmente, Bruno Latour, em suas *Políticas da natureza*, reinvindica "a abstenção metafísica". Abster-se de fazer metafísica, na minha opinião, equivale a adotar implicitamente uma metafísica da abstenção.

Creio que esta capitulação da ambição metafísica possui mais custos que benefícios.

Primeiro, é inexato dizer que esta abordagem seja metafisicamente neutra. A ética processual (na qual o princípio de autonomia neutraliza o universalismo ético) tem como intenção não favorecer nenhuma concepção do Bem: assim sendo, a ética processual admite *que é bom* não favorecer nenhuma concepção do Bem. A ética processual destaca os procedimentos de concordância como condição técnica de uma coexistência pacífica dos agentes morais. Ela se vangloria de ser uma ética pragmática, uma ética da responsabilidade, preterindo uma ética da convicção. Num regime democrático, é verdade que os procedimentos de concordância são as condições necessárias para a implementação de normas éticas. Porém, elas não podem em nenhum caso ser consideradas como condições suficientes da qualidade intrínseca dos atos sobre os quais a concordância verte. Não é porque uma ação ou um comportamento são reconhecidos ou aceitos como moralmente bons, neutros ou ruins que eles são bons, neutros ou ruins. É, ao contrário, porque uma ação ou um comportamento é intrinsecamente bom, neutro ou ruim que é imperativo entrar em acordo a respeito, antes por meio de uma argumentação racional que pela pressão emotiva. Podemos supor também – por que não? – que as ações e os comportamentos são desprovidos de valor objetivo: neste caso, no entanto, abdicamos de qualquer perspectiva ética. É notável que Camus e até um Sartre tenham ambos desistido da ideia segundo a qual a moral seria uma construção arbitrária e absurda. Em *O homem revoltado* (1951), Camus dá este grito: "Se não pudermos afirmar nenhum valor, tudo é possível e nada tem importância [...] o assassino não está nem certo nem errado. Podemos pôr lenha nos crematórios como nos dedicar à cura dos leprosos [...] na falta de um valor superior que guie a ação, vai-se no sentido da eficácia imediata. Nada sendo nem verdadeiro nem falso, nem bom nem ruim, a regra será de se mostrar eficiente, isto é: o mais forte". E em *A cerimônia do adeus* (1974), Sartre termina confessando que é preciso pendurar a ética num absoluto. Ele reconhece o valor da fórmula de Dostoiévski ("Se Deus não existe, tudo é permitido") e afirma: "Matar um homem é ruim. É absolutamente, diretamente ruim. [...] A moral e a atividade moral do homem é como um absoluto no relativo".

A reintrodução do absoluto na perspectiva ética faz parte da agenda das mutações da experiência do pensamento do século XXI. Cabe-nos exigir essa reintrodução, através de um debate argumentado sobre os fundamentos da obrigação, sem o autoritarismo ou a hipocrisia que comprometeram essa exigência.

Se aceitarmos que a meta de uma ética universalista e objetivista seja confiscada em proveito de uma ética processual, então perderemos o direito de nos queixar da tirania tecnocientífica. Se houver uma vitória da tecnociência sobre a vocação metafísica do ser humano (sua vocação para buscar a definição da Verdade, do Bem e das obrigações objetivas que daí derivam), somos seus cúmplices. Contudo, nada nos autoriza a abaixar os braços. A busca de concepções metafísicas convergentes é uma perspectiva apaixonante, visto que ela resulta na reconciliação de Diógenes com Dédalo e de Pedro com Paulo. É a mutação vindoura a mais promissora na experiência do pensamento. A busca de leis universais nas ciências da natureza fundou a revolução científica. A elaboração de padrões nos processos técnicos produziu a era da comunicação. A redescoberta de normas éticas objetivas é uma mutação árdua, porém necessária, para que o humanismo de amanhã não seja um humanismo da renúncia, ou seja, uma renúncia ao humanismo.

A razão niilista
Antonio Cicero

Não é possível falar de niilismo sem lembrar, em primeiro lugar, Nietzsche, que tantas páginas impressionantes dedicou a este assunto. "Que significa o niilismo?", pergunta Nietzsche em *A vontade de poder*. E responde: "Que os valores supremos estão perdendo o seu valor"[1]. Assim também, em *A gaia ciência*, por exemplo, ele descreve o niilismo como

> a desconfiança de que há uma oposição entre o mundo em que até há pouco estávamos em casa com nossas venerações – em virtude das quais talvez *aguentássemos* a vida – e outro mundo em *que somos nós mesmos*: uma desconfiança inexorável, radical, profundíssima sobre nós mesmos, que está continuamente submetendo a nós, europeus, de modo cada vez mais incômodo ao seu poder e que facilmente poderia colocar a próxima geração ante a terrível alternativa: ou vocês abolem as suas venerações ou – *a si próprios!* A segunda opção seria o niilismo – mas não seria a primeira também niilismo?[2]

Na verdade, o niilismo nesse sentido, isto é, a desconfiança e a negação dos valores supremos, constitui uma *segunda* etapa do niilismo. A *primeira* etapa – chamemo-la de "niilismo em si" – consiste na depreciação da vida real em nome da postulação fictícia e da valorização de um mundo suprassensível superior a ela. É o que faz a metafísica platônica, por exemplo. Platão, como se sabe, postula que o que nós chamamos de "mundo real", o

---

1   Friedrich Wilhelm Nietzsche, *Der Wille zur Macht*, Stuttgart: Alfred Kröner, 1996, p. 10.
2   Friedrich Wilhelm Nietzsche, "Die fröhliche Wissenschaft", Karl Schlechta (org.), *Werke* vol.2, München: Hanser, 1954. § 346.

mundo que nos é dado pelos sentidos e no qual agimos, não passa de um simulacro do mundo verdadeiramente real, que é o mundo das ideias eternas universais e imutáveis e, em primeiro lugar, da ideia do bem: do bem em si. "O pior, mais persistente e perigoso dos erros até hoje", diz Nietzsche, "foi um erro de dogmático: a invenção platônica do puro espírito do bem em si"[3]. Por quê? Porque ele desvaloriza o mundo real. O mundo sublunar em que vivemos é tanto menos dotado de realidade e valor, quanto mais se afaste desse mundo ideal.

Para Nietzsche, de uma maneira ou de outra, é assim que opera toda metafísica. Não há, segundo ele, metafísica que não julgue e não deprecie o mundo sensível em nome de um mundo suprassensível. Nesse sentido, a metafísica lhe aparece como essencialmente niilista.

Pois bem, segundo Nietzsche, o Cristianismo é um platonismo vulgar, um "platonismo para o 'povo'", como diz[4]. Trata-se, portanto, de niilismo para o povo. "O conceito cristão de Deus" – afirma em *O anticristo,* cujo subtítulo é "maldição ao cristianismo":

> Deus como deus dos doentes, Deus como aranha, Deus como espírito – é um dos mais corruptos conceitos de Deus que já foram alcançados na Terra; talvez represente o nadir na evolução descendente dos tipos divinos. Deus degenerado em *contradição da vida*, em vez de ser transfiguração e eterna afirmação desta! Em Deus a hostilidade declarada à vida, à natureza, à vontade de vida! Deus como fórmula para toda difamação do "aquém", para toda mentira sobre o "além"! Em Deus o nada divinizado, a vontade de nada canonizada! [...][5].

O nada divinizado: que maior degradação do mundo real pode ser concebida? Tal é a primeira etapa do niilismo, na Europa.

E como se chega à segunda etapa, que podemos chamar de "niilismo *para* si", isto é, o niilismo que já se considera como tal? Em *A vontade do*

---

3   Friedrich Wilhelm Nietzsche, *Além do bem e do mal,* tradução, notas e posfácio de Paulo César de Souza, São Paulo: Companhia das Letras, 1992, p. 8.
4   Ibid.
5   Friedrich Wilhelm Nietzsche, "O Anticristo", *O Anticristo e ditirambos de Dionísio,* tradução, notas e posfácio de Paulo César de Souza, São Paulo: Companhia das Letras, 2007, § 18.

poder, Nietzsche especula que a moralidade cristã acaba por se voltar contra o próprio Deus cristão. É que a valorização da veracidade, que faz parte dessa moral, alimenta uma vontade da verdade que acaba por se revoltar contra a falsidade e o caráter fictício das interpretações cristãs do mundo e da sua história. Descobre-se que não se tem o menor direito de pressupor um ser transcendente ou um em si das coisas, que fosse ou divino ou a encarnação da moralidade. A reação contra a ficção de que "Deus é a verdade" é: "Tudo é falso".

A partir disso, negam-se todos os valores supremos. É a morte de Deus. Quando se diz que Deus está morto, sugere-se não somente o fim do império do Deus das religiões, mas de todo elemento transcendente. O domínio do transcendente se torna nulo e vazio. O niilista nega Deus, o bem, a verdade, a beleza. Não há entidade superior. Nada é realmente verdadeiro, nada realmente bom. Se antes a vida real era desvalorizada em nome dos valores supremos, agora os próprios valores supremos são desvalorizados, sem que se tenha reabilitado a vida real. Desmente-se o mundo metafísico, sem se crer no mundo físico. Todos os antigos fins do ser se tornam supérfluos. Nega-se qualquer finalidade ou unidade ao mundo. A vida não tem propósito. Nada vale a pena. No limite, dá-se uma negação de toda vontade, o *taedium vitae*. A vida é inteiramente depreciada.

Mas é preciso dizer que, além desse modo passivo de niilismo para si, que representa decadência e constitui um retrocesso do poder do espírito, há outro niilismo para si. Trata-se do que Nietzsche chama de "niilismo ativo", que representa o aumento do poder do espírito. Ele afirma que "seu máximo de força relativa, o [espírito] alcança como força violenta de *destruição*: como *niilismo ativo*"[6]. "Antes desejar o nada do que nada desejar", diz Nietzsche. É sem dúvida nesse sentido que ele classifica a si próprio como o primeiro niilista europeu perfeito, isto é, em suas palavras, "o primeiro niilista europeu que já viveu em si o niilismo até o fim, já o deixou atrás de si e o superou". Para Nietzsche, o niilismo ativo e perfeito era um passo necessário, lógica e psicologicamente, para o advento daquilo que o superaria, que seria a transvaloração de todos os valores. Assim, ele acreditava que o

---

6 Friedrich Wilhelm Nietzsche, *Der Wille zur Macht*, Peter Gast e Elizabeth Förster-Nietzsche (orgs.), Stuttgart: Alfred Kröner, 1996, § 22-23.

triunfo do niilismo era inevitável no momento em que escrevia, pois os próprios valores correntes chegariam no niilismo à sua conclusão lógica. Era necessário experimentar o niilismo para se poder compreender o verdadeiro valor desses "valores". Mais cedo ou mais tarde, dizia ele, precisaremos de novos valores"[7].

Sabemos que, para Nietzsche, esses valores deveriam surgir a partir da afirmação da vontade de poder, que se manifesta também na afirmação do eterno retorno. Não vou aqui entrar nessa questão porque quero me ater ao niilismo. O nada já é um assunto vasto demais. Adianto apenas que, neste ponto, parece-me definitiva a crítica de Heidegger que se encontra no volume "O niilismo europeu", da obra que dedicou ao autor de *Assim falou Zaratustra*. Segundo ela, longe de superar a metafísica moderna da subjetividade, inaugurada por Descartes, Heidegger pensa que o conceito da vontade de poder faz parte dela, talvez como seu último e mais radical produto.

De todo modo, também para Heidegger, toda a metafísica ocidental resulta niilista, uma vez que abandona a questão do ser. Ao final de "Introdução à metafísica", ele se pergunta: "Mas onde está a operar o niilismo autêntico?". E responde:

> Onde as pessoas se prendem aos entes corriqueiros e supõem que basta tomar o ente como até hoje se fez, como o ente que ele, afinal, é mesmo. Com isso, porém, rejeita-se a questão do ser e trata-se o ser como um nada (*nihil*) que também, em certo sentido, ele é. No esquecimento do ser tratar somente dos entes – isso é o niilismo. O niilismo assim compreendido é que é o fundamento para aquele niilismo que Nietzsche expôs no primeiro livro de "A vontade de poder". Na questão do ser ir expressamente até a fronteira do nada e incluí-la na questão do ser é, por outro lado, o primeiro e único passo frutífero para a verdadeira superação do niilismo[8].

Quando Heidegger diz que, de certo modo, ele *é* um nada, entende-o exatamente no sentido de que ele, não sendo ente nenhum, não é, evidentemente, nada do que a metafísica ou a linguagem corriqueira toma como ser.

---

7   Ibid. Vorrede, § 3.
8   Martin Heidegger, *Einführung in die Metaphysik*, Tübingen: Max Niemeyer, 1953, § 58, p. 212.

Assim devemos entender a afirmação de que "no esquecimento do ser tratar somente dos entes – isso é o niilismo". Por isso, a questão do ser se encontra "na fronteira do nada", isto é, na fronteira daquilo que, para a metafísica, nada é. Devemos ir até esse ponto, se pretendemos superar o niilismo. Só então podemos deixar de pensar o ser como um universal ou uma transcendência vertical e sim como ele deve ser pensado, isto é, como uma singularidade absoluta. Trata-se então do mistério que se dá ao se ocultar. Longe de ser um ente privilegiado, ele consiste no outro dos entes, que é o fundamento sem fundo, ou fundamento abissal, do qual não se pode dar a razão, e que se oferece a pensar como o nada.

Entende-se assim que a posição teórica através da qual o pensador abstrai de tudo o que não constitui o seu objeto jamais é capaz de alcançar o ser. O positivismo, que se recusa a falar do que não é suscetível de ser dado positivamente, constitui o ápice do niilismo.

Para Heidegger, é exatamente porque Nietzsche, embora tendo reconhecido o niilismo como um movimento da história ocidental moderna, não foi capaz de pensar essencialmente sobre o nada, no sentido em que acabo de indicar e porque não foi sequer capaz de levantar essa questão, que ele não superou a metafísica, de modo que o seu conceito de niilismo acabou sendo, ele mesmo, segundo Heidegger, niilista.

EXCURSO 1: OS ESTILOS NA FILOSOFIA

Mas, antes de prosseguir, consideremos por um momento a história da filosofia, do ponto de vista estilístico. Podemos distinguir pelo menos quatro importantes gêneros de discurso filosófico escrito, no Ocidente: o tratadístico, o ensaístico, o dialógico e o aforístico. Talvez pudéssemos adicionar o epistolar como um quinto, mas creio que este se dá sobretudo como um modo do discurso ensaístico. O mesmo se pode dizer de memórias ou confissões, como as de Agostinho. Em princípio, qualquer um deles pode ser feito em prosa ou em verso. Exemplo clássico do gênero tratadístico é Aristóteles; do ensaístico, Sêneca (simultaneamente epistolar); do dialógico, Platão; do aforístico, Epíteto.

De modo geral, enquanto o tratado é escrito em linguagem técnica, é sistemático e tende a ser demonstrativo, valendo-se principalmente da lógica e da dialética, o ensaio é escrito em linguagem corrente ou literária, é digressivo e tende a confiar na persuasão, de modo que se aproxima da retórica e da literatura. Pode-se dizer que é basicamente entre o polo tratadístico e o polo ensaístico que transitam os dois outros gêneros. O tratado, por ser especializado, é predominante na academia. Prestando-se melhor a métodos construtivos, o gênero tratadístico foi, de acordo com a tradição aristotélica, geralmente empregado em obras de metafísica. Já o ensaístico tende a ser preferido exatamente pelos autores não acadêmicos e antimetafísicos.

Descartes, como se sabe, é tido como o pai da filosofia moderna. Suas obras filosoficamente mais influentes, o *Discours de la méthode* e as *Meditationes de prima philosophia*, parecem, pela sua forma – inclusive pelos seus próprios nomes –, mais próximas do ensaio do que do tratado. Para além da influência de Montaigne, de quem ele era leitor, isso se deve sem dúvida ao fato de que ele quer se diferenciar de determinada tradição tratadística: a da escolástica. No fundo, porém, tanto pelo conteúdo quanto pelo método, seus escritos constituem obras muito mais próximas da tradição tratadística. E, de fato, ele acaba por recorrer ao tratado no seu *Principia philosophiae*.

De todo modo, o fato é que a grande tradição filosófica da modernidade clássica pode ser considerada como predominantemente tratadística. Assim são Spinoza, Leibniz, Locke, Berkeley (por trás das primeiras aparências), Hume (idem, e não só no *Treatise*, mas também no *Essay*), Kant, Fichte, Shelling, Hegel.

É claro que o ensaio filosófico jamais deixou de ser cultivado, frequentemente referindo-se de maneira irônica ou agressiva em relação a esta ou àquela filosofia tratadística. É o caso de Montaigne em relação à escolástica, Pascal em relação a Descartes, Jacobi tanto em relação a Spinoza quanto a Fichte, e Nietzsche e Kierkegaard em relação ao idealismo alemão. Pascal, Jacobi e Kierkegaard atacavam a metafísica a partir das exigências da religião. Montaigne e Nietzsche, não: mas todos, inclusive Montaigne, se preocupavam sobretudo com a ética, com o comportamento moral dos homens, mesmo quando se consideravam antimoralistas, como Nietzsche.

O sentido da digressão que acabo de fazer sobre o estilo em filosofia é perguntar se não é apenas a metafísica, mas, de maneira geral, a filosofia tratadística, sistemática, lógica, teórica que necessariamente tem parte com o niilismo: mais especificamente, com o niilismo ativo, no sentido de Nietzsche.

Ao elogiar o estilo ensaístico, em seu ensaio "Der Essay als form"[9], Theodor Adorno desconfia da ambição tratadística (1) de começar *ex nihilo*, a partir de uma *tabula rasa*; (2) de pressupor a prioridade do método; (3) de separar rigidamente forma e conteúdo; (4) de desprezar o transitório para buscar o atemporal; (5) de confiar na abstração etc.

Ora, essas características pertencem necessariamente ao pensamento filosófico maximamente ambicioso e radical, isto é, ao pensamento filosófico maximamente dotado de (*malgré* Nietzsche) *vontade de poder*. Consideremos cada uma delas.

1) Para o pensamento filosófico, começar *ex nihilo* significa, no fundo, não pressupor senão os seus próprios recursos. A exigência da *tabula rasa* significa a recusa, por ele, de qualquer pressuposto ou preconceito que não tenha subsistido à crítica, isto é, à razão, por ele representada.

2) O método, que é, *ex definitione*, o caminho para o conhecimento, está necessariamente presente, implícita ou explicitamente, em todo empreendimento cognitivo. Ele se encontra, portanto, tanto no ensaio quanto no tratado filosófico. A diferença é que, enquanto o ensaio é capaz de ignorá-lo, o tratado, exatamente por sua ambição de examinar todo pressuposto e preconceito, tematiza-o explicitamente. Ao fazê-lo, o tratado não pode deixar de manifestar a prioridade – prioridade cronológica – que cabe ao método, em virtude precisamente de ser o caminho para o conhecimento.

3) A separação entre forma e conteúdo é consequência da pretensão de universalidade da razão, que é capaz de se manifestar através de diferentes formas particulares, porém não admite confundir-se com nenhuma delas, já que, se o fizesse, estaria a limitar a si própria. Em última análise, semelhantes autolimitações implicam autocontradições performativas. Por isso, a razão considera acidentais as formas particulares – por exemplo, as diferentes línguas – através das quais se manifesta.

4) Da mesma pretensão à universalidade deriva a indiferença pelo transitório, que é necessariamente particular. Lembremo-nos das palavras

---

9   Theodor Adorno, "Der Essay als Form", *Gesammelte Schriften*, Herausgegeben von Rolf Tiedemann, Frankfurt am Main: Suhrkamp, 2003.

famosas de Aristóteles: "Há uma ciência que contempla o ente enquanto ente e o que a ele cabe enquanto tal. E ela não é idêntica a nenhuma das que chamamos particulares: pois nenhuma das demais considera universalmente sobre o ente enquanto ente, mas, tendo dividido alguma parte dele, elas contemplam os acidentes desta".

5) A confiança na abstração é manifestação de confiança na própria razão, pois a abstração é um dos atos fundamentais da razão.

Talvez, ao contrário do que pensa Heidegger, a metafísica não tenha esquecido o ser, mas simplesmente ocorra que o ser – no sentido heideggeriano – não diga respeito nem a ela, nem à filosofia sistemática, nem à lógica.

Neste ponto vale a pena lembrar a admiravelmente clara interpretação do fenômeno do esquecimento do ser dada por Étienne Gilson, que chama a atenção para o fato de que a relação entre "ser" e "ente" não é recíproca:

"Ente" é concebível, "ser" não é. Não é possível conceber um "é", salvo pertencente a alguma coisa que é, ou existe. Mas o inverso não é verdade. O ente é perfeitamente concebível separado da existência atual; a tal ponto que a primeiríssima e mais universal de todas as distinções no reino do ente é aquela que o divide em duas classes, a do real e a do possível. Mas o que é concebê-lo como meramente possível senão concebê-lo como separado da existência atual? Um "possível" é um ente que ainda não recebeu, ou que já perdeu, seu próprio ser. Uma vez que o ente é pensável à parte da existência atual, enquanto a existência atual não é pensável separado do ente, os filósofos não farão mais que ceder a uma das inclinações fundamentais da mente humana, ao estabelecer o *ente*, menos a existência atual, como o primeiro princípio da metafísica[10].

* * *

Na digressão sobre o estilo na filosofia, citei F. H. Jacobi, que criticou a filosofia de Spinoza e a de Fichte. Do mesmo modo que Pascal, ele acreditava que a pura filosofia levava ao ceticismo. Numa obra sobre Hume, Jacobi conta que leu a *Ética*, de Spinoza, tentando encontrar uma formulação mais

---

10 Étienne Gilson, *El ser y los filósofos*, Pamplona: Ediciones Universidad de Navarra, S.A., 1985, p. 24.

clara da versão cartesiana da prova ontológica da existência de Deus. Ele a encontrou, mas, ao fazê-lo, percebeu – como Pascal antes dele – que essa prova não valia para o Deus de Abraão, de Isaac ou de Jacó, mas somente para o Deus dos filósofos, que não passava de uma abstração[11].

O Deus de Spinoza, por exemplo, ou a substância infinita, não se reduz a nenhum ente particular. Em carta a Moses Mendelssohn, Jacobi, explicando o sistema de Spinoza, diz que, para este,

> o primeiro – não apenas nas coisas extensas ou nas pensantes, mas o que é primeiro em umas e nas outras, e igualmente em todas as coisas –, o ser original [*das Ur-Seyn*], o real onipresente e imutável que, ele mesmo, não pode ser nenhuma propriedade, mas do qual tudo o mais é apenas uma propriedade que ele tem, esse único e infinito ser de todos os seres [*dieses einzige unendliche Wesen aller Wesen*], Spinoza chama Deus, ou *a substância*[12].

E continua:

> Esse Deus não pertence, portanto, a nenhuma espécie de coisas, e não é nenhuma coisa separada, individualmente diferente. Assim a ele não pode convir nenhuma das determinações que distinguem as coisas individuais; tampouco uma consciência ou um pensamento próprio e particular, ou uma extensão, figura ou cor própria e particular; ou o que quer que se possa nomear que não seja puro elemento original [*Urstoff*], pura matéria, substância universal[13].

---

11 Ele tem razão, é claro. Não é só o Deus de Spinoza ou o Deus de Descartes, mas o Deus de toda filosofia – e mesmo de toda teologia racional – que se opõe ao deus concreto e pessoal da religião. A verdade é que não há, por exemplo, como conciliar a substância simples e eterna que constitui o *primum mobile*, o Deus de Aristóteles, que não passa de pura forma e pura inteligência, cujo pensamento só tem como conteúdo a si mesmo, νόησις νοήσεως, pensamento do pensamento ou inteligência da inteligência, com o Deus judaico-cristão, que se interessa pelos homens, dirige-se a eles, conversa com eles, dá-lhes instruções, recompensa-os ou os pune etc. Assim, ao usar as provas aristotélicas da existência de Deus, Tomás de Aquino conseguiria, no máximo – caso essas "provas" fossem inatacáveis – provar a existência de um Deus incompatível com o Deus da sua religião.

12 Friedrich Heinrich Jacobi, *Schriften zum Spinozastreit*, Hamburgo: Meiner, 1998, p. 99.

13 Ibid.

Finalmente, no que nos interessa, Jacobi cita um famoso trecho da carta L de Spinoza e o comenta:

> *Determinatio est negatio, seu determinatio ad rem justa suum esse non pertinet.* [A determinação é negação, ou seja, a determinação não pertence à coisa segundo o seu ser]. As coisas individuais, portanto, na medida em que existem somente de certo modo determinado, são *non-entia* [não entes]; e o ser infinito indeterminado é o único verdadeiro *ens reale, hoc est, est omne esse et praeter quod nullum datur esse* [ente real, ou seja, é todo o ser, além do qual nenhum ser é dado][14].

Jacobi entende que, para Spinoza, tudo o que é finito é concebido como uma limitação ou negação do infinito (*determinatio est negatio*). Só a substância infinita, que não se reduz a ente particular nenhum, é inteiramente positiva, não possuindo limitação, determinação, negação alguma. Com efeito, na carta XXXVI, Spinoza afirma que "uma vez que 'determinado' não denota nada de positivo, mas apenas a limitação da existência da natureza concebida como determinada; segue-se que aquilo cuja definição afirma a existência não pode ser concebido como determinado"[15]. Tal é a substância ou Deus, um ente "que é absolutamente indeterminado"[16].

Lembro que Spinoza havia explicado, no *Tratado sobre a reforma do entendimento*, que o emprego de uma expressão negativa, como "indeterminado", para Deus ou a substância, que nada tem de negativo, deve-se ao fato de que "as palavras fazem parte da imaginação", de modo que as coisas "que só estão no intelecto, e não na imaginação", costumam receber denominações negativas. Exemplos são "incorpóreo", "infinito" etc.[17].

Para Jacobi, contudo, independentemente da terminologia spinozista, a verdade é que tal indeterminação não é concebível senão através da abstração – da negação – de toda determinação, de modo que o *summum reale* é,

---

14 Ibid., p. 99.
15 Baruch Spinoza, "Epístola XXXVI", *Opera*. Carl Gebhardt (org.), Heidelberg: Heidelberger Akademie der Wissenschaften, 1925, v. IV, p. 184.
16 Ibid., p. 185.
17 Baruch Spinoza, "Tractatus de intellectus emendatione", ibid., v. II, p. 33.

enquanto tal, o *summum abstractum*. Trata-se, portanto, segundo ele – que chegou à conclusão de que toda filosofia puramente racional daria no mesmo resultado –, do mais puro niilismo.

* * *

A verdade é que, de fato, quando maximamente ambiciosa e radical, a filosofia é niilista, no sentido de Jacobi. Por quê? Porque, quando maximamente ambiciosa e radical, ela busca o absoluto: o absoluto ontológico e/ou o absoluto epistemológico. "Absoluto", de *ab solutum*, isto é, *ab alio solutum* significa em primeiro lugar o que é solto, livre, desligado e independente de outra coisa: o que é por si[18]. Assim é, por exemplo, a substância, segundo Spinoza, já que ele a define como "aquilo que é em si e é concebido por si: isto é, aquilo cujo conceito não precisa do conceito de outra coisa, partir da qual deva ser formado"[19].

Deixemos Spinoza de lado por um momento. Na metafísica clássica, o conceito do absoluto é obtido por diversos caminhos. No fundo, porém, eles não passam de diferentes versões de uma teologia negativa. O conceito do absoluto, consistindo no conceito do não relativo, é obtido exatamente através da abstração de todo o relativo. Não é necessário fazer um grande esforço analítico para compreender que, necessariamente, tudo o que é particular, tudo o que é contingente, tudo o que é temporal, tudo o que é empírico, tudo o que é finito, tudo o que é definido, tudo o que é determinado é relativo; e, uma vez que comumente chama-se de "positivo" precisamente aquilo que é definido, determinado etc., segue-se que tudo o que é positivo é relativo.

Desse modo chegamos a algo que é aparentemente – mas apenas aparentemente – oposto à substância de Spinoza. Se todo positivo é relativo, então o absoluto é negativo, ou a negatividade é absoluta. Não tendo nada de particular, acidental, contingente, temporal, empírico, finito, definido, determinado, positivo, o absoluto é universal, necessário, atemporal, trans-

---

18 Os gregos não tinham nenhuma palavra para a latina *absolutum*. O mais próximo talvez seja a palavra ἀνυπόθετον, literalmente algo como *incondicionado*. Foi Nicolau de Cusa, já no século XV, o primeiro filósofo que tornou o adjetivo "absoluto", substantivado, uma das categorias fundamentais da metafísica.

19 Baruch Spinoza, "Ethica", ibid. Def. III., v. II, p. 45.

cendental, infinito, indefinido, indeterminado – e negativo. Trata-se de um absoluto negativo ou de uma negatividade absoluta.

Na verdade, a oposição entre esse resultado e o de Spinoza é apenas aparente. Este chama o caráter absolutamente indeterminado da substância – do absoluto – de "absolutamente positivo", em oposição ao determinado, que sofre a negação; como vimos, poderíamos chamar o mesmo caráter absolutamente indeterminado do absoluto de "absolutamente negativo". Ora, é o caráter indeterminado, logo, inapreensível, do absoluto que autoriza a chamar de "niilista" qualquer das duas formulações.

EXCURSO 2: HEGEL

A identidade última do positivo e do negativo no indeterminado lembra o primeiro – e, do ponto de vista do seu autor, mais pobre – momento da *Ciência da lógica* de Hegel, que pretendia justamente chegar ao absoluto determinado, uma vez que tivesse *aufgehoben* – incorporado e superado – o absoluto indeterminado. Na verdade, trata-se de um momento insuperável não só de Hegel, mas de toda a filosofia.

"Em sua imediaticidade indeterminada", diz ele,

> [o ser] é igual apenas a si mesmo e também não é desigual a outra coisa, destituído de distinção interna ou externa. Através de qualquer determinação ou conteúdo que o diferenciasse internamente ou que o supusesse como diferente de outra coisa, ele perderia sua pureza. Ele é indeterminação e vazio puros. – Não há nada nele a ser contemplado, se é que se pode aqui falar de contemplação; ou então ele é só essa pura e vazia contemplação mesma. Tampouco há algo nele a ser pensado, ou então ele é do mesmo modo só esse puro pensamento. O ser, o imediato indeterminado é na verdade nada, e não mais nem menos que nada[20].

Na *Enciclopédia*, Hegel afirma que "o ser puro constitui o começo porque é tanto puro pensamento quanto o imediato indeterminado, simples, que pode ser o primeiro começo, mas nada mediado e mais determinado"[21]. Hegel,

---

20 Georg Wilhelm Friedrich Hegel, *Wissenschaft der Logik*, Hamburgo: Felix Meiner, 1975, p. 66.
21 Ibid., *Enzklopädie der philosophischen Wissenschaften*, Frankfurt: Suhrkamp, 1970, § 86, pp. 182-183.

como foi dito, pretende superar esse absoluto indeterminado. A verdade, porém, é que sua tentativa é um – diga-se a verdade: grandioso – fracasso: e é um fracasso desde o começo.

Segundo ele, a verdade do ser e do nada é o devir, pois o que é a verdade não é nem o ser nem o nada, mas que o ser passa – ou melhor, já passou – ao nada e o nada ao ser[22]. Ora, isso já é inaceitável, pois não pode haver trânsito efetivo do nada ao ser ou vice-versa. Se o ser é conceitualmente[23] o mesmo que o nada, e o nada, o mesmo que o ser, então só uma ilusão pode levar alguém a falar de transição, pois o mesmo não transita ao mesmo.

Prevendo essa possível objeção, Hegel afirma que

> tão correta quanto a unidade de ser e nada é porém também que são absolutamente distintos – que um não é o que o outro é. Apenas, uma vez que a diferença aqui ainda não se determinou, pois justamente ser e nada são ainda o imediato, ela é, como se encontra neles, o indizível, a mera opinião[24].

Contudo, a verdade é que essa diferença jamais se torna mais precisa. Ela não é capaz de superar o status de doxa, opinião, imaginação, ilusão. O tornar-se não pode ser a identidade do ser absoluto e do nada absoluto justamente porque ele é diferente tanto de um quanto de outro, que são idênticos. O ser absoluto é conceitualmente idêntico ao nada absoluto, e isso basta. Por essa razão, resulta ininteligível a explicação de Hegel para a coagulação do tornar-se no estar aí *(Dasein)* ou no ser determinado:

> O tornar-se contém em si o ser e o nada, e de tal maneira que esses dois simplesmente se transformam um no outro e se superam mutuamente. Com isso, o tornar-se se demonstra como inteiramente inquieto, mas incapaz de se manter nessa inquietação abstrata; pois na medida em que ser e nada se esvanecem no

---

22 Ibid., *Wissenschaft der Logik*, Hamburgo: Felix Meiner, 1975, p. 67.
23 Como diz Hegel: "Es kann leicht gesagt werden, daß man die Einheit des Seins und Nichts nicht begreife. Der Begriff derselben aber ist in den vorhergehenden §§ angegeben, und er ist weiter nichts als dies Angegebene; sie begreifen heißt nichts anderes, als dieses auffassen". Ibid. "Enzyklopädie der philosophischen Wissenschaften", vol. III, *Werke in Zwanzig Bänden*, Bd .8, Frankfurt: Suhrkamp, 1971, § 88, Anhang 3, p. 190.
24 Ibid., § 88, Anhang 1, p. 188.

devir e só isto é o seu conceito, ele próprio é um esvanecente, feito um fogo que se consome em si mesmo enquanto devora o seu material. Mas o resultado desse processo não é o nada vazio, mas o ser idêntico à negação, que chamamos estar aí *(Dasein)* [...][25]

Ora, como dissemos, se o ser é idêntico ao nada, não há tornar-se um o outro. Isso significa que, dado que o devir é o elo entre o momento do ser-nada e o momento do estar aí *(Dasein)*, isto é, do ser determinado, pode declarar-se insatisfatória a passagem crucial do primeiro para o segundo capítulo da *Lógica*. Isso não significa que não haja uma diferença fundamental entre o ser ou o nada absoluto e o ser determinado. Muito pelo contrário: trata-se de uma diferença crucial. O que a insuficiência da derivação hegeliana significa é que o conceito de ser absoluto ou o absoluto abstrato não pode ser reduzido a uma representação inadequada do ser determinado. Assim, desde o primeiro passo não se realiza a pretensão hegeliana de que o absoluto abstrato não passe da mais pobre das definições do absoluto, destinada a ser relativamente superada por todos os significados subsequentes revelados pela *Lógica*.

Mas quero voltar ao indeterminado, tal como ele se encontra num ponto muito anterior da história da filosofia. Refiro-me ao que é considerado o primeiro texto filosófico preservado: a sentença do filósofo Anaximandro de Mileto. Ela diz:

> Princípio [...] dos entes [é] o *ápeiron* ["infinito", "ilimitado", "indefinido", "indeterminado"] [...] A geração é para os entes a partir das coisas em direção às quais também a corrupção deles se gera segundo o necessário. Pois eles dão justiça e reparação uns aos outros pela injustiça, segundo a ordem do tempo[26].

Substantivando o adjetivo ἄπειρος (em Homero, ἀπείρων), "infinito" ou "ilimitado", Anaximandro transforma-o em τὸ ἄπειρον, *to ápeiron*, "o

---

25 Ibid., § 89, Zusatz, p. 195.
26 ἀρχὴν [...] τῶν ὄντων τὸ ἄπειρον [...] ἐξ ὧν δὲ ἡ γένεσίς ἐστι τοῖς οὖσι, καὶ τὴν φθορὰν εἰς ταῦτα γίνεσθαι κατὰ τὸ χρεών· διδόναι γὰρ αὐτὰ δίκην καὶ τίσιν ἀλλήλοις τῆς ἀδικίας κατὰ τὴν τοῦ χρόνου τάξιν. Fragmento 1, Anaximandro de Mileto, in Hermann Diels e Walther Kranz (org.). *Die Fragmente der Vorsokratiker*, vol. 1. Hildesheim: Weidmann, 1992, p. 89.

infinito", "o ilimitado", "o indefinido", "o indeterminado", do qual faz o princípio negativo de tudo o que é πεπερασμένον (*peperasménon*): "positivo", "finito", "limitado", "definido", "determinado". Usarei aqui a palavra "indeterminado" (referente à ausência de determinação tanto quantitativa quanto qualitativa) como sinônimo de *ápeiron*. Não se trata de um princípio entre outros. Em fragmento citado por Hipólito, Anaximandro diz que o *ápeiron* é eterno e sem idade[27].

Não se deve pensar que ele consista numa substância primordial, a partir da qual se tenha formado o mundo. Não há por que pensar que consista numa substância ou elemento. O *ápeiron* é simplesmente o indeterminado. Também não há por que pensar, como Simplício, que se trate de "outra natureza [φύσις]qualquer ilimitada". Toda natureza é, ao menos qualitativamente, limitada, isto é, determinada. Não seria possível determinar o indeterminado sem que ele deixasse de ser o que é.

Para Anaximandro, pois, o princípio absoluto do determinado é o indeterminado. Que quer dizer isso?

Dizer que o princípio absoluto do determinado é o indeterminado significa, em primeiro lugar, que o determinado provém do indeterminado e para ele retorna: "a geração é para os entes a partir de coisas em direção às quais também a corrupção deles se gera".

O indeterminado é aquilo para o qual os entes determinados vêm e para o qual voltam. Já o determinado é derivado do indeterminado, do qual não passa de um fragmento, momento ou aspecto.

Contra semelhante tese, seria possível produzir um argumento (dotado de certo sabor bergsoniano) segundo o qual tudo o que é indeterminado o é em relação a algo determinado, de modo que (fazendo abstração da física quântica) não há nada que seja em si indeterminado. Quando dizemos, por exemplo, que a causa do fenômeno F é indeterminada, isso não significa que exista uma coisa em si indeterminada que cause o fenômeno F, mas sim que essa causa é indeterminada para nós, que atualmente a desconhecemos. Nada impede que possamos vir a conhecê-la, e nesse caso ela se revelará tão determinada quanto o fenômeno de que constitui a causa. Em outras

---

27 ταύτην᾽ σξ. Φύσιν τινα τοῦ ἀπείτοῦ ἀίδιον εἶναι καὶ ἀγήρω. (Ibid., Fr. 2, p. 89).

palavras, o indeterminado é aquilo que é indeterminado para nós em dado momento, ou porque ainda não se determinou, ou porque já perdeu a sua determinação para nós.

Ora, pode-se reconhecer isso e, no entanto, sem contradição, afirmar que o determinado é, em última instância, produzido pelo indeterminado, ou seja, pelo que é indeterminado para nós em dado instante, e que esse indeterminado não apenas cerca o mundo determinado como se esconde no seu cerne, assim como cerca e se esconde no cerne de cada ente, de cada parte e de cada partícula de cada parte de cada ente determinado que se encontre no mundo. De fato, penso que é precisamente por esse caminho que deve ser interpretado o sentido da palavra *ápeiron*. É claro que se pode indefinidamente estender o campo do determinado, mas a incomensurabilidade entre o finito e o infinito – infinito não apenas em extensão, mas em profundidade e no tempo – significa que, em última análise, o determinado nunca será mais que um aspecto infinitésimo do indeterminado. Nesse sentido, o indeterminado é o que ainda não foi determinado. Não há nada no indeterminado que seja, em princípio, *indeterminável* ou incognoscível. Isso significa que o indeterminado não se confunde com o irracional, e Anaximandro manifesta ainda essa conclusão não só ao afirmar que a relação do determinado com o indeterminado se dá "segundo o necessário", mas também ao se referir à "ordem do tempo". Por outro lado, o *ápeiron* não pode ser inteiramente esgotado, pois é, *ex definitione*, infinito.

Anaximandro foi, segundo uma tradição relatada por Diógenes Laércio, "o primeiro a desenhar o perímetro da terra e do mar"[28]. Aproximadamente cem anos depois desse feito, Heródoto declarou, em suas *Histórias*, que ria "ao olhar os circuitos da terra já desenhados por muitos, e nenhum razoavelmente explicativo: eles desenham o oceano a correr em torno da terra, sendo esta circular como se feita com um compasso, e tendo feito a Ásia igual à Europa"[29].

---

28 Hermann Diels e Walther Kranz (org.). *Die Fragmente der Vorsokratiker*, vol. 1. Hildesheim: Weidmann, 1992, p. 81.
29 Heródoto de Halicarnasso, *Histoires*, Paris: Belles-Lettres, 1968, vol. iv, p. 36.

Kirk e Raven especulam que Heródoto deve ter visto mapas feitos por Hecateu, a partir do modelo de Anaximandro[30]. De qualquer modo, o oceano cerca a terra no escudo de Aquiles, descrito na *Ilíada* por Homero. Para Tales, o primeiro filósofo, a terra, que é, em última análise, feita de água, flutua sobre o oceano. Nesse caso, o oceano está para a terra como o *ápeiron* para o *peperaménos*, isto é, como o indeterminado para o determinado. Segundo Agatêmero[31], Anaximandro foi o primeiro a desenhar o mapa-múndi numa tábula. É provável, porém, que ele houvesse traçado mapas também no chão de terra batida, como, muito mais tarde, Arquimedes fez com os seus círculos. Teríamos então o chão ilimitado como equivalente do indeterminado e o chão limitado, circunscrito pelo traçado, como equivalente do determinado. A analogia permite perfeitamente conceber como Anaximandro entende a relação entre o indeterminado e o determinado. O mapa pode ser apagado e retraçado muitas vezes, lá, onde Anaximandro o traçava, ou alhures. De todo modo, ele pode, enquanto determinado (dotado da forma F), ser modificado (passar a ter a forma F'); ele não existia antes de ser traçado; ele deixará de existir um dia; ele poderia jamais ter sido traçado. Já o indeterminado não pode, enquanto tal, ser modificado (justamente por não ser dotado de nenhuma forma que possa ser modificada); ele sempre foi e sempre será pressuposto pela existência do determinado, e não há possibilidade de que não seja assim. Com efeito, é no indeterminado que se encontra a possibilidade do determinado, é a partir do indeterminado que ele vem a existir, e é para o indeterminado que ele passa ao deixar de existir. Em oposição ao determinado ou à forma, é com a não forma, isto é, com o movimento ou a mudança, que ele se identifica.

Em segundo lugar, dizer que o princípio absoluto do determinado é o indeterminado significa também que nada de determinado – consequentemente, nada de particular ou positivo – pode ser o princípio absoluto. A afirmação do caráter indeterminado ou negativo do princípio absoluto não equivale a negá-lo, ou seja, não equivale negar a vigência de todo e qualquer princípio absoluto. A negação da vigência de todo e qualquer princípio abso-

---

30 Geoffrey Stephen Kirk e John Earl Raven, *The presocratic philosophers*, Cambridge: University Press, 1963, p. 104.
31 Citado por G. S. Kirk e J. E. Raven, op. cit., p. 103.

luto não passaria de um princípio absoluto do qual decorreria a negação da sua própria vigência, quer dizer, não passaria de um paradoxo estéril e autodestrutivo. Anaximandro não é sofista nem relativista, e tampouco se deixa embaraçar pelas aporias em que estes incorrem. Afirmar o caráter negativo do princípio absoluto significa impedir que ilusoriamente se ponha no lugar do princípio absoluto – no lugar do absoluto – qualquer positividade, qualquer ente (divino ou não), qualquer forma, ideia ou poema concebível: significa impedir, portanto, que se ponha, no lugar do absoluto, qualquer princípio particular ou positivo. Assim, dado que a fonte inesgotável e surpreendente dos entes, formas e poemas – a saber, a fonte eidopeica e epopeica, que também se pode chamar de *poesia* – é precisamente o *ápeiron*, ou o indeterminado, que é o absoluto, decorre daí que, em princípio, nem o conjunto de formas naturais nem o conjunto de formas culturais jamais podem estar fechados ou prontos[32].

De toda maneira, é nesse contexto que se deve entender a última parte do enunciado de Anaximandro. Repito-o por inteiro, grifando a parte em questão:

> Princípio […] dos entes [é] o *ápeiron* ["infinito", "ilimitado", "indefinido", "indeterminado"] […] A geração é para os entes a partir das coisas em direção às quais também a corrupção deles se gera segundo o necessário. *Pois eles dão justiça e reparação uns aos outros pela injustiça, segundo a ordem do tempo.*

A maior injustiça é que algo *peperasménon*, ou determinado, usurpe o lugar do absoluto, lugar que pertence ao *ápeiron*, isto é, ao indeterminado; ou que o *ápeiron*, ou indeterminado, ou seja, o absoluto, seja reduzido a algo *peperasménon*, a algo determinado e relativo. Isso se cumpre de diferentes maneiras. Uma delas é pelo fechamento do conjunto de formas naturais ou culturais.

Quanto às formas naturais, é claro que não é possível, senão ilusoriamente, fechar o seu conjunto, quer dizer, impedir a produção de novas for-

---

32 Observe-se que entre as formas naturais e culturais encontram-se também os atos que se reiteram. O ritual de acasalamento de uma drosófila é uma forma natural. Um ritual religioso, uma dança, um gesto convencional, um ritmo, um *epos* etc. são formas culturais.

mas ou a extinção de formas antigas. Não se poderia, por exemplo, impedir a evolução das espécies. Entretanto, a ilusão do fechamento das formas naturais pode ser sustentada por muito tempo, pois em geral a "ordem do tempo" em que se torna perceptível a produção de novas formas naturais ou a extinção das antigas é lenta em relação à vida humana. Ademais, as novas formas se produzem a partir da determinação enclítica, ou melhor, parenclítica, exercida pelo indeterminado sobre as formas já determinadas, de modo que as novas formas se apresentam imediatamente como um desvio ou uma perversão das já existentes. De novo, o exemplo da evolução é esclarecedor: a nova espécie é tomada como uma monstruosidade, como uma exceção que não chega a alterar o conjunto constante de formas naturais. De qualquer maneira, a maior parte das culturas toma as formas naturais já existentes como eternas.

O caso das formas culturais é diferente. Normalmente, uma formação cultural particular, assim como cada um dos costumes, instituições e objetos de que ela se compõe, consiste em algo que foi construído, com grande sacrifício, contra a natureza. Trata-se de uma configuração constantemente ameaçada, em face da hostilidade da natureza, de outras culturas, dos seus conflitos internos e das tendências centrífugas dos indivíduos que a compõem. Não admira que, uma vez atingido algum equilíbrio, inevitavelmente precário, ela tenda a buscar manter-se idêntica a si mesma, evitando tudo o que possa desestabilizá-la: por exemplo, toda forma nova. Dado que toma as formas naturais como eternas, ela quer, portanto, identificar com elas as suas formas culturais, tentando "naturalizar" os seus costumes e instituições. Por isso, à medida que se encontre em seu poder fechar o conjunto das formas culturais admissíveis, ela o faz, classificando como "bárbara", proibindo ou mesmo tornando inconcebível a produção de qualquer forma que não considere natural. Do mesmo modo, séculos depois de Anaximandro, Platão, que, tendo horror à sociedade aberta de Atenas, da qual era cidadão, ansiava pela restauração de uma sociedade fechada como a da antiga Esparta, a de Creta ou a do Egito, que ele idealizava, explicou detalhadamente as medidas que deveriam ser tomadas, uma vez que tal sociedade fosse atingida, para evitar qualquer novidade. Referindo-se aos pensamentos humanos e às naturezas das almas (ψυχῶν φύσεις), ele diz que, "se forem cultivados por leis e se, por alguma fortuna divina, estas ficarem inalteradas por muitos e longos tempos, de modo que ninguém tenha lembrança nem jamais tenha ouvido falar de que elas tenham sido, algum dia, diferentes do que são agora, então a alma inteira as reverencia e teme mudar qualquer uma das coisas estabelecidas"[33].

Mas o fechamento do conjunto de formas naturais e culturais não é a única maneira de fazer que o determinado usurpe o lugar do absoluto, lugar que pertence ao indeterminado. Outra maneira é a das religiões monoteístas, como o judaísmo e, depois dele, o cristianismo e o islã, por exemplo, que transformam um deus pessoal e/ou um conjunto particular de prescrições, sancionadas por uma casta de sacerdotes ou uma Igreja, no absoluto. O platonismo faz algo equivalente a isso, na filosofia. Ora, os gregos não tomavam nenhum de seus deuses como absoluto, nem mesmo Zeus: basta ler os poemas homéricos para verificá-lo. Anaximandro é capaz de conceituar o *ápeiron* porque, sendo culturalmente grego, está livre dessa idolatria monoteísta, mas a conhece bem, porque vive em Mileto, pólis na costa sul da Ásia Menor, cidade comercial jônica no centro – em ebulição política, econômica, religiosa, artística e científico-filosófica – do mundo do seu século.

Anaximandro diz que os entes "dão justiça e reparação uns aos outros pela injustiça, segundo a ordem do tempo". De fato, todo determinado, toda forma determinada, todo conjunto de formas determinadas é mortal precisamente na medida da sua determinidade. Assim, uma cultura, uma sociedade ou uma religião condenam-se à morte justamente na medida do seu fechamento, da sua tentativa de naturalizar e eternizar as formas de que se compõem, ou de pôr no lugar do absoluto, lugar que pertence ao indeterminado, algo determinado, logo, relativo, como um deus, seja qual for. Mas por que os entes dão justiça e reparação "uns aos outros"? Porque, enquanto determinado, qualquer ente é igualmente relativo. Logo, um ente que usurpe o lugar do absoluto está cometendo uma injustiça não só em relação ao indeterminado, mas em relação a todos os demais entes determinados. A forma (ou cultura, religião, deus etc.) determinada que ocupar o lugar do absoluto vai, por isso, prestar contas, em primeiro lugar, a outra forma (ou cultura, religião, deus etc.) determinada que, na ordem do tempo, seja capaz de destruí-la, por cobiçar o lugar em que aquela se encontra: e, que ao fazê-lo, estará a reproduzir a injustiça da primeira; injustiça pela qual, ao

---

33 Platão, "Leges", in John Burnet (org.). *Platonis opera*, vol. 5, 798a-b.

chegar a sua vez, na ordem do tempo, também pagará. O processo não terá fim até que o lugar do absoluto retorne ao indeterminado. Em suma, por direito, o absoluto é negativo.

* * *

Parece-me que, em última análise, todo o sentido da grande tradição tratadística da metafísica, da filosofia e da lógica moderna, de Descartes a Kant, tem sido, como o sentido da sentença de Anaximandro, precisamente o afirmar e defender o caráter negativo do absoluto, de modo a impedir que ilusoriamente se ponha no seu lugar qualquer positividade, qualquer ente, qualquer forma, ideia ou poema concebível: significa impedir, portanto, que se ponha, no lugar do absoluto, qualquer princípio particular ou positivo que se oponha à manifestação de outros princípios particulares ou positivos possíveis.

Toda construção intelectual faz uso da razão; porém esta não se reduz a nenhuma das suas construções intelectuais; a nenhum dos entendimentos que torna possíveis. Ela é sempre crítica também em relação a eles. A razão crítica representa, portanto, a defesa do direito de ser das mais diversas construções, formas, ideias e poemas. É esse o sentido da afirmação moderna do caráter em primeiro lugar crítico – logo, negativo – da razão. É para tanto que ela exerce o papel daquilo que Nietzsche chamava de "niilismo ativo", e que ele próprio julgava, em determinado momento, representar. Esse niilismo é sempre imprescindível à filosofia teórica, de modo que não devemos seguir Nietzsche, quando este fala de havê-lo superado. Nesse ponto, Adorno tem razão quando afirma que "as superações, mesmo a do niilismo, inclusive a nietzschiana, que, embora tendo tencionado outra coisa, deu palavras de ordem ao fascismo, são sempre piores do que aquilo que é superado"[34].

É verdade que, como pensa Heidegger, essa grande tradição tratadística – que, afinal, como vimos, remonta ao primeiro texto filosófico da tradição ocidental – basicamente ignora o que ele chama de "ser". É certo que assim seja: e penso que assim mesmo deve ser. O ser, no sentido heideggeriano, não é assunto da filosofia ou da lógica, mas da poesia e da arte. Não admira

---

34 Theodor Adorno, *Negative Dialektik*, Frankfurt: Suhrkamp, 1975, p. 373.

que o próprio Heidegger cada vez mais se tenha aproximado da arte e da poesia nos seus últimos escritos. O trabalho da filosofia não é tratar do ser, mas mostrar a necessidade de se salvaguardar a abertura do espaço em que a arte e a filosofia – as produções do espírito – livremente se dediquem ao ser.

Penso que foi por compreender isso que Guimarães Rosa, na sua entrevista a Günter Lorenz, afirmou que "o idioma é a única porta para o infinito, mas infelizmente está oculto sob montanhas de cinzas. Daí resulta que tenha de limpá-lo, e como é a expressão da vida, sou eu o responsável por ele, pelo que devo constantemente *umsorgen* (cuidar). Soa a Heidegger, não? Ele construiu toda uma filosofia muito estranha, baseado em sua sensibilidade para com a língua, mas teria feito melhor contentando-se com a língua"[35].

---

35 João Guimarães Rosa, Günter Lorenz, "Diálogo com Guimarães Rosa", João Guimarães Rosa, *Ficção completa*, Rio de Janeiro: Nova Aguilar, 1995, p. 47.

A mutação darwinista
Sergio Paulo Rouanet

Numa conhecida passagem, muitas vezes citada, Freud referiu-se às três grandes feridas narcísicas sofridas pela humanidade. A primeira humilhação foi infligida por Copérnico, que mostrou que a Terra não ocupava o centro do universo. A segunda ocorreu quando Darwin reinseriu o homem no mundo animal, reduzindo a nada sua pretensão de ser o coroamento da Criação. O terceiro golpe narcísico se deu quando a psicanálise anunciou que o homem não é conduzido primariamente pela razão, faculdade da qual mais se orgulhava, e sim em grande parte por forças inconscientes.

São três exemplos de teorias que mudaram a maneira de pensar do homem, introduzindo um corte qualitativo entre o antes e o depois, e nesse sentido equivalem a verdadeiras mutações dentro do pensamento.

Pretendo nesta palestra concentrar-me numa dessas mutações, a introduzida por Darwin, aproveitando a atualidade que o assunto adquiriu este ano [2009], em que se celebram os duzentos anos do seu nascimento e os 150 anos da publicação da *Origem das espécies*.

Charles Darwin nasceu na Inglaterra, em 1809, há exatamente duzentos anos, filho de Robert Darwin, médico abastado e livre pensador, e neto de uma figura curiosíssima, Erasmus Darwin, poeta libertino e autor de uma *Zoonomia* em que já aparece a ideia da evolução. Sua mãe era filha de Josiah Wedgewood, industrial que tinha opiniões religiosas igualmente heterodoxas, pois pertencia à seita dos Unitários, que negavam a divindade de Jesus Cristo. Darwin estudou primeiro numa escola em seu condado local, onde se entediou soberanamente, pois todo o ensino se baseava nos clássicos, pelos quais nunca se interessou. Diante disso, o pai resolveu encaminhá-lo à Universidade de Edinburgh, para que ele estudasse medicina. Nessa cidade, grande centro cosmopolita, denominada a Atenas do Norte, Darwin tomou contato com as principais correntes intelectuais do Continente, entre as quais o lamarckismo, que defendia a tese de uma evolução das espécies, sob ação do meio, com base no princípio da transmissibilidade dos caracteres adquiridos. Mas a medicina também não era sua vocação. Ele decidiu estudar na Universidade de Cambridge, a fim de preparar-se para uma carreira eclesiástica na Igreja Anglicana. Passou três anos em Cambridge, estudando geometria, teologia e literatura clássica. Foi nessa fase que leu o famoso livro do reverendo William Paley, *Evidences of Christianity,* que procurava demonstrar a existência de Deus sem recorrer à Revelação, baseando-se numa "teologia natural", para a qual a ordem e a complexidade do universo e da vida bastavam para comprovar a intervenção de um Criador. Foi o núcleo da ideia do *intelligent design,* até hoje defendida pelos criacionistas.

Mas decididamente não era fácil organizar uma carreira para Darwin. Assim como interrompera seus estudos de medicina em Edinburgh, ele interrompeu seus estudos para pastor em Cambridge, quando convidado pelo capitão Robert FitzRoy para acompanhá-lo numa viagem de circunavegação, a bordo do *Beagle.* O objetivo da missão era completar o estudo das costas da Patagônia e da Terra do Fogo e mapear as costas do Chile, do Peru e de algumas ilhas do Pacífico.

O navio zarpou da Inglaterra em dezembro de 1831 e, depois de uma passagem por Cabo Verde, aportou na Bahia em fevereiro de 1832. Foi ali que Darwin teve seu primeiro encontro com a natureza tropical. O termo "delícia", escreveu Darwin em seu diário de viagem, é "insuficiente para dar conta das emoções sentidas por um naturalista que, pela primeira vez, se viu a sós com a natureza no seio de uma floresta brasileira [...] Para uma pessoa apaixonada pela história natural, um dia como este traz consigo uma sensação de prazer tão profunda que se tem a impressão de que jamais se poderá sentir algo assim outra vez". Chegando ao Rio, Darwin aprofunda seus conhecimentos da natureza tropical. É convidado por um inglês que ia visitar uma propriedade sua perto de Cabo Frio a acompanhá-lo. Durante o caminho, Darwin não cessa de deslumbrar-se com a mata. De volta ao Rio, hospeda-se numa casa em Botafogo, aguardando o regresso do *Beagle,* que estava de novo em Salvador. Durante esse tempo, Darwin colecionava insetos e perseguia furiosamente as borboletas, mas também fez um turismo moderado, visitando o Jardim Botânico e admirando o Corcovado: "Nada mais admirável que o efeito dessas colossais massas redondas de rocha nua emergindo do seio da mais luxuriante vegetação. Muitas vezes, eu me entretinha olhando as nuvens, que rolando sobre o mar, vinham formar um monte logo abaixo do ponto mais elevado do Corcovado".

Em julho de 1832, o *Beagle* deixou o Rio, a caminho do Uruguai e da Argentina, onde os oficiais e Darwin se encontraram com o general Rosas, que tinha recebido a missão de exterminar tantos índios quanto possível. Darwin parece ter achado normal essa incumbência: afinal, a medida era favorável ao progresso da agricultura e da pecuária. Enquanto FitzRoy mapeava a costa, segundo as ordens recebidas do Almirantado, Darwin fazia incursões em terra, descobrindo, para seu deleite, inúmeros fósseis, alguns de espécies "exóticas" aparentadas com rinocerontes e camelos, enquanto outros eram ancestrais gigantescos de espécies atualmente vivendo na América do Sul, como tamanduás, tatus e antas. O encontro mais espetacular foi com índios da Terra do Fogo, que chocaram Darwin por seu completo primitivismo, sua nudez quase total e a grosseria de sua língua, que mal merecia ser chamada de articulada. O capitão Cook comparara essa língua à de um homem limpando a garganta, mas na opinião de Darwin certamente "nenhum europeu jamais limpou a garganta fazendo sons tão roucos, guturais e estalados". Eles tinham um grande dom mimético e imitavam os sons emitidos pelos europeus de modo mais exato do que os europeus jamais conseguiriam imitar a fala indígena, mas no conjunto eram "os homens mais degradados do mundo" e tinham escassas perspectivas de progredir, pois a igualdade excessiva entre eles impedia que tivessem um chefe forte, condição essencial do progresso.

Atravessando o estreito de Magalhães, o *Beagle* chegou ao Pacífico. Foi o trecho mais longo da viagem. Durante intermináveis três anos, Darwin teve oportunidade de visitar Valparaíso, de subir os Andes, de testemunhar um terremoto. Em setembro de 1835, o navio foi às ilhas Galápagos, onde Darwin observou que cada ilha tinha variedades diferentes de tartarugas, de iguanas, de tentilhões, indícios evidentes, mas ainda não percebidos pelo jovem Darwin, de que a seleção natural estava criando novas variações no ambiente confinado das ilhas.

Deixando Galápagos, o *Beagle* dirigiu-se para a Oceania, onde Darwin visitou o Taiti, a Nova Zelândia e a Austrália, não perdendo ocasião de lamentar que as necessidades do progresso exigissem o extermínio inexorável das raças indígenas e de elogiar o esforço civilizador dos missionários anglicanos.

Em abril de 1836, o navio parou em Santa Helena, onde Darwin se hospedou numa estalagem perto do túmulo de Napoleão. Era uma noite de tempestade. Darwin escreveu a um amigo que era uma ocasião perfeita para que o fantasma do Imperador vagasse pela ilha.

O *Beagle* ainda voltou ao Brasil, para que FitzRoy pudesse confirmar a exatidão de alguns dados obtidos durante a primeira viagem. E, no dia 2 de outubro de 1836, Darwin desembarcava em solo inglês.

Já não se interessava pela carreira eclesiástica. Com sua riqueza de família, não dependia de trabalho remunerado e podia dedicar-se à organização do vasto material trazido dos seus cinco anos a bordo do *Beagle*. Em 1839, casa-se com sua prima Emma Edgwood. Fica em Londres até 1842, quando se instala na aldeia de Downe, no condado de Kent. Redige vários cadernos de notas, nos quais esboça teorias que desenvolveria depois em suas publicações. Entre eles está um caderno, iniciado em 1837, em que anotara todos os fatos relacionados com a transformação das espécies. Em 1842, redige um esboço de cerca de trinta páginas, no qual elabora uma teoria da evolução por seleção natural. Em 1844, amplia esse trabalho, num manuscrito de mais de duzentas páginas. Mas hesita em publicar suas ideias. Em carta a um amigo, diz que se sente como se tivesse que confessar um assassinato. No entanto, por insistência do amigo Lyell, começa a redação de um grande trabalho sobre sua teoria. Mas, em junho de 1858, sofre um golpe devastador. Recebe uma carta de um naturalista, Alfred Wallace, encaminhando um manuscrito que contém no essencial todas as ideias de Darwin. Era o fim de sua aspiração à prioridade. Que fazer? Lyell dá a solução. Um mês depois, o ensaio de Wallace é lido numa sessão especial da Sociedade Lineana de Londres, juntamente com o manuscrito de 1844, de Darwin.

Era mais que urgente, agora, divulgar essas ideias em livro. Desistindo de concluir o calhamaço em que estava trabalhando quando recebeu a carta de Wallace, Darwin publica em 1859 um resumo, *A origem das espécies,* em cuja introdução admite, lealmente, que "o Sr. Wallace, atualmente estudando a história natural do arquipélago malaio, chegou a conclusões quase iguais às minhas sobre a origem das espécies".

Entre *A origem das espécies,* em que Darwin apenas insinua a aplicação da teoria da evolução ao próprio homem, e *A descendência do homem,* em que a origem simiesca do ser humano é proclamada explicitamente, decorre um período de 12 anos. Foi só em 1871 que o livro veio à luz. Com efeito,

Darwin hesitou em abordar em *A origem das espécies* a implicação mais polêmica de sua teoria, a questão da genealogia humana, limitando-se a dizer que a obra lançaria "luz sobre a origem e a história do homem". É que para o grande público a ideia de que o homem pudesse descender de um animal inferior contrariava a versão bíblica de que ele fora criado separadamente, à imagem e semelhança de Deus. Mesmo os espíritos mais esclarecidos do seu tempo, até os que aceitavam em suas grandes linhas o princípio da evolução, recuavam diante da ideia de que esse princípio pudesse se aplicar ao homem, pois com isso poderiam ser desvalorizados os atributos especificamente humanos de pensamento e moralidade, dos quais dependia a civilização.

Depois de *A descendência do homem*, Darwin publicou ainda, em 1872, um livro importante, *A expressão das emoções humanas no homem e nos animais*, em grande parte baseado nas suas pesquisas sobre a filiação humana.

Darwin morreu em abril de 1882 e foi enterrado na Abadia de Westminster.

Recapitulemos agora, rapidamente, as principais contribuições de Darwin no campo da biologia.

A teoria da transformação, ou da transmutação, ou da evolução, não foi inventada por Darwin. Entre seus precursores estão Diderot, Buffon, Geoffroy St.-Hilaire e, sobretudo, Lamarck. Mas, de modo geral, esses autores se limitavam a dizer que as espécies evoluíam sob o efeito de adaptações a mudanças externas no meio ambiente, sem especificar os mecanismos pelos quais se davam esses processos de transformação. A contribuição personalíssima de Darwin foi identificar o principal desses mecanismos: a seleção natural. Na seleção artificial, os criadores e horticultores produzem variedades novas pelo cruzamento de indivíduos de raças diferentes da mesma espécie, segundo critérios estéticos ou utilitários, ou promovem a reprodução de indivíduos que exibam ao nascer características consideradas desejáveis, cujo reaparecimento nas gerações seguintes se pretende favorecer. Na seleção natural, esse processo de escolha e triagem é efetuado pela própria natureza. Segundo a lei de Malthus, que Darwin generaliza para o conjunto do mundo animal e vegetal, existe uma tendência para que a população de todos os seres vivos cresça mais rapidamente que os recursos disponíveis, o que gera uma terrível "luta pela vida", que favorece a sobrevivência dos mais aptos e leva à extinção dos menos aptos. É onde entra em cena a seleção natural. Ao longo do tempo, vão surgindo anomalias, ou diferenças aleatórias, que são então avaliadas pela seleção natural. Os seres dotados das diferenças mais benéficas para o organismo são preservados e transmitem essas diferenças à sua descendência; os outros são descartados. Por exemplo, em condições de escassez num dado meio que aumentem a competição entre os lobos pela captura das corças, um lobo mais veloz que os outros será o mais apto a sobreviver e a passar essa vantagem competitiva à sua prole. Tornadas hereditárias, essas diferenças criam variedades, que com o tempo vão se transformando em novas espécies. Foi assim que surgiu a "árvore da vida", pela qual todas as espécies descendem de uma espécie ancestral, esta descende de outra espécie mais antiga ainda, e em última análise a totalidade da vida descende de uma molécula orgânica primordial.

Em *A descendência do homem,* Darwin trata explicitamente do lugar do homem no processo evolutivo. Num tom um tanto provocativo, pouco característico do seu estilo, Darwin choca o público vitoriano afirmando que o homem descende de um quadrúpede peludo, dotado de cauda, provavelmente arborícola e habitante do Velho Mundo. Essa criatura, se pudéssemos examiná-la, seria classificada como um "quadrúmano" (primata) juntamente com outros mamíferos, descendentes, como nós, de um antigo marsupial, por sua vez descendente de um anfíbio, por sua vez descendente de um animal parecido com um peixe, por sua vez descendente do remoto ancestral de todos os vertebrados – um animal aquático, com rabo, hermafrodita e com órgãos como o cérebro e o coração imperfeitamente desenvolvidos. As provas dessa genealogia seriam dadas, entre outras, pela anatomia comparada, pela notável semelhança entre o embrião humano e o de outros animais, e pela existência de órgãos rudimentares, como o cóccix humano, que sugere a presença em nossa árvore genealógica de um animal com cauda, e as mamas em indivíduos do sexo masculino, peculiaridade comum a todos os mamíferos, que denuncia a presença de um animal hermafrodita entre nossos antepassados.

Que pensar de Darwin, hoje? Uma avaliação interna, baseada na validade científica da teoria, escapa de muito à minha competência. Confio nos especialistas, que dizem que depois de um curto eclipse no início do século passado, a teoria darwinista da evolução é hoje quase universalmente aceita. Como diz um dos darwinistas mais fervorosos, Richard Dawkins, "Nossa existência representou outrora o maior de todos os mistérios, mas deixou de ser um mistério porque o enigma está resolvido. Darwin e Wallace o resolveram, mesmo que continuemos durante algum tempo acrescentando notas de pé de página". O "quase" da minha resposta vai por conta dos adversários religiosos de Darwin, para muitos dos quais o fato de que o último sistema operacional do computador Macintosh chama-se Darwin é a prova de uma conspiração para difundir o ateísmo. Entre esses adversários não figura mais a Igreja Católica. Em pronunciamento feito em 1996 na Academia Pontifícia das Ciências, o papa João Paulo II declarou que a evolução era hoje "mais que uma hipótese", embora acrescentando que, se pelo corpo o homem se aparenta aos animais, distingue-se dele pela alma, criada diretamente por Deus. Dito isto, não tenho conhecimento de objeções científicas sérias à teoria como tal.

Não há a mesma unanimidade na avaliação externa, extracientífica. Darwin era um homem do seu tempo, com ideias e convicções que hoje consideraríamos progressistas e outras que teríamos que julgar "politicamente incorretas."

Entre as primeiras está seu genuíno horror à escravidão, haurido em parte nas ideias liberais do seu pai, médico e livre-pensador, e em parte na sua família materna, impregnada de uma religiosidade não convencional (todos pertenciam à Igreja Unitária), para a qual a escravidão era um pecado imperdoável. Suas impressões do Brasil ficaram indelevelmente marcadas por essa aversão ao regime servil. Testemunhou, perto de Macaé, na província do Rio de Janeiro, uma cena atroz em que um fazendeiro ameaçou vender separadamente os membros da mesma família. Ainda no Rio, era vizinho de uma senhora que usava um instrumento de tortura para esmagar os dedos das escravas. Viu um garotinho de seis ou sete anos ser atingido três vezes na cabeça por um chicote de açoitar cavalos. Teve um sério atrito com o comandante do *Beagle,* aristocrata e ultraconservador, que sustentava que a escravidão não era assim tão má, e a prova é que assistira um escravo brasileiro afirmar, na presença do seu senhor, que estava satisfeito com sua condição. Ao deixar para sempre as praias brasileiras, Darwin anotou em seu diário: "Agradeço a Deus e espero nunca visitar outra vez um país escravocrata".

Esse horror o acompanhou durante toda a vida. Quando estourou a Guerra de Secessão dos Estados Unidos, os estados do sul defenderam a instituição odiosa usando argumentos bíblicos. Darwin podia se dar ao luxo de ignorá-los. As coisas se complicaram quando os sulistas passaram a invocar a ciência. Foi fundada em Londres uma Sociedade Antropológica destinada a defender a ideia de que a escravidão se justificava por motivos puramente científicos. Para eles, os negros constituíam uma espécie diferente da humana e sua única esperança de alcançarem algum bem-estar era através da escravidão. Muitos desses racistas "científicos" defendiam o poligenismo, segundo o qual brancos e negros não tinham uma origem comum, pois as raças haviam surgido separadamente em diferentes lugares da Terra. Segundo eles, os monogenistas como Darwin, defendendo a tese de um ancestral comum, estavam ainda prisioneiros do mito bíblico de Adão e Eva. Já os racistas se consideravam espíritos livres, libertos da superstição religiosa. Foi quando se descobriram na Amazônia, e depois na própria Inglaterra, formigueiros que funcionavam na base do trabalho escravo. O cúmulo dos cúmulos é que as formigas escravizadas eram negras e as "escravistas" eram de uma bela cor ruiva. Assim, a própria história natural, domínio por excelência de Darwin, parecia dar razão aos escravistas. Durante todos esses debates, Darwin permaneceu fiel às suas convicções abolicionistas. Mas em nenhum momento caiu na cilada de fundar sua posição em argumentos científicos. A escravidão era igualmente nefanda, dizia ele, quer a humanidade tivesse um só pai ancestral, quer vinte. Quanto às formigas, elas agiam por instinto, que era uma força moralmente neutra, e portanto não havia culpa, ao contrário do que acontecia no escravismo praticado por seres humanos. Pode-se mesmo inverter a proposição: não somente Darwin se recusava a basear na ciência seu antiescravismo, como sua ciência foi em grande parte um resultado de seu antiescravismo. É pelo menos o que se pode depreender de um livro recente, *Darwin's Sacred Cause*, de Adrian Desmond e James Moore, para os quais a força motriz que impulsionou Darwin na elaboração da teoria evolucionista foi a necessidade moral de mostrar cientificamente que brancos e negros, oriundos do mesmo antepassado, eram verdadeiramente irmãos, como sempre sustentara a Revelação cristã.

Respondendo às objeções de que sua teoria era individualista, isto é, baseada em uma seleção natural que só favorecia diferenças úteis para o indivíduo, Darwin esclareceu que a seleção natural operava também no plano comunitário. Eram favorecidas pela seleção natural as comunidades que tivessem o maior número possível de indivíduos dotados de instintos sociais, que inculcassem sentimentos de fidelidade e obediência, e aqueles que estimulassem atos de abnegação, de autossacrifício, primeiro em favor da prole e depois em favor da comunidade como um todo. Em sociedades civilizadas, os instintos sociais eram substituídos pela moralidade, que pressupunha a aquisição de faculdades intelectuais mais desenvolvidas e uma opinião pública capaz de aprovar as ações consideradas válidas e desaprovar as outras, consolidando dessa forma os padrões aceitáveis de comportamento moral. Assim, a evolução teria moldado os primeiros homens a agirem altruisticamente em favor dos seus irmãos e filhos, e depois, por um processo cumulativo de aprendizado cultural, em favor de uma comunidade e eventualmente do gênero humano como um todo.

Mas nem todas as opiniões de Darwin são igualmente admiráveis. Como bom *whig*, representante de uma burguesia industrial que queria afirmar-se contra a nobreza fundiária inglesa, mas temia a ascensão da classe operária, Darwin jamais teve pelas vítimas da acumulação capitalista a mesma compaixão que estendera aos escravos. É que a escravidão era uma questão moral, e a miséria da classe trabalhadora tinha raízes na própria natureza das coisas, como demonstrara Malthus. A tendência para que a população crescesse em proporção geométrica e a dos meios de subsistência crescesse apenas em proporção aritmética era um fato inelutável, contra o qual de nada valia a filantropia pública, consubstanciada nas *"poor laws"*. Ao contrário, elas só serviriam para impedir os miseráveis de reagir das únicas formas possíveis: competir no mercado de trabalho, que segundo os princípios da seleção natural premiaria com melhores salários os operários mais diligentes, e retardar ao máximo o casamento, para frear a superpopulação. Alguns "malthusianos de esquerda" preconizavam outro remédio, que era o controle voluntário da natalidade. Na Inglaterra vitoriana, essa medida equivalia a dizer que o sexo podia ser praticado sem estar ligado à reprodução, o que soava como um incentivo à libertinagem. Isso era tão escandaloso, que o autor de um panfleto recomendando métodos contraceptivos, Charles Bradaugh, foi preso, juntamente com sua editora, Annie Besant. Os dois cometeram o erro de arrolar Darwin como testemunha de defesa, convencidos de que o autor de livros tão subversivos tinha de estar do lado dos réus. Darwin recusou, alegando doença, mas na verdade para defender sua reputação moral, ou mesmo por acreditar, como malthusiano convicto, que nada deveria ser feito para inibir a lei natural do empobrecimento da classe operária.

Não foi esse o único pecado político de Darwin. Ele aprovou a política de genocídio de Rosas contra os índios argentinos. E testemunhou o massacre praticado pelos ingleses contra os aborígenes na Austrália e na Nova Zelândia, aceitando-o com fatalismo, pois a seleção natural tinha necessariamente que favorecer os povos superiores em força e inteligência, exterminando os demais.

E teve opiniões um tanto machistas. Segundo ele, os homens eram intelectualmente superiores às mulheres. Os primeiros humanos do sexo masculino tiveram de competir com outros machos pelo favor das fêmeas e defendê-las e defender os filhos contra inimigos de todo tipo. Consequentemente, os homens ficaram mais inteligentes. Mas acrescentou: em compensação, as mulheres ficaram mais bonitas.

O pensamento de Darwin gerou estranhos filhotes nas décadas subsequentes.

Ainda em vida de Darwin, seu primo, Francis Galton, alarmado com o rápido crescimento demográfico das classes mais grosseiras e mais incultas, recomendou que os seres humanos assumissem os rumos de sua própria evolução, estimulando a reprodução dos indivíduos mais cultos e mais inteligentes. Com essas ideias, Galton lançava as bases da eugenia, que teria um futuro promissor. Vários países puseram em prática medidas de esterilização, em nome da eugenia e do darwinismo. Por volta de 1940, leis de esterilização tinham sido aprovadas em trinta estados norte-americanos, três províncias canadenses, um cantão suíço, a Estônia, todos os países escandinavos, a maioria dos países do Leste Europeu, Cuba, a Turquia e o Japão. As medidas de eugenia foram especialmente brutais na Alemanha, pois envolveram não somente a esterilização em massa (quatrocentas mil pessoas, em confronto com sessenta mil nos Estados Unidos), mas também a eliminação física, por gás ou injeção letal, de centenas de milhares de pessoas.

O darwinismo gerou o chamado darwinismo social, que enfatizava o individualismo e a competição extremada e advogava o *laissez-faire*, opondo-se à intervenção do Estado. Os capitalistas mais competentes tinham um "diferencial" com relação aos outros, e essa vantagem relativa fazia com que fossem favorecidos pela seleção natural, agindo através do mercado.

Serviu para justificar o imperialismo. Um dos discípulos mais fervorosos de Darwin, Haeckel, usou sua teoria para legitimar as pretensões hegemônicas da Alemanha bismarckiana. E serviu para legitimar a guerra. O homem era um *fighting ape,* um macaco guerreiro, e assim devia continuar sendo, para que sua nação pudesse manter-se saudável. A guerra era uma medida de saúde pública. Um dos apologistas dessa guerra higiênica não hesitou em dizer que a natureza zela pelo bem-estar do pomar humano podando-o, e a melhor podadeira é a guerra.

Se menciono os aspectos positivos e negativos do darwinismo não é para cometer o ridículo de distribuir boas e más notas a uma das "mutações" mais decisivas do nosso tempo, mas a fim de preparar o caminho para algumas reflexões finais.

Durante boa parte do século passado, o mundo foi compreendido a partir de um paradigma sociológico. Hoje há sinais inequívocos do esgotamento desse paradigma. Estaria se delineando um novo paradigma, de caráter biológico? Há sinais que apontam nessa direção. Para minha geração, tudo era social; hoje tudo é biológico. Antes, procurávamos a etiologia da violência no capitalismo; hoje ele está em nosso DNA, em nossa taxa de serotonina ou em algum lugar no hemisfério esquerdo do cérebro.

Há aspectos sombrios nessa biologização do mundo. Pensar o homem segundo um modelo biológico não significaria privilegiar o equilíbrio e a adaptação, deixando intactas as estruturas sociais responsáveis pela opressão e pela injustiça?

E não há dúvida de que certas linhas de pesquisa genética podem ter consequências inquietantes. A produção em laboratório de seres humanos dotados das características físicas e intelectuais desejadas por seus demiurgos dá um pouco a impressão de que o homem decidiu fazer por suas mãos o que a seleção natural não tem mais forças para fazer. A seleção artificial, pela qual orquídeas e pombos eram moldados à vontade dos respectivos criadores, tinha servido de modelo para a construção do conceito darwinista de seleção natural. Na era da clonagem, tudo se passa como se a seleção artificial voltasse a ocupar o centro do palco, agora aplicada aos próprios seres humanos.

As implicações são perturbadoras, do ponto de vista social, moral e político.

Socialmente, as relações entre os homens correm o risco de transformar-se em relações comparáveis às que caracterizam o trabalho escravo. Pode surgir uma nova forma de estratificação social, em que uma elite genética, composta das pessoas mais eugênicas e mais inteligentes, subjuga a casta inferior, composta de pessoas biologicamente desfavorecidas, predestinadas por seu nascimento a uma posição subalterna. O filme *Gattaca* retrata essa bioutopia negativa.

Moralmente, a nova ciência biológica pode pôr em questão o livre-arbítrio, na medida em que é a estrutura genética de cada homem que condiciona seu comportamento, e com isso toda a nossa concepção de moralidade entra em colapso. O corolário desse determinismo seria uma política de eliminação do crime através de uma intervenção genética, o que suscita a questão da definição do que deveria ser considerado crime, definição que como se sabe varia no tempo e no espaço. O adultério e a blasfêmia seriam crimes? E o crime político, cujas fronteiras com o crime comum são notoriamente fluidas?

Enfim, politicamente é preciso admitir que a ideia de uma ditadura de cientistas, de uma biocracia, está na lógica de um pensamento para o qual são eles os únicos homens competentes para decidir o que é melhor para a sociedade.

Mas não podemos afastar a suspeita de que o paradigma sociológico seja em grande parte responsável por seu próprio declínio. Ele pecou por omissão, deixando de lado toda a dimensão somática do humano. Tudo tem se passado como se o sujeito marxista fosse um mero suporte abstrato de relações de classe. O olhar marxista não podia captar o trabalhador em sua dimensão biológica, porque o havia construído, originária e constitutivamente, como um ser social, e só dentro dessa grade ele era visível. Sim, temos razão em inquietar-nos com as implicações reacionárias e até fascistizantes de um biologismo cego. Mas isso não justifica uma visão angelista do mundo, o pressuposto neorrousseauniano de que todos os males do homem vêm da sociedade. Esse angelismo tem talvez uma origem religiosa, resultante, quem sabe, de uma contaminação gnóstica, uma gnose *anti-physis* que só valoriza o lado não corpóreo do homem.

Temos, assim, de um lado, uma perspectiva biológica que por ignorar o social expõe-se ao risco de contribuir para uma biologização totalitária do mundo e, do outro, uma perspectiva sociológica que movida por uma "biofobia" ingênua contribui, por sua passividade, para o advento do estado de coisas que ela mais teme.

Por tudo isso, creio que é chegado o momento da aproximação dos dois paradigmas.

Há precedentes, no campo marxista, para esse desejo de aproximação. No tempo de Darwin, havia boas razões para considerar esse diálogo inteiramente natural. Apesar da apropriação conservadora do pensamento de Darwin que mencionei antes, a teoria da evolução se tornou crescentemente popular junto às classes trabalhadoras. A ideia de que um arcebispo ou um duque tivessem um molusco e um chimpanzé como antepassados bastava para desmoralizar as hierarquias sociais. Além disso, havia algo de exaltante e mobilizador na visão de uma humanidade que, começando de baixo, a partir de origens muito humildes, podia ascender à supremacia absoluta na escala dos seres vivos. Por isso os líderes operários eram grandes leitores de Darwin.

Apesar disso, não há noticia de um encontro pessoal entre Marx e Darwin, embora os dois morassem a poucos quilômetros um do outro, Marx em Londres e Darwin em Downe. Sabe-se apenas que Marx enviou a Darwin a nova edição de *Das Kapital,* com uma breve dedicatória. Darwin acusou o recebimento do livro, e aparentemente leu as primeiras páginas, o suficiente, apesar de saber mal o alemão, para perceber que se tratava de uma "grande obra". Ele gostaria, continuou Darwin, "de ser mais digno de recebê-lo, entendendo melhor a importante e profunda ciência da economia política". Mas, com certeza, os esforços de ambos tendo em vista a "'extensão do conhecimento' levariam, a longo prazo [...] a aumentar a felicidade do gênero humano". Alguns parentes e amigos de Marx se encontraram com Darwin ou seus adeptos. Sabemos, por exemplo, que a filha de Marx, Jenny, assistiu a uma conferência de Thomas Huxley, conhecido como o "buldogue de Darwin", depois de ter dançado por ocasião do aniversário da Internacional Socialista, quase morrendo de sufocação na sala apinhada de gente. Outro membro do círculo de Darwin era um jovem professor de anatomia, Edward Aveling, que para desconforto de Darwin era ateu militante. Aveling viveu em união livre com outra filha de Marx, Eleanor, que acabou cometendo suicídio.

O que Marx e Engels achavam realmente de Darwin? Nossas melhores informações a respeito vêm de algumas cartas. Os dois amigos leram a *A origem das espécies* desde o aparecimento do livro, em 1859. Em carta de 12 de dezembro daquele ano, Engels escreve a Marx que o livro era "esplêndido. A teleologia ainda não estava totalmente liquidada. Agora está. Além disso, nunca se tinha feito uma tentativa tão admirável de demonstrar o desenvolvimento histórico na natureza, e com tanta felicidade". A referência à teleologia é muito pertinente, porque de fato uma das façanhas de Darwin foi haver substituído na biologia as causas finais – o olho serve *para* ver – por causas eficientes – o olho é o que é em sua forma atual *porque* foi moldado desse modo como resultado cumulativo de inúmeras intervenções da seleção natural, ao longo de milhões de anos. Atrás da teleologia se escondia Deus; atrás da causalidade eficiente está a seleção natural. E a alusão à história na natureza capta com mestria a semelhança e a diferença entre o método de Marx e o de Darwin. Em Darwin é a história da vida, cujo motor é a evolução; em

Marx é a história da humanidade, cujo motor é a luta de classes. Em carta a Ferdinand Lassalle, de 16 de janeiro de 1861, Marx diz com todas as letras que a teoria de Darwin é o "substrato, fundado na ciência natural, da luta de classes, fundada na história (*naturwissenschaftliche Unterlage des geschichtlichen Klassenkampfes.*)". E em carta a Engels, de 18 de junho de 1862, Marx observa: "Darwin reconhece entre animais e plantas sua sociedade inglesa, com sua divisão do trabalho, competição, abertura de novos mercados, 'invenções' e a luta malthusiana pela existência. É o *bellum omnium contra omnes,* de Hobbes. Recordamo-nos de Hegel, que vê a sociedade civil como 'um reino animal do espírito', enquanto Darwin imagina o reino animal como a sociedade civil". A história da natureza se transforma num reflexo especular da violência social, e esta num pastiche da violência natural. A natureza e a sociedade são habitadas por lobos famintos, em que a luta de todos contra todos faz com que a vida de cada um seja, como disse Hobbes, *"nasty, brutish and short"*.

Mas essas opiniões não ficaram restritas à correspondência particular.

No prefácio à segunda edição de *O Capital,* Marx escreve que em seu livro "a evolução da formação econômica da sociedade é vista como um processo de história natural". Certamente foi essa a edição oferecida a Darwin.

E nada é mais significativo que esta passagem da oração fúnebre de Marx, feita por Engels:

> Assim como Darwin descobriu a lei da evolução na natureza orgânica, Marx descobriu a lei da evolução na história humana; ele descobriu o fato simples, até então oculto pela ideologia, de que os homens necessitam primeiro comer e beber, abrigar-se e vestir-se, antes de se dedicarem à política, à ciência, à arte, à religião etc.; e que por isso a produção dos meios materiais imediatos de vida, e consequentemente o grau de desenvolvimento econômico atingido por um povo dado ou durante uma época dada, forma o fundamento a partir do qual evoluíram as instituições estatais, as concepções legais, a arte e mesmo as ideias religiosas do povo em questão, e à luz do qual essas coisas devem ser explicadas, em vez de vice-versa, como até agora tinha sido o caso.

Enfim, leiam-se as seguintes palavras de Lênin:

> Assim como Darwin pôs fim à ideia de que as espécies animais e vegetais eram absolutamente sem ligação interna, fortuitas, criadas por Deus e imutáveis, e foi o primeiro a colocar a biologia numa base científica, demonstrando a mu-

tabilidade e a sucessão das espécies, assim Marx pôs fim à concepção de que a sociedade era um agregado mecânico de indivíduos, autorizando todos os tipos de modificação segundo o capricho das autoridades (ou, se preferirem, da sociedade e do governo) e que emerge e muda aleatoriamente, e foi o primeiro a colocar a sociologia numa base científica, vendo a formação econômica da sociedade como a soma de determinadas relações de produção e demonstrando que o desenvolvimento de tais relações é um processo de história natural.

Esse reconhecimento da importância da perspectiva biológica deveria ser imitado pelos herdeiros contemporâneos do pensamento crítico, marxistas ou não. Tal abertura pressupõe o abandono do que chamei biofobia, a desconfiança *a priori* com relação à biologia e ao evolucionismo. Abertura não significa aprovação. Certas linhas de pesquisa genética e de engenharia genética (células-tronco, clonagem humana) deveriam de fato ser acompanhadas criticamente pelos cientistas sociais e debatidas em público, como fez Jürgen Habermas em *O futuro da natureza humana*. As aberrações monstruosas cometidas em nome do darwinismo, que resumi há pouco, estão ainda suficientemente próximas de nós para que possamos nos dar ao luxo de ignorar os riscos de uma volta ao passado.

Mas quer o queiramos ou não, o trabalho dos biólogos prossegue. Como prossegue o trabalho dos cientistas sociais que decidiram incorporar em suas pesquisas a perspectiva evolucionista, em campos novos como a sociobiologia e a psicologia evolutiva. Em geral, esses profissionais estão longe de corresponder à caricatura que fazemos deles. Hoje em dia são raros os que defendem o determinismo genético, a ideia simplista de que o comportamento humano é determinado por nossos genes. Ao contrário, todos consideram que, sem as informações vindas da cultura, o homem não poderia adaptar-se ao ambiente. E mesmo a adaptação deixou de ser um fim em si. Quando excessiva, a adaptação pode levar ao conformismo, que paralisa a evolução, e nesse caso a seleção favorece os não conformistas, os indivíduos capazes de relativizar as certezas culturais. A psicologia evolutiva e a primatologia podem mostrar que muitos comportamentos do homem moderno, como a luta por status, a ambição de poder e a violência contra a mulher, são legados de nossos ancestrais pré-humanos, mas não tiram daí a conclusão de que esses comportamentos são legítimos. Ao contrário, muitos comportamentos que foram adaptativos no passado são hoje disfuncionais e, por isso, precisam ser modificados. Mas esse trabalho terá melhores perspectivas de êxito se conhecermos as raízes evolutivas que reforçam tais comportamentos. Nisso, como em tudo o mais, temos de evitar a chamada falácia naturalista, o erro lógico que consiste em derivar o dever ser do ser, a norma do fato. Do fato de que certas tendências estejam inscritas em nossa herança genética não decorre uma norma que as justifique. Porém as chances de mudança melhorarão se conhecermos esse fato, para melhor contorná-lo.

Mas, por maior que seja a abertura dos cientistas sociais à perspectiva evolucionista, poucos iriam tão longe quanto Marx, que a viu como a infraestrutura, *Unterlage*, de sua própria teoria. No entanto, talvez não fosse totalmente utópico admitir um modelo bidimensional em que as duas perspectivas fossem vistas como complementares. O antropólogo evolucionista Jerome H. Martow propôs para isso o critério da compatibilidade. Cada vez que uma afirmação sobre o homem feita por um cientista social for incompatível com o que a psicologia evolutiva julga saber, ou vice-versa, surge um problema, que aponta para um erro, cuja correção deve dar origem a novas investigações.

Além de cruzar o darwinismo com o marxismo, eu tinha pensado originalmente em fazer a mesma coisa com a psicanálise – essa outra mutação que revolucionou o pensamento tão profundamente quanto o darwinismo. Mas isso exigiria outra palestra, que para alívio geral não farei, pelo menos agora.

O que Poincaré sussurrou para Valéry
Luiz Alberto Oliveira

Parece haver um consenso entre muitos dos praticantes das chamadas Ciências Humanas acerca da proeminência, na cultura contemporânea, da peculiar combinação de conceitos e receitas de aplicação que nos acostumamos a denominar, desde os anos 1950, de Tecnociência. De fato, parece bastante difundida, se não mesmo hegemônica, entre esses praticantes a convicção de que a experiência do pensamento, tal como a define a tradição clássica ("A mãe de todas as coisas", como recorda Adauto Novaes), encontra-se hoje subjugada pelo predomínio da Tecnociência. Mas nesse caso a experiência do pensamento recairá em um vazio – o da "perda da experiência histórica, a derrota da experiência", segundo Benjamin. Privados da experiência histórica, na presente Era das Mutações, os homens se veem empobrecidos pelo vazio de uma vida sem sentido e sem espírito.

A pobreza tecnocientificamente engendrada da experiência de pensamento foi enunciada por Paul Valéry, por exemplo, já nos dias tumultuosos após a Grande Guerra, numa sentença de concisão e precisão terríveis: "Tudo o que sabemos, isto é, tudo o que podemos, passou hoje a se opor a tudo o que somos"; e repercutida meio século depois por Hannah Arendt, que perante feitos técnicos do porte do lançamento do Sputnik e da detonação da Bomba de Hidrogênio concluiu que estávamos sob risco crescente de testemunhar "a abolição das maiores invenções humanas, o Passado e o Futuro". Com efeito, ocorreria na atualidade uma tal proliferação de fraturas insondáveis na textura dos acontecimentos, uma tal fragmentação do presente em um infinito de possibilidades insopesáveis, que o pensamento se desnorteia, emperra e afunda no vazio desse excesso. Jorge Luis Borges, mais uma vez, nos socorre com uma imagem sugestiva, no conto "Os dois reis e os dois labirintos":

Contam os homens dignos de fé (porém Alá sabe mais) que nos primeiros dias houve um rei das ilhas da Babilônia que reuniu seus arquitetos e magos e ordenou a construção de um labirinto tão perfeito e sutil que os varões mais prudentes não se aventuravam a entrar nele, e os que nele entravam, se perdiam. Essa obra era um escândalo, pois a confusão e a maravilha são atitudes próprias de Deus e não dos homens. Com o correr do tempo, chegou à côrte um rei dos árabes, e o rei da Babilônia (para zombar da simplicidade de seu hóspede) fez com que ele penetrasse no labirinto, onde vagueou humilhado e confuso até o fim da tarde. Implorou então o socorro divino e encontrou a saída. Seus lábios não pronunciaram nenhuma queixa, mas disse ao rei da Babilônia que tinha na Arábia um labirinto melhor e, se Deus quisesse, lhe daria a conhecer algum dia. Depois regressou à Arábia, juntou seus capitães e alcaides e arrasou os reinos da Babilônia com tão venturoso acerto que derrubou seus castelos, dizimou sua gente e fez prisioneiro o próprio rei. Amarrou-o sobre um camelo veloz e levou-o para o deserto. Cavalgaram três dias, e lhe disse: "Oh, rei do tempo e substância e símbolo do século, na Babilônia me quiseste perder num labirinto de bronze com muitas escadas, portas e muros; agora o Poderoso achou por bem que eu te mostre o meu, onde não há escadas a subir, nem portas a forçar, nem cansativas galerias a percorrer, nem muros que te impeçam os passos". Em seguida, desatou-lhe as ligaduras e o abandonou no meio do deserto, onde morreu de fome e de sede. A glória esteja com Aquele que não morre.

Mas a fissura entre a Ciência (e, decerto, suas derivações técnicas) e a atividade positiva do pensar já havia sido antevista por Nietzsche, que mesmo num período em que vigorava amplamente a ideologia do "Progresso" – talvez o mais autêntico substrato mítico da Cosmovisão clássica – assinalou com agudeza que "[...] o problema da Ciência não pode ser abordado no domínio da Ciência". E seguindo esta linha encontraremos, no próprio coração da postura crítica das Humanidades perante o vulto assumido pelos saberes e práticas da Ciência Natural, a bem conhecida observação de Heidegger: "A Ciência não se move na dimensão da Filosofia, mas, sem o saber, se liga a essa dimensão. [...] A Ciência, enquanto Ciência, não pode decidir o que são Movimento, Espaço, Tempo. Portanto, a Ciência não pensa, *não pode pensar* com seus métodos (a Física não é o método da Física!) [...] É próprio de sua essência que dependa do que pensa a Filosofia, mas se esqueça e negligencie o que aí se exige ser pensado".

Para avaliar esses juízos, convém começar pela pergunta: o que é a Ciência? Tomemos por base a conceituação bastante concisa de Ernesto Sábato acerca da especificidade dos afazeres científicos. Para ele, a Ciência seria, antes de tudo, uma forma de dialogar com a Natureza, ou seja, de estabelecer uma linguagem comum entre o espírito humano e o mundo natural. Surpreendente ideia, a de que podemos dialogar com as estrelas, com os relâmpagos, com os minerais... Toda prática de saber legitimamente científica, porém, deverá consistir de dois elementos, um sempre invariante, e outro sempre variável. O elemento permanente, que não muda nunca, é a regra fundadora dessa possibilidade de diálogo: o Método (do grego *meta* + *odós*, "caminho a seguir"). O método nos dá assim a diretriz a ser perseguida ao longo do empreendimento científico, e para este fim consta, ele mesmo, de dois componentes, que Sábato denomina de Observação Cuidadosa e Raciocínio Impecável.

Observação cuidadosa é a arte (no sentido original do termo, de saber--fazer) do experimentador, que se encontra com o fato ou fenômeno bruto e, por meio de seus instrumentos de medida, consegue traduzir esse fenômeno em um conjunto de grandezas, um painel de quantidades. Esses esquemas quantitativos descreveriam os estados de coisas manifestos ao se realizarem os fatos. Raciocínio impecável, por sua vez, é a arte do teorizador, que elabora, a partir dos dados da observação, propostas para a regra que governaria as relações entre as grandezas representativas do acontecimento, isto é, diagramas ou esboços da forma que presidiria as características do comportamento exibido pelo sistema sob exame. A partir dessa modelização do fenômeno seria possível, em princípio, não apenas descrever os diferentes estados já observados do comportamento do sistema, como também, e ainda mais importante, predizer a ocorrência de configurações futuras. Em resumo: o experimentador oferece ao teórico a tradução do fenômeno em dados; com estes dados o teórico elabora um modelo; este modelo permite fazer previsões, ou seja, antecipar estados que este sistema deverá realizar se cumpridas certas condições, e então – e este é o aspecto crucial da aplicação do método – a investigação é devolvida ao experimentador, que irá aferir a eficiência das previsões deste modelo por meio de novas observações. Somente este crivo empírico, este retorno da teorização para a medição, é que irá validar – ou não – o modelo sugerido. Ele será considerado adequado se as previsões forem próximas o suficiente das observações, e inverossímil se este não for o caso.

O método empírico é, portanto, o elemento que, na produção do saber científico, não muda nunca. Já o elemento que muda sempre, que não pode nunca permanecer o mesmo, diz Sábato, são os diferentes enunciados elaborados, em cada domínio de conhecimento, a partir da aplicação do método. Ou seja, o método permite gerar modelos que são chancelados, em dadas circunstâncias, pela verossimilhança das previsões que engendram, mas essa corroboração jamais é final; o jogo do conhecimento não termina, não pode terminar, pois a própria reiteração do método irá sempre dar lugar a novos enunciados, mais eficazes, mais aproximados. Os saberes científicos têm assim uma característica inescapável: os enunciados que produzem são *necessariamente provisórios*, estão sempre sujeitos à superação e à renovação. Karl Popper, de fato, afirma que o mais indispensável atributo de um enunciado científico é ser refutável pela observação; essa refutabilidade inerente aos resultados do método empírico, por sua vez, irá assegurar o caráter cumulativo, progressivo, dos empreendimentos científicos, que reconhecemos ao estudar a História da Ciência. Mas se os saberes científicos tão somente operam com "verdades", no sentido restrito de adequação de modelos a fatos observacionais, então não se prestam a alcançar "Verdades", enunciados cabais, universais, absolutos; no máximo, podem nos descrever, aproximadamente, progressivamente, um estar, mas não um ser. Outros exercícios do espírito humano, como a cogitação filosófica, a inspiração poética ou a exaltação mística poderão talvez aspirar a pronunciar "Verdades" últimas; as ciências só podem pretender formular "verdades" transitórias, sempre inacabadas. Sábato observa, não sem ironia, que todas as vezes que se pretendeu elevar um enunciado científico à condição de Dogma, de "Verdade" final e inquestionável, um pouco mais à frente a própria continuidade da aplicação do método científico invariavelmente acabou por demonstrar que tal Dogma não passava senão... de um Equívoco. Não há melhor exemplo que a fundamentação da doutrina nazista sobre a noção, biologicamente infundada, de raça. Esta precariedade, porém, não é um defeito ou carência da prática científica, mas sim a própria raiz de seu poder e eficácia.

Em contrapartida, os objetos da Ciência – seus princípios teóricos, suas leis empíricas, suas relações funcionais – não possuem conteúdos formais imediatamente expressivos (como os da Arte), nem se vinculam diretamente a fundamentos ontológicos ou a sistemas de valores (como os da Filosofia). Em particular – e aqui nos aproximamos do cerne do problema –, o método empírico não pode justificar-se por si mesmo, isto é, o método não pode ser aferido pelo método; nem por seus sucessos, isto é, a eficácia de seus resultados não basta como princípio para sua adoção. Dito de outro modo: a Ciência não pode se autofundar, referir-se a si mesma como meio de legitimar-se como exercício do pensamento. O exame de suas condições de possibilidade (ou, no caso, pensabilidade) requer, portanto, um ponto de vista exterior, autônomo com respeito ao método empírico, que envolveria os preceitos de uma MetaCiência – que haverá de se identificar, por certo, com a própria Filosofia. Com efeito, se toda prática de saber requer um MetaSaber a partir do qual seus objetos e objetivos, seus recursos e estratégias, suas fronteiras e pressupostos possam ser organizados e integrados, para que não se recaia numa regressão infinita de contextualizações (qual é o MetaSaber do MetaSaber, e assim por diante), é necessário um termo derradeiro, isto é, um Saber que se debruce sobre suas próprias condições de possibilidade e seja assim o MetaSaber de si mesmo; ora, este domínio último das fundamentações não é senão a Filosofia. A Ciência e a Arte requerem uma MetaCiência e uma MetaArte, mas a Filosofia se define exatamente pela identificação, ou congruência, com a MetaFilosofia.

Reencontramos assim a motivação das objeções de Nietzsche e Heidegger que alinhamos acima. De uma perspectiva mais pragmática, o questionamento sobre os fundamentos da Ciência assume a forma mais prosaica, e ingente, de um silêncio embaraçado: se nos perguntarmos qual seria a "postura filosófica" mais comumente adotada pelos cientistas naturais na atualidade, teríamos como resposta a opção, muitas vezes tacitamente assumida, se não mesmo inconsciente, por um "materialismo realista", ou seja, a afirmação da existência de uma Realidade material plenamente autônoma diante da mente humana, sendo o método empírico exatamente o meio apropriado para cartografar, de passo em passo, esse continente desconhecido. Contudo, por mais razoável, ou conveniente, ou mesmo bem-sucedida que essa posição ontológica possa se revelar, ela evidentemente não é suscetível de demonstração empírica. E então...? Outro viés de crítica, exercido com desenvoltura por filósofos neo-heideggerianos, enfoca a crescente submissão das Ciências às Técnicas, isto é, a subordinação cada vez mais frequente, na sociedade contemporânea, da "busca do conhecimento" a finalidades econômicas ou utilitárias – como exemplificado, de modo cristalino, pelos departamentos de Pesquisa & Desenvolvimento das indústrias farmacêuticas. Qual o "pensamento" que poderia vigorar aí?

Contudo... Seria esse o enfoque exclusivo, ou mesmo preferencial, a partir do qual se deveria abordar as (indispensáveis) vinculações da Ciência com a Filosofia – ou, antes, a inserção mesma da Ciência no campo do Pensamento? Não haveria outras características da atividade da Ciência, ademais da fundamentação bem-posta, da argumentação consistente e da corroboração empírica, que nos obrigassem a refletir, filosoficamente, sobre os modos pelos quais as Ciências se desempenham – e, talvez, discernir nesses modos de ação elementos próprios ao *pensar*? Ou, invertendo a orientação do questionamento: não haveria, nas múltiplas dimensões do Pensamento, instâncias que fossem plenamente atendidas pelo mister científico (ou artístico), tanto quanto pelo afazer filosófico? Se o campo do Pensar não fosse obrigatoriamente configurado a partir das distinções entre os meios empregados e os objetos focalizados – o desvelar do "Ser", para a Filosofia; a descrição dos "entes", para a Ciência; a expressão dos "afetos", para a Arte –, então seria possível, porventura, vislumbrar um caractere essencial, um traço comum a todas essas práticas de pensamento. Como determinar esse atributo decisivo?

Consta que, certa feita, um aprendiz ingênuo perguntou a mestre Oscar Niemeyer: "Como é isso que você faz?". A pergunta era, evidentemente, impossível, mas a resposta foi imediata, direta e extraordinária: "Busco sempre o inesperado". O *ethos* da arquitetura oscariana consistiria assim na identificação integral entre pensar e inovar; essa constatação sugere estatuir como núcleo efetivo do Pensar a capacidade de engendrar novas formas, isto é, a potência de *Criar*. A principal vantagem que se pode antecipar, com vistas a justificar a escolha desta diretriz de pesquisa, é a de permitir levar-se em conta, de modo natural, a intensa criatividade manifesta pelas Ciências (e Técnicas) contemporâneas. Podemos então de(sen)volver a pergunta e indagar aos filósofos: a Filosofia *sabe* como a Ciência pensa? Exploraremos, no presente exercício de problematização, dois argumentos principais, o primeiro dizendo respeito à psicologia das descobertas científicas, e o segundo a aspectos revolucionários manifestos em certas inovações técnicas.

Nas primeiras décadas do século XX, Jacques Hadamard, matemático francês de grande renome, examinou questionários que haviam sido distribuídos entre seus colegas indagando acerca dos métodos de trabalho que cada um adotava, e perguntou-se se seria possível, mesmo no âmbito das limitações das ciências psicológicas de seu dia, estabelecer um fator comum presente nos (muitíssimo variados) processos de elaboração criativa neles expostos, com vistas a formular um princípio geral da invenção na Matemática – e, quem sabe, por extensão, da criatividade humana em qualquer domínio. Sua inspiração para debruçar-se sobre este problema adveio da célebre conferência pronunciada em 1937 no Centre de Synthèse de Paris por Henri Poincaré, um dos maiores matemáticos de todos os tempos. Nesse simpósio, Poincaré descreve como, após semanas de laboriosa investigação sobre as chamadas funções fuchsianas, uma solução completa lhe surgiu, de um só golpe, no momento em que subia em um ônibus que o levaria a uma expedição geológica. Continuou conversando sobre temas de geologia na viagem e, embora tivesse a íntima certeza da correção da solução encontrada, ao retornar a sua casa comprovou-a de modo rigoroso. "À primeira vista, o aspecto mais impressionante é a ocorrência de tal iluminação súbita, um sinal manifesto de um trabalho prévio longo e inconsciente", ele comentou. "O papel do trabalho inconsciente na invenção matemática me parece incontestável."

A partir desse e de outros exemplos de inspiração súbita, surgida após certo prazo de consideração esforçada, embora insuficiente, a um dado problema, Hadamard sugere dividir o processo criativo em quatro etapas consecutivas: preparação, incubação, iluminação e verificação. O estágio preparatório envolve a deliberação de enfrentar o problema, a pesquisa e aquisição dos recursos necessários para abordá-lo, e os esforços iniciais para resolvê-lo. Por vezes, a solução ocorre com facilidade; em muitos casos, contudo, o investigador examina infrutiferamente uma variedade de hipóteses ou caminhos presumíveis, e acaba, após certo prazo, por deixar o problema de lado. Aí se dá o estágio de incubação: com a atenção consciente do investigador voltada para outros temas e questões, sua mente ainda assim se dedica a explorar as linhas de desenvolvimento abertas durante a preparação. Pode suceder que esse período de incubação se estenda por meses ou mesmo anos. Um belo dia, porém, uma solução é inconscientemente obtida, e num rasgo de iluminação vem à tona, inteira, acabada, incontroversa. Poincaré compara o surgimento da solução ao perscrutar-se a noite escura, durante uma tempestade. Súbito, o clarão de um raio ilumina toda a paisagem; num átimo, tudo pode ser visto – mas em seguida é preciso reconstruir passo a passo a imagem obtida, para que os detalhes possam surgir. Resta ao investigador, nesse último estágio, comprovar a adequação da solução encontrada, antes de anunciá-la ao mundo.

Hadamard entende que o primeiro e o último estágios, preparação e comprovação, são razoavelmente bem compreendidos e não causam grande controvérsia, mas a determinação dos processos cognitivos que atuam durante a incubação e a iluminação é um caso inteiramente diferente. A começar pela instância do aparelho mental em que se situariam: "inconsciente", afirmam os psicanalistas, "subconsciente", dizem os pragmatistas, "consciência liminar", para William James, "antecâmara da consciência", para Galton... O que é o denominador comum a todos esses pontos de vista é a admissão de que boa parte do processo criativo ocorre *para além* da mente consciente – e, muitas vezes, até mesmo durante o sonho. Através das obscuras rotas de sua mente, o inventor explora o desconhecido, oferecendo-se ao encontro com o variável, o imprevisível; ao cabo da descoberta, resta polir a gema bruta que, escavada das profundezas do possível, acabou por aflorar à razão.

Como figurar os meios que dão lugar a esse momento de criação? Ora, o indeterminado tem sempre o caráter da multiplicidade. Poincaré afirma que a invenção se trata, antes de tudo, de discernimento, isto é, seleção: "Criar consiste precisamente em evitar combinações inúteis e em adotar aquelas que são úteis e que constituem uma pequena minoria". Valéry, também um orador no simpósio no Centre de Synthèse, concorda: "São necessários dois para se inventar alguma coisa. Um produz combinações; o outro faz escolhas, reconhece o que deseja, o que para ele é importante, na massa de coisas que o primeiro lhe ofertou. O que chamamos de gênio é menos o labor do primeiro que a aptidão do segundo em perceber o valor do que lhe foi exposto e selecioná-lo". Esta concepção é corroborada, numa carta famosa a Hadamard, por Albert Einstein: "[...] De um ponto de vista psicológico, o jogo de combinatórias parece ser a parte essencial do pensamento inventivo – antes mesmo que haja qualquer conexão com a construção lógica com palavras ou outros tipos de signos que possam ser comunicados a alguém". O jogo do inventar parece assim envolver uma maquinação inconsciente que produz uma conclusão inesperada – bem distante, portanto, do aspecto glacial, ou cristalino, do conhecimento já consolidado. Poincaré, numa sentença inesquecível, resume a natureza esquiva e surpreendente do afazer criativo: "O pensamento é apenas um lampejo entre duas longas noites, mas esse lampejo é tudo". Não é impossível que esse aforismo tenha se insinuado no espírito de Valéry.

Se a intempestividade é atributo constitutivo da invenção teórica ou ideativa, o que sucede no âmbito dos próprios fatos, quer dizer, das inovações concretas, das descobertas materiais? O filósofo do *Design* Sanford Kwinter recorre a uma parábola da história da Química para ilustrar esse ponto. Em 1845, o prestigioso químico alemão C. F. Schöenbein, descobridor do ozônio, tentava encontrar um meio de facilitar o descaroçamento e separação das fibras do algodão bruto. Experimentou dissolver um chumaço de algodão numa solução de ácido nítrico e ácido sulfúrico, em seu laboratório; frustrado com a maçaroca úmida que resultou, colocou-a num forno para secar e foi para casa tomar café. Providencial cafezinho! Em poucos minutos, o laboratório foi pelos ares; pois o espantado Schöenbein acabara, inadvertidamente, de trazer ao mundo o algodão-pólvora, ou nitrocelulose. Esta descoberta, que representa de modo tão característico a classe de fenômenos denominada de "serendipidade" (ou invenção casual), conduziu ao aparecimento de explosivos como a dinamite e o TNT, e teve assim papel crucial nos desenvolvimentos posteriores da arte militar, da mineração, da construção civil, da balística e até da astronáutica.

Podemos nos admirar, retrospectivamente, com a aparente imprevidência de um pesquisador da conscienciosa escola germânica, mas é preciso ter em conta que o algodão sozinho não é uma substância particularmente ignescente ou inflamável, e que sem o algodão os ácidos sulfúrico e nítrico formam solventes, e não propelentes. Schöenbein não fazia ideia de que o ácido sulfúrico corroera as bainhas de mielina que envolvem as fibras do algodão, expondo seu conteúdo de celulose à ação do ácido nítrico, com a consequente formação de nitratos – estes, sim, compostos altamente combustíveis –, e que bastaria aquecer a massa resultante para obter uma detonação. Kwinter vislumbra, como o cerne dessa novidade, uma reestruturação dos padrões de interação de cada componente, submetendo-os a uma nova disciplina no espaço e no tempo e dotando o novo arranjo coletivo da capacidade potencial de abandonar a lentidão ilimitada da celulose inerte para alcançar a aceleração quase infinita da explosão. Todo invento resultaria, na verdade, do translado ou migração de um reservatório de potenciais que repousa a uma só vez ativo e estocado no interior de todo construto material (e de seu respectivo ambiente), fazendo as vezes de um conjunto de instruções que suporta e organiza as características que serão expressas por esse construto numa dada circunstância. Kwinter denomina de "motor da matéria" a este diagrama de desdobramentos e retenções que controla como o artefato age, isto é, modula o que ele *faz*.

Há, sem dúvida, algum grau de metáfora na escolha destes termos – motor, diagrama –, mas se atentarmos para os processos físicos, materiais, envolvidos na formação do invento, veremos que seus sentidos são de fato bastante literais. Manuel de Landa evoca o célebre *dictum*: "A luta de classes é o motor da História", e assinala que o uso do termo "motor" é aqui puramente metafórico – não há na História engrenagens, rotores ou pistões. Mas a afirmação "um furacão é uma máquina a vapor" ultrapassa a mera analogia linguística, pois se trata agora de discernir uma homologia funcional: locomotivas e ciclones encarnam um mesmo projeto termodinâmico, ou seja, contêm um reservatório de calor (a caldeira, o oceano), operam através de diferenciais térmicos (a caldeira troca calor com a câmara de vapor, o oceano com o ar), circulam energia e matéria (vapor nos pistões, rajadas de vento na atmosfera), segundo um ciclo de Carnot. O mesmo projeto (ou "diagrama") de engenharia é, portanto, consubstanciado tanto no artefato técnico quanto no fenômeno meteorológico (Deleuze denominará de "máquina abstrata" esse diagrama compartilhado por diferentes suportes materiais). Assim, a "descoberta" ou "invenção" ocorre quando o deslocamento do diagrama em vigor num sistema torna manifestos numa escala humana, isto é, disponíveis para apreensão e manipulação, características e ritmos até então ocultos ou despercebidos no modo anterior de expressão dos materiais e processos agora reunidos no construto produzido. Ao transitar de um conjunto de processos (a tecelagem fabril) para outro (o laboratório químico), novas propriedades, potenciais e efeitos do algodão tornaram-se selecionáveis.

Por exemplo, observa Kwinter, quando um tronco de árvore é aparelhado para funcionar como coluna ou trave, são a rigidez e flexibilidade dos feixes de fibras da madeira que permitem a expressão dessas qualidades tectônicas, já na escala macroscópica da edificação; quando, porém, o tronco é aproveitado como lenha, é o poder de combustão – que preexiste na madeira, só que adormecido, ou infinitamente arrestado – que é selecionado para liberação. Particularmente significativa, aqui, é a constatação de que ambos os modos de expressão, tectônico e químico, possuem *exatamente o mesmo grau* de realidade física, embora um seja durável e o outro instantâneo; é a seleção da via de conjunção dos potenciais microfísicos com o ambiente macroscópico que determinará as propriedades expressas pelo material. Não há talvez exemplo mais marcante que a transição da imobilidade amorfa do silício nas areias das praias para a atividade transmutadora do mesmo silício nos semicondutores eletrônicos.

Reencontramos, nesta conclusão, as teses de Gilbert Simondon acerca da gênese físico-biológica dos artefatos e dos organismos a partir de uma constelação de tensões anterior à sua aparição como indivíduos constituídos, que Simondon denomina de Realidade Pré-Individual. O surgimento de uma forma, natural ou artificial, nas ordens física, vital, ou psíquica, resulta sempre de uma conjunção de elementos que inicialmente se encontram dispersos num dado meio e que, através de uma operação de síntese, se associam para constituir o indivíduo recém-produzido, ao mesmo tempo, e necessariamente, deixando o meio original empobrecido dos componentes que agora estão integrados sob a nova organização. Deixando de lado as venerandas tradições substancialistas e essencialistas, Simondon nos oferece uma abordagem renovada ao problema da individuação, enfatizando os processos concretos de tomada de forma pelos quais, a partir de um "caos" pré-individual em que o indivíduo acabado não está presente nem mesmo como princípio, os componentes disparatados são recombinados e redistribuídos segundo um novo diagrama de tensões e agregações, de modo a fazer emergir simultaneamente, no mundo, o indivíduo formado e o vazio deixado por sua extração. Este ponto de vista nos permite compreender a incrível proliferação de inovações revolucionárias que teve lugar ao longo das últimas décadas, encarnadas numa miríade de objetos dotados de funcionalidades cada vez mais sofisticadas e específicas.

De fato, em virtude da grande Revolução Científica ocorrida na alvorada do século XX, foram profundamente transformados os próprios fundamentos da Cosmovisão de cunho mecanicista vigente desde a obra capital de Newton. Teorizações audaciosas e experimentos decisivos acabaram por demonstrar a inadequação da abordagem newtoniana, ou "clássica", para dar conta de uma série de fenômenos naturais que ocorrem em escalas (de comprimentos, durações ou velocidades) inumanas, estranhas à nossa percepção costumeira dos acontecimentos – como os que envolvem tanto os componentes microscópicos da matéria (partículas, átomos, moléculas) quanto a estrutura dinâmica do universo astronômico (galáxias, grupos, aglomerados) –, ou que emergem a partir do comportamento coletivo dos integrantes de sistemas altamente diferenciados e hierarquizados (fluidos, organismos, sociedades). Dependendo da escala de atividade ou do grau de organização do sistema considerado, diferentes conjuntos de fenômenos, com seus padrões típicos, seus caracteres próprios, se tornarão manifestos.

Podemos tentar resumir as consequências desse conjunto de inovações radicais sobre o panorama epistemológico da atualidade fazendo-as corresponder à aparição de um novo objeto do conhecimento – que, por contraste à "simplicidade" almejada (e engajada) pelos paradigmas clássicos, denominaremos de *Objeto Complexo*. Evidentemente, sua introdução irá requerer a formulação correlata de uma nova noção de sujeito do conhecimento. Objetos complexos são encontrados nos mais variados domínios da Natureza, do mais elementar ao mais abrangente, e, em todos os setores, possuem em comum a capacidade de surpreender – isto é, suas ações são eivadas de imprevisibilidade.

Vejamos: a Microfísica quântica, na escala atômica, sugere uma "realidade" básica fundamentalmente incerta, operando com uma matéria dessubstanciada, elusiva, eivada de paradoxalidades, em que desaparece, por exemplo, a distinção tradicional entre corpúsculo e onda, ou padrão localizado e padrão extenso, e para cuja descrição noções probabilísticas são indispensáveis. Uma vez que as leis quânticas incidem sobre as possibilidades de uma dada configuração *vir a ser* efetivada, o que chamamos de "mundo objetivo" não seria mais que a expressão macroscópica de uma trama de relações microscópicas quânticas que não padecem, elas mesmas, de "objetividade". Por detrás – ou aquém – da realidade atual, efetiva, regras matemáticas governam o possível. Como numa realização ampliada do Epicurismo, na Microfísica dos Quanta, um *clinamen* indeterminista parece governar a física dos processos fundamentais.

A inauguração da atual Cosmologia Relativística, por sua vez, na escala astronômica, possibilitou a aparição de uma nova figura de totalidade: o espaço-tempo da Relatividade Geral, que pelas equações de Einstein se articula não linearmente com a distribuição de matéria-energia em escala cósmica. Duas consequências dessa nova imagem de Tudo-o-que-existe (que doravante terá a denominação de Espaço-tempo-matéria-energia) são particularmente notáveis: primeiro, a Totalidade pode ser observada; segundo, a observação nos diz que o Todo é evolutivo. A elaboração de uma história térmica do material cósmico desde uma configuração primordial de máxima condensação (o Big Bang) até o presente estado de expansão global acarreta a conclusão de que habitamos, e somos parte, de um Cosmos dinâmico, inacabado; em suma, de uma totalidade *aberta*.

Presentemente, os cosmólogos consideram ultrapassada a versão simplista, muito popular nas últimas décadas, que atribui a origem do Universo a uma singularidade inicial clássica (Big Bang no sentido estrito), em que todas as grandezas físicas relevantes teriam valores infinitos. Limite absoluto para o conhecimento do mundo físico, a concepção de um tal momento indescritível de criação vem sendo substituída por uma inovadora proposta de uma matriz cósmica primordial, um estado fundamental, mas instável, dos campos físicos, no qual ainda não se desdobraram as dimensões métricas nem se distinguiram as linhagens de matéria e que, ao instabilizar-se, desembocaria na geração de formas e na produção de ordem, acabando por dar lugar à estrutura clássica que hoje identificamos com o Universo. O Todo Evolutivo, que tem uma história, teria também uma pré-História, ou seja, um contexto. Embora essencialmente aleatório, o processo de instabilização experimentado pela matriz primordial possuiria tal generalidade que, como Mario Novello observa com fina ironia, seria difícil, quase impossível, o Cosmos não existir... Tal concepção de um Todo em contínua construção, identificado com o próprio reino da complexidade, parece requerer a refundação do conceito de *Casualidade* no âmbito das próprias ciências físicas.

Mesmo na escala mesofísica, de fenômenos que podemos experimentar diretamente pelos sentidos, o estudo dos chamados Sistemas Dinâmicos não lineares – iniciado por ninguém menos que o próprio Poincaré – conduziu à conclusão de que a previsibilidade irrestrita *não* é um atributo necessário dos sistemas dinâmicos (embora tenha sido precisamente esta a vertente pela qual veio a se instalar a doutrina mecanicista, em vista da pressuposição implícita de linearidade das relações dinâmicas). Se um sistema pode ser descrito como a simples associação de partes elementares, onde cada uma delas guarda sua individualidade inalterada, então cada configuração que vier a exibir pode ser entendida como a mera justaposição de outras. Processos não lineares, por outro lado, rompem com esse reducionismo simplista ao envolverem uma composição recorrente, autoafetiva, entre o sistema como um todo e seus elementos constituintes: o todo serve como meio para a parte agir sobre si mesma, e vice-versa. À época das primeiras iniciativas de Poincaré, chegou-se a duvidar da efetividade das abordagens não lineares no tratamento de problemas concretos. Hoje, sabemos que mesmo sistemas mecânicos bastante simples, regidos por leis estritamente deterministas, podem manifestar comportamentos muito sofisticados – e até mesmo cabalmente impredizíveis – mercê de uma forte sensibilidade a variações das condições iniciais. A não linearidade explorada pelas modernas "teorias do caos determinístico" permite que minúsculas flutuações dos dados iniciais acumulem-se e amplifiquem-se até engendrar significativos efeitos globais (como é o caso do famoso "efeito borboleta"). A distinção entre sistemas simples e complexos com base na ocorrência de imprevisibilidades não mais terá, portanto, validade genérica.

Esses tremendos avanços na descrição de uma variedade de fenômenos nas diversas escalas naturais, a partir da constituição do campo da Complexidade, foram acompanhados por desenvolvimentos técnicos de radicalidade comparável. Retomando a perspectiva simondoniana que esboçamos acima, podemos distinguir com clareza os modos e vias pelos quais tem sucedido a revolução tecnológica dos séculos XX e XXI: à medida que foram exploradas a composição, estrutura e atividade, em dimensão cada vez mais diminuta, de sistemas físicos, biológicos e artificiais, novos e potentes diagramas puderam ser manejados, modificados e realocados de maneira a manifestar, no plano da vida quotidiana, uma vasta legião de capacidades técnicas inéditas. Kevin Kelly se refere ao domínio dos objetos técnicos, de todo tipo, como integrando uma Tecnosfera, ou Technium. Ao longo da maior parte da história humana, a Tecnosfera e a Antroposfera praticamente se sobrepuseram (poucas outras espécies carecem de uma mediação técnica ampla em suas relações vitais com os outros seres e o ambiente), mas em nossos dias já é possível antever a dissociação do Technium de seus tutores orgânicos, isto é, de nós.

A razão é que nossa habilidade progressivamente mais desenvolvida de intervir nos níveis constitutivos básicos de todos os tipos de sistema material – manipulando compostos, reações, formas, distribuições, topologias, agentes, elementos – avançou da precisão de milímetros, necessária para as peças de relógio nos tempos de Newton, para os micrômetros dos circuitos eletrônicos que hoje estão por toda a parte, e já se anuncia a era dos artefatos construídos na escala do bilionésimo de metro, ou nanômetro. Paralelamente, da precisão de décimos de segundo dos carrilhões mecânicos passamos aos Gigahertz (bilhão de ciclos por segundo) dos processadores eletrônicos, já tão nossos conhecidos, e laboratórios de ponta disputam a palma da divisão do segundo em 10^{17} partes – isto é, alcançar a precisão de 1/100000000000000000 do segundo. As virtualidades associadas a processos em tais escalas são simplesmente incalculáveis, e as redistribuições de diagramas atualmente em pleno curso já dissolveram ou ultrapassaram inúmeras categorias que até bem recentemente eram empregadas com toda a confiança para embasar a *Weltanschauung* moderna – como as dicotomias clássicas entre naturatos e artefatos; entre matéria e vida; entre sujeito e objeto; entre corpo e pensamento.

Examinando as vicissitudes experimentadas pelos desenvolvimentos tecnológicos ao longo do século XX, Kelly atribui ao Technium três tendências: tornar-se menor, tornar-se mais rápido, fazer o que fazemos. As duas primeiras implicam uma disseminação cada vez mais ampla, rumo a uma quase onipresença, e em uma proximidade cada vez mais íntima, rumo a uma quase invisibilidade, da esfera técnica perante a humana; a terceira indica a autonomização crescente dos objetos técnicos, que no limite convergirá para a emergência de entidades cognitivamente superdesenvolvidas, isto é, inteligentes. Recordemos que a inteligência já surgiu, pelo menos uma vez, a partir de materiais simples engajados em processos complexos: o DNA não exibe aparato cognitivo algum, e no entanto estamos aqui. Parece razoável, assim, antever a eclosão de uma imensa atividade criativa nas próximas décadas como resultado do aperfeiçoamento e da difusão das Tecnologias Moleculares ou Bilionesimais, abrangendo a produção de artefatos capazes de exibir propriedades materiais, funcionalidades orgânicas, ou capacidades cognitivas sem termo de comparação com as conhecidas até recentemente.

Em resumo, avanços como a mensuração indeterminista, as matemáticas deslineares e a evolução cósmica deslocaram as figuras clássicas do sujeito e do objeto do conhecimento, tornando insuficientes ou obsoletos os pressupostos epistêmicos de cunho positivista que informavam a cosmovisão moderna. Quer se trate da constituição, da formação ou do comportamento dos sistemas materiais (incluindo os orgânicos e os inteligentes), os eventos ou "fatos" neles manifestos adquiriram uma "'espessura existencial" (que Heisenberg denominou de "Real potencial") que parece sugerir, ou requerer, a substituição das noções tradicionais pelas quais a Filosofia exerce o papel de Metadiscurso para as práticas científicas (e tecnológicas). Se, em linha com o diagnóstico de que nossa civilização se encontra em estado de mutação – seja pelo surgimento de tendências aleatorizantes nos efeitos da tecnologia e da economia, seja pela deriva dos limites orgânicos e cognitivos do *Homo sapiens* –, considerarmos a exigência, antecipada por Simondon, de um novo suporte para a Filosofia Natural, por exemplo, um novo Materialismo conforme a uma Ontologia não essencialista e a uma Epistemologia não generalista, o foco da reflexão sobre as relações causais e funcionais que a Ciência descortina em *sua* experiência dos acontecimentos do mundo se desloca; e, da mesma maneira, as inter-relações da Ciência com outras potências do Espírito – a Filosofia, a Arte – precisam se renovar.

Que avaliação podemos fazer hoje, no encerramento da primeira década do novo milênio, sobre estas questões? Há sessenta anos, o cientista, romancista e político britânico C. P. Snow publicou uma obra imensamente influente: *As duas culturas*. Nela, Snow constata, e deplora, dois abismos, duas fissuras marcantes, na cultura ocidental do pós-guerra: a primeira sucedia entre os praticantes das Ciências ditas "Exatas" e os das chamadas "Humanidades"; a segunda se dava, nos planos econômico e político, entre nações (regiões, de fato) "ricas" e "pobres", ou seja, entre países economicamente afluentes (ou "desenvolvidos") e economicamente carentes (ou "subdesenvolvidos"). Na maior parte do texto, Snow brande vigorosamente argumentos em favor de se reconhecer a educação pública e universalmente difundida como o meio régio de superar a segunda fissura (e assim, em atitude destemida, em tempos de guerra fria, elogia o sistema educacional da então União Soviética). Contudo, foi sua crítica à cizânia entre cientistas e homens de letras vigente a essa altura nos círculos acadêmicos britânico e norte-americano que se tornou célebre; talvez a essência dessa crítica possa ser resumida pela famosa anedota que se segue: numa reunião de eruditos de ambas as áreas, numa prestigiosa e tradicionalíssima instituição universitária inglesa, Snow percebeu que a divisão de disciplinas se reproduzia na separação das conversas – literatos dialogavam com literatos, cientistas proseavam com cientistas (e ambas as coortes ignoravam os matemáticos!). Na dupla qualidade de físico e escritor, Snow procurou romper a barreira e indagou, a um grupo de seletos autores, se algum deles estava a par do significado do Segundo Princípio da Termodinâmica. A resposta foi uma negativa unânime, fria e levemente hostil. "Mas", desferiu Snow, "trata-se do equivalente, para a Ciência, da obra de Shakespeare!". Se todos os presentes, literatos e cientistas, sem exceção, tinham conhecimento das criações do Bardo, por que a ignorância absoluta acerca de um conceito científico tão fundamental? A causa dessa distorção, concluiu ele, deveria ser buscada no sistema de ensino britânico, que fomentaria nos jovens a segregação entre as duas culturas, científica e humanista. (Num comentário posterior, Snow reconhece que a comparação era um tanto exagerada; os químicos ou os físicos, por exemplo, podem desconhecer noções de suma importância para os biólogos ou os médicos; seria mais justo, assim, equiparar o Segundo Princípio à obra de um autor menos notório que Shakespeare.)

A repercussão dos argumentos de Snow entre os cientistas foi enorme, e marcou fortemente os debates sobre o ensino e a prática de Ciências nas décadas seguintes. A reação de alguns importantes literatos, porém, foi muito outra. R. J. Leavis, um dos mais conhecidos críticos literários da época, publicou um devastador ataque *ad hominem* as ideias de Snow: "nem sequer pode ser considerado um escritor!", afirma ele; como então levar a sério suas teses sobre o estado da cultura?! Para Leavis, além do mais, a Ciência está preocupada apenas com "produtividade, padrões de existência material, progresso higiênico e técnico"; desse modo, vê os cientistas como "[...] rasamente otimistas, despercebidos da condição humana" (recordemos que eram tempos em que a tragédia suprema das Grandes Guerras havia abolido a confiança iluminista no progresso humano e avanços técnicos de indiscutível importância – como o início da Era Espacial e a ameaça do Armagedom termonuclear – inauguravam uma era de incertezas crescentes, rica tanto de oportunidades inéditas quanto de perigos terríveis). A esse ceticismo desesperançado, Snow ofereceu uma resposta à altura: "Há muito da condição humana que não é destino ou fatalidade, e contra o que seríamos menos que humanos se não lhe oferecermos resistência e combate!".

Se examinarmos as inclinações presentes na cultura contemporânea acerca da Ciência (e da Técnica), decerto encontraremos um quadro distinto daquele de seis décadas atrás; contudo, certos traços muito significativos da atitude dos não cientistas para com a prática tecnocientífica, que já haviam sido assinalados por Snow, parecem ter permanecido – ou até recrudescido. Uma enquete recente acerca da perspectiva dos europeus sobre o funcionamento da Ciência e suas instituições revela uma incompreensão básica de como opera o empreendimento científico: uma larga maioria espera que seja possível aos médicos, por exemplo, garantir "cem por cento de eficácia e segurança" a um medicamento. A especialização cada vez mais restritiva, em particular na formação de doutores, não parece ter arrefecido em parte alguma, e muito menos, como desejava Snow, ter se revertido. E a cesura entre os praticantes das Ciências e das Humanidades tampouco esmoreceu, como sugere a ácida sentença de Martin Amis: "Ciência é Conhecimento, Conhecimento é Poder, Poder corrompe – os mais inteligentes na classe política sempre compreenderam isso!".

Seria talvez um exagero se concluir, mesmo que tentativamente, que o *mainstream* filosófico e humanista ainda se vincula a uma imagem clássica, demasiado clássica, da Ciência e da Técnica, ainda se prende ao dialeto newtoniano da Ciência do século XIX? No entanto, os clarins já soaram, e a nova aurora avança com cores mais imprevistas do que nunca. Olhando para amanhã, podemos nos alinhar a Henri Miller: "Para mim, veja, os Artistas, os Poetas, os Filósofos, trabalham duramente polindo lentes. Trata-se de vastos preparativos com vistas a um acontecimento que não cessa de se produzir. Um dia a lente será perfeita, e nesse dia todos veremos com clareza a assombrosa, a extraordinária beleza deste mundo".

Referências bibliográficas

BELL, Jeffrey. *Philosophy at the Edge of Chaos*. Toronto: University of Toronto Press, 2007.
BORGES, Jorge Luis. *O Aleph*. São Paulo: Globo, 1997.
CARROLL, Sean. *Infinitas formas de grande beleza*. Rio de Janeiro: J. Zahar, 2006.
CHRISTIAN, David. *Maps of Time*. Berkeley: University of California Press, 2004.
DELEUZE, Gilles. *Diferença e repetição*. Rio de Janeiro: Graal, 1988.
DEUTSCH, David. *A essência da realidade*. São Paulo: Makron, 2000.
ERNESTO SÁBATO. *Nós e o Universo*. Rio de Janeiro: Francisco Alves, 1985.
HADAMARD, Jacques. *Psicologia da invenção na Matemática*. Rio de Janeiro: Contraponto, 2009.
HEISENBERG, Werner. *A parte e o todo*. Rio de Janeiro: Contraponto, 1996.
JOHNSON, Neil. *Simply Complexity*. Oxford: Oneworld Publishing, 2007.
JOHNSON, Steven. *Emergência*. Rio de Janeiro: Jorge Zahar, 2003.
KELLY, Kevin. Disponível em http://www.kk.org/thetechnium/index.php
LANDA, Manuel de. *A Thousand Years of Non-Linear History*. Nova York, Swerve Eds., 2000.
LESTIENNE, Rémy. *O acaso criador*. São Paulo: EdUSP, 2008.
NOVAES, Adauto (org.). *Mutações: a condição humana*. Rio de Janeiro: Agir; São Paulo: Edições SESC SP, 2009.
_____. *Mutações: ensaios sobre as novas configurações de mundo*. São Paulo/Rio de Janeiro: Edições SESC SP/Agir, 2008.
NOVAK, Martin. *Evolutionary Dynamics*. Cambridge: Belknap, 2006.
NOVELLO, Mario. *Do Big Bang ao universo eterno*. Rio de Janeiro: J. Zahar, 2010.
_____. *O que é Cosmologia?* Rio de Janeiro: J. Zahar, 2006.
OLIVEIRA, Luiz Alberto. "Biontes, Bioides e Borgues". Adauto Novaes (org.), *O homem-máquina*. São Paulo: Companhia das Letras, 2003.

POINCARÉ, Henri. *Ensaios fundamentais*. Rio de Janeiro: Contraponto/PUC-RJ, 2008.
_____. Henri. *O valor da ciência*. Rio de Janeiro: Contraponto, 1995.
POPPER, Karl R. *Conjecturas e refutações*. Brasília: EdUnB, 2008.
PRIGOGINE, Ilya e STENGERS, Isabelle. *A nova aliança*. Brasília: EdUnB, 1984.
REEVES, Hubert et al. *La sincronicidad*. Barcelona: Gedisa, 1987.
REISER + UMEMOTO. *Atlas of Novel Tectonics*. Nova York: Princeton Architectural Press, 2006.
ROSMORDUC, Jean. *Uma história da Física e da Química*. Rio de Janeiro: J. Zahar, 1988.
SIMONDON, Gilbert. *Du Mode d'existence des objets techniques*. Paris: Aubier, 1989.
SIMONDON, Gilbert. *L'Individu et sa gènese physico-biologique*. Grenoble: Millon, 1995.
SNOW, C. P. *As duas culturas*. São Paulo: EdUSP, 1995.
SPEYER, Edward. *Seis caminhos a partir de Newton*. Rio de Janeiro: Campus, 1995.
ULPIANO, Claudio. *O pensamento de Deleuze ou A grande aventura do espírito*. Tese de Doutorado, Instituto de Filosofia e Ciências Sociais da Unicamp, Campinas, São Paulo, 1998 – não publicada.
WAAL, Frans de. *The Age of Empathy*. Nova York: Harmony Books, 2009.
WEYL, Hermann. *Simetria*. São Paulo: Edusp, 1997.

Tempos antiprometeicos
Francisco de Oliveira

Constitutiva do mito, a polissemia permite variações em torno de seu núcleo; no caso de Prometeu, qual foi o fogo que o titã roubou do Olimpo e presenteou-o aos homens? O pensamento e sua experiência. O castigo é bem conhecido: amarrado por poderosas correntes às pedras, o filho de Japeto tem o fígado comido diariamente por enorme águia, mas durante o dia o órgão volta a crescer e volta a ser devorado quando chega a noite.

Pelo pensamento, o homem tornou-se o senhor do Universo: não apenas o "rei da criação", mas o que define a própria sequência do tempo – passado, presente e futuro – e seus significados.

Do pensamento derivaram ciência e técnica, como conhecimento e controle do mundo – uma das tragédias prometeicas – esse avanço irrefreável de Prometeu está se tornando seu contrário: ciência e técnica estão se convertendo em novas correntes que aprisionam o titã, roubando agora não mais do Olimpo, mas tirando dos homens a capacidade de estabelecer e controlar o fluxo do tempo e seus significados. O fogo foi devolvido aos deuses, e o destino dos homens voltou a ser atributo dos deuses: as deusas da ciência e da técnica.

A literatura e a reflexão ocidental se debruçam, incansavelmente, sobre esse poderoso mito; a Prometeu e seu irmão Epimeteu é atribuída a própria criação do homem, e no acabamento que lhe pede Epimeteu para a obra, Prometeu rouba o fogo sagrado. O Fausto goethiano recorda no mito acentuando seu caráter destrutivo, endemoniado, e os frankfurtianos (Horkheimer, Adorno e certamente Benjamin) o tinham em mente como pavimento da crítica da modernidade. Na interpretação benjaminiana, o anjo de Klee é uma das mais poderosas e belas imagens do mito: contra sua vontade, mas por seus meios (suas poderosas asas) o progresso o empurra para os céus, deixando para trás uma trilha de desastres.

Mas o pior apenas se anunciava. Se bem que o nazismo já é a contrafacção da razão, esta ainda forçava a contradição, de que a própria produção frankfurtiana dá testemunho. Hoje, a tecnociência, criação máxima de Prometeu, não deixa espaço para a reflexão e pois, para o pensamento. É puro fato, presentificado, inexperimental, sem o seu contrário.

Ela se autodescarta num processo interminável, numa velocidade que não permite a experiência do pensamento: "Tudo que é sólido desmancha no ar". Marx, ele mesmo um fervoroso adepto de Prometeu, nunca foi tão certeiro na sua reflexão dupla, prometeica e antiprometeica. O anjo de Klee é isso: as câmaras de Auschwitz e a bomba de Hiroshima eram o Prometeu acorrentado e o mundo correndo para elas de forma demente.

O capitalismo contemporâneo é esse Prometeu enlouquecido, na forma antiprometeica. Tendo atingido os cumes dos montes do Cáucaso, prisão eterna do titã, ele chegou à forma pura: a moeda e o dinheiro, que já espreitavam há milênios. Mas as reflexões de Marx sobre o metalismo do dinheiro são, hoje, histórias para criancinhas amedrontadas: os caipiras dos grotões. O dinheiro supremo, a suprema criação do Prometeu enlouquecido é o capital fictício do capítulo XXXII do terceiro volume de *O Capital*. A crise atual é sua anti-história: entre os fatos das montanhas (Cáucaso) de dinheiro injetada para contê-la, não há espaço para a experiência do pensamento. Repete-se apenas monotonamente a reflexão sobre uma experiência passada: a da crise dos anos 1930. Como se Prometeu tivesse permanecido o mesmo e ainda fosse capaz de façanhas prometeicas.

Depois da crise dos anos 1930, escoaram-se seis anos até que uma nova interpretação ousasse pensar aquela experiência: a teoria geral de Keynes, e ao seu lado, sem aplicação imediata, *A grande transformação*, de Polanyi. Até que um pensamento prometeico tirasse todas as consequências da experiência quase fatal. Hoje, decorridos quase dez anos desde a primeira "bolha", o pensamento não pode ousar porque não há experiência.

Porque a dominância do capital financeiro é como o anjo de Klee: olhando sua trajetória por trás, só se vê uma acumulação de desastres. O desempregado vive como disse minha querida Verinha da Silva Telles, entre o azar e a sorte – que em francês é a mesma coisa. O azar de perder o emprego e a sorte de arranjar "um bico". Aliás, não se trata mais de emprego e desemprego: trata-se apenas de ocupação, e o capital já produz para essa *des-ocupação*. Nos cruzamentos das nossas cidades, já se vê a nova produção capitalista para essa *des-ocupação*: as balinhas e os chicletes embalados, antigas formas artesanais agora industrializadas, e as principais delas: os produtos "made in China" e os *softwares* "made in Índia". Essa *in-experiência* vai conformar seu antigo adversário: sem contradições, o céu da exploração vil do trabalho é o limite, e por isso as classes dominantes hoje já não são classes, senão gangues; assim como as classes dominadas também já não são classes, mas apenas pobres.

Para a formação da classe, a experiência é insubstituível, como nos ensinou Edward Thompson. A desenfreada descartabilidade não deixa tempo e espaço para sua formação: nem nos *pubs*, nem nas igrejas. Os primeiros são agora *fast*, e as segundas entronizaram o dinheiro e a volúpia de possuí-lo como o novo Deus.

A presentificação absoluta torna o próprio pensamento descartável em sua forma técnica. Lembremos Benjamin e a obra de arte na era de sua reprodutibilidade técnica. A obra de arte e a paciência do conceito (Hegel) são descartadas em nome da urgência. Nos governos, a exceção, prevista pelos teóricos de Weimar como o último recurso para domar a desaparição da sociedade, transformou-se em permanente: é a economia, estúpida, avassalando o tempo, tornando os governos inúteis e os parlamentos meros lugares da "conversa sem fim" (Carl Schimitt).

Já se adota a educação à distância como solução para o rebaixamento da educação para o último degrau das prioridades: ela mesma deixou de ser prioritária, em primeiro lugar, porque a desaparição das classes sociais tornou a hegemonia um conceito sem uso, já que a aceleração da tecnociência produz a ilusão de que todos participam de tudo ao mesmo tempo. Em segundo lugar, porque a própria tecnociência descarta também as novas formas educacionais: o fato absolutamente presente leva apenas "informação", o novo mito antiprometeico, mas não leva experiência e nem produz pensamento. Todos sabem de tudo instantaneamente, mas não podem intervir nem modificar o curso do tempo e das coisas. Fomos transformados em seres passivos, à espera da enorme águia que nos devore o fígado.

Sobre os autores

ADAUTO NOVAES é jornalista e professor; foi por vinte anos diretor do Centro de Estudos e Pesquisas da Fundação Nacional de Arte/Ministério da Cultura. Em 2000, fundou a empresa de produção cultural *Artepensamento*. Os ciclos de conferências que organizou resultaram nos seguintes livros de ensaios: *Os sentidos da paixão, O olhar, O desejo, Ética, Tempo e história* (Prêmio Jabuti), *Rede imaginária – televisão e democracia, Artepensamento, A crise da razão, Libertinos/libertários, A descoberta do homem e do mundo, A outra margem do Ocidente, O avesso da liberdade, Poetas que pensaram o mundo, O homem-máquina, Civilização e barbárie, O silêncio dos intelectuais*, todos editados pela Companhia das Letras. Publicou ainda *A crise do Estado-nação* (Record, 2003), *Muito além do espetáculo* (Senac São Paulo, 2000), *Oito visões da América Latina* (Senac São Paulo, 2006), *Ensaios sobre o medo* (Senac São Paulo, 2007), *O esquecimento da política* (Agir, 2007), *Mutações: ensaios sobre as novas configurações do mundo* (Agir/Senac São Paulo, 2008) e *A condição humana* (Agir/Edições SESC SP, 2009).

ANTONIO CICERO, poeta e ensaísta, é autor de vários ensaios filosóficos, entre os quais *O mundo desde o fim*, e dos livros de poemas *Guardar* e *A cidade e os livros*. Organizador, com o poeta Waly Salomão, da coletânea de ensaios filosóficos *O relativismo enquanto visão do mundo*, participou de diversas antologias de poemas e é autor de inúmeras letras de música popular, tendo como parceiros os compositores e cantores Marina Lima, Adriana Calcanhoto, João Bosco e Caetano Veloso. Participou das coletâneas *Poetas que pensaram o mundo, O silêncio dos intelectuais* e *A condição humana*.

CLAUDE IMBERT formou-se em filosofia dentro da tradição lógica. Tradutora dos escritos de Gottlob Frege, escreveu *Phénoménologies et langues formulaires* e *Pour une histoire de la logique: un héritage platonicien*. Seus estudos, atualmente, voltam-se para a obra de Maurice Merleau-Ponty, sobre a qual acaba de publicar um livro. É professora da Escola Normal Superior de Paris.

EUGÈNE ENRIQUEZ é professor de sociologia na Universidade de Paris VII. Foi presidente do comitê de pesquisas de sociologia clínica da Associação Internacional de Sociologia. Escreveu os livros: *De la horde à l'État* (Gallimard, 2003), traduzido no Brasil pela Jorge Zahar, em 1999; *As figuras do poder* (Via Letteras, 2007); *Le goût de l'altérité* (Desclée de Brouwer, 1999); *La face obscure des démocraties modernes* (com Cl. Haroche, ERES, 2002) e *Clinique du pouvoir* (ERES, 2007).

EUGÊNIO BUCCI, jornalista, é professor doutor da Escola de Comunicações e Artes da USP. Integra o Conselho Curador da Fundação Padre Anchieta (TV Cultura de São Paulo). Escreve quinzenalmente para o jornal *O Estado de S. Paulo* e para o site *Observatório da Imprensa*. É autor de, entre outros livros, *Brasil em tempo de TV* (Boitempo, 1996), *Sobre ética e imprensa* (Companhia das Letras, 2000), *Do B* (Record, 2003), *Videologias* (Boitempo, 2004, em parceria com Maria Rita Kehl) e *Em Brasília, 19 horas* (Record, 2008). Foi editor da revista *Teoria e Debate* (de 1987 a 1991), diretor de redação da *Superinteressante* (de 1994 a 1998) e da *Quatro Rodas* (entre 1998 e 1999), além de secretário editorial da Editora Abril (de 1996 a 2001) e presidente da Radiobrás (de 2003 a 2007). É colunista e crítico de vários jornais e revistas. Participou como ensaísta do livro *A condição humana*.

FRANCIS WOLFF é professor de Filosofia na Universidade de Paris 10 e na Escola Normal Superior de Paris. Foi professor da USP. É autor de artigos e livros, quase sempre dedicados à filosofia antiga, entre os quais destacam-se: *Socrate* (edição portuguesa: Sócrates, Teorema), *Aristote et la politique* (edição brasileira: *Aristóteles e a política*, Discurso Editorial), *Dire le monde* (edição brasileira: *Dizer o mundo*, Discurso Editorial) e *L'être, l'homme, le disciple* (PUF). Publicou ensaios nos livros *A crise da razão*, *O avesso da liberdade*, *Muito além do espetáculo*, *Poetas que pensaram o mundo*, *Ensaios sobre o medo*, *O silêncio dos intelectuais*, *O esquecimento da política* e *A condição humana*.

FRANCISCO DE OLIVEIRA é doutor pela USP, professor titular de Sociologia do Departamento de Sociologia da FFLCH-USP e ex-presidente do Cebrap-SP 1993-1995). Publicou, entre outros, os livros: *Os sentidos da democracia* (organizado com Maria Célia Paoli, Vozes, 1999), *A economia da dependência imperfeita* (Graal, 1995), *Collor, a falsificação da ira* (Imago, 1993), *A economia brasileira: crítica à razão dualista* (Vozes, 1990), *Elegia para uma religião* (Paz & Terra, 1988), *O elo perdido* (Brasiliense, 1986). Participou do livro *A crise do Estado-nação* (Record, 2004).

FRANKLIN LEOPOLDO E SILVA é professor do Departamento de Filosofia da USP. Publicou: *Descartes, metafísica da modernidade* (Moderna, 2005), *Bergson: intuição e discurso filosófico* (Loyola, 1994), *Ética e literatura em Sartre* (Unesp, 2004) e *Felicidade, dos pré-socráticos aos contemporâneos* (Claridade, 2007), além de ensaios nos livros *A crise da razão, Tempo e história, O avesso da liberdade, Muito além do espetáculo, O silêncio dos intelectuais, O esquecimento da política, Mutações: ensaios sobre as novas configurações do mundo* e *A condição humana*.

FRÉDÉRIC GROS é professor da Universidade de Paris XII e editor dos últimos cursos de Michel Foucault no Collège de France. É autor de livros sobre a história da psiquiatria e filosofia penal. Estabeleceu, com Arnold Davidson, uma antologia de textos de Foucault: *Philosophie* (Folio essais 443, Gallimard). Escreveu ainda: *États de violence – Essai sur la fin de la guerre* (Éditions Gallimard, 2006). Escreveu para o livro *Mutações: ensaios sobre as novas configurações do mundo*.

JEAN-PIERRE DUPUY é professor na Escola Politécnica de Paris e na Universidade de Stanford, da qual é também pesquisador e membro do Programa de Ciência-Tecnologia-Sociedade e do Fórum de Sistemas Simbólicos. Publicou *The Mechanization of the Mind: On the Origins of Cognitive Science* (Princeton University Press), *Self-deception and Paradoxes of Rationality* (C.S.L.I. Publications), *La Panique* (Les empêcheurs de penser en rond), *Pour un catastrophisme éclairé* (Seuil, 2002), *Avions-nous oublié le mal? Penser la politique après le 11 septembre* (Bayard, 2002), *Petite métaphysique des tsunamis* (Seuil, 2005) e *Retour de Tchernobyl* (Seuil, 2006). Escreveu para o livro *Mutações: ensaios sobre as novas configurações do mundo* e *A condição humana*. E-mail: jpdupuy@stanford.edu

JOÃO CARLOS SALLES é doutor em filosofia pela Unicamp e professor do Departamento de Filosofia da UFBA. Publicou, entre outros, os livros *A gramática das cores em Wittgenstein* (Campinas: CLE–Unicamp, 2002), *O Retrato do Vermelho e outros ensaios* (Salvador: Quarteto, 2006) e *Secos & Molhados* (Salvador: Quarteto, 2009). Recentemente, teve publicada pela Editora da Unicamp sua tradução das *Anotações sobre as cores* de Wittgenstein, em edição bilíngue do texto restabelecido. Foi presidente da Associação Nacional de Pós-Graduação em Filosofia (ANPOF) de outubro de 2002 a dezembro de 2006. No momento, com bolsa do CNPq, desenvolve a pesquisa "Necessidade e Experiência em Wittgenstein", sendo o atual diretor da Faculdade de Filosofia e Ciências Humanas da UFBA.

JORGE COLI é professor titular em História da Arte e da Cultura da Unicamp. Formou-se em História da Arte e da Cultura, Arqueologia e História do Cinema na Universidade de Provença. Doutor em Estética pela USP, foi professor na França, no Japão e nos Estados Unidos. Foi também colaborador regular do jornal francês *Le Monde*. É autor de *Música Final* (Unicamp, 1998), *A paixão segundo a ópera* (Perspectiva, 2003) e *Ponto de fuga* (Perspectiva, 2004). Traduziu para o francês *Os sertões*, de Euclides da Cunha e *Memórias do Cárcere*, de Graciliano Ramos. Jorge Coli assina a coluna Ponto de Fuga, publicada aos domingos no caderno Mais! da *Folha de São Paulo*.

LUIZ ALBERTO OLIVEIRA é físico, doutor em cosmologia, pesquisador do Laboratório de Cosmologia Física Experimental de Altas Energias e professor de história e filosofia da ciência do Centro de Pesquisas Físicas – CBPF/CNPq. Escreveu ensaios para *Tempo e história*, *Crise da razão*, *O avesso da liberdade*, *O homem-máquina*, *Mutações: ensaios sobre as novas configurações do mundo* e *A condição humana*.

NEWTON BIGNOTTO é doutor em filosofia pela École des Hautes Études en Sciences Sociales, Paris, e ensina filosofia política na UFMG. Além de ensaios nos livros *Ética*, *Tempo e história*, *A crise da razão*, *A descoberta do homem e do mundo*, *O avesso da liberdade*, *Civilização e barbárie*, *A crise do Estado-nação*, *O silêncio dos intelectuais*, *O esquecimento da política*, *Mutações: ensaios sobre as novas configurações do mundo* e *A condição humana*; publicou:

Maquiavel republicano (Loyola, 1991), *O tirano e a cidade* (Discurso Editorial, 1998), *Origens do republicanismo moderno* (Editora da UFMG, 2001), *Maquiavel* (Zahar, 2003) e *Republicanismo e realismo: um perfil de Francesco Guicciardini* (Editora da UFMG, 2006).

OLGÁRIA MATOS é doutora pela École des Hautes Études, pelo Departamento de Filosofia da FFLCH-USP, e professora de Filosofia da Unifesp (Universidade Federal de São Paulo). Escreveu: *Rousseau: uma arqueologia da desigualdade* (Mg Editores Associados, 1978), *Os arcanos do inteiramente outro – a Escola de Frankfurt, a melancolia, a revolução* (Brasiliense, 1989), *A Escola de Frankfurt – sombras e luzes do Iluminismo* (Moderna, 1993) e *Discretas esperanças: reflexões filosóficas sobre o mundo contemporâneo* (Nova Alexandria, 2006). Colaborou na edição brasileira de *Passagens* de Walter Benjamin e prefaciou *Aufklärung na Metrópole – Paris e a Via Láctea*.

OSWALDO GIACOIA JÚNIOR é professor do Departamento de Filosofia da Unicamp. Doutor em filosofia com tese sobre a filosofia da cultura de Friedrich Nietzsche na Universidade Livre de Berlim, publicou, entre outros livros: *Os labirintos da alma* (1997, Unicamp), *Nietzsche como psicólogo* (Unisinos, 2004) e *Sonhos e pesadelos da razão esclarecida* (UPF Editora, 2005). Escreveu para *Mutações: ensaios sobre as novas configurações do mundo* e *A condição humana*.

PASCAL DIBIE é professor na Universidade Paris VII Denis-Diderot, onde dirige o Laboratório de Antropologia Visual e Sonora do Mundo Contemporâneo. É diretor da coleção *Traversées* da Éditions Métailié. Publicou, entre outros, os livros: *Ethnologie de la chambre à coucher* (edição brasileira *O quarto de dormir*, Editora Globo, 1988), *La tribu sacrée* (Métailié, 2004), *Ethnologie des prêtres* (Métailié, 2004), *La passion du regard* (Métailié, 1998), *Essai contre les sciences froides* (Métailié, 1998). Um de seus últimos ensaios foi publicado no Brasil em *A condição humana* (Agir/SESC SP, 2009).

PAUL CLAVIER é doutor em filosofia e professor na Escola Normal Superior de Paris. É autor tanto de livros acadêmicos – *Le Concept de Monde* (PUF, 2000) e *Qu'est-ce-que la théologie naturelle?* (Vrin, 2004) – quanto de maior alcance: *Dieu sans barbe* e *La cote argusdes valeurs Morales* (Table Ronde, 2002).

RENATO LESSA é professor titular de teoria política do Iuperj e do Departamento de Ciência Política da UFF. É presidente do Instituto Ciência Hoje. Dentre os livros e ensaios sobre filosofia política que publicou, destacam-se: *Veneno pirrônico: ensaios sobre o ceticismo* (Francisco Alves, 1997), *Agonia, aposta e ceticismo: ensaios de filosofia política* (Editora da UFMG, 2003), *Ceticismo, crenças e filosofia política* (Gradiva, 2004), *Pensar a Shoah* (Relume Dumará, 2005). Seu livro mais recente – *Presidencialismo de animação e outros ensaios sobre a política brasileira* (Vieira & Lent, 2006) – reúne um conjunto de ensaios sobre filosofia pública em torno da política brasileira contemporânea. Publicou ensaios em *O esquecimento da política* e *Mutações: ensaios sobre as novas configurações do mundo* e *A condição humana*.

SERGIO PAULO ROUANET, doutor em ciência política pela USP, é autor de *Édipo e o anjo* (Tempo Brasileiro, 2007), *A razão cativa* (Brasiliense, 1990), *As razões do Iluminismo* (Companhia das Letras, 1987), *O espectador-moderno* e *Os dez amigos de Freud* (Companhia das Letras, 2003). Publicou ensaios nos livros *Os sentidos da paixão*, *O olhar*, *A crise da razão*, *Brasil 500 anos: a outra margem do Ocidente*, *O avesso da liberdade*, *O homem-máquina*, *O silêncio dos intelectuais*, *O esquecimento da política* e *Mutações: ensaios sobre as novas configurações do mundo* e *A condição humana*.

VLADIMIR SAFATLE é professor livre-docente do Departamento de Filosofia da Universidade de São Paulo, professor visitante das universidades de Paris VII, Paris VIII, Toulouse e Louvain, autor de *Fetichismo: lógicas da colonização* (Civilização Brasileira, 2010), *Cinismo e falência da crítica* (Boitempo, 2008), *Lacan* (Publifolha, 2007) e *A paixão do negativo: Lacan e a dialética* (Unesp, 2006). É ainda membro do Conselho Editorial da edição das obras completas de Adorno em português.

Índice onomástico

A. Leroy,62
A. Meddeb, 166 (ver Abdelwahab Meddeb)
Abdelwahab Meddeb, 165 (ver A. Meddeb)
Abraão, 359
Adão, 380
Adauto Novaes 7, 9, 150, 166, 169, 219, 220, 294, 295, 302, 323, 326, 389, 406, 413
Adolf Eichmann, 108 (ver Eichmann)
Adorno, 133-135, 137-142, 144-151, 153-155, 158-160, 164, 165, 170-173, 175, 176, 303, 357, 371, 409, 418 (ver Theodor Adorno, Theodor W. Adorno e T. Adorno)
Adrian Desmond, 380
Adrian Lyne, 314
Adriana Calcanhoto, 413
Agatêmero, 367
Agnes Antoine, 206
Agostinho, 355
Aires, 336
Alain, 25, 248 (ver Emile Chartier)
Albert Einstein, 396 (ver Einstein)
Albin Michel, 193, 216
Alexander Kluge, 219, 242
Alexandre Koyré, 10, 225, 226, 231(ver Koyré)

Alexis De Tocqueville, 203, 207, 208 (ver Tocqueville)
Alfred Freddoso, 340
Alfred Kröner, 351, 353
Alfred Métraux, 102
Alfred Wallace, 376 (ver Wallace)
Alhazen, 289, 290
Allan Turing, 325 (ver Turing)
Allan Wood, 96
Althusser, 338 (ver L. Althusser)
Ana Maria Szapiro, 107
Anália Torres, 235
Anaximandro de Mileto, 364
Anders, 115, 116, 122, 123, 131 (ver Gunther Anders e Gunther Stern)
André Breton, 248
André Parente, 310
Angeli, 315
Angelina Jolie, 319
Ann Doyle-Anderson, 235
Annie Besant, 381
Anscombe, 118 (ver Elizabeth Anscombe e G.E.M. Anscombe)
Anthony Parel, 238
Antonio Cicero, 351, 413
Antônio Flávio Pierucci, 163
Aquiles, 367
Arendt, 14, 108, 109, 122, 123, 196 (ver Hannah Arendt e H. Arendt)

Aristófanes, 240
Aristóteles, 40, 48, 60, 167, 224, 230, 231, 241, 245, 246, 247, 289, 343, 355, 359, 414
Arkan Simaan, 289, 290
Arlindo Machado, 311
Arnheim, 12
Arnold Davidson, 415
Aron, 96
Arquimedes, 106, 345, 367
Arquitas, 343
Auber, 261
Auguste Comte, 343
Aveling, 385 (ver Edward Aveling)

B. Rosenberg, 294
B. Stiegler, 166
B. Spinoza, 233 (ver Spinoza)
Bachelard, 252, 342 (ver Gaston Bachelar e G. Bachelar)
Bacon, 51, 52, 170, 237, 314, 315 (ver Francis Bacon e F. Bacon)
Balzac, 92
Barton J. Bernstein, 120 (ver Bernstein)
Baruch Spinoza, 360, 361 (ver Spinoza)
Baudelaire, 92, 94, 101, 104, 157, 168, 287
Baudrillard, 61, 62 (ver J. Baudrillard)
Beethoven, 32
Benjamin, 13, 15, 16, 20, 90, 160, 161, 164, 168, 310, 389, 409, 411 (ver Walter Benjamin)
Benjamin Constant, 210, 211
Bentham, 101, 212
Bento Prado Jr, 224
Bento Prado Neto, 62
Bergson, 53, 54, 60, 245, 335, 415 (ver H. Bergson e Henri Bergson)
Berkeley, 356, 406

Bernard Brodie, 127
Bernard Mabille, 174
Bernard Sève, 16 (ver Sève)
Bernini, 259, 260
Bernouilli, 106
Bernstein, 120, 121, 149 (ver Barton J. Bernstein e Jay Bernstein)
Bertold Brecht, 116 (ver Brecht)
Bill Clinton, 124
Bin Laden, 112, 113, 114 (ver Osama Bin Laden)
Boole, 106
Borges, 100 (ver Jorge Luis Borges)
Boris Cyrulnik, 326
Borromini, 260
Bouveresse, 12, 22 (ver Jacques Bouveresse)
Boyle, 91
Brecht, 148, 153 (ver Bertold Brecht)
Bruno Latour, 91, 348
Buffon, 338, 377
Burkert, 84 (ver Walter Burkert e W. Burkert)

C. P. Snow, 404, 407 (ver Snow)
C. Schmitt, 159 (ver Carl Schmitt)
Caetano Veloso, 413
Camus, 129, 349
Carl Gebhardt, 360
Carl Schimitt, 411 (ver C. Schimitt)
Carlo Mongardini, 157
Carlos Drummond de Andrade, 32
Carnap, 338-340 (ver Rudolf Carnap)
Carnot, 398
Castoriadis, 160, 248, 262 (ver Cornelius Castoriadis)
Catherine Kintzler, 202
Cavaillès, 95, 96
Cézanne, 94, 97, 98, 104, 105
Charles Bradaugh, 381
Charles Darwin, 76, 373 (ver Darwin)

Charlie Chaplin, 94
Church, 106
Churchill, 245
Clara Ferrao-Tavares, 331
Claude Bernard, 250
Claude Eatherly, 122
Claude Imbert, 9, 91, 414
Claude Lévi-Strauss, 113 (ver Lévi-Strauss)
Claudine Haroche, 161, 414
Claudio Ulpiano, 407
Clausewitz, 114, 119
Cleonice Mourão, 168
Colombo, 242
Comanini, 235, 236 (ver Gregório Comanini)
Condo, 316 ver (George Condo)
Condoleezza Rice, 125
Condorcet, 200, 201, 202, 203, 207
Constant, 210, 211 (ver Benjamin Constant)
Cook, 375
Copérnico, 40, 258, 324, 373
Corneille, 259
Cornelius Castoriadis, 246 (ver Castoriadis)
Cresus, 345
Cristo, 108 (ver Jesus Cristo)
Curtis LeMay, 119, 123 (ver LeMay)

D. M. White, 294
Daniel Bell, 221
Daniel Boorstin, 306
Dante, 92, 167
Dany Robert Dufour, 160
Darwin , 53, 373-382, 384, 385, 386 (ver Charles Darwin)
David Christian, 406
David Deutsch, 406
David Easton, 222, 242
David Hume, 234 (ver Hume)
David J. Chalmers, 33
David K. Lewis, 342
De Singly, 329 (ver François De Singly)
Debord, 309 (ver Guy Debord)
Debray, 305 (ver Regis Debray)
Dédalo, 336, 349
Dedekind, 105
Degas, 94
Deleuze, 398, 407 (ver Gilles Deleuze)
Derrida, 129, 140, 141, 152 (ver Jacques Derrida)
Desargues, 94
Descartes, 20, 35, 37, 52, 61, 62, 94, 95, 99, 105, 247, 256, 341, 354, 356, 359, 371, 415
Diderot, 377
Diógenes, 336, 349
Diógenes Laércio, 366
Dionísio, 354
Dominique David, 124
Dominique Wolton, 307, 312
Donald Davidson, 239
Dorothée du Bruchard, 166
Dostoiévski, 166, 287, 349
Dürer, 283
Dumézil, 100

E. H. Madden, 340
Easton, 222, 223 (ver David Easton)
Édipo, 129, 317, 418
Edmund Burke, 234
Edmund Husserl, 116, 274, 277 (ver Husserl)
Edward Aveling, 385 (ver Aveling)
Edward Speyer, 407
Edward Thompson, 411
Eichmann, 108, 109, 122, 123, 165 (ver Adolf Eichmann)
Einstein, 117, 342, 343, 400 (ver Albert Einstein)

Eleanor, 385
Eliot Spitzer, 318(ver Spitzer)
Elizabeth Anscombe, 118 (ver G. E. M. Anscombe e Anscombe)
Elizabeth, 321
Elizabeth Förster, 353
Ellul, 28 (ver J. Ellul e Jacques Ellul)
Emile Chartier, 248 (ver Alain)
Emma Edgwood, 376
Engels, 171, 385, 386
Epicuro, 158, 192
Epimeteu, 409
Epíteto, 181, 183, 185-189, 191, 193, 355
Erasmus Darwin, 373
Ernesto Sábato, 39, 406 (ver Sábato)
Ernildo Stein, 67, 71, 73
Ernst Cassirer, 238
Errol Morris, 119, 123, 124
Esaú, 335, 336, 342
Étienne Gilson, 358
Euclides, 96
Euclides da Cunha, 416
Eugen Fink, 19 (ver Fink)
Eugène Enriquez, 161, 243, 414
Eugeni d'Ors, 281
Eugênio Bucci, 289, 292, 294, 302, 414
Eva, 380

F. H. Jacobi, 358 (ver Jacobi e Friedrich Henrich Jacobi)
F. Niestzche, 84, 85 (ver Nietzsche, Friedrich Wilhelm Nietzsche e Friedrich Nietzsche)
F. Bacon, 62 (ver Bacon e Francis Bacon)
Fausto, 18, 409
Felix Meiner, 364, 365
Ferdinand Lassalle, 386

Fernando Gil, 232, 234
Fernando Pessoa, 10
Fichte, 166, 356, 358
Fink, 19 (ver Eugen Fink)
FitzRoy, 375, 376 (ver Robert FitzRoy)
Flávio Kothe, 62, 294
Flora, 336
Focillon, 283 (ver Henri Focillon)
Ford, 165
Foucault, 16, 57, 92, 98, 100, 103, 104, 174, 178, 179, 317, 415 (ver Michel Foucault)
Frances A. Yates, 324
Francis Bacon, 237, 313, 314, 315 (ver Bacon e F. Bacon)
Francis Crick, 250
Francis Galton, 382 (ver Galton)
Francis Wolff, 31, 414
Francisco de Oliveira, 409, 415
François de Bernard, 332
François De Singly, 329 (ver De Singly)
François Jacob, 175
Françoise Mélonio, 206
Franklin Leopoldo e Silva, 51, 415
Frans de Waal, 407
Franz Neumann, 228 (ver Neumann)
Frédéric Gros, 177, 415
Frege, 96, 105, 266 (ver Gottlob Frege)
Freiburg, 116
Freud, 81, 82, 85, 138, 146, 147, 149, 150, 171, 244, 248, 250, 251, 256, 257, 262, 373, 418 (ver Sigmund Freud)
Friedrich Heinrich Jacobi, 359 (ver Jacobi e F. H. Jacobi)
Friedrich Wilhelm Nietzsche, 351-353 (ver Nietzsche, F. Nietzsche, e Friedrich Nietzsche)

G. Agamben, 87, 89, 90
G. Bachelard, 252, (ver Bachelar e Gaston Bachelar)
G. Balandier, 165
G. Colli, 77, 80, 85
G. E. M. Anscombe, 118 (ver Elizabeth Anscombe e Anscombe)
G. E. Moore, 225 (ver George Edward Moore e Moore)
G. K. Chesterton, 115
G. Marramao, 174
G. P. Baker, 277 (ver Gordon Baker)
G. Simon, 290
G. W. Hegel, 155 (ver Georg Wilhelm Friedrich Hegel e Hegel)
Gabor, 347
Gabriel Almond, 223, 242
Galileu, 40, 225, 226, 258
Galton, 382, 396 (ver Francis Galton)
Gar Alperovitz, 119, 120
Gaston Bachelard, 252 (ver Bachelar e G. Bachelar)
Gauss, 103, 104
Geoffrey Stephen Kirk, 367 (ver Kirk)
Geoffroy St-Hilaire, 377
Georg Wilhelm Friedrich Hegel, 362 (ver Hegel e G.W.F. Hegel)
George Condo, 315, 317, 319, 320 (ver Condo)
George Edward Moore, 225 (ver G. E. Moore e Moore)
George Holland Sabine, 223
Georges Canguilhem, 139, 244
Gershom Scholem, 108, 109
Giacometti, 104
Giancarlo Maiorino, 235
Gilbert Hottois, 27 (ver Hottois)
Gilbert Simondon, 399
Giles Achache, 307
Gilles-Gaston Granger, 201 (ver Granger)
Giordano Bruno, 324
Giorgio Agamben, 86
Girard, 80, 82, 83, 84 (ver René Girard e R. Girard)
Giuseppe Arcimboldi, 236
Gödel, 96
Goethe, 108, 176
Goncourt, 15
Gordon Baker, 276
Gordon, 251, 252 (ver W. J. J. Gordon)
Gottlob Frege, 414 (Ver Frege)
Graciliano Ramos, 416
Granger, 201 (ver Giles-Gaston Granger)
Gregorio Comanini, 235, 236, 238
Gregory Kavka, 126
Günter Lorenz, 372
Günther Anders, 115, 116, 121, 122, 124, 128, 130, 294 (ver Anders e Gunther Stern)
Günther Stern, 115 (ver Anders e Gunther Anders)
Guido de Almeida, 165, 170, 172
Guilherme de Ockham, 241
Guimarães Rosa, 372 (ver João Guimarães Rosa)
Guy Debord, 308 (ver Debord)

H. Arendt, 164 (ver Arendt e Hannah Arendt)
H. Bergson, 62 (ver Bergson e Henri Bergson)
Habermas, 263 (ver Jurgen Habernas)
Hadamard, 395, 396 (ver Jacques Hadamard)
Haeckel, 382
Hannah Arendt, 14, 108, 116, 159, 165, 195, 223, 389 (ver Arendt e H. Arendt)

Hans Jonas, 28, 108, 116, 348
Hans-Bernard Moelle, 219
Heber Cardoso, 174
Hecateu, 367
Hegel, 43, 135, 136, 138, 145, 148, 160, 356, 362, 363, 386, 411 (ver Georg Wilhelm Friedrich Hegel e G. W. F. Hegel)
Heidegger, 23, 24, 26, 27, 55, 57-59, 61, 64-66, 68-77, 79, 86, 93, 108,116, 341, 354, 355, 358, 371, 372, 390, 393 (ver Martin Heidegger e M. Heidegger)
Heinrich Wölfflin, 281 (ver Wölfflin)
Heisenberg, 56, 57, 58, 403 (ver Werner Heisenberg E W. Heisenberg)
Henri Bergson, 52 (ver Bergson e H. Bergson)
Henri Focillon, 283 (ver Focillon)
Henri Matisse, 284
Henri Miller, 406
Henri Poincaré, 395, 407 (ver Poincaré)
Henryk Skolimowski, 342
Heráclito, 85
Herbert Marcuse, 223 (ver Marcuse)
Herbert Simon, 342
Hércules, 169, 171
Hermann Diels, 364, 366
Hermann Weyl, 407
Hermann, 96
Hermes, 183
Heródoto de Halicarnasso, 366
Heródoto, 345, 366, 367
Hieronymus Bosch, 314
Hillary Clinton, 319
Hipólito, 365
Hitler, 255
Hobbes, 91, 127, 228, 229, 233, 237, 386 (ver Thomas Hobbes)
Homero, 364, 367

Horkheimer, 160, 162, 163, 164, 165, 170, 171, 172, 303, 409 (ver Max Horkheimer e M. Horkheimer)
Hottois, 28 (ver Gilbert Hottois)
Hubert Reeves, 407
Hugo Friedrich, 239
Hume, 356, 358 (ver David Hume)
Husserl, 96, 97, 274, 335 (ver Edmund Husserl)

Ilya Prigogine, 407
Immanuel Kant, 144, 156 (ver Kant)
Iraci D. Poletti, 89
Irene Arão, 168
Isaac Newton, 110
Isaac, 359
Isabelle Stengers, 407
J. B. Fontes, 159

J. Baudrillard, 62 (ver Baudrillard)
J. E. Raven, 367 (ver John Earl Raven e Raven)
J. Ellul, 28 (ver Ellul e Jacques Ellul)
Jacó, 315, 335, 336, 342, 359
Jacobi, 356, 358, 360, 361 (ver F. H. Jacobi e Friedrich Henrich Jacobi)
Jacques Bouveresse, 12, 21, 24 (ver Bouveresse)
Jacques Derrida, 114, 140 (ver Derrida)
Jacques Ellul, 347 (ver Ellul e J. Ellul)
Jacques Hadamard, 394, 406 (ver Hadamard)
Jacques Lacan, 244, 255 (ver Lacan)
James Moore, 380
James Watson, 250
Jan Spurk, 161
Japeto, 409
Jaspers, 161
Jay Bernstein, 149 (ver Bernstein, Barton J. Bernstein)

Jean Beaufret, 236
Jean-Bertrand Pontalis, 256
Jean-François Kervégan, 135, 155
Jean-Jacques Rousseau, 213, 214, 219 (ver Rousseau)
Jean-Marc Ferry, 307, 312
Jean-Michel Besnier, 324
Jean-Michel Rey, 22
Jean-Pierre Séris, 17 (ver Séris)
Jean-Pierre Vernant, 168
Jean Rosmorduc, 407
Jean Wall, 23, 26 (ver Wall)
Jean Zafiropulo, 236
Jefferson, 233 (ver Thomas Jefferson)
Jena-Christophe Goddard, 174
Jenny, 385
Jerome H. Martow, 388
Jesus Cristo, 373
Jeudy, J.P, 172
João Bosco, 413
Joao Carlos Salles, 265, 267
João de Pina Cabral, 232, 234
João Guimarães Rosa, 372 (ver Guimarães Rosa)
João Paulo II, 379
Joaquim Brasil Fontes, 159
Joël de Rosnay, 330
Joëlle Fontaine, 289, 290
Joëlle Proust, 33
John Burnet, 370
John Earl Raven, 367 (ver J. E. Raven e Raven)
John Rawls, 198, 348 (ver Rawls)
John Watkins, 237
Johnson, 119
Jonathan Lowe, 342
Jorge Coli, 279, 416
Jorge Luis Borges, 389, 406 (ver Borges)
José Lino Grünnewald, 162
Joseph Pitt, 347

Josiah Wedgewood, 373
Judith Butler, 154, 155
Jürgen Habermas, 307, 387 (ver Habermas)
Jules Vuillemin, 337

K. Marx, 60 (ver Marx e Karl Marx)
Kant, 40, 54, 92, 95, 99-101, 103, 143-146, 165, 356, 371 (ver Immanuel Kant)
Karl Kraus, 9, 10
Karl Marx, 294, 301 (ver Marx e K. Marx)
Karl Popper, 392
Karl R. Popper, 407 (ver Karl Popper)
Karl Schlechta, 351
Kekulé, 249
Kennedy, 118
Kenneth Burke, 241
Kepler, 258, 289
Kevin Kelly, 402, 403, 406
Keynes, 410
Khrouchtchev, 64 (ver Nikita Khrouchtchev)
Kierkegaard, 356
Kirk, 367 (ver Geoffrey Stephen Kirk)
Klee, 104, 279, 409, 410
Königsberg, 101
Koyré, 225 (ver Alexandre Koyré)
Kwinter, 397, 398 (ver Sandorf Kwinter)

L. A. Sêneca, 193 (ver Sêneca)
L. Althusser, 252 (ver Althusser)
L. Bolck, 246
Lacan, 418
Lamarck, 377
Lambert, 92
Langevin, 343 (ver Paul Langevin)

Lautmann, 96
Lautréamont, 254
Leavis, 405 (ver R. J. Levis)
Leibniz, 346, 356
LeMay, 119 (ver Curtis LeMay)
Lênin, 298, 386
Leo Strauss, 223
Leo Szilard, 117, 118
Leonardo da Vinci, 32, 94, 262, 324
Lévi-Strauss, 92, 94, 100-104, 114
Locke, 356
Lúcia Miguel Pereira, 167
Lucilius, 187, 193
Ludovico Geymonat, 226
Ludwig Wittgenstein, 224, 265, 277 (ver Wittgenstein)
Luís Baptista, 235
Luis Buñuel, 316
Luiz Alberto Oliveira, 389, 406, 416
Luiz Costa Lima, 241
Luiz Eduardo Bicca, 173
Lyell, 376
Lynn Hunt, 233

M. Castillo, 174, 175
M. Chaui, 169
M. Foucault, 193, 252 (ver Foucault e Michel Foucault)
M. Heidegger, 62, 67, 70, 71, 73 (ver Heidegger e Martin Heidegger)
M. Horkheimer, 166, 172 (ver Horkheimer e Max Horkheimer)
M. Montinari, 77, 80, 85
Mably, 211
Machado de Assis, 335, 336
Mallarmé, 94
Malthus, 377, 381
Manet, 97, 100, 104
Manuel Castels, 312
Manuel de Landa, 398, 406
Maquiavel, 152, 236-239, 258, 417 (ver Niccolò Machiavelli)
Marc Auge, 304
Marcel Detienne, 253
Marcel Mauss, 114 (ver Mauss)
Marcelo Jasmin, 207
Marcílio de Pádua, 90
Marcio Alves da Fonseca, 191
Marco Aurélio Werle, 62
Marco Aurélio, 103, 167, 183, 184, 187, 191, 193
Marcos, 130
Marcuse, 176 (ver Herbert Marcuse)
Maria Celia Paoli, 415
Maria João da Costa Pereira, 62
Maria Jorge Vilar Figueiredo, 168
Maria Rita Kehl, 414
Marina Lima, 413
Mário Faustino, 315
Mario Novello, 403, 406
Martha Gambini, 81, 82, 86
Martial Guéroult, 337
Martin Amis, 406
Martin Heidegger, 63, 74, 116, 354 (ver Heidegger e M. Heidegger)
Martin Novak, 406
Martin Rees, 110
Marx, 60, 62, 153, 161, 171, 234, 246, 255, 294, 295, 301, 302, 385, 386, 387, 388, 410 (ver Karl Marx e K. Marx)
Maurice Merleau-Ponty, 9, 152, 155, 414 (ver Merleau-Ponty)
Mauss, 100 (ver Marcel Mauss)
Max Horkheimer, 303
Max Niemeyer, 354
Max Oppenheimer, 174 (ver Oppenheimer)
Max Weber, 163
Maxwell, 251
McLuhan, 27
McNamara, 118, 119, 123, 124 (ver Robert McNamara)

Mefistófeles, 108
Merleau-Ponty, 9, 11, 13, 23, 26, 27, 92, 94, 96-99, 101, 102, 105, 152, 155, 279, 291, 325 (ver Maurice Merleau-Ponty)
Mersenne, 94
Meursault, 129
Michael Jackson, 316
Michael Polanyi, 345 (ver Polanyi)
Michael Wieviorka, 326
Michel de Montaigne, 234 (ver Montaigne)
Michel Foucault, 6, 177-179, 191, 415 (ver Foucault e M. Foucault)
Michel Serres, 114
Michelangelo, 310
Michelson, 342
Mick Jagger, 319
Milton Glaser, 310, 313
Molière, 92
Mondrian, 104
Monet, 97
Montaigne, 16, 17, 20, 234, 239, 356 (ver Michael de Montaigne)
Montesquieu, 206, 228
Moore, 225 (ver George Edward Moor, G. E. Moore)
Morley, 342
Moses Mendelssohn, 359
Musil, 9, 12, 22, 25, 26 (ver Robert Musil)

Narciso, 176, 255
Neil Johnson, 406
Nelson Goodman, 224
Nero, 337
Neumann, 228, 229 (ver Franz Neumann)
Newton Bignotto, 195, 416
Newton, 324, 343, 399, 402, 407 (ver Isaac Newton)

Niccolò Machiavelli, 237, 238 (ver Maquiavel)
Nicolau de Cusa, 361
Nietzsche, 18, 19, 22, 34, 69, 71, 76-80, 84, 85, 115, 263, 351-357, 371, 390, 393, 417 (ver Friedrich Nietzsche, Friedrich Wilhelm Nietzsche e F. Nietzsche)
Nikita Khrouchtchev, 63 (ver Khrouchtchev)
Nikolai Ge, 108

Olgária Matos, 157, 417
Oppenheimer, 112 (ver Max Oppenheimer)
Orfeu, 176
Osama Bin Laden, 112, 113, 115 (ver Bin Laden)
Oscar Niemeyer, 394
Oswaldo Giacoia Júnior, 63, 72, 317, 417
Oswaldo Porchat Pereira, 224

P. Hadot, 193 (ver Pierre Hadot)
P. M. S. Hacker, 277
P. M. Schuhl, 343, 344, 348 (ver Pierre-Maxime Schuhl)
P. Sloterdjik, 75, 161, 170 (ver Peter P. Sloterdjik e Sloterdjik)
P. Zawadizki, 161
Pascal Dibie, 323, 326, 330, 417
Pascal Engel, 325
Pascal, 105, 106, 169, 356, 358, 359
Pasteur, 174
Paul Clavier, 335, 417
Paul Langevin, 343 (ver Langevin)
Paul Tibbets, 117
Paul Valéry, 9, 12, 13, 25, 389 (ver Valéry)
Paulo César de Souza, 352
Paulo Tunhas, 232

Paulo, 76, 336, 349
Pedro, 336, 349
Pedro Abelardo, 241
Pedro Rocha de Oliveira, 173
Peter Galison, 342
Peter Gast, 353
Peter Hacker, 276
Peter Hass, 232
Peter Simons, 342
Peter Sloterdijk, 74 (ver P. Peter Sloterdijk e Sloterdijk)
Philippe Ivernel, 123
Philippe Quéau, 310
Picasso, 97, 320
Pico della Mirandola, 239, 324
Pierre Bourdieu, 114
Pierre Hadot, 191 (ver P. Hadot)
Pierre Livet, 232, 234
Pierre Mesnard, 238
Pierre Rosanvallon, 211, 215 (ver Rosanvallon)
Pierre-Maxime Schuhl, 234, 235 (ver P. M. Schuhl)
Platão, 10, 38, 40, 48, 69, 159, 196, 225, 233, 235, 240, 241, 245, 336, 341, 343, 351, 355, 369, 370
Plotino, 10
Plutarco, 343
Poe, 287
Poincaré, 6, 94, 101, 389, 395, 396, 401, 407 (ver Henri Poincaré)
Polanyi, 410 (ver Michel Polanyi)
Primo Levi, 228
Prometeu, 79, 171, 409, 410
Prud'hon, 283

Quine, 106, 242

R. Girard, 81, 82, 86, 88 (ver Girard e René Girard)
R. J. Leavis, 405 (ver Leavis)
R. Maurer, 72

Rabindranath Tagore, 277
Racine, 337
Rafael Venâncio, 305
Raven, 367 (ver John Earl Raven e J. E. Raven)
Rawls, 215 (ver John Rawls)
Raymond Queneau, 93
Reagan, 111, 126
Régis Barbosa, 62, 294, 301
Régis Debray, 305, 310
Reiser + Umemoto, 407 (Jesse Reiser e Nanako Umemoto)
Rembrandt, 104, 105
Rémy Lestienne, 406
Renato Lessa, 219, 220, 234, 235, 418
René Girard, 80, 82, 87, 130 (ver Girard e R. Girard)
Richard Dawkins, 378
Richard Swinburne, 340
Robert Darwin, 373
Robert FitzRoy, 374 (ver FitzRoy)
Robert McNamara, 118, 129 (ver McNamara)
Robert Musil, 9, 24, 25 (ver Musil)
Robert Pippin, 135, 136, 155
Roger Caillois, 253
Rom Harré, 340
Romain Rolland, 247
Roosevelt, 117
Rosanvallon, 212, 215, 216 (ver Pierre Rosanvallon)
Rosas, 375, 381
Rothko, 104
Rousseau, 103, 143, 206, 210-216, 232, 233, 242, 245, 263, 417 (ver Jean-Jacques Rosseau)
Rudolf Carnap, 340 (ver Carnap)
Russell, 96, 104

Sábato, 391, 392 (ver Ernesto Sábato)

Sabine Cornille, 123
Sade, 249
Salma Tannus Muchail, 191
Salvador Dali, 316
Samuel Butler, 344
Sanford Kwinter, 397 (ver Kwinter)
Sartre, 73, 92-94, 98, 99, 122, 349, 415
Schöenbein, 397
Schreber, 171
Sean Carroll, 406
Sebastião Uchoa Leite, 162
Selvino José Assmann, 87
Sêneca, 103, 187, 190, 191, 193, 336, 355 (ver L. A. Sêneca)
Sérgio Milliet, 169
Sergio Paulo Rouanet, 373, 418
Séris, 17 (ver Jean-Pierre Séris)
Sève, 16, 17 (ver Bernard Sève)
Shakespeare, 259, 260, 404, 405
Sheldon Wolin, 222, 223, 226
Shelling, 356
Sigmund Freud, 138, 146, 155, (ver Freud)
Simondon, 399, 403 (ver Gilbert Simondon)
Simplício, 365
Siracusa, 106
Slavoj Žižek, 64, 153, 155, 301 (ver Žižek)
Sloterdijk, 74-77, 79, 84, 86 (ver Peter Sloterdijk e P. Sloterdijk)
Snow, 405, 404 (ver C. P. Snow)
Sócrates, 240, 414
Spinoza, 233, 356, 358-362 (ver Baruch Spinoza)
Spitzer, 318, 319 (ver Eliot Spitzer)
Stálin, 255
Stendhal, 98
Stephen Hawking, 109
Steven Johnson, 406

Stillman Drake, 226
Strawson, 340

T. Adorno, 137, 139, 172, 173 (ver Adorno, Theodor Adorno e Theodor W. Adorno)
Tales, 343, 345, 367
Tarski, 93
Tércio Sampaio Ferraz, 224
Theodor Adorno, 133, 138, 141, 148, 155, 357, 371 (ver T. Adorno e Theodor W. Adorno)
Theodor W. Adorno, 303
Thomas Engelhardt Jr, 348
Thomas Hobbes, 225, 227 (ver Hobbes)
Thomas Huxley, 385
Thomas Jefferson, 232 (ver Jefferson)
Thomas Macho, 161
Tiepolo, 260
Timothy Tackett, 216
Tocqueville, 14, 204-206, 208, 209, 211, 215 (ver Alexis De Tocqueville)
Tom Jobim, 32
Tomás de Aquino, 359
Tracy Strong, 222
Truman, 118, 120, 121
Turing, 106 (ver Allan Turing)

U. Karvelis, 62

V. Gerhardt, 346
Valéry, 6, 10-14, 16, 18, 21, 22, 94, 175, 252, 389, 396 (ver Paul Valéry)
Vanheigen, 158
Velásquez, 100, 101
Verdi, 261, 285
Verinha da Silva Telles, 410
Victor Klemperer, 228

Victor Segalen, 252
Viète, 94
Virginia Woolf, 229
Vitello (ou Witelo), 289
Vladimir Putin, 124
Vladimir Safatle, 133, 147, 150, 418

W. Burkert, 83
W. Heisenberg, 62 (ver Heisenberg e Werner Hensenberg)
W. J. J. Gordon, 251 (ver Gordon)
W. Quine, 231
Wall, 27 (ver Jean Wall)
Wallace, 376, 378 (ver Alfred Wallace)
Walter Benjamin, 20, 24, 162, 310, 417 (ver Benjamin)
Walter Burkert, 80, 82
Walter de Gruyter, 144, 155
Walther Kranz, 364, 366
Waly Salomão, 413
Weber, 159, 160, 163, 164
Weimar, 411
Werner Heisenberg, 406 (ver Heisenberg e W. Heisenberg)
Wilhelm Meister, 176
Wilhelm Stern, 116

Willard Quine, 231, 242
William Blake, 249
William James, 335, 396
William Paley, 374
Wittgenstein, 6, 9, 21, 93, 95, 104, 106, 224, 265-277, 416 (ver Ludwig Wittgenstein)
Wölfflin, 281, 282 (ver Henrich Wölfflin)
Wolfgang Fritz Haug, 294
Wolfgang Iser, 241

Xenofonte, 240

Yochai Benkler, 312
Yves Roussel, 174

Zaratustra, 76, 77, 354
Zeus, 85, 372
Zigmunt Bauman, 193
Žižek, 23, 65, 154, 301 (ver Slavoj Žižek)

Fontes: Dante MT e Univers Bold Condensed / Papel: Pólen Soft 80g
Tiragem: 3000
Data: 09/2010
Impressão: Gráfica e Editora Aquarela S/A.